MORT OU VIF

AUX ÉDITIONS ALBIN MICHEL

Instinct mortel
70 histoires vraies

Les Génies de l'arnaque
80 chefs-d'œuvre de l'escroquerie

Instant crucial
Les stupéfiants rendez-vous du hasard

Tragédies à la une
La Belle Époque des assassins, par Alain Monestier

Possession
L'étrange destin des choses

Issue fatale
75 histoires inexorables

Le Carrefour des angoisses
Les Aventuriers du XXe siècle, t. 1
60 récits où la vie ne tient qu'à un fil

Ils ont vu l'au-delà
Les Aventuriers du XXe siècle, t. 2
60 histoires vraies et pourtant incroyables

Journées d'enfer
Les Aventuriers du XXe siècle, t. 3
60 récits des tréfonds de l'horreur
au sommet du sacrifice

L'Enfant criminel

Les Amants diaboliques

(suite page 409)

PIERRE BELLEMARE
Jean-François Nahmias

MORT OU VIF

Les chasses à l'homme les plus extraordinaires

Documentation Jacqueline Hiegel

Albin Michel

L'évadé du 17 fructidor

« Dans mon journal *Le Grondeur*, je signe mes articles : Jean-François B. Le Directoire gouverne la France et je suis opposé à ce régime. On nous apelle les Clichyens, nos clubs étant dans le quartier de Clichy à Paris. Je souhaite le retour de la monarchie et mon journal me permet de défendre mes idées.

Ce 17 fructidor, je reçois la visite d'un individu, dont je me méfie, mais qui est bien placé auprès des membres du Directoire. Il m'affirme qu'un coup d'État se prépare et que mes amis et moi serons déportés en Guyane. Pourquoi vais-je croire cet homme ? Pourquoi l'après-midi même, après avoir alerté mes collaborateurs du danger qui les guette, vais-je me lancer sur les routes en direction des côtes de l'Atlantique ? Encore aujourd'hui, je n'ai aucune explication logique à fournir, mais il était juste temps.

En arrivant dans la rue Saint-Jacques, où j'ai mon domicile, j'aperçois deux gardes nationaux qui font les cent pas devant ma porte. Impossible de faire demi-tour sans être remarqué, je poursuis donc mon chemin et profite du passage de trois cavaliers, qui éclaboussent copieusement les passants, pour longer les façades de l'autre côté de la rue.

Il me faut partir sans vêtement, sans aucun des objets qui me sont chers. Heureusement ma nature prudente fait que je porte dans une petite poche cousue à l'intérieur de ma culotte des pièces d'or que mon père m'a confiées à sa mort.

Étant célibataire, je n'ai pas charge d'âme et seule ma peau compte. Je vais prendre la route d'Orléans, puis je tenterai de rejoindre la Rochelle. »

Et il a réussi...

Deux mois plus tard, il débarquait aux États-Unis, puis gagnait le Canada et fondait une famille. Sous l'Empire, il reviendra en France et l'administration lui offrira le poste de gouverneur d'Anvers. La fuite est parfois salutaire. Son fils Alexandre participera à la conquête de l'Algérie et deviendra l'ami d'Abd-el-Kader, le plus loyal des adversaires. Le fils d'Alexandre, Henri, sera le fondateur de l'Union des viticulteurs d'Algérie, et son descendant Pierre donnera naissance à un certain Pierre B. qui fait encore carrière en racontant des histoires. Si mon trisaïeul n'avait pas cru l'homme qui vint le prévenir au siège de son journal, il aurait été déporté le 18 fructidor et, sans doute, je n'existerais pas.

Le hasard... Le merveilleux HASARD *!*

Du sang dans les îles

Cela commence par une scène de rupture dans un appartement de Milan, un soir d'avril 1973. Lui, Domenico Bolognini, trente-deux ans, est un colosse au visage buriné. C'est un sportif accompli. Avant de diriger un garage, il a pratiqué assidûment l'athlétisme et il a accompli son service militaire dans les parachutistes ; il a même songé un moment à faire carrière dans l'armée.

Elle, Amanda Poggio, vingt-quatre ans, est aussi blonde qu'il est brun, d'un blond doré, lumineux, qui a quelque chose de solaire. Elle est grande, presque autant que lui, mais aussi élancée qu'il est trapu ; elle a quelque chose de fin, d'aérien. Ce sont d'ailleurs ces dispositions physiques qui lui permettent d'exercer son métier, puisqu'elle est mannequin chez un grand couturier milanais.

Cela fait trois ans qu'ils sont ensemble. On prétend que, dans les couples, moins l'homme et la femme se ressemblent, plus les chances d'une union durable sont grandes, mais là, ce n'est pas le cas. C'est elle qui s'en va. Il y a déjà un moment qu'elle a pris sa décision, mais c'est maintenant qu'elle l'annonce. Il ne s'y attendait pas...

Elle tourne dans la pièce, agitée, nerveuse. Il est assis sur le canapé, tassé sur lui-même comme un boxeur groggy.

– C'est fini, Domenico, fini !

– Tu as quelqu'un, c'est cela ?

– Oui.

– Ton couturier ?
– Oui, mon couturier. Il m'attend. Je suis désolée...
– Et vous allez repartir ensemble ?
– Écoute...
– Réponds-moi et je ne te demanderai plus rien d'autre.
– Oui, nous partons ensemble.
– Les îles Ioniennes, comme l'autre fois ?

Amanda fait encore oui de la tête et va préparer une petite valise, dans laquelle elle n'emporte que l'essentiel. Domenico la regarde faire. Les îles Ioniennes, c'est là qu'ils ont passé leurs dernières vacances d'été. Enzo Contini, le patron d'Amanda, les avait invités sur son yacht, le *Yosepine*. Et c'est là qu'entre la jeune femme et lui a commencé une liaison passionnée. Domenico ne s'est aperçu de rien...

Amanda Poggio a terminé son mince bagage. C'est le moment des adieux. Elle cherche ses mots. Son compagnon coupe court à ses hésitations :

– Ne dis rien. Pars tout de suite !

Elle ne se le fait pas dire deux fois. Elle se retrouve dans l'ascenseur, puis dans la voiture d'Enzo Contini, qui l'attendait en bas. Elle s'y jette en poussant un soupir de soulagement.

– Je n'aurais jamais cru que cela se passerait aussi bien. Il a été formidable !
– Il n'a pas crié ?
– Pas un mot plus haut que l'autre, pas un reproche, rien ! Pourtant, il est du genre violent...

La luxueuse voiture du couturier démarre, direction le sud de l'Italie où les attend le yacht, qui les emmènera pour une croisière de quinze jours. Le prologue est terminé, place à la tragédie.

Quelques heures plus tard, dans le même immeuble de Milan, les voisins sont réveillés à l'aube par un vacarme épouvantable, qui provient de l'appartement de Domenico Bolognini. L'un d'eux frappe à la porte, mais on ne lui ouvre pas, tandis que le fracas s'amplifie. La police est alors prévenue.

Lorsqu'elle arrive sur les lieux, grâce aux clés du concierge, il n'y a plus personne, mais on dirait qu'il s'est produit un tremblement de terre.

Plus un meuble n'est debout, tous ont été fracassés. Tout ce qui était en verre ou dans un matériau fragile quelconque est en miette. Les oreillers et les coussins ont été éventrés et des plumes jonchent le sol comme s'il avait neigé. La moquette a été lacérée et par endroits arrachée. Des couteaux sont plantés dans le mur. Toutes les bouteilles de vin et d'alcool que contenait l'appartement ont été renversées et l'odeur soulève le cœur.

Les policiers explorent toutes les pièces, à la recherche d'un blessé ou même d'un cadavre, mais tout est vide. Après cette explosion de violence inouïe, Domenico Bolognini est parti. Pourquoi a-t-il fait cela ? Où est-il allé ? Personne ne peut le dire. Les policiers font un rapport sur cet événement étrange et quelque peu inquiétant. Ce n'est malheureusement qu'un début...

Le surlendemain, qui se trouve être le dimanche des Rameaux, le locataire d'une HLM d'une banlieue de Rome voit une flaque de sang sous la porte de sa voisine de palier. La police est prévenue, entre encore une fois grâce aux clés du concierge, mais cette fois il y a quelqu'un à l'intérieur. La locataire des lieux, une jeune serveuse d'un restaurant de la capitale, gît nue sur le parquet. Elle a été assassinée, avec une incroyable sauvagerie, d'une trentaine de coups de couteau. Détail étrange : une poignée de ses cheveux blonds a été coupée à l'aide d'une paire de ciseaux, puis abandonnée près du corps.

Le scénario du meurtre est facile à reconstituer : la serveuse qui, sans être une prostituée, était de mœurs légères est rentrée chez elle en compagnie d'un homme, qui l'a tuée peu après. À quoi ressemble-t-il ? Il est impossible de le dire : nul ne l'a vu entrer ni partir.

Le surlendemain, à Brindisi, ville du sud de l'Italie d'où on embarque pour la Grèce, la femme de chambre d'un hôtel près du port ouvre avec son passe-partout le numéro 17, pour faire le ménage. Elle pousse un cri d'horreur. L'occupante, une jeune Allemande blonde comme les blés, est allongée en travers du lit, nue, la gorge ouverte, le visage, les bras et la poitrine tailladés. Une partie de ses cheveux a été coupée aux ciseaux.

Cette fois, il y a des témoignages sur le meurtrier. Le portier et d'autres occupants de l'hôtel ont vu la touriste germanique rentrer à l'hôtel en compagnie d'un homme, qu'ils décrivent comme athlétique, très brun, de type italien. Personne ne l'a vu ressortir, et pour cause. Au-dessous de la chambre 17, située au premier étage, un massif de fleurs est tout écrasé : l'assassin s'est enfui en sautant par la fenêtre...

Quelques jours plus tard, le Vendredi saint, dans l'île de Zakynthos, la plus au sud des îles Ioniennes, une paysanne se rend au marché à dos d'âne. Elle passe dans une pinède, lorsqu'elle entend des cris. Elle fait avancer plus vite son animal et découvre une jeune femme nue attachée à un arbre. Ses cheveux sont d'un magnifique blond doré. Tandis que la paysanne la délivre et l'aide à se rhabiller, la jeune femme lui raconte en italien toute une histoire, dont elle ne comprend pas un mot. Elle l'installe sur son âne et l'emmène au poste de police du petit port de l'île.

Là, l'Italienne raconte de nouveau son histoire aux policiers, qui, eux, comprennent sa langue. Une histoire tout à fait étrange. Elle se promenait seule dans la pinède, lorsqu'elle a été abordée par un de ses compatriotes. Il était très brun, bien bâti, du genre séducteur viril. Il devait avoir la trentaine. Il a alors sorti un revolver et s'est jeté sur elle, lui arrachant ses vêtements et la mettant entièrement nue. Puis, il a sorti un couteau de sa poche et il s'est approché... La jeune femme tremble de tout son corps en continuant son récit.

– Je n'oublierai jamais ses yeux. C'étaient ceux d'un fou. J'étais sûre que j'allais mourir. Mais il s'est arrêté tout à coup.

– Pour quelle raison ?

– Je ne sais pas. Il m'a regardée d'une drôle de manière, avec surprise et avec aussi une sorte de mépris. Il a rangé son couteau. Il a pris une corde qu'il avait dans sa poche. J'ai cru qu'il avait décidé de m'étrangler, mais non, il m'a attachée à un arbre et il est parti.

– Il a dit quelque chose ?

– Non, pas un mot. Je n'y comprends rien.

– Il y a peut-être une explication. Pardonnez ma question, mademoiselle, mais est-ce que vous êtes une vraie blonde ?

L'Italienne est visiblement choquée mais répond que non. Le policier hoche la tête.

– Je n'en suis pas certain, mais c'est sans doute à cela que vous devez la vie...

À Zakynthos, c'est la mobilisation générale. Heureusement, en cette période pascale où il y a de nombreux touristes, les effectifs de la police ont été augmentés. Ils sont dix, ce qui ne sera malgré tout pas suffisant pour explorer toute l'île. Des renforts sont demandés aux autorités, qui décident de l'envoi d'une vedette rapide et d'un hélicoptère. En attendant, une voiture avec un haut-parleur annonce la nouvelle et demande aux jeunes femmes blondes de ne pas se promener seules.

Cette voiture, Domenico Bolognini la voit passer devant lui. Il est paisiblement attablé à la terrasse d'un café du port en train de boire un vermouth. Maintenant que son désir de meurtre est passé, il semble tout à fait calme. Mais il enrage encore contre cette idiote qui s'était fait décolorer les cheveux... Lorsqu'il entend la mise en garde des policiers, il prend immédiatement sa décision : pas question de rester là, cela devient trop dangereux.

Il paie et se dirige rapidement vers la partie du port réservée aux bateaux de plaisance. Une embarcation de moyennes dimensions, battant pavillon italien, vient de finir sa manœuvre d'accostage. Le propriétaire est un homme d'une quarantaine d'années, qui mâchonne un gros cigare éteint. Domenico Bolognini s'adresse à lui :

– Je cherche un yacht, le *Yosepine*. Vous ne l'auriez pas vu ?

– Si. Nous l'avons croisé à Ithaque. Il allait vers Corfou.

– Il faut absolument que je le retrouve. Vous allez me conduire.

– Vous êtes fou ?

Mais Domenico Bolognini a sauté dans le bateau d'un bond, a sorti son revolver et l'enfonce dans les côtes du propriétaire.

– Mets en route discrètement. Je suis recherché et j'ai déjà tué plusieurs fois...

Le patron ne peut faire autrement qu'obéir. Deux couples d'Italiens sur le pont ont tout vu. C'est dans un silence de mort que le petit bateau quitte Zakynthos, tandis que le haut-parleur lance toujours ses avertissements à l'attention des blondes.

Sur l'île, les recherches ne donnant évidemment rien, on en déduit que le tueur a réussi à s'enfuir. La situation est jugée suffisamment grave par la police grecque pour qu'elle envoie en patrouille deux hélicoptères et deux vedettes en renfort. Car, entre-temps, le rapprochement a été fait avec les meurtres de Rome et de Brindisi. Un tueur fou de jeunes femmes blondes erre quelque part dans les îles Ioniennes. Il peut frapper n'importe où et il est extrêmement dangereux. Ordre est donné de l'abattre s'il résiste.

C'est ainsi que, vers 6 heures du soir, un hélicoptère qui survole un bateau de plaisance italien aux environs de Corfou voit ses occupants lui faire des signes frénétiques. Il descend jusqu'à une dizaine de mètres, et le pilote alerte une vedette rapide qui ne tarde pas à rejoindre le yacht.

Deux policiers montent à bord. Les plaisanciers sont un peu ivres. Plusieurs bouteilles de champagne vides traînent sur le pont. Le propriétaire vient à la rencontre des arrivants :

– Il est parti, alors on était en train de fêter cela !

– Vous êtes sûr que c'était le tueur ?

– Oh, oui ! Il nous a raconté ses meurtres pour nous terroriser.

– Comment est-il parti ?

– Avec le canot de secours à moteur. Il a dit qu'il préférait continuer seul. Il l'a fait mettre à l'eau.

– Vous avez une idée de sa direction ?

– Oui. Il veut retrouver le yacht *Yosepine*.

– Et ce yacht, vous savez où il se trouve ?

– Normalement il devrait être à Corfou...

Les forces de police grecques convergent immédiatement vers

l'île de Corfou, avec une priorité : retrouver le *Yosepine* et le protéger. Celui-ci est effectivement à quai. C'est alors seulement qu'Amanda Poggio et Enzo Contini apprennent, horrifiés, la sanglante équipée de Domenico Bolognini lancé à leur poursuite. À la demande des policiers, ils acceptent de rester à quai. Une souricière va être mise en place, en espérant que le tueur se fera prendre en voulant assouvir sa vengeance.

Ce n'est pourtant pas ce scénario qui va se dérouler. Domenico Bolognini est bien dans l'île. Mais, trop méfiant ou pris d'une autre impulsion, il s'est enfoncé vers l'intérieur des terres. Il s'est posté près d'une petite route et là, il attend... Il laisse passer plusieurs voitures et lorsqu'il voit arriver un cabriolet, capote découverte, avec deux femmes à bord, il se précipite. Il s'agit de deux Françaises, mère et fille, aussi blondes l'une que l'autre. À cet endroit de la route, il est obligatoire de ralentir. Il en profite pour sauter dans le véhicule. Il sort son revolver et le pointe sur la mère, qui est au volant.

– Avance !

Elle obéit, terrorisée. Il s'aplatit à l'arrière pour ne pas se montrer. Il tire les longs cheveux d'or de la fille, la collant à son siège. Elle a un cri :

– Arrêtez, vous me faites mal !

Pour toute réponse, il se contente de ricaner... Est-ce parce qu'elle conduit dans un état second, est-ce parce qu'elle le fait exprès, toujours est-il que quelques minutes plus tard, au sortir d'un virage, la mère emboutit un autobus. Le choc est violent, le chauffeur sort et abreuve la conductrice d'injures. Domenico Bolognini sort alors à son tour, tire deux coups de feu dans sa direction sans l'atteindre, et disparaît...

La police a de ses nouvelles quelques heures plus tard. Un couple de Grecs vient trouver les agents au poste de Corfou, qui est aussi la ville principale de l'île. Ils faisaient du nudisme dans une crique isolée où ils étaient arrivés avec leur Chris-Craft, lorsque le tueur a volé leur embarcation. Un bateau rapide, avec beaucoup d'essence à bord. À l'heure qu'il est, il est peut-être loin.

Un nouvel avis de recherche est lancé en direction des autres îles Ioniennes et du continent, et, très vite hélas, on est renseigné sur la destination qu'a prise Domenico Bolognini : il s'est rendu sur la côte où, le lendemain matin, aux environs de 9 heures, près d'Igoumenitsa, la ville grecque qui fait face à Corfou, on découvre le cadavre nu d'une jeune femme, tuée de multiples coups de couteau. C'était une blonde, une vraie blonde. Une mèche de ses cheveux a été coupée.

Le Chris-Craft est retrouvé peu après, sur une petite plage déserte. Des effectifs de police sont envoyés sur place, avec des tireurs d'élite munis de gilets pare-balles et de fusils à lunette. Cette fois, l'arrestation n'est plus la priorité. On y procédera si c'est possible, mais ordre est donné avant tout, si toutefois il tire le premier, de l'abattre...

Domenico Bolognini a gagné les hauteurs dominant la côte. En bas la mer, d'un bleu intense, fait un bruit régulier. La journée s'annonce magnifique. Il se sent à l'aise dans ce décor escarpé et aride. Lorsqu'il était parachutiste, il a fait beaucoup de manœuvres sur ce genre de terrain. Il est parfaitement conscient que l'étau se resserre autour de lui, mais il sait aussi qu'il sera très difficile d'avoir raison de lui. Il a renoncé à se rendre sur le *Yosepine.* C'était trop dangereux, la police avait certainement tendu un piège... Serrant son revolver dans sa main droite et, dans sa main gauche, la poignée de cheveux de sa dernière victime, il avance avec prudence. Ce qu'il espère, ce qu'il désire avec fureur, c'est rencontrer une autre blonde.

Il avance ainsi pendant des heures. Il est dans un état physique effrayant, il n'a pas dormi, mangé ni bu depuis qu'il a quitté le bateau italien et sa cavale l'a beaucoup éprouvé, mais cela ne fait rien. Il est soutenu par son idée fixe : retrouver une autre blonde et lui faire payer la trahison d'Amanda. Or, justement, en voici une ! Là, tout en bas, dans cette petite crique, six garçons et filles sont en train de se baigner. Ils sont venus avec un minibus, qui est arrêté sur le chemin de terre. Ils semblent insouciants et, parmi eux, il y a une magnifique blonde. Vraie ou fausse ? Il n'y a pas moyen de le savoir. Mais il décide de passer outre : si elle a fait la bêtise de se décolorer, tant pis pour elle !

Il renonce également à se rendre sur place. Contre un groupe de six, il devrait faire un massacre et ce n'est pas cela qui l'intéresse, seules les blondes doivent payer. Il va tirer du haut de la falaise. Il était champion de tir à l'armée, cela ne devrait pas poser de difficulté. Le tout est de trouver une position favorable...

Domenico Bolognini se déplace accroupi, pour ne pas se faire repérer. Il aperçoit au loin une femme en noir, une paysanne, qui doit habiter la maisonnette toute blanche accrochée au rocher. Est-ce qu'elle l'a vu ? Possible, mais il est peu probable qu'elle ait le téléphone et, même si elle l'a et qu'elle prévient les policiers, avant qu'ils arrivent, il sera loin. Il reprend sa progression...

La femme l'a parfaitement vu. Et, si elle n'a pas le téléphone, elle a la radio, un transistor, branché en sourdine, qui diffuse à intervalles réguliers le message d'alerte concernant le tueur. Elle l'a reconnu et elle sait ce qu'elle doit faire.

Elle quitte son jardin pour se diriger vers la maison. Non seulement ses vêtements sont noirs depuis qu'elle est veuve, mais ses cheveux aussi ont la noirceur du corbeau. C'est une Monténégrine ; elle appartient à ce peuple farouche qui n'a jamais été vaincu par les Turcs ni même par les nazis. D'ailleurs, durant l'Occupation, elle a pris le maquis et s'est battue aussi férocement que les hommes.

Elle revient peu après, avec un fusil de chasse. Elle introduit une balle dans chacun des canons et elle épaule posément. Domenico Bolognini lui aussi est en train de viser un peu plus loin, en direction de la plage. Elle tire. Tandis que le vacarme de la détonation fait fuir les oiseaux, l'Italien fait une sorte de bond avant de retomber allongé sur le ventre. Elle tire de nouveau. Cette fois, il n'a pas de réaction. Il était déjà mort. Elle n'en est pas surprise. Elle a rarement raté son coup.

En bas, les touristes poussent des cris affolés. Levant les yeux, ils découvrent une silhouette maigre à la peau mate et à la chevelure d'ébène, qui les regarde calmement, le fusil fumant à la main. C'est fini... Une brune attendait Domenico Bolognini, le tueur de blondes, au bout de son parcours, pour faire justice et venger les innocentes.

La ballade de Bonnie and Clyde

En ce printemps 1932, la vie est morose aux États-Unis. C'est la grande crise, consécutive au krach de 1929. Les chômeurs se comptent par millions, les files d'attente s'allongent devant les soupes populaires, les suicides de chefs d'entreprises en faillite ou d'actionnaires ruinés se multiplient... C'est dire que ce snack-bar minable du centre de Dallas est la parfaite illustration des temps difficiles qu'on est en train de vivre. On y trouve de quoi manger pour quelques dizaines de cents et il ne désemplit pas. Encore s'agit-il là de privilégiés qui ne sont pas obligés de mendier leur nourriture.

Pour ceux qui ont subitement été plongés dans la misère, la mendicité est, en effet, la seule solution ou, du moins, l'une des deux issues, car il en reste une autre : le banditisme. Et c'est cette dernière qu'a choisie le jeune homme qui vient d'entrer dans l'établissement. Il a vingt-quatre ans, il est né non loin de là, à Telaco, au Texas. Il s'appelle Clyde Chestnut Barrow et il n'a connu que des déboires depuis qu'il est au monde. Il s'est mis un jour à commettre des petits délits et il a continué jusqu'à ce qu'il se fasse prendre.

Il sort tout juste de la prison de Huntsville où il a été enfermé pour vol ; il vient d'être libéré sur parole. Mais il est recherché pour d'autres vols dans plusieurs villes du Texas et il suffirait qu'il soit reconnu lors d'un simple contrôle d'identité pour qu'il retourne derrière les barreaux. Il a pourtant décidé qu'il ne se laisserait plus prendre, et porte sur lui une arme redoutable, qu'il a confectionnée lui-même : un fusil à canon scié, logé dans une poche le long de la jambe droite de son pantalon. Il s'est entraîné à dégainer : il lui faut deux secondes exactement, juste un peu plus que pour un revolver, mais avec des résultats autrement dévastateurs !

Malgré les projets violents qu'il a en tête, Clyde Barrow n'a pas le physique d'une brute sanguinaire, loin de là. Il est grand et mince, avec des traits réguliers, le teint pâle et des cheveux très bruns, qui ondulent naturellement. Il ne fait pas son âge, il a l'air d'un jeune homme de bonne famille plutôt timide ; pour un peu, on lui trouverait des allures romantiques.

– Vous désirez ?

Clyde lève les yeux... La serveuse lui sourit. Elle a à peu près le même âge que lui, elle n'est pas très grande, elle a le corps menu, une magnifique chevelure blonde tirant sur le roux, des yeux marron malicieux. Elle lui sourit toujours. Il est si troublé qu'il en oublie de répondre à sa question, et lui en pose une autre :

– Vous vous appelez comment ?

– Bonnie Parker et vous ?

– Clyde Barrow.

– C'est la première fois que je vous vois ici...

– Je viens de Huntsville, je sors de prison. Mais j'ai peur d'y retourner.

Clyde Barrow ne sait pas pourquoi il vient de faire cette confidence à cette inconnue. Ou plutôt si, il sent qu'il se passe en lui quelque chose d'imprévu et d'extraordinaire... La jeune serveuse lui sourit toujours.

– Il faut vous cacher.

– Mais où ?

– Chez moi.

– Chez vous ? Vous n'avez pas peur ?

Bonnie Parker a un petit rire qui fait s'agiter sa chevelure blond-roux.

– La prison, je sais ce que c'est ! Mon mari y est. Et il n'est pas prêt d'en sortir : il en a pris pour quatre-vingt-dix-neuf ans...

Bonnie Parker s'appelle en réalité Bonnie Thornton, Parker est son nom de jeune fille. Elle a vingt-deux ans, elle est née dans une petite ville du Texas, comme Clyde Barrow, et elle a connu un début d'existence tout aussi médiocre que le sien. Elle s'est mariée à seize ans et son mari s'est fait prendre trois mois plus tard dans une attaque de banque à main armée. Elle n'a pas divorcé, mais depuis elle se considère comme libre...

Les deux jeunes gens ne peuvent pas se parler davantage. La salle est pleine et autour d'eux les clients s'impatientent. Elle le quitte pour continuer son travail, mais le soir, ils se retrouvent dans le petit studio qu'elle habite dans une banlieue misérable de Dallas. Ils sont aussi surpris l'un que l'autre par ce qui leur arrive. C'est un coup de foudre réciproque et total.

Bonnie Parker, jusque-là, n'avait connu que de brèves aventures avec des clients ou des hommes de passage. Elle n'est pas farouche et n'hésite pas à céder aux avances quand le partenaire lui plaît ; quelquefois c'est même elle qui les fait : cela ne la dérange pas non plus. Mais c'était purement épidermique, tandis que maintenant...

Clyde Barrow n'est pas moins bouleversé. Lui, c'est non seulement l'amour, mais la femme qu'il découvre. Son expérience se limite à de furtives rencontres homosexuelles en prison, qui ne l'ont d'ailleurs pas satisfait. Avec Bonnie, un monde inconnu s'ouvre devant lui... Au moment de passer à l'acte, il ne sait pas trop comment s'y prendre. Mais cela ne contrarie pas sa partenaire, qui a naturellement un tempérament dominateur. Elle prend toutes les initiatives.

Au cours de cette nuit-là, Clyde Barrow montre à la jeune femme l'arme qu'il s'est confectionnée, le redoutable fusil à canon scié, et lui explique comment il s'en sert. Elle est tout excitée.

– C'est formidable ! Tu as déjà tiré avec ?

– Non... Parce que tu t'intéresses aux armes ?

– J'adore ça !

Bonnie Parker et Clyde Barrow ne se quittent plus. Bonnie n'a pas seulement un penchant pour les armes. Elle a, en matière sexuelle, des goûts particuliers : pour que sa satisfaction soit complète, il lui faut deux partenaires. Cela ne change rien aux sentiments qu'elle a pour Clyde et d'ailleurs celui-ci l'admet parfaitement. Quelques mois plus tard, ils trouvent celui qu'ils cherchent en la personne de Ray Hamilton, un garçon de leur âge qui a déjà fait de la prison.

Les temps deviennent plus difficiles encore : Bonnie perd sa place et il faut trouver de quoi vivre. Le trio décide alors de passer à l'action ; ce seront les deux hommes qui agiront.

Début 1933. Clyde Barrow et Ray Hamilton quittent Dallas à bord d'une Ford volée. Ils sont tous les deux bien habillés, avec costume et cravate, mais ils ont chacun dans leur poche un revolver. C'est le soir. Lorsqu'ils arrivent à Hillsboro, une bourgade à quelques dizaines de kilomètres de là, la station-service est fermée. Clyde va frapper à la porte. Au bout d'un moment, la lumière s'allume au premier étage. Un homme aux cheveux blancs apparaît à la fenêtre.

– Qu'est-ce que vous voulez ?

– Je m'excuse de vous réveiller, monsieur, mais nous sommes en panne d'essence.

L'homme regarde les deux jeunes gens en bas : leur habillement correct et leur mine bien élevée semblent le rassurer.

– Ok, les gars. Je descends...

Après avoir passé un pantalon et une veste par-dessus son pyjama, il vient faire le plein. Clyde Barrow lui tend un billet de 10 dollars :

– Vous n'avez rien de plus petit ? Cela va m'obliger à ouvrir mon coffre pour la monnaie.

– Je suis désolé, nous n'avons que cela.

Peu après, tous trois se retrouvent dans le bureau de la station-service. Le vieil homme tourne la combinaison d'un coffre archaïque, qui s'ouvre en grinçant. Les deux jeunes gens sortent alors leurs revolvers.

– Donne-nous ce qu'il y a là-dedans, pépé !

Comme il fait mine de protester, Clyde Barrow l'assomme avec la crosse de son revolver. Puis, tandis que Ray Hamilton fait main basse sur l'argent, il lui vide tout son chargeur dans la tête.

Dans les mois qui suivent, le trio, circulant à bord de voitures volées, attaque des stations-service et des magasins, sans toutefois commettre de nouveaux meurtres. Au cours de l'une de ces agressions, Bonnie Parker se fait prendre, tandis que ses compagnons parviennent à s'échapper. Devant le tribunal de mise en accusation, elle joue admirablement la comédie.

– Ce sont eux qui ont tout fait, votre honneur ! Moi, je n'ai fait qu'assister à ce qui se passait. Ils m'ont forcée à rester avec eux. Ils menaçaient de me tuer si je m'enfuyais. J'étais terrorisée...

Comme elle n'a pas d'antécédent judiciaire, on la croit et, au bout de trois mois de prison, elle est libre. La bande se reforme et reprend ses activités. Cette fois, ce n'est plus Bonnie qui se fait prendre, mais Ray Hamilton. Avec lui, pas question d'indulgence : il est rapidement jugé et condamné à trente ans de prison. Il a d'ailleurs la chance que Clyde et lui n'aient pas été identifiés pour le meurtre du pompiste, sinon c'était sans doute la chaise électrique.

La disparition de Ray Hamilton pose un problème à Bonnie. Il lui faut absolument un remplaçant. Un jeune auto-stoppeur du nom de William Jones, dix-sept ans, fait l'affaire. Il accepte sans trop de difficultés le rôle si particulier qu'on lui propose. Et l'équipée reprend, sous d'autres horizons : l'Oklahoma, le Missouri, le Nouveau-Mexique. Chaque fois, il s'agit d'agressions à main armée. Mais seuls Bonnie et Clyde ont un revolver et agissent, le jeune Jones reste spectateur.

C'est au Nouveau-Mexique que l'aventure bascule dans le crime. Bonnie Parker dit brusquement à son compagnon :

– Tu as tué un homme et moi pas : ce n'est pas normal. Le premier flic qu'on rencontre, je le flingue !

Peu après, alors qu'ils se sont arrêtés devant un restaurant, un policier s'approche pour leur demander leurs papiers. Bonnie fait semblant de les chercher dans son sac, sort son revolver et tire froidement en pleine tête... Puis, ils aperçoivent sur la route un agent motocycliste, qui roule à petite allure. Bonnie dit à son compagnon :

– Double-le !

Clyde s'exécute et, lorsqu'ils sont à sa hauteur, elle vide sur lui le reste du chargeur. Elle se tourne vers Clyde en souriant :

– Deux à un !

Dès lors, une compétition sanglante s'engage entre les amants. Le lendemain, Clyde Barrow tue un shérif adjoint, qui leur avait demandé leurs papiers. Bonnie réplique quelques jours plus tard en assassinant le propriétaire d'une voiture qui les avait surpris en train de la voler. Puis, Clyde tue un pompiste dans l'attaque d'une station-service. Bonnie Parker n'est pas en reste et abat un nouveau policier à moto. Elle a repris l'avantage et elle le gardera jusqu'au bout. William Jones assiste à ce carnage sans se manifester ni faire de commentaires...

Bien entendu, la traque contre eux s'organise. Ils sont recherchés dans une douzaine d'États et ils doivent fuir. En repassant dans le Missouri, ils reçoivent du renfort. Le frère de Clyde, Buck Barrow, qui vient de sortir de prison, les rejoint, avec son épouse Blanche. Celle-ci, contrairement à Bonnie, est une femme comme tout le monde, qui a horreur de la violence. Elle essaiera en vain d'empêcher les activités criminelles des trois autres.

Les débuts de la nouvelle équipe sont mouvementés. Ils ont décidé de s'accorder un peu de repos dans une maison de Joplin, dans le Missouri, pas loin de la frontière avec l'Oklahoma. Un voisin reconnaît Bonnie, dont la photo est publiée régulièrement à la une des journaux. Moins d'une heure plus tard, tous les policiers qu'il a été possible de réunir cernent la maison. Mais un agent trop nerveux tire trop tôt et donne l'alerte.

Il s'ensuit une fusillade d'enfer. Des centaines de balles sont tirées de part et d'autre. Quand la fumée se dissipe, deux policiers gisent à terre, morts. Quant aux tueurs, ils sont loin.

Deux semaines plus tard, tous les cinq trouvent refuge dans un chalet près de la route d'Enid, dans l'Oklahoma. De nouveau l'alerte est donnée par un voisin, de nouveau la police cerne les lieux et, de nouveau, ses occupants s'enfuient sous les balles... De l'Oklahoma ils remontent jusqu'à l'Iowa où ils commettent une nouvelle série de hold-up. Et là, pour la première fois, les choses tournent mal.

Dexter Park est une région boisée magnifique et très touristique. Les lieux sont aménagés pour le pique-nique ; il y a même des maisonnettes où l'on peut se reposer. La bande se trouve dans deux d'entre elles, lorsque la police intervient en force. Bonnie, Clyde et William Jones parviennent à se dégager et à s'enfuir en voiture, mais Buck Barrow et sa femme se sont laissé surprendre. Buck tombe criblé de balles, Blanche est indemne et trop heureuse de se rendre...

Le trio, toujours poursuivi et toujours insaisissable, continue son équipée et ses exploits sanglants. Dans le Colorado, Clyde tue un policier qui les a reconnus. Au Kansas, Bonnie abat un pompiste lors de l'attaque d'une station-service et, un peu plus tard, au Nebraska, un policier sur la route, juste pour le plaisir. Le plus extraordinaire, c'est que tous deux se comportent comme des amoureux en voyage de noces. Ils se font photographier par William Jones dans des poses tendres ou amusantes. Entre deux coups de feu, Bonnie Parker, qui ne manque pas d'un certain talent d'écriture, compose *La Ballade de Bonnie and Clyde* où elle chante leur amour.

L'année 1934 arrive et il se produit alors ce qui aurait dû se passer depuis longtemps : William Jones en a assez. Comme ils se trouvent près de Houston, il s'enfuit et se constitue prisonnier auprès des policiers de la ville. Il rédige une confession de vingt-huit pages où il raconte tous les crimes commis par le couple, auxquels il n'a pas participé, ainsi que les actes de perversité sexuelle dont il a été victime de la part de Bonnie. Et il supplie les autorités du Texas de l'enfermer à vie pour ne jamais se retrouver en leur présence...

Bonnie et Clyde, de leur côté, doivent une nouvelle fois trouver un partenaire. Ils décident de reprendre le précédent, Ray Hamilton, qui purge sa peine dans une ferme-prison d'Eastman, au Texas. Il ne devrait pas être trop difficile de le délivrer. Les deux amants se livrent à un assaut de grand style, au cours duquel deux gardiens sont tués, et ils repartent avec leur compagnon.

Face à cette nouvelle action d'éclat, les autorités réagissent : le directeur des prisons du Texas engage un ex-policier, Franck Hamer, ancien as des Texas Rangers, la police montée de l'État, avec pour mission de poursuivre les criminels et de les abattre. Et cela change tout, car Franck Hamer, agissant pour son propre compte, avec le concours des polices locales, n'est pas tenu de s'arrêter à la limite de chaque État.

Pour l'instant – et il s'en faut juste de quelques mois –, le FBI, la police nationale, n'existe pas encore. Il sera créé peu après pour éliminer Dillinger, qui sévit au même moment. Franck Hamer va donc jouer ce rôle, dans une demi-légalité sur laquelle tout le monde ferme les yeux.

La traque continue mais Bonnie Parker et Clyde Barrow sentent la différence. Alors qu'avant il leur suffisait de changer d'État pour avoir un peu de répit, ils ont maintenant à leurs trousses un poursuivant qui ne les lâche plus. Il arrive parfois quelques minutes après eux et ils ne s'échappent que de justesse. Cela ne les empêche pas de continuer leurs agressions, émaillées de temps à autre de meurtres gratuits.

C'en est trop pour leur compagnon. Ray Hamilton comprend qu'il ne s'en sortira pas vivant et, comme l'a fait son prédécesseur, il déserte. Bonnie et Clyde le remplacent par un bel éphèbe blond, Henry Methvin, qui sort juste de prison. Et l'épopée sanglante continue... Le jour de Pâques 1934, près de Grapevine, au Texas, Bonnie Parker tue au fusil deux policiers motocyclistes, qui les avaient reconnus et pris en chasse. Quelques jours plus tard, Clyde Barrow en abat un autre près de Commerce, en Oklahoma. Après quoi, ils descendent vers la Louisiane, toujours poursuivis par Franck Hamer.

Près du village d'Arcadia, une région boisée au charme bucolique, Henry Methvin les quitte brusquement, comme les deux autres. Mais lui ne se contente pas de s'enfuir : il retrouve leur poursuivant, qu'il sait tout près, et il lui donne tous les renseignements pour un guet-apens.

Franck Hamer ne laisse pas passer l'occasion. Il recrute tous les policiers de Louisiane qu'il peut, prend de l'avance sur le couple et lui tend une embuscade. Tout se déroule conformément à son plan. À l'approche de la voiture, un camion se met en travers de la route. Clyde freine et s'arrête. Il n'a pas le temps de manœuvrer pour repartir : les policiers surgissent du bas-côté où ils s'étaient cachés et ouvrent le feu sans sommation. Ils ne tirent pas moins de cent soixante-sept balles de gros calibre. Cette fois, c'est bien fini : Clyde Barrow et Bonnie Parker sont morts. Ils ont reçu chacun plus de cinquante balles dans le corps. Lorsqu'on examinera leurs armes, on découvrira neuf encoches sur le fusil à canon scié de Clyde et onze sur le revolver de Bonnie. Jusqu'au bout, elle aura gardé l'avantage.

Ainsi s'est terminée leur brève et tragique histoire. Quarante ans plus tard, en 1967, le cinéma immortalisait à tout jamais le couple avec le film *Bonnie and Clyde*, d'Arthur Penn. Les deux gangsters sont devenus pour la jeunesse de l'époque, en pleine guerre du Vietnam et en pleine contestation étudiante, le symbole de la révolte face à la société.

Mais de leur temps déjà, Bonnie Parker et Clyde Barrow ont suscité la fascination de leurs contemporains. À tel point que les autorités les ont inhumés dans deux cimetières différents de Dallas, pour éviter que leurs tombes ne deviennent un lieu de pèlerinage. Cela n'a pas empêché des mains anonymes de venir les fleurir. Elles le sont toujours...

A priori, on ne voit pas pourquoi on pourrait admirer ces criminels barbares, qui n'ont fait que tuer pour quelques dollars et parfois pour le plaisir. Pourtant, ils avaient quelque chose que n'avaient pas les autres : ils s'aimaient, et c'est ce mélange d'amour et de mort, presque unique dans l'histoire de la criminalité, qui nous touche encore aujourd'hui.

Leur aventure n'est pas très loin de la tragédie grecque. On y sent de bout en bout la présence du destin, la main de ces dieux passionnés et cruels qui mènent les actions des hommes.

Aussi, les derniers mots, nous les laisserons à Bonnie Parker, qui évoque, dans sa *Ballade de Bonnie and Clyde,* leur fin inévitable :

« Un de ces jours, ils tomberont ensemble.
Sûrement, il y en a qui pleureront
Et les flics, eux, se réjouiront.
Pour Bonnie et Clyde, ce sera l'éternité. »

L'affaire Crippen

– Belle Elmore a disparu !

C'est ce que se répètent ses amis, en ce mois de mars 1910. Ils ne sont guère nombreux, mais tout de même, c'est étonnant, alors les conversations vont bon train.

Cora Crippen, de son vrai nom – et de son nom de jeune fille Cora Turner –, est l'épouse du docteur Harvey Crippen, qui possède une clinique dentaire à Londres. Âgée de quarante ans, Cora était venue en Angleterre vingt ans plus tôt, en provenance de sa Californie natale, attirée par le charme de la vieille Europe. Une rage de dents l'avait mise en rapport avec le docteur Crippen. Elle était belle, il était riche, et ce fut l'un des mariages les plus en vue de la capitale.

Tout comme leur couple. Ils étaient reçus par la meilleure société, jusqu'au jour où Cora s'est mis en tête de devenir chanteuse. Dans toutes les soirées où elle était invitée, elle exigeait de faire son récital. Elle avait même pris un nom d'artiste, Belle Elmore, car elle voulait en faire son métier, monter sur les planches. Malheureusement pour elle, Belle Elmore avait une voix déplorable, avec, en plus, un accent américain insupportable aux oreilles britanniques. Bref, elle était devenue invivable. On les invita de moins en moins, et bientôt presque plus.

Or, au début de l'année 1910, on a cessé de voir sa silhouette un peu empâtée et ses toilettes tapageuses. Le docteur Harvey Crippen sortait seul, avant qu'on ne le voie un soir au théâtre en compagnie de sa secrétaire, la jeune et jolie Ethel Le Neve.

Que se passait-il ? Belle Elmore était-elle malade ? Était-elle retournée en Amérique pour une raison quelconque ? À vrai dire, personne ne se serait inquiété si le docteur lui-même s'était tenu à une seule version. D'autant que le fait d'être délivré de l'insupportable cantatrice était suffisant pour qu'on ne se montre pas curieux. Mais il disait aux uns :

– Elle a eu un refroidissement et elle a perdu sa voix. Elle est allée sur la Côte d'Azur pour se rétablir.

Il annonçait à d'autres :

– Son père vient de mourir. Elle s'est rendue en Californie pour régler l'héritage.

Ou encore :

– Elle a fait une dépression. Elle est soignée dans une clinique à la campagne.

La seule chose certaine, c'est qu'au début du mois de mars, la fidèle secrétaire Ethel Le Neve s'est installée chez les Crippen et que, quelques jours plus tard, elle a paru dans une vente de charité avec les bijoux de la disparue. C'est à ce moment que les premières lettres anonymes sont parvenues à Scotland Yard et que l'affaire Crippen a commencé.

Un matin d'avril 1910, l'inspecteur principal Walter Dew, accompagné de son adjoint, le sergent Mitchell, sonne à la porte du cottage cossu où habite le médecin. Il est reçu par Ethel Le Neve. Cette dernière est visiblement troublée de se trouver en présence de policiers.

– Le docteur Crippen n'est pas ici, messieurs. Il est à son travail. Sa clinique se trouve au 111 New Oxford Street.

L'inspecteur principal Dew semble surpris.

– J'ai bien l'honneur de parler à Ethel Le Neve ?

– Elle-même...

– Pardonnez-moi, mademoiselle, mais pourquoi n'êtes-vous pas avec lui ? Je croyais que vous étiez sa secrétaire.

– C'est-à-dire... j'étais sa secrétaire. Je ne le suis plus. Il en a engagé une autre.

– Et vous, que faites-vous ?

– Le docteur m'a demandé de tenir son intérieur en l'absence de sa femme.

L'inspecteur principal considère son interlocutrice avec attention.

– C'est précisément la raison de notre venue, mademoiselle Le Neve. Savez-vous ce qu'elle est devenue ?

La jeune femme se trouble davantage, cherche ses mots et finit par répondre :

– Je préfère qu'il vous le dise lui-même.

Un peu plus tard, l'inspecteur Dew et le sergent Mitchell pénètrent dans le bureau du docteur Crippen. L'immeuble qui abrite sa clinique est situé au centre de Londres, ce qui indique assez la fortune qui est la sienne... L'homme a tout du gentleman. Il porte sa cinquantaine avec distinction : une haute stature, des cheveux grisonnants, avec un début de calvitie, des favoris, des lunettes cerclées d'or.

– Prenez place, messieurs. Je m'attendais à votre visite... C'est de mon épouse qu'il s'agit, n'est-ce pas ?

L'inspecteur Dew confirme et le praticien prend une mine de circonstance.

– Hélas, j'ai la plus triste des nouvelles à vous apprendre : elle est morte en Californie.

– Vous m'en voyez sincèrement désolé... Elle était donc retournée en Amérique ?

– Elle avait exprimé le désir de rendre visite à sa famille. Cela faisait vingt ans qu'elle ne l'avait pas vue. Je ne pouvais m'y opposer... Malheureusement, j'ai reçu une lettre de là-bas, me disant qu'elle était morte tout de suite après avoir débarqué.

– Puis-je vous demander la raison de son décès ?

– Je ne sais pas. On m'a seulement dit qu'elle était morte.

– Qui vous a écrit ?

– Un de ses cousins, que je ne connaissais pas.

– Vous avez cette lettre ?

– Je l'ai brûlée dans ma douleur.

– Et vous n'avez fait aucune démarche à la suite de sa mort ?

– Non. De quel genre ?

– Je ne connais pas les termes de votre contrat de mariage,

mais sans doute êtes-vous son héritier. Or, elle avait des biens, des bijoux sûrement, peut-être un compte en banque.

– Je n'y ai pas pensé. J'étais bouleversé...

Il y a un long silence. Le dentiste contemple le visage fermé de son interlocuteur.

– Vous ne me croyez pas ?

– Mettez-vous à ma place...

Harvey Crippen quitte son fauteuil et se met à marcher de long en large dans la pièce, en proie à la plus vive agitation. Il s'arrête enfin.

– Vous avez raison, inspecteur, elle n'est pas morte. J'ai dit cela pour éviter le scandale. En fait, elle est partie pour les États-Unis avec un inconnu.

– En laissant ses bijoux, ses toilettes ?

– Qui sait ce qu'une femme peut faire sous le coup de la passion ? D'ailleurs, je suis certain que ce nouvel homme est riche et qu'elle a autant si ce n'est plus d'argent qu'avec moi.

L'inspecteur réfléchit un instant, puis hoche la tête.

– Je ne demande qu'à vous croire, docteur, et je n'ai plus qu'une petite formalité à accomplir pour clore mon rapport : jeter un coup d'œil chez vous. Pourrions-nous le faire tout de suite ? Le plus tôt serait le mieux.

Harvey Crippen a une expression fugace de contrariété, mais il réplique d'un ton courtois :

– Parfaitement. Je vais vous accompagner.

Les deux policiers reviennent au cottage où ils retrouvent Mlle Le Neve, plus mal à l'aise que jamais... La petite formalité annoncée dure plus longtemps que prévu. Secondé par son adjoint, l'inspecteur parcourt la maison de la cave au grenier, sonde les murs et les parquets, examine les allées et les pelouses du jardin. Ethel Le Neve ne tient pas en place, Harvey Crippen, lui, affiche un flegme tout britannique. À la fin, n'ayant pas obtenu le moindre résultat, l'inspecteur va trouver la jeune femme :

– Cette demeure est très bien tenue, mademoiselle. J'adresse mes compliments à la nouvelle maîtresse de maison.

Puis, il se tourne vers le dentiste.

– Pourriez-vous préparer une note donnant les caractéristiques physiques et tous les renseignements que vous avez sur votre épouse ? Nous la diffuserons aux États-Unis.

– Certainement.

– Vous est-il possible de passer demain à Scotland Yard ?

Le dentiste accepte, et les deux policiers prennent congé. Le sergent Mitchell interroge son supérieur :

– Vous le croyez coupable ?

– Oui, mais je pense aussi qu'on ne trouvera pas de preuve contre lui. Des criminels qui échappent à la police, il y en a toujours eu et il y en aura toujours.

– Cette note que vous lui avez demandée, c'est un piège ?

– Pas du tout. On ne peut pas exclure l'autre hypothèse. Des femmes qui quittent leur mari, cela existe aussi.

– Alors, l'affaire va être classée ?

– À moins que survienne un fait nouveau ou qu'il commette une grosse erreur.

Et c'est exactement ce qui va se passer ! Alors qu'il suffisait à Harvey Crippen d'apporter sa note à Scotland Yard pour être définitivement tranquille, dès le départ des policiers, il perd la tête. Il quitte précipitamment Londres, en compagnie d'Ethel Le Neve, n'emportant que quelques bagages et une grosse somme d'argent.

Inutile de dire que, lorsque sa disparition est connue, les grands moyens sont employés. Cette fois, c'est une armée de policiers, équipés de pelles et de pioches, qui investit le cottage. Le jardin est entièrement retourné, la maison presque démolie. C'est ainsi qu'on découvre une petite niche derrière un des murs de la cave. Elle semble vide mais, en creusant, on retire un magma de chair humaine et de tissu rose. Malgré la décomposition, on parvient à reconnaître un buste de femme. On ne retrouvera jamais la tête et les membres. C'est tout ce qui reste de Belle Elmore.

Un avis de recherche est lancé en Angleterre et à l'étranger, avec pour récompense la coquette somme de 250 livres, pour toute personne fournissant un renseignement. Du coup, en quelques jours, les lettres affluent, non seulement en provenance d'Angleterre, mais d'autres pays, comme la France, la Suisse, l'Espagne et la Belgique.

L'inspecteur principal Dew cherche prioritairement un couple qui se serait embarqué pour l'Amérique du Nord ou du Sud. D'après lui, Crippen, qui a beaucoup d'argent, va tenter de refaire sa vie dans le Nouveau Monde. Mais rien ne correspond, à part, peut-être, une indication venue d'Anvers, selon laquelle, un M. Robinson et son fils se sont inscrits en dernière minute sur un paquebot américain, le *Monrose*, en partance pour Montréal. Pourrait-il s'agir du médecin et de sa secrétaire ?

En apparence, cela semble impossible à vérifier, mais il se trouve qu'en ce mois de mai 1910, Scotland Yard vient de se doter d'un matériel tout nouveau : un poste de radio émettant et recevant en morse. Comme tous les grands bateaux, le *Monrose* a la radio. L'inspecteur Dew lui fait donc envoyer le message suivant, de la part de Scotland Yard : « Pouvez-vous nous donner des précisions sur l'apparence physique de deux de vos passagers, M. Robinson et son fils ? »

La réponse vient peu après, sous forme de sons longs et brefs, que traduit le technicien. Elle émane du capitaine lui-même et elle confirme les soupçons de l'inspecteur : « Les Robinson ont un comportement bizarre, ils ont l'air inquiet et ils se prodiguent des marques d'affection qui ne sont pas normales entre un père et un fils. Les marins ont tout de suite pensé que c'était un couple homosexuel déguisé. »

L'inspecteur principal Walter Dew peut triompher à juste titre Non seulement son intuition était la bonne, mais il vient de réaliser une innovation en matière policière : c'est la première fois qu'une enquête criminelle aboutit grâce à la radio ! Cela dit, il reste quand même un doute infime. Il propose à ses chefs d'aller opérer l'arrestation en personne. Lui, il connaît le dentiste et il ne pourra pas se tromper.

Renseignement pris, le *Laurentic* part le jour même de Londres pour Montréal. Il est plus rapide que le *Monrose* et doit arriver quelques heures avant ce dernier. L'inspecteur embarque à son bord et, effectivement, il est présent sur le quai pour accueillir les fugitifs à leur descente de la passerelle. En apercevant le dentiste, il retire civilement son chapeau melon.

– *Good morning*, docteur Crippen !

L'intéressé réagit avec un calme parfait. Il tend les mains pour qu'il lui passe les menottes, en lui répliquant :

– *Good morning*, inspecteur Dew.

Les pseudo-M. Robinson et son fils reviennent à Londres sur un autre paquebot, sous la surveillance de l'inspecteur principal, et l'enquête se poursuit dans la capitale britannique. Les charges les plus accablantes s'accumulent contre le docteur Crippen, mais il apparaît que Mlle Le Neve, poursuivie pour complicité, a eu un rôle plus que mineur. Il n'est pas du tout sûr qu'elle ait participé au meurtre ni même qu'elle en ait connu le projet. Elle l'a vraisemblablement appris après que le docteur Crippen eut tué sa femme...

Harvey Crippen et Ethel Le Neve passent en jugement devant Old Bailey, le tribunal criminel de Londres, le 18 octobre 1911. C'est assurément un beau procès. La meilleure société s'est déplacée pour voir le médecin. Ce n'est pas tous les jours que comparaît un accusé de cette qualité. Et il ne déçoit pas le public. Élégamment vêtu, portant avec beaucoup d'aisance ses cheveux gris et son début de calvitie, il est aussi distingué que courtois.

Il plaide non coupable. Interrogé par le président sur son départ précipité, qui ressemble à un aveu, il répond :

– Votre Honneur comprendra qu'un honnête homme n'aime guère avoir affaire à la police. Je craignais qu'on ne me retînt en prison tant qu'on n'aurait pas retrouvé Mme Crippen.

En revanche, il a beaucoup plus de mal à expliquer les restes macabres retrouvés dans sa cave... Tout au long des débats, il ne se départ pas de sa politesse, se montrant particulièrement aimable avec l'inspecteur Dew. Comme son avocat veut reprendre ce dernier sur un point de sa déposition, il intervient aussitôt.

– Je vous en prie, maître ! Du moment que M. l'inspecteur principal l'affirme, le fait est certainement exact.

Mais cela ne peut empêcher l'inévitable. Après avoir annoncé la décision du jury, qui le reconnaît coupable sans circonstances atténuantes, le président se coiffe de la toque noire traditionnelle pour prononcer le verdict :

– Harvey Crippen, la cour vous condamne à être pendu jusqu'à ce que mort s'ensuive. Puisse Dieu tout-puissant avoir pitié de votre âme !

De son côté, Ethel Le Neve est acquittée.

Quelques semaines plus tard, le 23 novembre, le bourreau a passé la corde au cou d'Harvey Crippen. Ce dernier a eu par la suite l'honneur discutable d'avoir sa statue chez Madame Tussaud, le musée de cire londonien, dans la Chambre des horreurs, qui regroupe les plus grands criminels anglais. S'il vous arrive de vous y rendre, vous le reconnaîtrez sans peine : c'est le plus distingué.

Mesrine, la vedette

Il voulait faire parler de lui et il a été le premier en France à utiliser les médias modernes pour y parvenir, d'où une célébrité énorme et un nom qui, aujourd'hui encore, dit quelque chose au public. Il n'a pas été le bandit le plus redoutable ni le plus sanglant du XXe siècle, mais il a été l'un des plus manipulateurs. Et il a certainement obtenu ce qu'il voulait : le vedettariat et une fin aussi tragique que spectaculaire.

Jacques Mesrine est issu d'un milieu aisé. Il naît le 28 décembre 1936 à Clichy, de parents marchands de tissus. Son enfance se déroule sans incident majeur, à part l'absence de son père, prisonnier pendant toute la durée de la guerre, de 1940 à 1945. Ses parents ont de grandes ambitions pour lui. Ils voudraient qu'il fasse HEC et qu'il se lance dans les affaires. Malheureusement, il n'est ni doué pour les études ni intéressé par elles. Il est d'abord placé chez les oratoriens, qui finissent par le renvoyer pour mauvaise conduite. On l'inscrit alors dans un lycée, mais il gifle le proviseur. Un séjour en établissement technique n'est pas plus heureux : il ne tient que six mois.

Ses parents doivent s'y résoudre : Jacques ne fera pas HEC, il n'aura même pas son bac. Son père le retire de l'école et le fait entrer, alors qu'il a seize ans, comme représentant dans le magasin de tissus d'un de ses amis. Là encore, il ne reste pas longtemps. Mais les relations paternelles continuent à jouer et le voilà représentant ailleurs. À dix-huit ans, il se marie avec une Africaine et vivote avec elle dans le Quartier latin jusqu'en 1957, date à laquelle il part pour l'Algérie.

Il y reste vingt-huit mois et, à la différence de beaucoup d'autres, il y passe des moments heureux. Il a le goût de l'action et se découvre la passion des armes. Il se montre un bon soldat, discipliné et courageux, ce qui lui vaut la croix de la Valeur militaire. Cela ne l'empêchera pas, plus tard, dans sa biographie *L'Instinct de mort*, écrite en prison en 1975, de rendre cette période algérienne responsable de sa dérive vers le crime.

Développant une idéologie de circonstance, il masque sous des dehors politiques son passage à la délinquance. « Au nom de quoi m'avait-on donné le droit de tuer des hommes qui auraient pu devenir mes amis ? Cette société s'était servie de moi comme d'un pion, profitant de ma jeunesse pour faire un bon tueur. Désormais, j'allais donc m'attaquer à elle pour lui faire payer le prix de ce qu'elle avait détruit en moi. Je me suicidais socialement. »

En fait, à son retour en France, c'est plus aux débuts d'un petit malfrat qu'on assiste qu'à l'explosion d'un desperado. Il divorce et retrouve encore une fois une place de représentant dans le textile, grâce à son père. Encore une fois, il n'y reste que quelques mois, mais son père en a alors assez et se fâche. Jacques Mesrine s'installe dans un petit hôtel du Quartier latin, où il subsiste tant bien que mal, en vendant des journaux et en travaillant aux Halles.

Il a vingt-quatre ans et il prend l'habitude de se promener armé. Il s'est inscrit dans divers cercles de jeu de la capitale, qu'il fréquente assidûment. Il a également une vie sentimentale agitée... Les femmes et le jeu, tout cela coûte cher, alors il commet de petits braquages de temps en temps. Mais l'irréparable n'est pas commis, d'autant qu'il a la chance de ne pas se faire prendre.

En 1961, il fait un mariage d'amour avec une Espagnole, Maria de Soledad, qui lui donnera trois enfants, dont sa fille préférée, Sabrina. C'est aussi en 1961 qu'il est arrêté pour la première fois, pour port d'armes, au cours d'un contrôle de routine. La justice est indulgente, il n'est condamné qu'à 300 francs d'amende. Mais l'année suivante il est de nouveau arrêté, toujours à un contrôle, au volant d'une voiture, en compagnie de trois complices.

Dans le coffre, il y a un véritable arsenal et, cette fois, pas question de s'en sortir avec une simple amende. Après un interrogatoire serré, Jacques Mesrine finit par avouer un cambriolage commis l'année précédente. La sanction tombe : dix-huit mois de prison ferme. À sa sortie, Maria de Soledad est là qui l'attend et, sous son influence, il décide de devenir honnête. Contrairement à ce qu'il affirme dans son livre, la guerre d'Algérie n'a pas fait de lui une tête brûlée. Il est encore temps de faire marche arrière.

Il trouve un poste de maquettiste dans un cabinet d'architecte ; il est payé 1 500 francs par mois, ce qui, à l'époque, est tout à fait convenable. Il n'a rien caché de son passé à son employeur et à ses collègues et il se montre un travailleur modèle pendant dix-huit mois. Cette fois, il s'accroche, pas question de partir sur un coup de tête, mais la malchance s'en mêle. Une compression de personnel lui vaut d'être licencié. Il travaille quelques semaines chez ses parents, pourtant le cœur n'y est plus.

Il éprouve le besoin de changer d'air. Il s'installe avec sa femme et ses enfants à Palma de Majorque, mais ce n'est pas pour y faire du tourisme. Il récolte six mois ferme pour tentative de vol à main armée. À sa sortie de prison, il rentre en France. Cela ne changera pas sa destinée : il a quitté définitivement la légalité.

Son père lui offre la gérance d'une auberge dans l'Oise. Il en fait rapidement un repaire de truands. Il dilapide son fonds de commerce et paye ses créanciers avec des chèques sans provision. Comme pour marquer une rupture avec la vie honnête sur le plan sentimental, il rompt avec Maria de Soledad et s'éprend d'une call-girl, Janou Schneider. Dans ses mémoires, il prétend qu'il a tué ses deux souteneurs, qui voulaient la lui vendre, et a enterré leurs cadavres. On n'a jamais retrouvé trace de ces meurtres, qu'il a vraisemblablement fabriqués pour enrichir sa légende.

Nous sommes alors en 1967 et, pour la première fois, il se cache. La police le soupçonne de meurtres de petits truands et d'une agression contre un industriel de Chamonix. Mais elle n'a aucune preuve et le seul mandat d'arrêt contre lui concerne les chèques sans provision émis dans l'Oise. Toujours est-il que Mesrine décide encore une fois de prendre le large et part pour le Canada.

Là, tout commence par une nouvelle tentative pour vivre honnêtement. Janou Schneider et lui trouvent deux postes d'employés de maison chez un milliardaire de Montréal. Il est chauffeur, elle est cuisinière. Mais la chance n'est pas au rendez-vous. Janou se dispute avec le jardinier et ils sont licenciés. Plus tard, dans son livre, Jacques Mesrine reviendra sur ses deux tentatives manquées de réinsertion : « Par deux fois, j'ai voulu changer ma route et rejoindre la société et ses lois. J'ai échoué, car l'homme qui franchit les portes d'une prison en reste marqué à vie quoi qu'il fasse. Après ces deux échecs, j'ai choisi la révolte, et, dès ce jour, les refus de la société n'ont plus eu d'importance pour moi. J'ai violé ces lois et vécu hors d'elles. Je suis devenu inintimidable. »

C'est effectivement à ce moment que Mesrine bascule dans la grande criminalité. Il commence par enlever, avec l'aide de sa compagne, le milliardaire qui les avait employés. L'opération réussit mais l'homme parvient à s'évader et le couple est obligé de s'enfuir.

Il s'ensuit une course-poursuite avec la police canadienne. On soupçonne Mesrine d'avoir assassiné la gérante d'un motel où il avait passé une nuit pendant sa cavale. Toujours est-il qu'avec Janou ils parviennent à passer la frontière des États-Unis. Là, ils font du tourisme. Ils assistent au lancement d'une fusée Apollo à cap Canaveral. Mais le FBI est à leurs trousses, et Mesrine est arrêté dans l'Arkansas, puis extradé vers le Québec.

Il passe en jugement pour l'enlèvement du milliardaire. L'assassinat de la gérante du motel n'a pas été retenu contre lui, faute de preuves. Dans ces conditions, il est condamné à dix ans de prison, qu'il purge au pénitencier Saint-Vincent-de-Paul, près de Montréal.

Si Mesrine n'a pas été vraiment un malfaiteur hors du commun, il mérite sans conteste son titre de « roi de l'évasion ». Arrivé en prison en mai 1972, il s'en échappe au mois d'août, en compagnie d'un certain Mercier. À trente-six ans, il entame la dernière partie de sa carrière, aussi brève que violente.

Pour subsister, les deux évadés multiplient les hold-up. Comment se sont-ils procuré des armes ? Le mystère est d'autant plus grand qu'ils disposent d'un véritable arsenal. Le 3 septembre, Mesrine et Mercier attaquent le pénitencier Saint-Vincent-de-Paul pour « faire évader des amis ». Surpris par des policiers, ils les blessent grièvement. Ils veulent les achever mais les gardes tirant depuis les miradors les en empêchent et les mettent en fuite.

Une semaine plus tard, alors qu'ils sont pourchassés, deux gardes forestiers les surprennent, tandis qu'ils campent dans la forêt. Mesrine les abat froidement tous les deux. Ce sont les deux seuls crimes qu'on peut formellement lui imputer mais, curieusement, il n'aura jamais à en répondre.

Depuis son évasion, il a rompu avec Janou Schneider. Il franchit la frontière canadienne avec une nouvelle compagne. Les hold-up l'ont rendu riche : ils passent une semaine au Waldorf Astoria, le plus grand palace de New York. Il entame alors cette recherche effrénée du vedettariat qui sera la sienne désormais. Il envoie à un hebdomadaire canadien une cassette de deux heures, dans laquelle il accuse le directeur du pénitencier de torturer les détenus et compose le personnage qu'il veut être le sien, celui d'un bandit sanguinaire, mais chevaleresque : « Oui, j'ai du sang sur les mains, mais du sang d'hommes de mon milieu ou du sang de flics. Je n'ai jamais touché un innocent. »

Il rentre en France, où il est encore quasiment inconnu. Cela ne va pas durer. Il multiplie les hold-up : dix en deux mois, dont cinq début janvier 1973. À chaque fois, il s'empare de sommes importantes, mais ce n'est pas vraiment l'argent qui l'intéresse. Il fait cela pour le plaisir ; il le dit sans détour à un jeune complice :

– Tu vois, fils, le passe-temps de certaines personnes, c'est le golf, le ski. Moi, je me relaxe avec l'attaque à main armée. Je ne vis que pour le danger. Je sais bien que c'est con, mais j'aime risquer ma peau.

Dans la nuit du 6 au 7 janvier 1973, à Paris, un proxénète est assassiné de cinq balles de revolver, dont quatre dans la tête. La police est persuadée que c'est l'œuvre de Mesrine et des moyens très importants sont déployés pour sa capture.

Il est pourtant loin d'être prudent. Place de la Madeleine, suite à une altercation avec la caissière d'un café pour un sandwich, il sort son revolver. Deux gardiens de la paix interviennent et il tire sans hésiter, blessant grièvement l'un d'eux. Il parvient à s'enfuir et ne sera pas reconnu ni inquiété pour cet acte. L'une de ses spécialités, d'ailleurs, est la manière dont il arrive à changer de visage, à l'aide de perruques, moustaches et autres accessoires...

La police finit par le retrouver peu après, à son domicile de Boulogne-Billancourt. L'arrestation se fait en douceur, alors qu'il sort de chez le teinturier, des paquets sur les bras. Il reconnaît que le coup est bien joué et s'écrie, tandis qu'on lui passe les menottes :

– Chapeau, messieurs !

La perquisition effectuée chez lui permet de découvrir un arsenal extraordinaire : fusils-mitrailleurs, mitraillettes, fusils, revolvers, grenades, explosifs. Et pourtant, paradoxalement, les charges contre lui sont des plus légères : il n'est poursuivi que pour les chèques sans provision de l'Oise. Pour le reste, ou on ne sait pas que c'est lui, ou on manque de preuves. Il est interrogé sur l'assassinat du proxénète, mais il nie. Il est bien poursuivi au Canada pour deux meurtres, mais l'extradition est une procédure longue et compliquée.

C'est donc pour une simple et banale escroquerie que Jacques Mesrine comparaît devant un tribunal de l'Oise. Malgré les nombreux indices sur sa détermination et sa dangerosité, les policiers l'ont sous-estimé. Ils vont le regretter ! Car il a parfaitement préparé son coup. Juste avant de passer en jugement, il demande à aller aux toilettes, où il s'empare de l'arme laissée par un complice. Arrivé dans le box, il brandit son revolver et crie :

– Baissez-vous tous ou je tue le juge !

Il s'empare de ce dernier, se fait remettre une voiture et parvient à disparaître. Cette évasion spectaculaire lui vaut du jour au lendemain la célébrité. À partir de ce moment, les journaux et les télévisions parlent de lui et il va tout faire pour qu'ils en parlent plus encore.

Il reste en fuite durant quatre mois, pendant lesquels, selon son habitude, il multiplie les hold-up. Celui d'une imprimerie parisienne, le 2 juin 1973, lui rapporte près de 300 000 francs, mais ce n'est pas cela qui peut le contenter. Seul le plaisir motive ses actes.

La police finit tout de même par avoir le dernier mot, en l'occurrence le très médiatique commissaire Broussard, le patron de la brigade antigang. L'arrestation se fait dans des conditions extrêmement spectaculaires, qui ont tout pour ravir les journalistes. Le policier tambourine à la porte de son appartement.

– Rends-toi, Mesrine, tu es fait ! C'est Broussard.

À l'intérieur, on entend la voix du bandit :

– Vous êtes vraiment Broussard ? Je ne veux me rendre qu'à lui.

Le commissaire passe sa carte d'identité sous la porte... Un certain temps s'écoule et Jacques Mesrine ouvre. Les tireurs d'élite, postés tout autour, pointent leurs armes, mais il tient à la main deux coupes de champagne et en tend une au policier. Tout cela sous les flashs des photographes... La légende de Jacques Mesrine ne fait que s'accroître.

Incarcéré à la Santé, sous le matricule 170979, Mesrine est un prisonnier modèle, du moins en apparence. Il est enfermé dans le quartier de haute sécurité (QHS) et isolé du reste des détenus, ce qui ne l'empêche pas d'avoir des contacts. Pour s'occuper, il rédige sa biographie, *L'Instinct de mort*, où il se présente comme une sorte de justicier et donne une justification politique à ses actes de banditisme. Il revendique pas moins de trente-neuf assassinats et un nombre impensable de hold-up.

Il sympathise avec un autre détenu, Jean-Charles Wiloquet, et les deux hommes se font un serment : le premier qui se fera la belle viendra délivrer l'autre. Peu après, Wiloquet réussit une évasion sanglante et spectaculaire, une évasion à la Mesrine. Comparaissant au palais de justice pour un simple vol de voiture, il s'empare du président, tue le commandant de la garde, abandonne son otage dans le parking et disparaît.

Dès lors, Wiloquet n'a plus qu'une idée en tête : faire évader le « grand Jacques ». Mais la police, à ses trousses, le retrouve et le blesse grièvement... Mesrine reste donc en prison. Son principal souci est toujours de soigner son image. Il accorde des interviews et menace les journalistes qui ne sont pas « gentils » avec lui. Il entame même des poursuites judiciaires lorsqu'il s'estime diffamé et le plus extraordinaire, c'est qu'en une occasion, il obtient satisfaction !

Comme si cela ne suffisait pas, il part en guerre contre les QHS. Il écrit une lettre ouverte à Hélène Dorlhac, secrétaire d'État à la condition pénitentiaire, pour obtenir leur suppression. Une partie de l'opinion accueille son action avec une certaine complaisance. Le journal *Libération* publie régulièrement ses messages. Certains gauchistes voient en lui un dénonciateur des vices de la société.

En attendant, il doit passer en jugement. Malgré les trente-neuf meurtres qu'il revendique dans son livre, aucun homicide n'est retenu contre lui. L'assassinat des deux gardes canadiens ne peut être jugé en France et ne le sera qu'après une éventuelle extradition. Parmi les armes retrouvées chez lui, il est établi que deux ont tué mais rien ne prouve qu'elles étaient alors en sa possession. Jacques Mesrine est donc poursuivi pour hold-up à main armée, tentatives d'homicide sur agents, prises d'otages, évasions, violences à magistrats, association de malfaiteurs, ce qui lui vaut vingt ans de prison.

Une telle condamnation ne l'affecte pas. Sa popularité n'a jamais été aussi grande et elle a tout pour le griser. Elle donne même lieu à des manifestations inimaginables : on voit des agents lui demander des autographes ! En attendant, il retourne au QHS de la Santé. Le plus invraisemblable, c'est qu'il va s'en évader.

Le directeur de la prison, qui avait demandé son transfert dans un autre établissement, suite à des rumeurs faisant état de complicités en sa faveur, n'est pas écouté. Le 8 mai 1978, à 9 heures du matin, Mesrine parvient à s'enfuir à la suite d'un plan minutieusement préparé. Un gardien qu'il a acheté lui a fourni des armes et il se fait la belle en compagnie de deux autres détenus, François Besse et Carman Rives ; ce dernier sera abattu par un agent.

Commence alors la dernière cavale de Jacques Mesrine, la plus sanglante, la plus démesurée et surtout la plus médiatique. Les points culminants de cette frénésie sont le hold-up du casino de Deauville, l'interview donnée à *Paris Match*, la tentative d'enlèvement du juge Petit, qui l'avait condamné et l'avait « jugé comme un flic et non comme un juge ». Il enlève aussi l'industriel Henri Lelièvre et pose à côté de lui avec un masque de Georges Marchais. Le kidnapping lui rapporte 1 million de francs mais, encore une fois, ce n'est pas l'argent qui l'intéresse, c'est la publicité.

Pendant dix-huit mois Jacques Mesrine défie la police, dont la concurrence entre services mine l'efficacité. Il est à la une de tous les journaux, il leur écrit, il dialogue avec eux mais, attention, il ne s'agit pas de dire n'importe quoi sur lui ! Pour avoir écrit qu'il n'est pas « réglo avec ses complices », Jacques Tillier, rédacteur à *Minute*, est enlevé par Mesrine et laissé pour mort avec trois balles dans le corps.

Toute la France ne parle plus que de lui et il constate avec ivresse que sa renommée dépasse les frontières. Il est maintenant connu aux États-Unis et au Japon. C'est l'époque des Brigades rouges en Italie, et de la bande à Baader en Allemagne : il tente de s'assimiler à eux, alors qu'il n'y a jamais rien eu de politique dans son action, qui relève uniquement du droit commun. En même temps, il soigne toujours son image de bandit sanguinaire mais sentimental. Il déclare, dans l'interview à *Paris Match* : « Le seul crime que je ne me suis jamais pardonné, c'est ce petit oiseau aux reflets bleus que j'ai abattu dans notre jardin à l'âge de treize ans. C'est le seul remords que j'ai connu, aussi abominable que cela puisse paraître. » Il a déclaré aussi qu'entre la police et lui, un duel à mort était engagé, ajoutant : « Le premier qui tirera aura raison... »

Il y a eu très peu d'ennemis publics numéro un en France, mais Mesrine mérite incontestablement ce titre, que les médias lui décernent d'ailleurs unanimement. Pour le ministre de l'Intérieur Christian Bonnet et même pour le président de la République Valéry Giscard d'Estaing, sa capture devient une priorité absolue, ou du moins sa neutralisation, car le prendre vivant sera sans doute difficile.

La police est certaine qu'il n'a pas quitté Paris, où il a accompli tous ses méfaits. À la suite de plusieurs renseignements, elle acquiert la certitude qu'il se cache 35, rue Béliard, dans le XVIIIe arrondissement... Le vendredi 2 novembre 1979, à 15 h 15, une jeune femme aux cheveux bouclés sort de l'immeuble, tenant un caniche blanc en laisse. C'est Sylvie Jeanjacquot, sa compagne du moment. Elle va dans un garage voisin et revient au volant d'une BMW 528, le plus puissant modèle de la marque.

À 15 h 18, elle s'arrête devant le 35, rue Béliard. Un homme en sort. Il porte une perruque mais on reconnaît avec certitude Jacques Mesrine. Il s'installe au volant et démarre, sans avoir remarqué plusieurs voitures banalisées, fourgonnettes, faux taxis et un camion de dix tonnes qui le suivent. À l'intérieur, il y a une petite armée de policiers.

À 15 h 20, dans une rue proche de la porte de Clignancourt, le dix-tonnes double la voiture, tandis que les camionnettes prennent position derrière, empêchant toute retraite. Le camion s'arrête et l'abattant arrière se baisse. Quatre hommes, tireurs d'élite de la brigade antigang, apparaissent. Ils sont armés de carabines automatiques Ruger à balles perforantes et d'un pistolet-mitrailleur Uzi.

Ils font feu. Vingt et une balles de calibre 5,65 traversent le pare-brise de la BMW. Dix-neuf atteignent Mesrine, les deux autres ont touché sa compagne au bras et à la tête. Elle survivra. Mesrine, lui, est mort. Toutes les balles étaient mortelles. À ses côtés, dans la voiture, on découvre une grenade du modèle le plus puissant... À 15 h 30, Christian Bonnet téléphone à Valéry Giscard d'Estaing :

– Mission accomplie, monsieur le Président.

Dans l'appartement de la rue Béliard, on trouve une cassette, que Mesrine avait enregistrée en cas de décès... Elle est adressée à Sylvie Jeanjacquot, mais elle est destinée tout aussi bien au grand public, auprès duquel il veut parader une dernière fois : « Chérie, je viens de tomber sous les balles de la police. C'est normal : c'était à qui tirerait le plus vite. »

Au gouvernement et dans la France entière, l'événement est accueilli avec soulagement. Pourtant certains critiquent une opération illégale : la police n'a pas le droit de tirer sans faire les sommations d'usage, ce qui n'a, de toute évidence, pas été le cas.

Mais était-il possible de faire autrement ? À cette question, la Cour de cassation, saisie par la famille Mesrine, a donné une réponse négative, le 6 octobre 2006, vingt-sept ans après les faits. Par son arrêt, elle a confirmé le non-lieu déjà prononcé le 1er décembre 2005 sur les conditions de l'arrestation et l'a rendu irrévocable. Non, la police n'avait pas le choix, non, elle ne pouvait agir en respectant les formes légales.

Aujourd'hui, l'affaire Mesrine est définitivement terminée.

Assassinat and Co

Avril 1972. Le lieutenant Arthur Brian prend ses fonctions au commissariat de police de Tallahassee, la capitale de la Floride. À vingt-huit ans, le lieutenant Brian est le type même du jeune policier plein de dynamisme et, pour peu qu'il ne commette pas d'impair, plein d'avenir... Ses débuts dans la police ont été extrêmement prometteurs. Il vient de l'État voisin de l'Alabama, où il a été précédé par une réputation flatteuse. Aussi, le chef de la police de Tallahassee, quand il l'accueille, a des projets bien précis en ce qui le concerne.

– Lieutenant, j'ai une mission pour vous. Et si vous vous en acquittez, je vous promets un bel avancement...

Il marque un temps avant de poursuivre :

– Vous devrez mettre fin aux activités du gang de Dick Bertolino.

Le jeune policier reste un instant silencieux. C'est un gros morceau. Le gang de Dick Bertolino, lié à la Mafia, est une des plus importantes organisations de malfaiteurs des États-Unis. Ses effectifs sont estimés à cent cinquante hommes. Il est spécialisé dans le trafic de drogue et opère le long des côtes de Floride, mais il ne dédaigne pas les autres formes de criminalité : vol à main armée, racket, prostitution. On lui impute au moins une dizaine de meurtres restés impunis. Car, bien que son chef et ses principaux lieutenants soient parfaitement connus, depuis que le gang existe aucun de ses membres n'a passé un seul jour en prison.

À cela, une seule raison : la peur. Même en Alabama, la bande de Bertolino terrorise les braves gens. Alors on peut imaginer ce que cela doit être en Floride...

La voix du chef de la police de Tallahassee tire Brian de ses pensées.

– Vous allez pouvoir vous mettre tout de suite au travail, lieutenant. Un viol a été commis hier soir : une jeune femme enlevée dans une boîte de nuit par trois hommes. D'après un témoin, qui est l'un de nos indics, il s'agissait de Bertolino et de deux de ses hommes. Seulement son témoignage n'a aucune valeur. Il nous faut celui de la jeune femme... Elle est à l'hôpital municipal. Je compte sur vous...

Tandis qu'Arthur Brian se prépare à partir, son chef le retient.

– Euh, lieutenant... si jamais la femme se décide à parler, vous devrez vous occuper personnellement de sa sécurité. Cela aussi fait partie de votre mission, et ce n'est sans doute pas le plus facile...

Le lieutenant Arthur Brian acquiesce d'un hochement de tête, l'air parfaitement sûr de lui. Il doit montrer une attitude énergique devant son chef. Pourtant, il mesure toutes ses responsabilités. Il sait dans quel état ont été retrouvées les victimes qu'on impute au gang Bertolino. La plupart ont été torturées et affreusement mutilées. Il ne s'agit pas seulement d'arrêter un criminel ; il sent que son enquête va faire courir beaucoup de risques à tous ceux qu'il va approcher.

Le lieutenant Brian se penche au-dessus du lit que l'infirmière lui a indiqué... Une jeune femme blonde d'une vingtaine d'années a un sursaut apeuré en le voyant. Il lui parle d'une voix douce.

– Ne craignez rien, mademoiselle. Je suis lieutenant de police. Je suis là pour vous aider. Êtes-vous en état de répondre à mes questions ?

La jeune femme prononce un petit oui. Arthur Brian sort

alors de sa poche plusieurs photos d'hommes. Elle les regarde et pousse immédiatement un cri :

– Celui-là ! C'était l'un des trois... Je le reconnais...

Le lieutenant Brian sourit intérieurement. Elle vient de désigner la photo de Dick Bertolino... Sa mission n'est finalement pas aussi difficile qu'il paraissait...

– Eh bien, mademoiselle, dès que vous serez remise, je vous demanderai de venir signer votre déposition.

Quinze jours plus tard, la jeune femme se présente à son bureau. Le lieutenant l'accueille avec amabilité, mais il se rend compte immédiatement qu'il y a quelque chose de changé dans son attitude.

– Asseyez-vous, je vous en prie. Si vous voulez bien confirmer la déposition que vous m'avez faite à l'hôpital...

La jeune femme ne s'assied pas.

– Je ne viens rien confirmer... Quand vous m'avez interrogée, j'étais encore sous le coup du choc nerveux. D'ailleurs, vous n'auriez pas dû m'interroger dans cet état...

Arthur Brian sort la photo de Dick Bertolino.

– Mais enfin, vous aviez reconnu formellement cet homme...

– Eh bien, je me suis trompée, c'est tout.

Le lieutenant lui pose la main sur le bras.

– Avez-vous été l'objet de pressions, de menaces ? Nous sommes en état d'assurer votre protection. Vous n'avez rien à craindre, je vous le jure.

La jeune femme se dégage vivement.

– Je ne comprends rien à ce que vous me dites. Je me suis trompée. Je n'ai rien d'autre à vous dire. Au revoir...

Resté seul, le lieutenant Arthur Brian comprend brusquement toute la complexité de sa mission. Qu'a-t-il pu se passer pour que cette jeune femme renonce à accuser son agresseur ? Quelles terribles menaces a-t-elle subies ? Décidément, l'adversaire est redoutable. Le lieutenant sent qu'il n'est pas au bout de ses difficultés.

Sur le plan policier, sa principale tâche est de tenter d'intercepter un des nombreux bateaux du gang qui se livre au trafic de drogue. Là, pas besoin de témoignage. En multipliant les patrouilles, tant avec les garde-côtes qu'avec les voitures, il devrait finir par coincer une des embarcations de l'organisation. Et pourtant, au fil des semaines, la malchance s'acharne contre lui. Chaque fois que ses hommes repèrent un bateau suspect et qu'un dispositif est mis en place pour l'intercepter, celui-ci parvient à disparaître à la dernière minute...

La malchance... Rien n'est moins certain, hélas... Tout se passe comme si les bandits étaient au courant des moindres faits et gestes de la police. Et qui peut leur fournir de tels renseignements, sinon la police elle-même ? Le lieutenant est atterré. Y aurait-il un traître parmi eux ? Dans ce cas, pas étonnant que tous ses efforts soient vains.

Pourtant, quelques jours plus tard se produit un événement qui lui redonne tout à coup espoir. Deux de ses hommes qu'il avait chargés de surveiller une boîte de nuit de Miami appartenant à Bertolino sont retrouvés gisant dans la rue. Ils ont été roués de coups. Plusieurs témoins anonymes ont précisé que, parmi les agresseurs, il y avait Bertolino en personne. Cette fois le lieutenant Brian est sûr qu'il touche au but. Avec le témoignage de deux policiers assermentés, le gangster ne s'en sortira pas. Et quand il sera sous les verrous, les témoins se décideront peut-être à parler...

Comme pour la jeune femme, c'est à l'hôpital qu'il va les interroger.

– Salut, les gars... Ça va mieux ? Le toubib m'a dit qu'il n'y avait rien de grave... Ça vous fera quelques semaines de repos aux frais de l'administration ! Alors, c'était bien lui, hein ?

L'un des deux policiers a un regard étonné.

– Qui ça, lui ?

– Eh bien, Bertolino, évidemment. C'est lui que vous deviez surveiller, non ? Agression contre des policiers, ça va lui coûter cher...

Le second blessé se redresse sur son lit.

– Écoutez lieutenant, il ne faut pas vous monter la tête. On ne peut rien vous dire. Mon collègue et moi, on n'a rien vu... N'est-ce pas, Richard ?

Le nommé Richard confirme.

– Rien du tout. On a été attaqués dans le dos...

Le lieutenant Brian blêmit... Peur. Ils ont peur, eux aussi. Même ses hommes n'osent pas témoigner... Il explose :

– Vous mentez ! J'ai plusieurs témoins qui affirment qu'ils vous ont attaqués de face... Vous êtes des policiers ! Votre devoir est de parler. C'est un ordre, vous m'entendez, c'est un ordre...

L'homme qui avait parlé le premier reprend la parole avec un sourire gêné.

– Lieutenant, j'ai une femme et trois gosses. Je vous en prie, lieutenant...

Arthur Brian est fou de rage. Il menace, il injurie. Mais les policiers ne fléchissent pas.

– On ne dira rien, lieutenant... Vous pouvez nous sanctionner, vous pouvez nous révoquer, on ne dira rien... On n'a pas vu nos agresseurs. Ils nous ont attaqués de dos, on vous dit...

Le lieutenant rentre dans son bureau, accablé. Non, jamais il n'obtiendra de témoignages puisque même ses hommes refusent de parler. Le gang de Dick Bertolino, protégé par la terreur qu'il inspire, disposant peut-être de complicités au sein même de la police, semble invincible...

Arthur Brian n'a qu'un seul atout : lui, il n'a pas peur et il est décidé à aller jusqu'au bout. Pourtant, il sait à présent que la route sera longue et qu'elle risque d'être jalonnée de cadavres, dont éventuellement le sien.

Mai 1974. Cela fait déjà deux ans que le lieutenant Arthur Brian, de la police de Floride, traque vainement le gang de Dick Bertolino, qui multiplie impunément les méfaits dans tout l'État...

Jusque-là, tous ses efforts ont été vains. Il a bien arrêté çà et là quelques petits trafiquants, quelques hommes de main, des comparses, des sous-fifres, qui, bien sûr, se sont tus obstinément... Ah, il en a vu défiler des muets dans son bureau depuis deux ans, le lieutenant Brian : des hommes et des femmes dont le regard effrayé démentait leurs propos faussement surpris ou indifférents...

Et, pendant ce temps, le trafic de drogue le long des côtes de Floride n'a cessé de croître. Pourtant, Arthur Brian n'a pas manqué d'énergie. Ses chefs ont mis tous les moyens qu'il demandait à sa disposition. Mais chaque fois les malfaiteurs semblent mystérieusement prévenus des moindres déplacements de la police. À chaque opération montée contre eux, au dernier moment, on ne retrouve plus personne...

Des victimes qui refusent de parler, des bandits ayant peut-être des indics au sein même de la police, comment peut-on lutter contre un tel adversaire ? Le lieutenant Brian est proche du découragement. Sa carrière marque le pas. Son chef a eu tort d'espérer des miracles de sa part. Il n'arrive pas à plus de résultats que les autres. Et le pire, c'est qu'il ne voit absolument pas de quelle manière réussir. Il lui faudrait peut-être un peu de chance. Mais jusqu'à présent elle lui a bien fait défaut...

Et c'est le 13 juin 1974 que, contrairement à toute attente, la chance lui sourit enfin. En prenant son service ce matin-là, il reçoit un appel urgent de la direction du port de Miami.

– Nous attendions impatiemment de vous joindre, lieutenant. Je crois que nous venons de marquer un point contre le gang Bertolino... Hier soir, il y avait gros temps. Un de nos garde-côtes a remarqué un bateau de plaisance en difficulté. Il a mis le cap sur lui. Il est parvenu à recueillir ses occupants et, parmi eux, il y avait Jimmy Carducci...

Le lieutenant Brian a une exclamation :

– Ce n'est pas possible !

Carducci est une grosse prise, la première. C'est, de notoriété publique, un des plus proches de Bertolino... Son correspondant continue :

– Ce n'est pas tout, lieutenant. Le garde-côte est parvenu à remorquer le bateau. À l'intérieur, il y avait une quantité importante de marijuana et surtout un appareillage radio très sophistiqué : goniomètre et récepteur ultra-perfectionné capable de capter les messages émis sur la fréquence de la police...

Arthur Brian pousse un soupir de soulagement. Non seulement il a sous la main un des plus importants lieutenants de

Bertolino, mais il vient de comprendre pourquoi tous ses efforts pour capturer les trafiquants ont échoué jusqu'ici... Comment n'a-t-il pas pensé plus tôt aux messages que la bande pouvait capter, à leurs navires et à leurs voitures qu'elle pouvait repérer à l'aide de leurs goniomètres ? Bien sûr, il aurait dû se douter qu'un gang aussi puissant que celui de Bertolino disposait d'un matériel bien plus perfectionné que la police...

Sa première tâche est de faire parler Jimmy Carducci. Avant de l'interroger, le lieutenant Brian s'est renseigné sur son compte. Cet Italien émigré aux États-Unis avant la guerre appartient sans nul doute à la Mafia. Depuis qu'il fait partie du gang de Dick Bertolino, il est suspecté de deux meurtres. De plus Interpol, que le lieutenant a consulté, l'a informé que Jimmy Carducci était recherché au Mexique pour l'assassinat d'une prostituée et qu'un mandat d'arrêt international avait été lancé contre lui. Avec tous ces éléments, Arthur Brian est pratiquement certain de pouvoir envoyer Carducci en prison pour le restant de ses jours. Pourtant, ce n'est pas cela qui l'intéresse. Dick Bertolino remplacera son lieutenant par un autre et rien ne sera changé. Non, ce qu'il veut, c'est le gang tout entier. Maintenant qu'il tient un des responsables, il ne doit pas laisser échapper cette occasion...

Jimmy Carducci est amené quelque temps plus tard devant lui. C'est un petit homme râblé, très brun, qui doit avoir la quarantaine. Le lieutenant remarque tout de suite chez lui cet air buté qui caractérise les vrais durs. Ce ne sera sûrement pas un client commode. Pourtant Carducci va avoir une surprise.

Arthur Brian lui fait signe de s'asseoir.

– Je suis heureux de saluer le premier lieutenant de Bertolino que je vois dans mon bureau...

Carducci prend un air faussement étonné.

– Je ne comprends pas de quoi vous voulez parler...

– Vous n'êtes pas un lieutenant de Bertolino ?

Devant cette attaque aussi naïvement directe, le gangster ne peut s'empêcher de rire.

– Qui vous a dit ça ? Vous avez un témoignage contre moi ? Une preuve ?

Et c'est alors qu'Arthur Brian prononce une phrase inouïe, invraisemblable :

– Bien. Alors, dans ce cas, vous êtes libre.

Jimmy Carducci ouvre de grands yeux. Il articule :

– Libre... Comment ça, libre ?

– Libre... Vous êtes libre, un point c'est tout...

Carducci a pâli. Il se met à trembler légèrement.

– Enfin, lieutenant, vous n'allez pas me relâcher comme ça... Je vais avoir des ennuis...

– Ah ? Quels ennuis ?

– Enfin, lieutenant, vous devez m'arrêter. Mon bateau était bourré de marijuana. Vous n'avez pas le droit de me laisser partir...

Arthur Brian sourit calmement.

– Qui me dit que c'était votre bateau ? Je vais effectivement faire une enquête et je vous demande de ne pas vous éloigner. En attendant, je n'ai plus besoin de vous... Laissez-moi, j'ai du travail...

Sur le visage du gangster, il y a maintenant de grosses gouttes de sueur. Si la police le relâche tout de suite, il sait très bien que Bertolino va croire qu'il a passé un marché avec elle. Et il sait très bien aussi quel traitement on lui infligera alors. Il a lui-même fait exécuter plusieurs membres du gang suspects de trahison.

Brian le regarde du coin de l'œil. Il y a un silence tendu qui dure une minute ou deux, et puis Carducci s'effondre. Il dit d'une voix blanche :

– Ça va, vous avez gagné. Qu'est-ce que vous voulez ?

Arthur Brian répond d'un ton qui ne souffre pas de réplique :

– Tout. Je veux tous les chefs de la bande et vos aveux signés.

Jimmy Carducci met plusieurs jours avant de se décider. Enfin il cède. Il dit tout ce qu'il sait : les noms des chefs, les cachettes, les contacts, les crimes dont s'est rendu coupable le gang depuis plusieurs années...

Oui, la terreur qu'inspirait Dick Bertolino avait fini par se retourner contre lui. C'est parce qu'il avait peur que son lieutenant l'a dénoncé plutôt que de se retrouver en face de lui...

À la suite des aveux de Jimmy Carducci, la police de Tallahassee a opéré une série d'arrestations : Bertolino et tous les responsables de l'organisation se sont retrouvés sous les verrous. Dès qu'ils ont été en prison, la crainte s'est dissipée, comme par enchantement. Tous les témoins, toutes les victimes qui s'étaient tus depuis des mois, des années, se sont précipités pour dire ce qu'ils savaient. Les plaintes ont afflué pendant des semaines entières sur le bureau du lieutenant Arthur Brian. Cette fois, c'était bien fini. Le gang Bertolino avait vécu.

À son procès, selon la loi américaine, qui cumule les différentes peines, Dick Bertolino a été condamné à deux cent quatre-vingt-dix-sept ans de prison. Ses principaux adjoints se sont vus infliger aux alentours de cent ans chacun...

Quant à Jimmy Carducci, il avait demandé au lieutenant Brian de faire en sorte qu'il ne soit pas acquitté. Pour un certain temps, l'endroit le plus sûr pour lui était encore la prison. Il a été condamné à sept ans de réclusion...

Arthur Brian a été félicité par ses chefs. Sa carrière repartait de nouveau en flèche. Il faut dire qu'il fallait pas mal d'imagination et d'initiative pour obtenir des aveux d'un gangster en menaçant de le libérer.

Un tueur à domicile

Ashley Smith étouffe un juron de contrariété. Cette jeune secrétaire de direction, âgée de vingt-six ans et déjà veuve, vient de passer tout ce samedi 12 mars 2005 à emménager dans son nouveau deux-pièces de Duluth, une banlieue résidentielle d'Atlanta. Après s'être coltinés les caisses, collé le papier peint, accroché les rideaux, elle s'accorde enfin – à 2 heures du matin ! – une petite pause et elle aurait bien aimé fumer une cigarette. Seulement elle vient de découvrir que son paquet est vide.

Heureusement il y a dans le quartier un drugstore ouvert toute la nuit, où elle décide de se rendre. Elle monte dans sa voiture garée juste au bas de l'immeuble, et, sept ou huit minutes plus tard, elle est de retour avec les cigarettes... Elle est heureuse du moment de détente qu'elle va s'accorder. Elle n'a pas eu une vie facile, loin de là. Elle a perdu l'année précédente son mari dans une bagarre sur un parking, pour un problème de stationnement. Elle s'est retrouvée seule pour élever leur fille Kathy, cinq ans. Après une période de désespoir, elle a décidé de réagir. Elle a déménagé pour s'installer dans ce coquet appartement, qu'elle vient de décorer selon son goût. C'est une nouvelle vie qui va commencer, elle en est certaine !

Ashley Smith se gare derrière une grosse voiture de luxe, qui n'était pas là quand elle est partie, et compose le code. Elle entend alors la portière du véhicule s'ouvrir et, l'instant d'après, sent un objet métallique contre son dos. La voix de l'homme est très calme.

– On va chez toi. Si tu te tais, il ne t'arrivera rien.

Elle ouvre la porte de son appartement. Elle allume la lumière et voit pour la première fois son agresseur... L'homme a trente-cinq ans environ. Il a le crâne rasé, la mâchoire forte ; il ne doit pas faire loin de deux mètres et peser au moins cent kilos. Il est vêtu d'un pantalon de jogging et d'un blaser entrouvert sur sa poitrine nue, qui lui donnent un aspect des plus inquiétants. Il fait un petit geste avec le canon de son revolver.

– Allume la télé.

Ashley Smith s'exécute. Sur l'écran, le visage d'un homme apparaît, tandis qu'un speaker commente :

– Voici la dernière photo de Brian Nichols, trente-trois ans, recherché par toutes les polices du pays, pour avoir commis quatre meurtres. Si vous l'apercevez, prévenez immédiatement la police. Une récompense de 70 000 dollars sera remise pour toute information qui permettra sa capture.

L'homme fait de nouveau un geste avec le canon de son revolver.

– Ce n'est pas la peine d'aller plus loin. Tu peux couper.

Ce n'est pas la peine, effectivement. Ashley Smith l'a reconnu. Le meurtrier que recherchent toutes les polices du pays est dans son studio. Il la menace avec son arme, qui vient de tuer quatre fois et elle pourrait bien être sa cinquième victime...

Si Ashley Smith n'avait pas passé ce samedi 12 mars à emménager dans son studio, si elle avait ouvert son téléviseur ou son poste de radio, elle aurait appris le fait divers sanglant qui venait de se dérouler et elle aurait peut-être hésité avant de sortir seule la nuit. Seulement voilà, elle ne savait pas. Et le piège vient de se refermer sur elle.

Tout commence le matin même, à 9 heures, dans une petite salle du tribunal de Fulton, en Géorgie. Brian Nichols attend de passer en jugement pour viol, accompagné d'une femme policier, Cynthia Hall. Ils sont tous les deux seuls dans cet endroit à l'écart et le colosse ne porte pas de menottes. Le juge a décidé que ce n'était pas nécessaire, et si cette erreur va s'avérer fatale, elle est moins aberrante qu'on ne pourrait le croire au premier abord.

D'abord, le viol dont il est question n'est pas le crime odieux qu'on imagine. C'est son ex-petite amie qui l'accuse de l'avoir contrainte à des relations sexuelles après leur rupture. Lui-même, de son côté, ne nie pas les faits, mais affirme qu'elle était consentante. Il s'est d'ailleurs, tout au long de l'instruction, exprimé avec une parfaite courtoisie, sans se départir du calme et des bonnes manières qui sont les siens. En fait, Brian Nichols est tout sauf un voyou. Cet informaticien, cadre dans une multinationale qui a son siège à Atlanta, n'a jamais eu à faire jusque-là à la justice. Toutes ces raisons ont fait que le juge Rowland Barnes, devant lequel Brian Nichols s'apprête à comparaître, n'a pas jugé bon de lui faire mettre les menottes. Il y a déjà eu deux confrontations avec l'ex-petite amie dans son bureau et tout s'est bien passé. Il n'est pas impossible que l'affaire se termine à l'amiable.

Que se passe-t-il alors dans l'esprit de ce prévenu modèle ? Personne ne le sait. Quand Cynthia Hall lui déclare : « Suivez-moi, nous allons au huitième étage », Nichols lui décoche brutalement un formidable coup de poing. Elle s'écroule sans connaissance, il s'empare alors de son revolver et, froidement, lui tire une balle dans la tête. Cynthia Hall, grièvement blessée, survivra par miracle.

Personne n'a vu ni entendu quoi que ce soit. Alors, avec le plus grand calme, Brian Nichols quitte la pièce, après avoir mis le revolver dans sa poche. Il se dirige vers l'ascenseur et appuie sur le bouton du huitième étage, là où il devait se rendre sous escorte et où il va aller seul et armé...

Au huitième, il tombe nez à nez avec deux femmes, une secrétaire du tribunal et une greffière. Il les menace avec son arme.

– Où est le juge Barnes ?

Elles lui montrent en tremblant une porte au fond du couloir. Brian Nichols les fait entrer dans la pièce la plus proche. Avant de refermer la porte, il tire un coup de feu sur la greffière.

Celle-ci n'a pas la chance de la femme policier : elle est tuée sur le coup.

Le parcours meurtrier continue... Brian Nichols se rend au bout du couloir. La porte donne sur une petite salle d'audience. Un procès est en train de s'achever, celui qui, normalement, aurait dû précéder le sien. On en est aux plaidoiries de la défense. Le juge Rowland Barnes siège derrière son bureau. Il est tourné vers le box de l'accusé, écoutant le discours. Il n'a pas fait attention à lui. Mais l'avocat, lui, l'a vu et il a vu l'arme. Il s'interrompt pour crier :

– Attention, votre honneur !

Trop tard. Brian Nichols a déjà tiré. Une seule fois et avec la même précision diabolique : le juge Barnes s'écroule, tué net d'une balle dans le cœur.

Dans la salle d'audience où il n'y avait aucun policier, tous sont restés figés et, avant que les personnes présentes soient revenues de leur stupeur, Brian Nichols a disparu. Il se dirige vers l'ascenseur. Celui-ci étant occupé, il descend à pied les huit étages... Dans le palais de justice, l'alerte est enfin donnée, des cris éclatent un peu partout. C'est au rez-de-chaussée qu'un nouveau drame se produit.

Un policier en faction a sorti son arme et, le voyant déboucher en courant, le met en joue. Mais Nichols est plus rapide et l'atteint à l'abdomen. Transporté à l'hôpital, le policier décédera à son arrivée.

Une folle poursuite commence. Brian Nichols se précipite dans le parking. Il se fait remettre les clés d'une petite voiture et prend la fuite. Mais il est filmé par les caméras de surveillance. La police connaît la marque, la couleur et le type de son véhicule et les recherches vont pouvoir s'organiser efficacement.

Nichols l'a-t-il deviné ? S'agit-il d'une simple coïncidence ? À un feu rouge, il quitte son véhicule, se dirige vers celui qui est arrêté à côté, une puissante voiture étrangère, et, sans un mot, abat le conducteur. Puis il jette son corps sur la chaussée et disparaît. Il n'y a pas une heure que le drame a commencé : Brian Nichols, un homme jusque-là parfaitement calme et mesuré, vient de commettre quatre meurtres, sans compter la femme policier grièvement blessée...

C'est la mobilisation générale, les chaînes de radio et de télévision retransmettent le fait divers en boucle. Malheureusement, malgré des moyens considérables, les autorités perdent la trace du forcené. On le recherche dans tout le pays, les aéroports et les frontières sont surveillés. Mais il n'a pas quitté la Géorgie, il s'est caché à Duluth, quartier résidentiel d'Atlanta...

Brian Nichols désigne le lit à Ashley Smith :

– Allonge-toi !

La jeune femme obéit en tremblant, s'attendant à une agression sexuelle. Mais son visiteur va chercher un rouleau de ruban adhésif qui traîne au milieu des paquets et lui entrave les chevilles et les poignets, avant de lancer :

– Je vais prendre une douche...

Pendant un temps qu'elle trouve interminable, Ashley Smith écoute, tétanisée, l'eau couler dans la salle de bains. En proie à la terreur qu'on imagine, elle se demande que faire. Essayer de se libérer et s'enfuir ? Cela ne devrait pas être impossible. Il lui faudrait trouver un objet tranchant en rampant ou en sautillant... Oui, mais s'il arrivait au même moment ? Elle sait très bien quelle serait sa réaction. Elle préfère ne rien tenter.

Brian Nichols finit par revenir dans la pièce. Il se met à fouiller et découvre une paire de ciseaux. Épouvantée, elle le voit s'approcher d'elle, l'objet brandi, mais il ne fait que couper le ruban adhésif. Ils sont face à face. Elle voit aussitôt qu'il a perdu son assurance. Elle doit faire quelque chose, créer un lien entre eux. Elle lui dit la première chose qui lui passe par la tête :

– Veux-tu que je te lise le livre que je suis en train de lire ?

Le colosse la regarde, étonné.

– Pourquoi pas ? Qu'est-ce que c'est ?

– *Être acteur de sa vie*, de Rick Warren.

Rick Warren fait partie de ces nombreux prêcheurs protestants qui ont beaucoup de succès aux États-Unis. *Être acteur de sa vie,* son dernier ouvrage, s'est vendu à plus de deux millions d'exemplaires. Comme tout le monde, Brian Nichols a entendu parler du livre, mais il ne l'a pas lu. Il acquiesce d'un signe de tête.

– Vas-y. Je t'écoute...

Ashley ouvre le volume là où elle avait laissé son marque-page et se met à lire. À mesure que sa voix emplit la pièce, elle a la nette sensation que son agresseur se détend. Elle continue quelque temps encore sa lecture avant d'engager la conversation.

– Que penses-tu de Dieu ?

– Tu crois que c'est le moment de parler de Dieu ?

– Après ce que tu viens de faire, je crois que c'est effectivement le moment.

– Tu as raison. Mais il y a peu de chances qu'il fasse un miracle.

– Si. Le miracle, pour toi, ce serait d'arrêter de faire le mal...

Ils continuent ainsi à parler et le temps passe. Au petit matin, Brian Nichols déclare qu'il a faim. Comme la cuisine est déjà installée et qu'elle a quelques provisions, Ashley Smith lui propose de faire des crêpes et ils continuent à parler de Dieu, du bien et du mal, tandis qu'elle cuisine, puis qu'ils mangent ensemble. Il est 8 heures du matin et il fait jour depuis longtemps, lorsqu'elle change de conversation.

– Ma fille a dormi chez mes parents. Je dois aller la chercher, sinon ils vont s'inquiéter.

La jeune femme ressent une vive appréhension : comment va se comporter son interlocuteur devant ce retour à la situation présente ? Mais il n'a pas de réaction violente. Au contraire, il semble réfléchir.

– Tu veux partir ?

– Il le faut bien.

– Et moi, qu'est-ce que je vais faire ?

– Tu dois te rendre...

Ils discutent encore longtemps. Enfin, à 9 h 30, alors que la prise d'otage dure depuis sept heures et demie, Brian Nichols se décide enfin. Il s'empare du téléphone et le tend à Ashley.

– Appelle la police. Dis-leur que je suis là et que je veux me rendre.

Le coup de fil d'Ashley Smith provoque bien entendu la mobilisation générale, mais lorsque les brigades spéciales, avec casques et gilets pare-balles, arrivent sur les lieux, Brian Nichols agite à la fenêtre un t-shirt blanc en signe de reddition. Quelques instants plus tard, il se laisse emmener sans résistance.

Comme souvent aux États-Unis, l'affaire est fortement médiatisée. Les événements sont retransmis en direct par de nombreuses chaînes de télévision car ce dénouement inespéré après un début aussi sanglant a fait sensation. Du jour au lendemain, Ashley Smith devient une héroïne nationale. D'autant que la manière dont elle a réussi à apaiser le tueur grâce à la religion renforce encore son aura. Elle incarne les valeurs morales qui viennent à bout du mal. « C'est un mystère trop grand pour être compris, trop beau pour être passé sous silence », écrit le *Wall Street Journal* ; l'animateur de radio conservateur Rush Limbaugh déclare de son côté : « Je pense que Dieu était dans cet appartement avec eux. »

Quant à Rick Warren, le prédicateur déjà célèbre, l'affaire prend pour lui des allures de manne céleste. Son livre s'arrache dans les librairies, à plus de vingt millions d'exemplaires. On le réclame dans tout le pays pour des conférences.

Mais rien n'égale le conte de fées que vit Ashley, après le cauchemar qu'elle a subi. La municipalité d'Atlanta lui remet solennellement le chèque de 70 000 dollars prévu pour la capture du forcené et les demandes en mariage lui arrivent par sacs entiers. Un éditeur lui signe un contrat fabuleux pour le récit de l'aventure. Le livre, précédé d'une publicité monstre, s'annonce comme un best-seller.

Pourtant lorsqu'il paraît, six mois plus tard, sous le titre *Ange malgré lui*, il provoque une surprise générale. Au lieu du récit édifiant, du conte pour patronage qu'on attendait, on découvre une tout autre réalité. Ashley a décidé, en effet, de dire les choses telles qu'elles s'étaient passées et non d'enjoliver, comme elle l'avait fait jusque-là.

Après l'avoir débarrassée de ses liens, Brian Nichols lui avait demandé :

– Est-ce que tu as de la marijuana ?

À quoi elle avait répondu :

– Je n'en ai pas, mais j'ai du crystal meth.

S'il s'agit également d'un stupéfiant, le crystal meth, ou métamphétamine, n'a rien à voir avec la marijuana. Les spécialistes le considèrent comme « la drogue la plus dangereuse d'Amérique », bien plus encore que l'héroïne ou la cocaïne. Car la jeune femme en apparence bien sous tous rapports, l'« ange malgré lui », est une toxicomane de longue date. Elle avait plongé à la mort de son mari, mais elle avait fait auparavant usage de plusieurs drogues, ce qui lui avait valu des ennuis judiciaires...

Brian Nichols, lui, n'avait jamais goûté au crystal meth et il était intéressé.

– Donne. Je vais essayer.

Ashley était allée chercher la poudre, subitement inquiète : ce psychotrope extrêmement puissant peut avoir des effets violents chez certains individus, elle le savait. Elle l'avait regardé s'introduire le produit dans les narines et inspirer, redoutant une explosion fatale. Au contraire, l'homme s'était détendu. Un sourire illuminait son visage.

– Raconte-moi quelque chose...

C'est dans ces conditions qu'elle avait eu l'idée d'aller chercher le livre du prédicateur et qu'elle avait entamé sa lecture. Nichols, qui s'installait peu à peu dans un état second, trouvait merveilleux tout ce qu'il entendait. Ensuite, une discussion confuse s'était engagée entre eux. Il y était question de Dieu, mais pas seulement. Ashley disait tout ce qui lui passait par la tête. Elle sentait que ce qu'elle racontait n'avait pas vraiment d'importance. Dans l'état où il était, son interlocuteur ne comprenait plus grand-chose et ses réponses étaient pratiquement incohérentes ; il s'exprimait d'une voix pâteuse, en butant sur les mots... L'essentiel était de continuer à l'occuper. Tant qu'ils parlaient, il n'y avait pas de danger immédiat pour elle.

Cela avait duré ainsi jusqu'au matin. À sa demande, elle lui avait fait des crêpes – le seul point sur lequel elle n'avait pas menti – jusqu'à ce que, certainement plus sous l'effet de la drogue que de ses sermons, il décide enfin de se rendre.

Telle était la scène qui s'était réellement passée dans le deux-pièces de Duluth, le quartier résidentiel d'Atlanta... Bien sûr, les révélations d'Ashley Smith lui ont valu d'être traînée dans la boue par une partie de l'opinion, mais le succès de scandale d'*Ange malgré lui* l'a mise définitivement à l'abri du besoin. Magnanime, la municipalité d'Atlanta a fait savoir qu'elle ne la poursuivrait pas pour détention de stupéfiants et qu'elle n'avait pas l'intention de lui réclamer les 70 000 dollars qu'elle lui avait versés.

Reste le cas de Brian Nichols. À l'heure actuelle, il n'est pas encore passé en jugement, mais il est à craindre que ces révélations, mettant son repentir sur le compte de « la drogue la plus dangereuse d'Amérique » et non d'un élan de foi religieuse, lui retirent son dernier espoir d'indulgence de la part des jurés...

L'hercule de la contre-Révolution

Nous sommes au printemps 1800. Il fait un temps radieux et le palais des Tuileries brille de tous ses ors, lorsque le général Rapp, aide de camp du Premier consul Napoléon Bonaparte, accueille un visiteur peu ordinaire. Par son physique, d'abord. Il est de ceux qu'on n'oublie pas, même si on ne les a vus qu'une fois. Il est incroyablement trapu, avec un visage énorme, un cou très court et très large, des épaules de colosse et un tronc en proportion, posé sur de petites jambes. Il aurait quelque chose d'animal, si ses petits yeux gris ne trahissaient une vive intelligence.

Mais sa personnalité et l'action qu'il a menée durant les années de bouleversements qui viennent de s'écouler ne sont pas moins exceptionnelles. C'est, en effet, l'adversaire le plus acharné de la Révolution ; il a pris les armes contre elle dès le début et il est le dernier à les avoir déposées. Alors que les autres chefs chouans ont accepté l'amnistie que proposait Bonaparte, lui seul ne s'est pas soumis. Il s'appelle Georges Cadoudal et il a reçu un surnom qui résume toute sa personne, tant au physique qu'au moral : « l'hercule de la contre-Révolution ».

Georges Cadoudal n'a alors pas trente ans, puisqu'il est né le 1er janvier 1771, à Kerléano-en-Brech, près d'Auray, dans le Morbihan. En breton, son nom signifie « guerrier retournant au combat », ce qui ne pouvait mieux tomber vu la suite de son existence. Il est le fils de Louis Cadoudal, cultivateur, et de Marie-Jeanne Le Bayon, mais il ne se destine pas au travail de la terre. Après de brillantes études au collège Saint-Yves de Vannes, il devient clerc de notaire, non sans avoir hésité entre la marine et les ordres.

Élevé dans la piété religieuse et la fidélité au roi, il est totalement hostile aux idées nouvelles. En février 1793, un mois après l'exécution de Louis XVI, lorsque la Convention décrète la levée de trois cent mille hommes pour faire la guerre contre l'Europe coalisée, Georges Cadoudal, comme la plupart des gens de l'Ouest, refuse l'enrôlement et prend les armes. Il fait partie de l'armée de Stofflet où il se fait remarquer, tant par sa force que par sa culture et son intelligence tactique.

Après la défaite des armées vendéennes à Savenay, fin 1793, il parvient à s'échapper et se réfugie dans le Morbihan où il organise la résistance. Arrêté et emprisonné à Brest, il s'évade et reste dans la clandestinité. Pendant des années, il mène une vie errante, jouant à cache-cache avec les armées républicaines et, après bien des péripéties, il tient un rôle de premier plan dans le débarquement de Quiberon.

Le 26 juin 1795, quatre mille émigrés, soutenus par les Anglais, débarquent en baie de Carnac. À la tête de quatorze mille chouans, Cadoudal fait sa jonction avec eux, mais l'opération est un échec. Les troupes royalistes se heurtent, devant Vannes, au général Hoche. Repoussées, elles doivent se replier dans la presqu'île de Quiberon où elles se retrouvent assiégées. Elles capitulent le 21 juillet et sept cent quarante-huit hommes sont fusillés. Encore une fois, Cadoudal fait partie de ceux qui parviennent à s'échapper. Pour lui, la clandestinité continue.

Peu à peu, tous les chouans se font prendre ou se rendent. Lors de l'avènement du second Directoire, en septembre 1797, il est le dernier responsable royaliste en Bretagne et, l'année suivante, Louis XVIII, qui est en exil, lui confie officiellement le commandement de la province. Activement recherché par les républicains, il leur échappe grâce à des cachettes introuvables, dont certaines portent son nom encore aujourd'hui, comme la « cache Cadoudal », au bord de la rivière Étel, faite de souterrains à moitié immergés et dissimulés entre deux talus, où peuvent se réfugier des dizaines de personnes.

Le coup d'État du 18 Brumaire (9 novembre 1799) et l'instauration du Consulat compliquent encore sa tâche. Le Premier consul Bonaparte accorde l'amnistie à tous les anciens chouans et Vendéens, ce qui le laisse isolé et affaibli. Une défaite à Pont-du-Lac, devant le général Brune, le contraint à signer la paix. Mais peu après, par l'intermédiaire du même général Brune, il se voit proposer une entrevue à Paris, avec le Premier consul, qui a des propositions à lui faire. Après avoir hésité un moment, il finit par accepter... Telle est la raison de la présence de cet irréductible au palais des Tuileries.

Le général Rapp conduit le visiteur dans le salon de Minerve, où le Premier consul reçoit ses visiteurs, et ce dernier paraît à son tour. Entre eux, le contraste est saisissant. Avec sa maigreur et son profil aigu, Bonaparte a tout de l'aigle, dont il fera bientôt son emblème. Face à lui, le massif et puissant Georges Cadoudal fait irrésistiblement penser à un taureau.

Restés seuls, l'entrevue commence. Que vont-ils se dire, ces hommes que tout oppose, l'aigle et le taureau, le Corse et le Breton, l'héritier de la Révolution et le défenseur de l'Ancien Régime ? On va le savoir au moins en partie, car le général Rapp, par prudence, a laissé la porte entrebâillée et peut surprendre des bribes de leur conversation.

Bonaparte accueille aimablement l'arrivant. Il l'appelle Georges, visiblement décidé à faire une opération de charme. Son interlocuteur lui oppose une politesse glacée.

– Georges, j'ai besoin de toutes les compétences pour gouverner la France. Non seulement je vous accorde l'amnistie, mais le grade de général.

– Je suis royaliste, monsieur le Premier consul...

Un dialogue de sourds s'engage alors. Les deux hommes arpentent la pièce, parfois le ton monte, mais il reste courtois. Au bout d'une demi-heure environ, ils reviennent vers la porte et le maître des lieux donne congé à son visiteur.

– Surtout ne prenez pas ma générosité pour de la faiblesse. Elle résulte, au contraire, de ma force. Il n'y aura aucun salut pour ceux qui continueront à conspirer. Cela dit, vous pourrez rentrer en Bretagne aussi librement que vous êtes venu...

C'est terminé et c'est un échec sur toute la ligne. Napoléon dira un peu plus tard à ses proches :

– Cadoudal est un fanatique. Je ne suis parvenu à rien avec lui.

Quant à l'intéressé, il confie à un ami, qui l'attend à la sortie du palais :

– Quelle envie j'avais d'étouffer ce petit homme entre mes deux mains !

Le jour même, il reprend le chemin de la Bretagne. Plus que jamais, il est l'hercule de la contre-Révolution et, plus que jamais, il est décidé à aller jusqu'au bout.

Et le moins qu'on puisse dire, c'est qu'il ne perd pas de temps ! Il gagne sur-le-champ l'Angleterre, où il est nommé par Louis XVIII commandant en chef de l'armée de l'Ouest. Il lui expose son plan, qu'il a fait approuver par Pitt, le Premier ministre anglais : il va enlever le Premier consul, ensuite les Anglais débarqueront à Calais et dans le Morbihan. Il déborde d'optimisme. Il déclare à qui veut l'entendre :

– Tout est prêt ! L'insurrection éclatera dans l'Ouest et même dans toute une partie du Midi, dans laquelle nous conspirons. Les royalistes peuvent espérer les plus grands succès, lorsque l'enlèvement aura réussi.

Et il promet de mettre sur pied une armée de soixante mille hommes...

Il débarque en Bretagne le 6 juin 1800, plus confiant que jamais. Malheureusement, huit jours plus tard, Bonaparte remporte l'éclatante victoire de Marengo, qui met fin à la guerre d'Italie et qui lui vaut une popularité immense. La quasi-totalité de l'opinion lui est acquise et considère les derniers chouans comme de dangereux nostalgiques. En Bretagne, Cadoudal constate qu'il n'est plus du tout comme un poisson dans l'eau. Il n'est pas loin d'être en territoire hostile. Les Anglais l'ont compris et lui écrivent de rester tranquille. Pour l'instant, il faut attendre...

Bonaparte, lui, n'attend pas. Il n'a pas menti en affirmant

que sa générosité n'était pas de la faiblesse. Puisqu'on a refusé la main qu'il tendait, maintenant qu'il est plus fort que jamais, il est décidé à se montrer sans pitié.

Il écrit à Fouché, son ministre de l'Intérieur, juste après Marengo : « On m'assure que Georges Cadoudal est rentré d'Angleterre. Faites-le arrêter. N'épargnez aucun moyen pour prendre mort ou vif cet homme. » Rentrant en France et repassant le col du Grand-Saint-Bernard, il écrit, cette fois à Bernadotte, commandant de l'armée de l'Ouest : « Prenez mort ou vif ce coquin de Cadoudal. Si vous le tenez, faites-le fusiller dans les vingt-quatre heures. »

Une foule d'espions se rue dans le Morbihan pour mettre la main sur lui, mais Georges s'échappe encore, grâce à ses fameuses caches. Il fait quelques coups de main sans grande importance, des attaques de diligences ou de courriers, qui ne sont pas loin du banditisme, mais qui prouvent qu'il est toujours là et qu'il n'a pas capitulé. Malgré la tiédeur des Anglais, il n'a pas renoncé à son projet : dès qu'il le pourra, il se rendra à Paris pour enlever le Premier consul. En attendant, deux de ses hommes préparent le terrain : Saint-Régeant et Limoëlan.

Ce sont ces derniers qui, par excès de zèle, vont tout faire échouer. Leur mission est de sonder l'opinion, pour savoir si elle serait favorable au retour des Bourbons en cas d'enlèvement du Premier consul. Mais à peine arrivés dans la capitale, ils apprennent qu'un attentat contre ce dernier vient d'être déjoué : des jacobins avaient prévu de le faire disparaître au moyen d'une machine infernale. Bien que ce ne soit absolument pas leur mission, les hommes de Cadoudal ont l'idée de faire la même chose. Ils confectionnent une bombe avec un tonneau de poudre rempli de ferraille et achètent une voiturette et une jument. Début décembre, ils sont prêts.

Ils décident de passer à l'action le 24. On donne à l'Opéra l'oratorio de Haydn *La Création du monde* et le Premier consul y sera. Ils tirent au sort lequel fera la mise à feu, la mèche étant trop courte pour échapper à l'explosion. Saint-Régeant est désigné. La voiture est laissée en stationnement rue Saint-Nicaise, voie étroite par où passera Bonaparte. Au dernier moment, Saint-Régeant trouve une niche dans laquelle il pourra s'abriter et éviter la mort.

Limoëlan, posté plus avant sur le parcours, doit donner le signal de la mise à feu. Mais l'escorte policière du Premier consul est placée derrière sa voiture et non devant, comme il le pensait. Il donne le signal trop tard et, quand la bombe explose, Bonaparte est passé depuis dix secondes. Le Premier consul est indemne, mais il y a vingt-six morts et cinquante blessés. Les deux auteurs de l'attentat sont arrêtés et guillotinés.

Quand il apprend l'événement, Cadoudal est furieux : non seulement tout son plan est remis en question, mais une répression terrible s'abat sur les chouans, y compris ceux qui ont déposé les armes. Son frère Julien, qui, préférant l'amnistie, est rentré dans leur manoir de Kerléano, est arrêté par les gendarmes d'Auray et fusillé lors de son transfert à Lorient.

De plus, cet attentat sanglant soulève une intense émotion et détourne davantage encore l'opinion des contre-révolutionnaires... À partir de là, la politique s'en mêle, pour isoler le Breton et ses derniers partisans. En 1801, Napoléon signe avec le pape le Concordat, qui met fin à la querelle religieuse issue de la Révolution, et l'Angleterre entame des négociations avec la France, qui aboutissent en mars 1802 : la paix d'Amiens est signée entre les deux pays. Cadoudal, qui se trouve en Angleterre, n'est pas expulsé, mais il est assigné à résidence, avec quelques autres, sous la dénomination pudique de « gentlemen inconnus ». Il lui est, bien entendu, interdit de se livrer à la moindre action politique. Mais il garde espoir et répète autour de lui :

– Il faut rester prêt, la paix ne sera pas éternelle.

Il ne se trompe pas : en mai 1803, à peine plus d'un an après, elle est rompue, et l'Angleterre repense immédiatement à lui. C'est qu'il est apprécié au gouvernement. Le ministre Windham résume l'opinion de tous ses collègues, lorsqu'il écrit de lui : « Cadoudal a le maintien et l'aspect d'un rustre, mais il possède cette aisance, cette assurance naturelle, qui font la marque d'un esprit supérieur. De tous ceux qui se sont engagés dans les affaires royalistes, c'est lui qui me donne la plus grande impression. »

Georges Cadoudal débarque en Normandie le 10 décembre 1803. L'Empire a entre-temps remplacé le Consulat, mais il a toujours le projet d'enlever Bonaparte et, cette fois, il prend lui-même la direction de l'opération. Contrairement à ce qu'on pourrait croire, il ne s'agit nullement de chimères issues d'un esprit exalté. L'entreprise est réalisable. Napoléon ne se déplace qu'avec une faible escorte, plus décorative qu'autre chose. Il exerce son gouvernement à Paris, aux Tuileries, et rentre le soir à la Malmaison ou à Saint-Cloud, parfois fort tard. Une attaque sur le parcours a de bonnes chances de réussite.

Les conspirateurs seront vêtus d'uniformes semblables à ceux de l'escorte pour favoriser l'effet de surprise. Napoléon sera ligoté et bâillonné. Un bateau attendra sur les côtes du Morbihan et le conduira dans l'île de Jersey, possession anglaise, puis... à Sainte-Hélène. C'est là que les Anglais ont d'ores et déjà décidé de l'interner et ils ne changeront pas d'avis par la suite.

Tandis qu'il prend pied sur le sol de France, Cadoudal a autour de lui une équipe de compagnons fidèles, qui l'ont suivi dans tous ses combats et lui obéissent comme à un dieu : Louis Picot, un paysan breton qui lui sert de domestique, Coster de Saint-Victor, un noble, ancien officier de Charette, Mérille, Burban, Roget, dit « l'Oiseau », Joyaux, Léridant et quelques autres. Débarqués de Dieppe, ils traversent la France sous des déguisements et gagnent Paris sans encombre...

Ce n'est pas seulement dans la campagne bretonne que Cadoudal dispose de cachettes introuvables, il en a tout autant dans la capitale, grâce à un architecte qui fait partie de ses hommes, un nommé Spain, qui est un véritable génie dans cette spécialité. C'est l'as des trappes invisibles, des fausses armoires, des portes dérobées ; il en a truffé plusieurs maisons amies et les conspirateurs y seront en sûreté.

Georges Cadoudal et trois de ses hommes trouvent refuge chez Michelot, un tailleur de la rue de Buci. Ce dernier s'absente souvent plusieurs jours pour vendre sa marchandise et Spain en a profité pour installer sa cachette à son insu. Elle est si bien faite que le tailleur ne soupçonnera pas la présence de Cadoudal et des siens tant qu'ils seront chez lui !

La police de Napoléon, loin d'être inactive, acquiert vite la certitude que les conspirateurs sont à Paris. Début février 1804, des avis de recherche sont placardés, ainsi qu'il est précisé par décret, « sur les murs de toutes les rues, sur toutes les places, ponts, quais, carrefours et portes de la capitale ».

L'avis de recherche concernant Georges Cadoudal ne manque pas de pittoresque : « Cinq pieds et quatre pouces, extrêmement puissant, épaules larges, tête effroyable par sa grosseur, cou très raccourci, doigts courts et gros, jambes et cuisses peu longues, nez écrasé et comme coupé dans le haut, yeux gris, dont l'un sensiblement plus petit que l'autre, teint coloré, dents blanches, favoris roux ; signe particulier : marche en se balançant les bras tendus. » Les gens sont invités à « lui courir sus » et ceux qui lui donneront asile sont passibles de la peine de mort.

Une incroyable mobilisation policière accompagne ces proclamations. Les rues de Paris sont quadrillées par des hommes en armes, tandis que des indicateurs en civil traînent dans les rues, les cabarets, les marchés, à la recherche d'informations. Les troupes sont sur le pied de guerre. La nuit, les portes d'enceinte sont fermées et on ne peut entrer ni sortir sous aucun prétexte. Comme tous les cimetières sont situés en dehors de la ville, les cercueils accompagnant les cortèges sont ouverts...

Après avoir habité quelque temps chez Michelot, Georges Cadoudal préfère se réfugier chez une dame Lemoine, fruitière rue de la Montagne-Sainte-Geneviève, près du Panthéon. Là encore, il se trouve dans une cachette inviolable, au premier étage, au-dessus de la boutique, en compagnie de deux complices : Burban et Joyaux.

À la différence du tailleur Michelot, Mme Lemoine n'ignore pas la présence de ses hôtes, mais elle se méprend sur leur identité. Ils lui ont été amenés par une de ses amies, une royaliste dévote et difforme, Mlle Hisay, qui les a présentés comme des commerçants intègres, mais poursuivis par leurs créanciers... Cela donne lieu à quelques situations cocasses. Un jour, la fruitière déclare aux trois hommes :

– Je viens d'entendre dire que Cadoudal voulait tuer tous les Parisiens. Si je savais où il était, je le dénoncerais tout de suite !

L'hercule s'en amuse et l'invite à lui rapporter les bruits qui courent en ville à ce sujet. Peu de temps après, elle lui apprend que Cadoudal s'est enfui, déguisé en garde du corps de l'empereur. Une autre fois, elle l'informe qu'il s'est échappé dans le cercueil d'un mort victime d'une maladie contagieuse, que la troupe n'a pas osé ouvrir.

Les jours, les semaines passent... La police, n'ayant toujours pas la moindre nouvelle de Georges Cadoudal, est sur le point de conclure qu'il a quitté la ville. Mais le 8 mai, tout bascule. Ce jour-là, l'officier de police Petit reconnaît Joyaux, un de ses complices, rue de la Huchette. Il a failli l'arrêter à plusieurs reprises et il est sûr de ne pas se tromper. Il le prend en filature jusqu'à la rue du Four-Saint-Germain, devant la boutique du parfumeur Caron.

Le policier ne se trompe pas... Joyaux a été chargé par Cadoudal de lui trouver une autre planque, estimant trop risqué de rester chez Mme Lemoine, qui ne fait pas partie de ses partisans. Le parfumeur Caron est, au contraire, un royaliste fervent et Spain a installé chez lui l'une de ses plus brillantes cachettes.

Au bout d'une demi-heure environ, Joyaux quitte la boutique et revient sur ses pas. L'officier de police Petit le suit mais, arrivé place Maubert, il le perd de vue à la faveur d'un attroupement. Plutôt que de se mettre inutilement à sa recherche, il préfère annoncer la nouvelle à la préfecture de police.

Immédiatement, c'est la mobilisation générale. La bande se cache vraisemblablement dans le quartier du Panthéon. La plupart des rues qui y conduisent aboutissent place Maubert et c'est là qu'il est décidé d'intervenir. Une foule d'agents en civil envahit les lieux et les rues avoisinants.

Vers 7 heures du soir, ils voient arriver un cabriolet, conduit par un homme qu'ils reconnaissent : Léridant, un autre complice de Cadoudal. Ils le suivent jusqu'à la rue de la Montagne-Sainte-Geneviève. Il s'arrête devant un porche. Brusquement, un homme habillé en fort des Halles, avec une blouse et un large chapeau qui lui dissimule en partie le visage, surgit et saute dans la voiture. Les policiers ont reconnu Georges Cadoudal, revêtu du seul déguisement qui pouvait convenir à son physique...

Commence alors une poursuite digne des films policiers contemporains. L'inspecteur Caniolle, le plus proche du véhicule, s'élance et parvient à s'accrocher aux essieux. Les autres courent derrière. Leurs cris alertent leurs collègues qui, disséminés dans tout le quartier, prennent les uns après les autres le relais.

Dans le cabriolet, Georges Cadoudal a compris le danger. Il ordonne à Léridant de fouetter le cheval, qui se met au galop. Il n'a toujours pas vu Caniolle, accroché derrière... La voiture descend à une allure folle les rues de la colline Sainte-Geneviève, laissant tout juste aux passants le temps de s'écarter pour ne pas être écrasés. Certains reconnaissent le passager. Des cris éclatent :

– Cadoudal ! C'est Cadoudal !

Rue Voltaire, aujourd'hui rue Casimir-Delavigne, un attroupement empêche le véhicule d'avancer. Georges Cadoudal tente le tout pour le tout. Il saute du cabriolet pour se fondre dans la foule. Mais Caniolle saute à son tour et ameute les policiers. L'un d'eux, nommé Buffet, se précipite, mais le conspirateur sort son pistolet et l'abat d'une balle dans la tête, puis il tire sur Caniolle, qui tombe à son tour.

Il tente alors de disparaître en adoptant une contenance normale et en marchant tranquillement. Mais l'inspecteur Caniolle, qui n'est que blessé, se relève et le frappe avec sa canne. Cadoudal titube. Il est entouré, reconnu, maîtrisé. C'est fini...

Il est conduit à la préfecture de police où le préfet Dubois, qui vient d'interrompre son dîner, le reçoit. Il est tellement ému par ce succès inespéré qu'il en perd un peu ses moyens. Cadoudal, lui, garde son calme et son arrogance. Comme le préfet lui reproche la mort de l'agent Buffet, un père de famille, il lui répond :

– La prochaine fois, faites-moi arrêter par des célibataires !

Le chef de la police n'est pas plus heureux lorsqu'il cherche à connaître les complices de son prisonnier.

– Où habitiez-vous au moment de votre arrestation ?

– Dans un cabriolet...

Georges Cadoudal est enfermé au Temple, qui a été la prison de Louis XVI et des siens et qui regorge de royalistes. Surveillé dans sa cellule et dans tous ses déplacements par trois gendarmes, il a pourtant le droit de se promener dans le jardin et de s'entretenir avec ses partisans. Il s'assied sous un arbre, tandis que les autres se tiennent respectueusement debout. Bien qu'il n'ait rien révélé durant ses interrogatoires, il a la tristesse de voir arriver tous ses complices, qui sont pris les uns après les autres...

Son procès s'ouvre le lundi 27 mai 1804, dans une salle du palais de justice qui sera plus tard celle de la Cour de cassation et où, quinze ans auparavant, a été jugé Danton. L'engouement du public est énorme. Chacun a conscience qu'avec le jugement des derniers partisans de l'Ancien Régime, c'est une page qui va définitivement se tourner.

Le pouvoir a pris ses précautions. Une foule de policiers et de militaires est présente pour empêcher d'éventuels complices de délivrer les conspirateurs. On a même disposé de l'artillerie dans les couloirs du palais ! Dans la salle elle-même, on n'entre que sur invitation. L'assistance est prestigieuse. Avec les uniformes chamarrés et les robes des élégantes, on se croirait à la cour des Tuileries.

Les quarante-sept accusés font leur entrée. Eux non plus ne manquent pas de caractère. Ils représentent tous les visages de la contre-Révolution : vieilles royalistes, abbés, petits gentilshommes, grands noms de la noblesse, marins de Bretagne et paysans de Vendée découvrant avec étonnement le grand monde de la capitale.

Mais tous n'ont d'yeux que pour lui, celui qu'on appelle tout simplement Georges. Quelle force de la nature ! Dieu qu'il est laid, mais qu'il est impressionnant ! Un taureau qui entre dans l'arène. Il est entouré de l'aristocrate Coster de Saint-Victor, une caricature de l'Ancien Régime, avec ses cheveux laqués et son jabot de dentelle, tandis que Louis Picot, paysan au front bas et au visage criblé de petite vérole, lui fait pendant.

Georges Cadoudal fait la preuve de sa verve et de son insolence tout au long des débats, dirigés par le président Thuriot, un conventionnel qui a naguère voté la mort du roi. Comme ce dernier l'interroge sur un médaillon de Louis XVI, qu'il avait sur lui au début du procès et qui a disparu depuis :

« Qu'avez-vous fait de ce portrait ? », Cadoudal lui répond :

– Et toi, qu'as-tu fait de l'original ?

Il n'appelle Thuriot que « Tue-roi » et, une fois qu'il prononce par mégarde son nom, il s'exclame :

– Qu'on me donne un verre d'eau-de-vie pour que je me rince la bouche !

Ses compagnons font preuve du même courage... Le 8 juin, les débats sont clos. La délibération du jury ne dure pas moins de trente-six heures, preuve que les jeux n'étaient pas faits, du moins pour certains des accusés. Enfin, le président Thuriot énonce le verdict : Georges Cadoudal, Louis Picot, Coster de Saint-Victor, Mérille, Burban, Roget dit « l'Oiseau » et six autres sont condamnés à mort. Des peines de prison et des acquittements sont prononcés pour les complices de moindre importance.

Jusqu'au bout, Napoléon a décidé d'épargner Cadoudal, lui faisant porter peu après la demande de grâce officielle, qu'il n'a plus qu'à signer. Le chef chouan déplie le document, mais quand il voit l'en-tête adressé « À Sa Majesté l'Empereur », il le rend à l'émissaire et déclare à ses compagnons :

– Mes amis, faisons nos prières.

Georges Cadoudal et ses compagnons sont conduits à l'échafaud le 25 juin suivant. Après s'être confessés, ils montent dans les trois charrettes qui les attendent... Face à la guillotine, dressée place de Grève, Cadoudal demande à passer le premier, afin que les autres ne puissent s'imaginer qu'il a été gracié après leur exécution. Il meurt à 11 h 35 en hurlant :

– Vive le roi !

À 11 h 50, la dernière tête est tombée.

Il y a un épilogue macabre à cette histoire. À la Restauration, les autorités s'inquiètent de ne pas découvrir les restes de Cadoudal, alors qu'il a été inhumé avec tous ses compagnons exécutés en même temps que lui. C'est le baron Larrey, le chirurgien de Napoléon, qui les informe de ce qu'est devenu le corps.

Il leur déclare « être en possession du squelette monté en fil de fer, ayant appartenu à la personne de Georges Cadoudal, lieutenant général des armées du roi ». Il en atteste l'identité « par la déclaration sincère de la personne qui l'avait préparé et les caractères distinctifs du squelette, auxquels le connaisseur peut reconnaître facilement l'homme vivant ».

Telle a été, par-delà la mort, l'étonnante destinée de « l'hercule de la contre-Révolution ». Ses ossements, pendus à une potence dans le grand amphithéâtre de la faculté de médecine, ont servi durant tout l'Empire pour les cours d'anatomie.

Les Bourbons revenus au pouvoir ont, bien sûr, voulu effacer cet affront. Georges Cadoudal a été élevé, à titre posthume, à la dignité de maréchal de France et sa famille anoblie. Il a eu droit à des funérailles solennelles et ses restes ont été inhumés dans un mausolée, sur la colline de Kerléano, près de sa maison natale.

Le poignard inca

Carmela Mendez sonne à la porte de son voisin Vincente Silva, menuisier dans la grande banlieue de Lima, au Pérou. Vincente Silva, qui vient d'avoir la soixantaine, n'exerce plus son métier, mais il lui arrive de faire des petits travaux pour ses voisins afin d'arrondir ses fins de mois. C'est justement le cas, ce 12 juillet 1962 : Carmela Mendez est venue lui commander une étagère pour sa cuisine.

Elle sonne plusieurs fois sans obtenir de réponse, puis s'aperçoit que la porte d'entrée est simplement poussée. Elle l'ouvre, se fige sur le seuil, et pousse un hurlement tellement affreux qu'il alerte plusieurs personnes... Il faut dire qu'il y a de quoi : le menuisier a été assassiné à l'aide d'une aiguille à tricoter. L'objet long et brillant est planté en plein cœur.

Peu après, l'inspecteur principal Ramon Ortiz se penche sur le corps. La blessure a très peu saigné, la mort a dû être instantanée. Il considère avec perplexité l'aiguille à tricoter. Non seulement il n'a jamais vu pareille arme, mais il n'a jamais entendu parler de quelque chose de semblable.

Tandis que deux agents emmènent le corps, il va interroger Carmela Mendez, qui attend, toute tremblante, dans la pièce voisine.

– C'est horrible ! Qui a pu faire ça ?

– Vous pouvez peut-être m'aider à le découvrir. La victime avait des ennemis ?

– Absolument pas. C'était un homme charmant. Tout le monde l'aimait dans le quartier.

– Il vivait seul ? Il n'était pas marié ?

– Non, il était célibataire. Il disait que ce qui comptait avant tout pour lui, c'était sa tranquillité.

– Est-ce qu'à votre connaissance, il gardait de l'argent chez lui ?

– Cela m'étonnerait. Il vivait modestement...

C'est dans ces conditions que l'inspecteur principal Ortiz commence son enquête. Les autres voisins confirment les dires de Carmela Mendez : le menuisier était apprécié de tous, c'était un homme aimable et discret, la dernière personne à qui on aurait pu en vouloir. Il n'avait pas de famille, à part de lointains neveux et nièces à qui il ne laisse qu'un tout petit héritage. D'autre part, le vol n'est pas le mobile du meurtre : on a retrouvé dans la maison un peu d'argent.

L'inspecteur principal a beau tourner et retourner le problème dans tous les sens, il n'y comprend rien. Cette façon de tuer fait penser à un crime rituel, à de la sorcellerie ou quelque chose de ce genre. Mais il a fouillé avec soin dans l'existence de la victime, qui n'a jamais été ni de près ni de loin en relation avec une secte. Silva ne fréquentait que des gens comme lui.

Le meurtre est extraordinaire, mais la victime est banale. Quelque chose cloche. Dès cet instant, l'inspecteur principal Ortiz a deux certitudes : il n'arrivera pas à élucider le meurtre de Vincente Silva et l'assassin à l'aiguille va recommencer.

20 août 1962, Ramon Ortiz se rend en toute hâte à Callao, le port de Lima. On vient de le prévenir que le meurtrier à l'aiguille à tricoter a encore frappé.

Il franchit rapidement la passerelle du *Golden Boat*, un cargo mixte anglais. Le capitaine l'attend, l'air contrarié et ému à la fois.

– Quelle horreur ! Et dire que j'ai failli appareiller sans m'en apercevoir ! Heureusement que j'ai fait un tour dans les cabines...

Il conduit l'inspecteur Ortiz dans celle de la victime. Un homme plutôt bien bâti, aux cheveux gris, est allongé à même le sol, avec une aiguille à tricoter dans le cœur. Le policier fouille dans les vêtements du mort à la recherche de ses papiers. En vain. Il a bien un portefeuille, mais pas la moindre pièce d'identité et il n'y a rien non plus dans la cabine.

– Vous alliez où ?

– À San Francisco.

– Sous quel nom s'était-il inscrit pour le voyage ?

– J'ai vérifié : Lourenço Alvez.

Ramon Ortiz reste pensif. Pour aller à l'étranger, il faut un passeport et l'homme en avait sûrement un. L'assassin lui a vraisemblablement pris ses papiers. Mais pour quelle raison ? Mystère. D'autant qu'il y a une somme relativement importante dans son portefeuille... Le capitaine le tire de ses réflexions :

– Vous allez interroger mes passagers et mon équipage ?

– Bien sûr.

– Et cela va prendre du temps ?

– Le temps qu'il faudra...

L'inspecteur principal Ramon Ortiz confie ces interrogatoires à ses subordonnés, persuadé qu'ils n'obtiendront rien. L'assassin n'a pas commis l'imprudence de s'inscrire parmi les passagers. Quant à soupçonner un marin, c'est carrément absurde : le *Golden Boat* n'était pas à Callao au moment du premier meurtre. En fait, le tueur à l'aiguille a dû monter sur le navire en compagnie d'amis et de familles venus dire au revoir aux voyageurs et il est passé inaperçu.

L'inspecteur s'est réservé l'enquête sur la personnalité de Lourenço Alvez. Ce dernier était célibataire, âgé de soixante ans, mais ce sont les seuls points communs avec Vincente Silva. Alvez était tout le contraire d'un homme tranquille et sans histoire : c'était un escroc plusieurs fois condamné pour abus de confiance et chèques sans provision, un violent, qui avait fait six mois de prison pour coups et blessures, à la suite d'une rixe...

Ortiz est plus que jamais perplexe. Il pensait que le second meurtre le mettrait sur la voie du criminel, en lui permettant de faire un rapprochement quelconque. C'est exactement l'inverse.

Tout oppose l'escroc et le menuisier. Et pourtant, ils ont été tués de la même et extraordinaire manière... L'inspecteur principal Ortiz n'a qu'un motif de satisfaction : la presse ne s'est pas intéressée aux deux meurtres. Cela lui évite de subir la pression des journalistes, ce qui compliquerait encore les choses.

22 août 1962. Deux jours seulement ont passé et l'assassin à l'aiguille vient de récidiver. Mais cette fois, la presse est au courant et tout Lima ne parle que de cela. La victime est d'ailleurs un journaliste, un commentateur sportif très connu, Javier Blanco. Il a été tué dans la rue par un passant, que personne n'a pu apercevoir. Son corps a été retrouvé à quelques pas de son immeuble, étendu sur le trottoir, une aiguille à tricoter plantée dans le cœur.

Dans tout le pays, l'émotion est vive, tant en raison de la personnalité de la victime que du côté effrayant de ces crimes en série. Car, bien entendu, les deux premiers meurtres sont maintenant connus du public, qui panique : un tueur fou se promène dans Lima avec une aiguille à tricoter, prêt à tuer n'importe qui !

Du jour au lendemain, l'inspecteur principal Ortiz se retrouve sur le devant de la scène. Et les médias ne le ménagent pas. Comment se fait-il qu'il ne soit arrivé à rien lors de ses deux premières enquêtes ? La police est au-dessous de tout dans cette affaire ! Ramon Ortiz répond aux questions de son mieux, mais il n'a pas grand-chose de significatif à dire. Et, entre deux conférences de presse, qui sont autant de supplices pour lui, il continue en vain ses recherches, malgré les hommes et le matériel supplémentaire fournis... Il ne cesse de maudire la presse, mais il ignore que c'est grâce à elle qu'il va progresser pour la première fois dans son enquête.

Il rentre chez lui après une journée harassante et allume la télévision pour se détendre. Il tombe sur une émission précisément consacrée aux meurtres. Un journaliste interroge sur le sujet le professeur Ignacio Calderon, spécialiste de la civilisation inca, et ses propos sont du plus haut intérêt :

– Pour moi, il n'y a pas de doute. L'aiguille à tricoter rappelle le poignard sacré que les Incas utilisaient pour leurs sacrifices. Il avait presque la même forme.

– Alors, il s'agit de meurtres rituels ?

– Très vraisemblablement.

– Donc l'assassin est un Indien.

– C'est en tout cas quelqu'un qui connaît bien la civilisation inca et, j'ajouterai, qui y croit...

Un fanatique appartenant à une secte d'adorateurs des dieux incas, voilà effectivement une piste nouvelle et même l'unique depuis le début de l'enquête. Pourtant, Ramon Ortiz décide de ne pas orienter pour l'instant ses recherches dans cette direction. Car cette hypothèse ne change rien au problème : qu'il s'agisse ou non d'un groupe de fanatiques, cela n'explique pas pourquoi ils ont tué ces trois personnes. Il ne peut s'agir de meurtres commis au hasard. Il y a bien une raison qui les a fait choisir, mais laquelle ?

Dès le lendemain, l'inspecteur principal reprend ses dossiers. Le menuisier à la retraite, l'escroc et le commentateur sportif célèbre avaient forcément un point commun, en dehors du fait d'avoir à peu près le même âge... L'inspecteur a une idée subite. Pourquoi « à peu près » ? Il regarde la fiche de Javier Blanco : le journaliste était né le 11 juin 1902. Il s'empare de celle du menuisier : il était né aussi le 11 juin 1902 !

Ramon Ortiz ouvre le troisième dossier, celui de Lourenço Alvez, l'escroc, mais les détails biographiques n'y figurent pas. Il appelle l'inspecteur qu'il a chargé de réunir tous les renseignements possibles à son sujet. Son subordonné a l'air très content de lui.

– Je crois que j'ai trouvé une chose intéressante dans ses activités passées...

– Nous verrons cela plus tard. Dites-moi d'abord sa date de naissance.

Surpris, le policier consulte un moment ses notes et répond :

– 11 juin 1902.

Ortiz raccroche et pousse un cri de joie. Il a trouvé ! Les trois victimes avaient un point commun, qui est sans nul doute la raison pour laquelle elles ont été assassinées. Mais pourquoi ? Pourquoi tuer les personnes nées le 11 juin 1902 ? Cela n'a aucun sens !

Il repense au professeur de la télévision. Cela n'a pas de sens pour un Péruvien de nos jours, mais cela a peut-être une signification pour un adorateur des Incas. Il doit à tout prix joindre le professeur Calderon. Il demande qu'on le trouve et qu'on lui passe la communication. Quelques minutes plus tard, le téléphone sonne dans son bureau. Il pense qu'il s'agit de l'universitaire, mais c'est un agent qui est au bout du fil :

– Mauvaise nouvelle, inspecteur, on a découvert une nouvelle victime dans une rue de Lima, avec une aiguille à tricoter dans le cœur.

– Qui est-ce ?

– Une prostituée.

Ramon Ortiz a un sursaut de contrariété. Voilà qui change tout ! Elle doit être beaucoup plus jeune que les trois autres. Les dates de naissance identiques seraient une extraordinaire coïncidence ou alors l'affaire serait beaucoup plus compliquée que cela.

– Quel âge a-t-elle ?

– Oh, elle n'était plus toute jeune. Elle avait des heures de vol.

– Vous avez ses papiers ?

– Oui. On a été les chercher dans l'hôtel où elle travaillait.

– Donnez-moi sa date de naissance, uniquement cela.

Il y a un instant d'attente et le policier répond :

– 11 juin 1902.

Peu après, c'est le professeur Ignacio Calderon qui est en ligne dans le bureau de l'inspecteur principal. Ortiz le questionne anxieusement :

– Est-ce que la date du 11 juin a une importance quelconque dans le calendrier inca ?

– Non, je ne vois pas.

– Ce n'est pas loin du solstice et ils adoraient le Soleil...

– Mais ce n'est pas le solstice. C'est une date tout à fait ordinaire, je vous assure. Pourquoi me demandez-vous cela ?

– Parce que les quatre victimes sont nées le même jour, le 11 juin 1902.

Après un court silence, la voix du spécialiste paraît soudain troublée.

– Le même jour, vous dites ?

– Vous avez une idée ?

– Écoutez, cela semble complètement fou...

– Justement. C'est certainement un crime de fou !

– Eh bien, il y a une croyance inca, selon laquelle les dieux n'attribuent qu'un seul principe vital à toutes les personnes nées le même jour. Moins elles sont nombreuses à survivre, plus ceux qui restent ont des chances de vivre longtemps.

Ramon Ortiz enregistre la prodigieuse nouvelle. Non seulement le mobile devient parfaitement clair, mais c'est une information capitale concernant l'auteur des meurtres.

– Cela veut dire que le criminel est lui aussi né le 11 juin 1902 ?

– Forcément.

L'inspecteur principal se précipite alors, sirène hurlante, avec tout un car de police à sa suite, à la mairie centrale de Lima, où se trouve l'état civil de la capitale péruvienne et où vraisemblablement l'assassin a déniché le nom de ses victimes.

En présence de l'employée des registres, toute surprise de ce déploiement policier, l'inspecteur demande :

– Il me faut les naissances de juin 1902. C'est urgent !

L'employée quitte sa place pour se rendre dans une pièce attenante et revient avec un gros volume poussiéreux. Ortiz le compulse fébrilement, la page concernant la journée du 11 a été arrachée.

– Ces dossiers, le public peut les consulter lui-même ?

– Absolument pas. Il n'y a que le personnel qui en a le droit.

– Dites-moi, parmi le personnel, justement, est-ce que quelqu'un a soixante ans ?

L'employée n'a pas besoin de prendre le temps de la réflexion.

– Il n'y a que M. Lazomeno, l'archiviste en chef. Il va bientôt prendre sa retraite.

– Conduisez-moi dans son bureau !

La femme semble toujours aussi décontenancée, mais s'exécute. L'inspecteur principal, entouré des policiers, fait irruption dans le bureau de l'archiviste. L'homme sursaute en les voyant arriver. Il est grand, solidement bâti, le crâne dégarni par la calvitie ; son teint mat et ses yeux légèrement bridés trahissent ses origines indiennes.

– Qu'est-ce que vous me voulez ?

– Simplement savoir votre date de naissance, monsieur Lazomeno...

Ce dernier pousse un véritable rugissement en se ruant sur Ramon Ortiz :

– 11 juin 1902 !

Puis il s'arrête brusquement et, avant que qui que ce soit ait pu esquisser un geste, il s'élance vers la fenêtre ouverte de son bureau et se jette dans le vide...

Peu après, l'inspecteur Ortiz contemple le corps de l'archiviste en chef gisant dans la rue. Il a été tué sur le coup. Il fouille dans ses poches et ne tarde pas à découvrir, soigneusement pliée, la page du registre des personnes nées le 11 juin 1902 à Lima. La liste comporte douze noms, dont quatre ont été barrés. Avec Lazomeno lui-même, cela en fait cinq qu'il faut retrancher.

Ramon Ortiz considère longuement les sept noms restants : des hommes et des femmes qui sont, sans le savoir, passés tout près de la mort. Ils ont eu beaucoup de chance, et si on en croit la légende inca, ils ont même gagné quelques années de vie en plus dans cette aventure !

Le fonctionnaire de la mort

C'est le grand absent du tribunal de Nuremberg qui, juste après la guerre, a jugé les criminels de guerre nazis. Son nom a été prononcé à plusieurs reprises durant les débats, mais personne ne savait ce qu'il était devenu. Il faut dire qu'Adolf Eichmann n'a jamais cherché la publicité ni les honneurs. Les grandes parades national-socialistes, les uniformes clinquants, les harangues enflammées ne l'ont jamais attiré. Lui a préféré rester dans l'ombre. Il a laissé en tout et pour tout deux photos et il n'a pas dépassé le grade d'*Obersturmbannführer*, c'est-à-dire lieutenant-colonel. Pendant toute la durée du IIIe Reich, il s'est comporté en fonctionnaire, en chef de service consciencieux, méticuleux et efficace. Seulement, son service, c'était la « solution finale », l'élimination des juifs d'Europe.

Adolf Eichmann naît le 16 mars 1906, à Solingen, en Rhénanie, dans une famille de la moyenne bourgeoisie. Son père est comptable dans une société d'électricité et, en 1914, il se voit proposer le poste de directeur de la Compagnie des tramways de Linz, en Autriche. C'est donc dans ce pays qu'Adolf passe sa jeunesse.

C'est un élève médiocre. Son père le retire du lycée technique pour le faire entrer dans la vie active, comme représentant d'une entreprise anglaise, la Vacuum Oil Company. Adolf Eichmann y reste jusqu'en 1933 mais, entre-temps, un événement capital a eu lieu dans sa vie : son adhésion au Parti national-socialiste.

Durant les années qui précèdent la prise de pouvoir d'Hitler, ses partisans sont particulièrement actifs en Autriche. Les SA, les SS manifestent, bottés et en uniforme, dans les rues de Linz, parfois avec violence. Dans la famille Eichmann, on n'a jamais fait de politique et le jeune Adolf n'a pas d'idée préconçue dans ce domaine. C'est sans enthousiasme qu'il se voit convié à une réunion d'information nazie par Ernst Kaltenbrunner. Leurs parents sont amis et c'est ce qui le décide.

Malgré son jeune âge, Kaltenbrunner est une étoile montante du nazisme. Il finira, d'ailleurs, responsable suprême de la Sécurité du Reich, ce qui lui vaudra d'être condamné à mort par le tribunal de Nuremberg et exécuté. Toujours est-il qu'Adolf Eichmann est favorablement impressionné et, comme Kaltenbrunner est SS, il s'inscrit à cette même organisation.

Pendant les années qui suivent, il continue son travail de représentant et subit, les week-ends, le dur entraînement des SS. En 1933, sa société fait faillite suite à la crise de 1929 et, comme des millions d'autres, il se retrouve au chômage. Hitler est désormais au pouvoir en Allemagne et Eichmann peut espérer avoir une place dans un service d'État. Kaltenbrunner lui rédige une lettre de recommandation pour Heydrich, chef de la SD, la police de la Sécurité du Reich, qui contrôle à la fois la police criminelle et la Gestapo. Heydrich engage immédiatement le jeune homme. Le voilà fonctionnaire du Reich. Il le restera jusqu'au bout.

Nous sommes en 1934, Adolf Eichmann a vingt-huit ans et, s'il porte l'uniforme noir à tête de mort de la SS, il n'a que le grade modeste de sergent. L'année suivante, il entre au service des Affaires juives. Tout de suite, il manifeste le caractère consciencieux, organisé, méticuleux, qui est le sien. Il demande une bourse pour apprendre le yiddish et l'hébreu, et prend des cours de religion avec un rabbin.

La bourse lui est refusée, ce qui ne le décourage pas. Il apprend seul le yiddish en dehors de son travail et il devient rapidement capable de lire les journaux écrits dans cette langue. En revanche, c'est aux frais de l'État qu'il est envoyé en Palestine, pour y étudier les juifs qui y vivent. Il en revient avec un rapport violemment antisémite et antisioniste, qui est très apprécié en haut lieu, à commencer par le Führer lui-même. Il obtient, à la suite de cela, le grade de sous-lieutenant.

L'année 1938 arrive. Celle de l'Anschluss, l'invasion de l'Autriche par Hitler et sa réunion à l'Allemagne. C'est à cette occasion qu'Eichmann reçoit sa première mission importante, dont il s'acquitte brillamment. Il est chargé d'expulser les juifs d'Autriche, après les avoir dépouillés, conformément à la politique du Reich d'alors. En alternant les négociations avec les représentants de la communauté israélite et des pogroms d'une rare violence, Eichmann rejette la majorité des juifs autrichiens hors des frontières et met la main sur une fortune considérable.

1940. Adolf Eichmann poursuit son ascension dans la hiérarchie. Il est nommé à la Gestapo sous les ordres d'Heinrich Müller et Heydrich crée pour lui un nouveau service, celui de la Sécurité raciale. Car les intentions d'Hitler ont totalement changé : il ne s'agit plus d'expulser les juifs, mais au contraire de les empêcher de partir et de les exterminer. Lors de l'invasion de la Pologne, ils sont massacrés en masse.

À la tête de son service, Eichmann continue de monter en grade. Il obtient celui d'*Obersturmbannführer*, lieutenant-colonel. Ce n'est pas mal à trente-cinq ans mais, en cette période de guerre, bien des promotions sont plus rapides.

Ce rang plutôt modeste ne l'empêche pas d'assister à la conférence de Wannsee, dans la banlieue de Berlin, le 20 janvier 1942. Elle réunit autour du Führer les plus hauts responsables nazis et le sujet en est la « solution finale », l'extermination des juifs. C'est Heydrich qui reçoit le commandement des opérations, tandis qu'Eichmann est nommé « responsable de toutes les nécessités administratives, techniques et matérielles ». Entre les deux hommes, les tâches sont donc réparties. Heydrich s'occupera de la construction et du fonctionnement des camps de la mort, des chambres à gaz et de tout le reste. Lui, Eichmann, les approvisionnera.

C'est lui qui met sur pied les convois de wagons plombés qui récupèrent les juifs dans toute l'Europe occupée, pour les conduire, selon l'expression figurant sur les documents officiels,

« à l'Est », c'est-à-dire à la mort. Il obtient du Führer qu'ils aient priorité sur tous les autres trains, y compris les transports de troupes. En un temps record, la machine est d'une effroyable efficacité. Eichmann veille, en particulier, à éviter l'engorgement, avec tous les désordres que cela pourrait entraîner. Il faut que, chaque jour, chaque camp ait exactement le nombre d'individus qu'il a la capacité d'éliminer, pas moins, mais pas plus.

Quotidiennement, Eichmann reçoit des demandes de grâce, émanant parfois de personnes haut placées, en faveur d'un ami ou d'une relation. Il les refuse toutes. Avec le temps, les quantités d'hommes, de femmes et d'enfants à supprimer ne cessent d'augmenter, mais il parvient toujours à faire face. Il atteint la perfection avec la Hongrie : en 1944, il la vide pratiquement de tous ses juifs. En quelques semaines, quatre cent mille personnes sont acheminées vers les camps d'extermination.

Le plus surprenant, c'est que le même homme est bon père et bon époux. En 1935, il a fait un mariage d'amour avec Vera Leibl, une Tchèque, qui lui a donné trois fils : Klaus, Dieter et Horst. Sa femme n'est pas au courant de ses activités. Elle sait simplement qu'il est fonctionnaire et qu'il travaille beaucoup. Elle le cite en exemple à ses fils. Le ménage vit correctement, mais sans plus, de sa solde d'officier. Eichmann n'a pas détourné un sou des sommes fabuleuses qu'il a extorquées aux juifs. L'argent n'a jamais été ce qui l'intéressait...

Fin 1944, le vent commence à tourner, mais on peut penser qu'un homme aussi organisé que lui ne se laissera pas prendre au dépourvu. Il est alors en Hongrie, où il négocie avec Joël Brand, une personnalité hongroise en relation avec les Alliés, l'échange de détenus juifs en sa possession contre des camions. L'accord ne se fera pas mais, à cette occasion, Brand lui demande s'il n'est pas inquiet pour lui-même, étant donné la tournure des événements. Eichmann lui répond en souriant :

– Nous perdrons peut-être la guerre, monsieur Brand, mais vous ne m'aurez pas. J'ai pris mes précautions.

Ces paroles semblent se vérifier car, après la victoire, les Alliés le cherchent en vain et, en 1945, au procès de Nuremberg, ainsi qu'il a été dit, il brille par son absence. On peut remarquer alors qu'à la différence des autres responsables nazis, Adolf Eichmann reste mal connu. On ignore pratiquement tout de lui, à commencer par son visage. Et on ignore, évidemment, s'il est encore en vie...

Un homme est décidé à le savoir. Il s'appelle Simon Wiesenthal. Cet Autrichien libéral est sorti vivant du camp de Mauthausen, après avoir vu mourir plusieurs membres de sa famille, et il a décidé de consacrer le reste de sa vie à la recherche des criminels nazis. Il collabore pour cela à l'Office américain des crimes de guerre.

En juin 1945, il est à Linz et le nom d'Eichmann est inscrit en tête de sa liste. C'est alors qu'il est servi par la chance. Sa logeuse, qu'il questionne à tout hasard, lui répond sans hésitation :

– Eichmann ? Je le connais bien. Il a habité longtemps à Linz. Son père a un magasin d'électricité tout près.

Simon Wiesenthal va trouver, en tant qu'envoyé de l'Office américain, M. Eichmann père, qui est bien obligé de le recevoir, mais avec la plus mauvaise grâce.

– Qu'est-ce que vous voulez que je vous dise ? Mon fils Adolf a fait partie des SS. Pour le reste, je ne sais rien de ses activités.

– Il y a longtemps que vous ne l'avez pas vu ?

– Depuis des années. Il n'est pas venu ici pendant la guerre.

– Vous pensez qu'il est mort ?

– Cela ne fait aucun doute.

– Est-ce que vous auriez une photo de lui ?

La réponse est sèche et définitive :

– Non.

Simon Wiesenthal ne se décourage pas. D'autant que les services américains ne restent pas inactifs. Selon eux, Adolf Eichmann aurait été interné comme prisonnier de guerre dans un camp de la Forêt-Noire, sous le faux nom d'Eikmann. Mais il s'est évadé et on a perdu sa trace depuis. Les mêmes services américains ont également retrouvé sa femme et ses enfants. Ils habitent le village d'Altaussee, en Autriche. Simon Wiesenthal s'y rend, encore une fois mandaté par l'Office américain. Mais Vera Leibl n'est pas d'un plus grand secours que son beau-père.

– Non, je ne sais pas où il est. Nous avons divorcé début 1945, à Prague. Depuis, je ne l'ai pas revu.

– Pourquoi avez-vous divorcé ?

– Pour des raisons personnelles.

– Avez-vous une photo de lui ?

– Je n'en ai pas. Je les ai jetées après notre divorce...

Simon Wiesenthal n'abandonne pas. Un seul fil le relie à Eichmann : sa femme, et il la fait surveiller. En 1947, il apprend que Vera Leibl a entrepris, au nom de ses fils, une demande de reconnaissance du décès de leur père. Si la démarche aboutit, il deviendra légalement impossible de faire quoi que ce soit. Wiesenthal se précipite chez le juge. En apprenant qu'il s'agit d'un criminel de guerre peut-être en fuite, il décide de ne pas donner suite à la demande.

À la fin de 1949, c'est enfin la grande nouvelle : grâce à la table d'écoute sur laquelle est branchée sa femme, on apprend qu'Eichmann se cache près d'Alt-Aussee et a l'intention de retrouver Vera pour la nouvelle année. Une souricière est tendue, mais les policiers ne sont pas assez discrets et le piège ne fonctionne pas. Bien au contraire, à la suite de cela, on découvre qu'un homme qui se cachait dans un village voisin a définitivement disparu. S'il s'agit bien d'Eichmann, il a sans doute profité de l'aide de l'organisation secrète nazie ODESSA, qui se charge de faire passer les criminels de guerre en Amérique du Sud.

Quelque temps passe. Vera Leibl et ses fils habitent toujours Alt-Aussee. Ils fréquentent toujours l'école du village et elle-même n'a plus aucun contact, ni par téléphone ni par courrier, avec son mari. Mais brusquement, en 1952, après les vacances de Pâques, ils disparaissent. On s'aperçoit alors qu'elle a fait faire des passeports pour elle et ses enfants et qu'ils sont partis vers une destination inconnue.

Les années s'écoulent sans que Simon Wiesenthal ait la moindre nouvelle de celui qu'il traque, mais à aucun moment il ne perd l'espoir de le retrouver. Et il a raison. En 1959, il apprend par hasard, d'un Allemand antinazi séjournant en Amérique du Sud, que « ce porc d'Eichmann est dans la banlieue de Buenos Aires et travaille dans une usine d'automobiles ». Il découvre peu après qu'une femme du nom de Vera Leibl s'est installée également à Buenos Aires et a épousé un M. Klent ou quelque chose d'approchant.

Simon Wiesenthal a la sensation qu'il touche au but mais il ne peut pas aller plus loin, la suite le dépasse. Il transmet tout le dossier aux autorités israéliennes, qui sont d'autant plus intéressées qu'elles viennent elles aussi de localiser l'ancienne Mme Eichmann : à San Fernandino, une banlieue de Buenos Aires, avec ses trois enfants. Elle a épousé un homme du nom de Ricardo Klement, dont elle a eu un quatrième enfant.

Il semblerait bien que la longue traque soit sur le point d'aboutir. Seulement, Ricardo Klement est-il Adolf Eichmann ? C'est une question à laquelle on ne doit répondre qu'avec une certitude absolue et on conçoit toute la difficulté de la tâche qui attend les spécialistes qu'Israël envoie sur place.

Ils arrivent début mars 1960. Ils sont trois, on ne connaît d'eux que leurs prénoms d'emprunt : Yigal, le chef du commando, Gad et Dov. Ils n'ont qu'une trentaine d'années, mais ont subi l'entraînement le plus poussé qu'on peut recevoir dans les services secrets. Plusieurs correspondants argentins leur prêteront main-forte sur place, s'ils le désirent.

Leur mission est double : premièrement, s'assurer que Ricardo Klement est bien Adolf Eichmann ; deuxièmement, si c'est le cas, l'enlever et le ramener en Israël. Pour la première partie, ils disposent du dossier des archives de la SS, dont les Alliés se sont emparés et que les Israéliens ont pu récupérer. Il y a là tout ce qu'on sait sur ce personnage mystérieux : sa taille, sa pointure, la couleur de ses yeux et de ses cheveux. Et aussi des dates, comme celles de sa naissance, de son mariage, la naissance de ses trois enfants et ses diverses promotions dans la SS. Enfin, il y a deux photos, les seules qu'on ait de lui. Sur la première, il est très jeune, elle remonte certainement à son adhésion chez les SS. La seconde, où il est en uniforme, peut être datée précisément de 1937, puisqu'il porte les galons de sous-lieutenant. Il a alors juste un peu plus de trente ans. Sur l'une comme sur l'autre, il montre un visage régulier, aux traits aigus, au regard dur et aux lèvres minces, exactement la caricature du SS tel qu'on l'imagine.

C'est avec tout cela que Yigal, Gad et Dov vont tenter de percer l'identité réelle de Ricardo Klement. Car si celui qu'ils capturent et ramènent pour le juger n'est pas Eichmann, ce serait un scandale international sans précédent et un discrédit dont Israël aurait bien du mal à se remettre.

Le premier soin des trois hommes est de se rendre à l'adresse indiquée, 2018 calle Garibaldi, à San Fernandino, et leur première impression est loin d'être encourageante. Ils se trouvent devant une masure en brique au milieu d'un terrain vague. Une femme corpulente à la mise négligée étend du linge sur un fil, dans ce qu'on ne peut pas appeler un jardin : c'est une étendue de terre nue, avec une citerne. Il n'y a pas l'eau courante.

Dans l'image qu'on s'en fait, les criminels nazis réfugiés en Argentine habitent de luxueuses haciendas, avec des chiens et des hommes armés pour les garder. Bien sûr, il s'agit sans doute d'un cliché, mais il est difficile d'imaginer que l'ancien haut responsable SS vive dans une telle misère. Tout cela correspondrait davantage à Ricardo Klement, modeste ouvrier argentin travaillant dans l'automobile. En tout cas, c'est une raison supplémentaire d'être prudent.

Mesurant toute la responsabilité qui est la leur – car ce sera à eux et à eux seuls de décider –, les trois Israéliens se mettent au travail. Ils commencent la filature de celui qu'il faut appeler, pour l'instant, Klement. En l'apercevant pour la première fois, ils éprouvent le même doute que lorsqu'ils ont découvert son lieu d'habitation. Vingt-trois ans se sont écoulés depuis la dernière photo, mais l'homme qu'ils ont sous les yeux n'est pas seulement plus vieux, il est différent. Il est presque chauve et ses traits se sont amollis, adoucis. Il n'a rien à voir avec le SS au visage tranchant. C'est un homme ordinaire, un brave homme, serait-on tenté de dire...

Quoi qu'il en soit, la traque s'organise. Ricardo Klement se lève de bonne heure, fait sa toilette dans un petit appentis et il sort à 6 h 45. Il embrasse son épouse, qui est toujours sur le seuil pour lui dire au revoir. De là, il se rend à l'arrêt d'autobus, situé à quelques centaines de mètres. Tout cela, c'est Gad qui l'observe à la jumelle, depuis une maison qui a été louée un peu plus loin. Gad téléphone alors à Yigal, qui se trouve dans une autre maison de Buenos Aires et qui servira éventuellement à séquestrer le prisonnier en cas d'enlèvement. La communication est brève. Elle tient en une seule phrase :

– Tout est normal.

Ricardo Klement travaille à l'usine Mercedes-Benz de Suarez, une banlieue située de l'autre côté de la ville. Il arrive sur place à 7 h 15, après une demi-heure de trajet. C'est alors à Dov d'entrer en scène. Il est habillé du même bleu de travail que les nombreux ouvriers qui se pressent pour entrer dans l'usine et il porte, comme la plupart d'entre eux, une mallette pour emporter le casse-croûte. Seulement, dans la sienne est dissimulé un appareil photo. Il suit Ricardo Klement et il s'emploie à prendre le plus de clichés possible sans se faire remarquer.

Les mêmes observations ont lieu à midi, quand Klement sort pour déjeuner, car il quitte l'usine pour prendre ses repas dans un restaurant, d'ailleurs très modeste. Il est également surveillé quand il prend l'autobus du retour, après sa journée de travail, et quand, enfin, il arrive chez lui. À ce moment, les trois Israéliens se retrouvent dans la maison de location, ils développent les photos et les comparent avec celles d'Eichmann. Il y a une ressemblance, c'est incontestable, mais c'est tout...

Les jours s'écoulent, désespérément semblables. La vie de Ricardo Klement est réglée comme une horloge. Il fait exactement les mêmes choses aux mêmes heures. Bien sûr, tout cela s'accorde assez avec le planificateur maniaque qu'était Adolf Eichmann, mais ce pourrait être tout aussi bien l'existence d'un banal ouvrier, comme il y en a des millions... Le temps passe, il va falloir prendre une décision qui, en cas de doute, ne peut être que négative. Et c'est alors que la vérité éclate de la manière la plus inattendue !

Le 21 mars 1960 est un jour comme les autres. Derrière les volets à moitié clos de sa maison, Gad voit l'habitant de la calle Garibaldi faire sa toilette dans le petit appentis. À 6 h 45, il embrasse sa femme, puis il va, quelques centaines de mètres plus loin, prendre son autobus. Lorsque celui-ci démarre, Gad décroche son téléphone, pour dire à Yigal :

– Tout est normal.

Tout est normal aussi à l'autre bout de la ville. Dov voit celui qu'il surveille descendre de l'autobus à 7 h 15 et il le suit pour prendre des photos, qui n'apporteront sans doute aucun élément nouveau. À l'heure du déjeuner, c'est toujours la même routine. Mais à 17 h 30, Dov, qui observe la sortie de l'usine depuis le trottoir d'en face, a un violent sursaut : Ricardo Klement, ou celui qui se fait passer pour tel, ne se dirige pas vers l'arrêt d'autobus, il prend la direction opposée et entre dans une boutique. Un fleuriste. Il en ressort avec un bouquet et, alors seulement, va prendre l'autobus.

Dov bondit vers la cabine téléphonique d'où chaque jour il appelle Yigal, lui annonce l'information et raccroche. Ni l'un ni l'autre n'ont fait de commentaire, il faut être prudent, mais tous deux ont compris ce que cela signifie : ils ont gagné ! Yigal se garde bien d'appeler Gad pour lui annoncer la nouvelle, il veut en avoir confirmation de sa part. Mais à 18 heures celui-ci lui téléphone à son tour. Il exulte.

– Il a un bouquet de fleurs ! C'est extraordinaire !

Oui, c'est extraordinaire et, peu après, les trois hommes, qui se retrouvent dans la maison, fêtent ensemble leur victoire... Parmi les dates consignées sur le livret SS, que tous les trois connaissent par cœur, figure le 21 mars 1935. Ce jour-là, Adolf Eichmann a épousé Vera Leibl. Ce 21 mars 1960 est le vingt-cinquième anniversaire de leur mariage. Ce sont leurs noces d'argent. Celui qui est responsable de la mort de millions d'hommes, de femmes et d'enfants, s'est fait prendre parce qu'il est un bon mari, qui aime son épouse...

Le lendemain matin, Yigal va à la poste pour envoyer au chef des services secrets le télégramme convenu en cas de réussite :

« L'homme est l'homme. » On peut maintenant passer à la deuxième partie de l'opération : l'enlèvement.

Les trois Israéliens ont besoin d'un certain temps pour recruter les agents argentins auxiliaires dont ils ont besoin, ainsi que pour résoudre les divers problèmes matériels. Le jour J est donc fixé trois semaines plus tard, le 11 mai... Le temps est maussade, il pleut. À 2 heures de l'après-midi, ils se réunissent une dernière fois pour récapituler les détails. A priori, tout semble au point. L'enlèvement est prévu pour 18 heures, heure à laquelle le faux Ricardo Klement arrive chez lui.

Yigal, Gad et Dov ont loué deux voitures. La première, qui les emmènera avec Eichmann, après sa capture, sera conduite par un aide argentin. Dans la seconde voiture prendra place un autre Argentin, dont le rôle sera de surveiller l'enlèvement de loin et de rester quelques minutes après, pour s'assurer des réactions éventuelles de la famille. Si tout va bien, il rejoindra la première voiture.

À 17 h 45, la voiture de l'enlèvement prend place à cinquante mètres de l'arrêt de l'autobus, entre celui-ci et la maison... Il ne faut pas imaginer la calle Garibaldi comme une rue urbaine. Elle ressemble plutôt à une route, avec des habitations disséminées de part et d'autre. Il n'y a pas de trottoirs. Quelques jours plus tôt, la municipalité a entrepris des travaux de voiric. Une tranchée peu profonde, de quelques dizaines de mètres de long, part de l'arrêt d'autobus. La voiture s'est arrêtée à l'extrémité de celle-ci.

C'est un endroit où les voitures passent très vite et un véhicule qui stationne attire forcément l'attention. C'cst pourquoi Gad ouvre le capot et se penche sur le moteur, faisant croire à une panne. L'autre voiture, conduite par l'Argentin, s'est arrêtée plus loin. Le conducteur reste au volant ; il ne sortira pour observer la scène qu'au moment où arrivera l'autobus.

Celui-ci se présente comme prévu aux environs de 18 heures. Il fait sombre. Le temps est toujours aussi maussade et le soleil déjà couché, car, en ce 11 mai, l'automne austral est déjà bien avancé... Dov est le plus athlétique des trois, c'est lui qui doit agir le premier. Il doit poser à Eichmann une question quelconque et se rendre maître de lui. Les deux autres interviendront tout de suite après.

Le faux Ricardo Klement a quitté l'autobus. Il longe avec précaution la tranchée. Dov sort de la voiture. Gad, toujours penché sur le capot, se retourne et il a un sursaut : Eichmann vient de plonger sa main droite dans la poche de son imperméable. Il lance à voix basse à Dov, qui passe devant lui :

– Attention ! Poche droite. Revolver.

Il n'est plus question d'aborder l'Allemand en prononçant une phrase. Dov se précipite sur lui et le jette dans la tranchée à la manière d'un rugbyman, en lui immobilisant le bras droit. Gad et Yigal s'élancent à leur tour et se jettent eux aussi dans la tranchée. Eichmann se met à hurler. Mais tous les trois l'emportent et l'installent à l'arrière de la voiture. Ils s'asseyent sur la banquette et le maintiennent au sol. Le chauffeur argentin démarre. L'autre Argentin, qui observe la scène, constate qu'aucune voiture ne s'est arrêtée. Personne n'a rien vu ni entendu. D'ailleurs, le tout n'a pas duré trente secondes... Conformément aux instructions, il reste sur place, pour voir si Vera Leibl ou l'un de ses fils ne sort pas de la maison.

La voiture roule à une allure modérée, afin de ne pas se faire arrêter pour excès de vitesse. Le chauffeur lance en allemand au passager :

– Un cri, un geste et vous êtes mort !

Eichmann ne répond rien, il reste immobile. Yigal fouille sa poche droite et tout à coup, les trois Israéliens éclatent de rire : l'objet métallique qu'il tient en main est une lampe de poche. Le faux Ricardo Klement allait la sortir pour s'éclairer au bord de la tranchée.

Cet instant de détente passé, ils reprennent leur sérieux. La partie est loin d'être gagnée. Il peut arriver beaucoup de choses durant le trajet. Il y a en particulier deux passages à niveau où on risque d'être obligé de s'arrêter un bon moment. Yigal sort un morceau de ruban adhésif et le pose sur la bouche du prisonnier, qui ne résiste pas. Le premier passage à niveau est libre. Le second est fermé, mais rien de fâcheux ne se produit. Au contraire, tandis qu'ils stationnent, ils voient arriver la seconde voiture, preuve que la famille ne s'est rendu compte de rien.

Tout le monde se retrouve au moment prévu dans la maison destinée à accueillir le prisonnier. Celui-ci est mis entièrement nu, afin de constater qu'il n'a rien qui lui permette de se suicider. C'est le cas. Yigal lui enlève le ruban adhésif et lui examine les dents, à la recherche d'une éventuelle capsule de cyanure. Le captif prend pour la première fois la parole, d'un ton las :

– Après quinze ans, vous ne vous attendiez pas à ce que je sois sur mes gardes ? Il n'y a rien dans mes dents.

C'est presque un aveu. Yigal lui demande en allemand :

– Qui êtes-vous ?

La réponse est immédiate, toujours en allemand :

– Je suis Adolf Eichmann.

Et il ajoute :

– Je sais que je suis entre les mains des Israéliens...

Ses vêtements lui sont rendus, après avoir été examinés et vidés de tout ce qu'il y avait dans les poches, à l'exception de son mouchoir. Yigal explique au prisonnier ce qui l'attend.

– Vous allez être emmené en Israël pour y être jugé. Vous aurez un avocat et tout sera fait dans les formes légales. Y voyez-vous une objection ?

– Non.

– Pouvez-vous nous le confirmer par écrit ?

– J'ai besoin de réfléchir. Je vous le dirai demain.

Tout cela a été dit avec la plus parfaite courtoisie. Yigal montre sa chambre à Eichmann, il lui explique qu'il pourra se coucher quand il voudra, mais que la lumière restera allumée et qu'il sera surveillé en permanence par deux personnes.

Le lendemain, le prisonnier demande à parler à Yigal.

– J'ai réfléchi. Je veux bien rédiger cette déclaration.

Yigal lui tend une feuille de papier, un stylo, lui rend pour l'occasion ses lunettes et l'ancien SS écrit : « Je, soussigné Adolf Eichmann, déclare par les présentes, de ma propre volonté : puisque ma véritable identité est maintenant révélée, je me rends compte qu'il n'y a plus lieu pour moi de continuer à essayer d'échapper à la justice. Je me déclare consentant à me rendre en Israël, pour y passer devant un tribunal qualifié. Il est entendu que je recevrai l'assistance d'un avocat et que je pourrai exposer les faits relatifs à mes dernières années de service en Allemagne, afin qu'un tableau véridique des événements soit transmis aux générations futures. Je fais cette déclaration de mon propre gré. Il ne m'a rien été promis et je n'ai reçu aucune menace. Je désire obtenir enfin la paix intérieure... »

Yigal ne fait pas de commentaire devant ce document qui va beaucoup plus loin que tout ce qu'il espérait. Il interroge son auteur sur les circonstances de sa fuite. Eichmann lui répond sans difficulté. Depuis sa capture, il fait preuve de la plus grande coopération.

À la capitulation, il s'est retrouvé prisonnier des Américains, mais il s'est évadé. Il est devenu bûcheron pendant quatre ans, dans la province de Celle, en Allemagne. Il a alors essayé de rejoindre sa femme, qu'il savait être à Alt-Aussee, mais la présence de policiers l'en a dissuadé. Il a pris contact avec l'organisation ODESSA, qui l'a fait passer en Italie. À Gênes, un moine franciscain lui a remis un passeport au nom de Ricardo Klement, avec un visa pour l'Argentine.

Même si jusqu'ici tout s'est passé sans difficulté, Yigal, Gad et Dov ne sont pas arrivés au bout de leur tâche. Il reste le plus difficile : faire quitter le territoire à Eichmann et le ramener en Israël. Le moindre incident peut entraîner l'échec de toute l'opération et avoir des conséquences diplomatiques catastrophiques.

Il se trouve qu'une délégation officielle israélienne se rendra en Argentine le 19 mai et repartira le 20. Il est décidé qu'on utilisera son avion pour le voyage. D'ici là, il faut garder le prisonnier dans la villa, en espérant qu'on ne le retrouvera pas... Il y a des raisons d'être à la fois confiant et inquiet. D'un côté, la docilité d'Eichmann laisse penser qu'il n'y aura pas de tentative d'évasion de sa part mais, d'un autre, Vera Leibl a signalé sa disparition en révélant sa véritable identité et la police argentine est à sa recherche.

Nul incident n'est pourtant à signaler et, le jour venu, toute la mise en scène prévue s'accomplit dans les moindres détails. Le prisonnier reçoit du café drogué, qui le plonge dans un profond sommeil. Il est habillé d'un pyjama et d'une robe de chambre de soie. Un peu plus tard, une luxueuse voiture noire s'arrête devant la maison.

Au volant, un auxiliaire argentin. Gad et Dov sont habillés en infirmiers. Eichmann est censé être un riche malade qui veut rentrer dans son pays. Il a des papiers au nom de Khaïm Lifchitz ; Yigal, qui a pris place à ses côtés, se fait passer pour son cousin. Les trois Israéliens et l'Allemand ont des passeports diplomatiques, ce qui devrait leur permettre de passer sans encombre les formalités de police.

Effectivement, le groupe n'éveille aucun soupçon. À l'aéroport Eichmann, inconscient, est placé sur un brancard, que portent Gad et Dov, Yigal suivant à quelques pas. Bientôt, tout le monde embarque dans l'avion de la délégation israélienne qui, après une escale en Afrique occidentale, se pose sur l'aérodrome de Lod, à Tel-Aviv. Cette fois, c'est bien fini. L'opération est un succès complet.

Le lundi 23 mai au matin, un magistrat vient voir le prisonnier dans sa cellule et lui notifie officiellement son inculpation. Le même jour, le Premier ministre David Ben Gourion prend la parole devant la Knesset, le Parlement israélien. Les journalistes ont été convoqués pour entendre, leur a-t-on dit, une « déclaration de la plus haute importance ». Ils ne vont pas être déçus ! Ben Gourion dit d'une voix solennelle :

– Adolf Eichmann, qui a partagé avec les chefs nazis la responsabilité de ce qu'ils ont nommé la « solution finale de la question juive », a été retrouvé. Il est présentement en état d'arrestation en Israël. Il sera jugé conformément à la loi sur les criminels nazis...

Dans le monde entier, l'émotion est considérable. En Israël, elle est indescriptible. L'Argentine proteste solennellement contre cette violation du droit international et porte plainte devant le Conseil de sécurité. Golda Meir, ministre des affaires étrangères d'Israël, présente ses excuses au gouvernement argentin et fait un plaidoyer pour justifier l'opération. Le Conseil de sécurité estime que les excuses sont une réparation suffisante. L'affaire est close. D'ailleurs, l'Argentine ne réclamait pas la restitution d'Eichmann.

Ce dernier a été installé dans la forteresse de Lyar, près de Tel-Aviv. Il en est le seul prisonnier, logé dans un appartement de trois pièces. Il est surveillé par des gardes qui se relaient deux par deux dans l'appartement même. Ils ne sont pas armés, ils ne connaissent aucune langue étrangère et ils n'ont aucun membre de leur famille en Europe. Ces précautions sont prises pour que l'un d'eux ne fasse pas justice en tuant le prisonnier. De plus, ils sont remplacés fréquemment, de peur qu'ils ne se laissent impressionner ou qu'ils n'apprennent quelques mots d'allemand.

Pour éviter une tentative qui viendrait, cette fois, de l'extérieur, la forteresse a pris des allures de camp retranché. Elle est entourée de plusieurs réseaux de fil de fer barbelé. La petite cour où le détenu fait sa promenade quotidienne ne peut être atteinte par aucune arme... En revanche, il n'y a aucun problème du côté d'Eichmann. C'est un prisonnier modèle. Quand arrive un officier, il salue militairement, en claquant des talons. Chaque jour, il lave les dalles de sa cellule à grande eau et fait sa lessive, laissant sécher ses vêtements aux barreaux.

Sa docilité est confondante. Au petit déjeuner, il a du café et trois tartines. Un jour, par erreur, on lui en donne six et il les mange sans sourciller. Un officier vient le voir pour savoir s'il désire désormais six tartines. Il claque des talons et répond : « Je n'ai pas faim, Herr Lieutenant. Je mange ce qu'on me donne. »

Comme on peut l'imaginer, des voix s'élèvent en Israël contre ce traitement de faveur. Les autorités répondent que le pays doit se comporter de manière irréprochable. Compte tenu de l'importance du procès, l'accusé doit être en mesure de présenter sa défense dans les meilleures conditions possibles... Celle-ci est assurée par un avocat allemand, Robert Servatius, de Cologne, qui a défendu le *Gauleiter* Sauckel, au procès de Nuremberg. Mais il ne peut parler à son client qu'à travers une vitre, au moyen d'un micro. Il n'a aucun contact physique avec lui.

Les Israëliens n'ont pas oublié que Göring a échappé à la pendaison grâce à une capsule de poison que son avocat lui avait donnée.

Le procès d'Adolf Eichmann s'ouvre le 11 avril 1961, à Jérusalem. Le tribunal siège dans un palais construit en gros blocs de pierre, le Beta Haam. L'aménagement intérieur est à la mesure de l'événement. L'accusé est dans une cage de verre à l'épreuve des balles et même des grenades. Des caméras ont été installées, ainsi qu'un système de traduction simultanée, pour que les cinq cents journalistes venus du monde entier puissent suivre les débats. Ils ont dû se soumettre à des contrôles draconiens : passer par des portiques, subir une fouille et suivre des couloirs où des feux verts leur ouvraient le passage...

Les trois magistrats prennent place sur l'estrade du fond, le juge Moshe Landau et ses assistants Benjamin Halévy et Yitzhak Raveh. Tous trois sont nés en Allemagne et ont échappé de peu aux camps de concentration. Mais le grand moment est l'arrivée de l'accusé. C'est la surprise générale dans la salle. Au lieu du personnage effrayant qu'on attendait, on découvre un homme maigre au crâne dégarni, aux oreilles trop grandes, vêtu d'un complet bleu de confection, qu'on lui a apporté en prison. C'est Simon Wiesenthal, qui a tant contribué à ce qu'il soit là, et qui n'a pas été autorisé à le voir en prison, qui résume le mieux la stupéfaction générale : « Je m'étais forgé, écrit-il, l'image d'un surhomme démoniaque. À sa place, j'ai vu un homme frêle, sans particularité aucune, gris, dans une cage de verre, entre deux policiers israéliens. Ces derniers étaient plus vivants et plus intéressants que lui. Eichmann tout entier paraissait avoir été dessiné au fusain : son visage grisâtre, son crâne chauve, ses vêtements. Rien de diabolique en lui. Il avait l'air d'un comptable effrayé à l'idée de demander une augmentation... »

Les débats commencent. Le président Moshe Landau pose à l'accusé la première question, d'une voix calme, alors qu'intérieurement il ne l'est certainement pas :

– Êtes-vous Adolf Eichmann ?

Et c'est la réponse, faite en allemand, qu'on peut entendre sur les radios et les télévisions du monde entier :

– *Jawohl !*

Le procureur Hausner se dresse pour prononcer l'acte d'accusation :

– Lorsque je me lève devant vous, juges d'Israël, pour accuser Adolf Eichmann, je ne suis pas seul : je suis entouré ici, en ce moment même, de six millions d'accusateurs. Mais ceux-là ne peuvent pas tendre le doigt vers la cabine vitrée et crier à celui qui y est assis : « J'accuse ! » Car leurs cendres forment des monticules entre les collines d'Auschwitz et les prés de Treblinka. Leur sang crie, mais leur voix s'est tue... J'affirme dès maintenant qu'Adolf Eichmann n'était pas le petit rouage administratif qu'il prétend être. Je prouverai à ce tribunal qu'il a pris des initiatives, qu'il a organisé et exécuté l'extermination du peuple juif en Europe...

Avec ces propos, le débat est lancé, car c'est autour de la responsabilité d'Eichmann que vont se dérouler les cent quarante-quatre séances de ce procès-fleuve. D'un côté, il y a un petit homme fébrile dans sa cage de verre, vérifiant ses écouteurs, tripotant son micro, consultant nerveusement ses notes. Son ton est nerveux et précipité, il est pris quelquefois d'une petite toux sèche. Il se fait aussi insignifiant que possible et son avocat, maître Servatius, rappelle à tout instant qu'il n'était qu'*Obersturmbannfürher*. Comment un modeste lieutenant-colonel pourrait-il avoir fait tout ce qu'on reproche à l'accusé ?

Mais de l'autre, il y a le terrible témoignage des rescapés des camps de la mort. Un écrivain d'origine polonaise qui a été interné à Auschwitz s'évanouit, alors qu'il raconte les atrocités qu'il a vécues. On fait entendre au tribunal l'enregistrement d'une conversation qu'Eichmann a eue en 1957 avec un ancien dignitaire nazi. Il y déclarait : « Je dois dire sincèrement que si nous avions détruit dix millions trois cent mille juifs sur les dix millions trois cent mille qu'ils étaient, selon les statistiques, je dirais : c'est bien, nous avons détruit un ennemi ! »

Au fil des débats, la défense d'Eichmann s'effondre et sa responsabilité éclate au grand jour. Ce n'était pas son grade qui comptait, c'étaient ses fonctions. Bien sûr, il n'était que lieutenant-colonel, mais selon les dispositions de la conférence de Wansee, il était avec Heydrich le coordinateur de la « solution finale ». Il prétend avoir obéi à des ordres, c'est vrai, mais c'étaient ceux du Führer lui-même. Car, au-dessus de lui, s'agissant de l'élimination des juifs, il n'y avait qu'Hitler.

Eichmann en prend-il conscience ? Tente-t-il une dernière manœuvre pour sauver sa vie ? Toujours est-il que lors de la 95e séance, il se lève pour faire une déclaration :

– Je dois admettre que je considère aujourd'hui l'extermination des juifs comme un des pires crimes qui soient. Mais elle a eu lieu et nous devons tout faire pour qu'elle ne se reproduise pas.

C'est le seul moment où il exprime quelque chose qui ressemble à un regret. Par la suite et jusqu'à la fin du procès, il garde l'attitude qui a été la sienne depuis le début, jouant sur son insignifiance, se taisant lorsqu'il est question de l'essentiel et ergotant sur des points de détail.

C'est impassible qu'il entend le procureur demander contre lui la peine de mort et il n'a pas de réaction non plus lorsque, le 15 décembre 1961, le président Moshe Landau prononce contre lui la peine capitale.

Reconduit dans sa prison, il attend son sort. Mais l'exécution tarde, sans qu'on sache pourquoi. Plus de cinq mois après, le 29 mai 1962, deux journalistes français obtiennent sans le savoir sa dernière interview. Il leur répète sa ligne de défense immuable :

– Je n'ai fait qu'obéir aux ordres. Je ne suis pas plus coupable que le pilote du bombardier d'Hiroshima...

Deux jours plus tard, le 31 mai, il est conduit devant la potence. Il refuse l'assistance d'un prêtre et prononce ses dernières paroles :

– Messieurs, nous nous reverrons bientôt. J'ai obéi aux lois de la guerre et à mon drapeau.

Son corps sera incinéré, comme celui de ses millions de victimes, et ses cendres jetées en mer, au-delà des eaux territoriales d'Israël...

L'affaire Eichmann est plus qu'exceptionnelle, elle est unique. Jamais, sans doute, les efforts pour retrouver un fugitif n'auront été aussi constants, aussi acharnés, pour aboutir à un total succès, avec, il est vrai, un petit coup de pouce du destin.

Mais elle est surtout remarquable par la manière dont elle s'est conclue. L'un des responsables du plus grand crime de l'Histoire a pu rendre compte de ses actes devant le monde entier, présenter sa défense et être confronté à ses victimes, bénéficier d'une justice équitable et même sereine. L'accusation qui pesait sur lui n'a pas empêché qu'il soit traité avec dignité et respect. En définitive, dans l'affaire Eichmann, après l'horreur et l'infamie, le dernier mot est revenu à l'humanité.

L'île aux Pélicans

L'embarcation à moteur avance rapidement dans la baie de San Francisco. En face se profile une île de petite taille enserrée dans de hauts murs de béton, qui a un peu l'allure d'un cuirassé immobile sur la mer. Cette silhouette, tous les Américains la connaissent, et plus encore ceux dont la vie s'écarte du droit chemin. C'est Alcatraz, le pénitencier fédéral le plus redouté du pays, celui dont on ne s'évade pas.

Alcatraz n'accueille pas n'importe qui. Les conditions d'hébergement y sont meilleures que partout ailleurs, étant donné qu'il n'y a volontairement qu'un petit nombre de détenus ; beaucoup y demandent leur transfert, mais il faut un solide pedigree pour y rentrer. Seuls les gangsters les plus chevronnés, les têtes brûlées les plus irréductibles ou alors ceux qui ont plusieurs tentatives d'évasion à leur actif sont admis parmi ses pensionnaires. Mais à partir de là, c'est fini. On reste à Alcatraz pendant toute la durée de sa peine. Comme ont l'habitude de le dire les gardiens en riant, « le concours d'entrée est difficile, mais l'examen de sortie, personne ne l'a réussi ».

Pourtant, ils sont trois qui se parlent à voix basse, dans la vedette qui file à vive allure sur la baie de San Francisco : Frank Morris, John et Clarence Anglin. Et, tandis que la silhouette sinistre de l'île-prison se rapproche, ils se font un serment : ils s'évaderont !

Il est vrai qu'il semble insensé de vouloir s'échapper d'Alcatraz. Au départ, le site est charmant. Son nom vient de la déformation de l'espagnol *isla de los Alcatres*, ce qui signifie « l'île aux Pélicans ». Les États-Unis en prennent possession dans les années 1840 et en font un fort militaire. C'est en 1934 que le gouvernement décide de convertir Alcatraz en un pénitencier fédéral. Outre les hautes murailles, les miradors, les barbelés électrifiés et un nombre impressionnant de gardiens surarmés et surentraînés, ses défenses naturelles sont pratiquement inviolables.

L'île est à environ deux kilomètres de la ville. À trois kilomètres se trouve une autre île, Angel Island, et cette proximité crée un courant très violent qui entraîne au large toute embarcation. Quant à s'enfuir à la nage, c'est impossible : les eaux de la baie de San Francisco étant très froides (entre dix et douze degrés), on ne peut normalement pas y rester plus d'un quart d'heure sans succomber à l'hypothermie. Certes, d'excellents nageurs, notamment une jeune fille, en 1934, ont réussi à rejoindre le continent depuis l'île, mais ils avaient subi un entraînement spécial. Des prisonniers manquant d'exercice physique et recevant une alimentation médiocre ne sont pas dans les mêmes conditions. De plus, l'administration pénitentiaire leur fait prendre régulièrement des douches chaudes pour qu'ils ne puissent pas s'accoutumer à l'eau froide.

Voilà pourquoi, en cette année 1960, vingt-six ans après son ouverture, le pénitencier d'Alcatraz n'a encore jamais relâché ses proies. Sur près de mille prisonniers hébergés, trente et un ont essayé de s'évader, en treize tentatives séparées, vingt-trois ont été repris, six ont été tués par balles et deux se sont noyés. La tentative la plus spectaculaire a eu lieu en 1946. Treize prisonniers ont réussi à se rendre maîtres du râtelier d'armes. Il s'est ensuivi une sanglante bataille. Trois officiers et neuf gardiens sont morts. Il a fallu appeler les marines en renfort, mais tous les mutins ont été repris ou abattus. Tout cela, les trois hommes qui se dirigent vers l'île aux Pélicans, ou « le Roc » comme on l'appelle encore, le savent parfaitement...

Frank Morris est sans conteste le plus étonnant du trio. Âgé de trente-cinq ans, condamné à trente ans de prison pour avoir dévalisé une banque en Louisiane et enfermé à La Nouvelle-Orléans, il s'est évadé à deux reprises et a été repris deux fois.

Grand, un mètre quatre-vingts, très brun, très costaud, Frank Morris se distingue par les superbes tatouages qu'il porte sur les avant-bras : une tête de diable sur le droit, une étoile sur le gauche. Mais sa caractéristique la plus étonnante, c'est son intelligence. À son arrivée à la prison de La Nouvelle-Orléans, il a été soumis comme les autres à un test de QI et il a obtenu un excellent score, 133, ce qui le classe parmi les génies. D'ailleurs, avant de s'évader, il dévorait tous les livres de philo de la bibliothèque. Pourquoi, avec de tels dons, a-t-il sombré dans la délinquance ? Mystère...

Les frères John et Clarence Anglin se rapprochent davantage de la moyenne des détenus. John Anglin a trente-deux ans, il est blond aux yeux bleus, avec une cicatrice sur la joue gauche, due à un mauvais coup de couteau pris dans une rixe. Son frère, bien que d'un an plus jeune que lui, lui ressemble comme un jumeau. Ensemble, ils ont dévalisé une banque d'Alabama. Pris, condamnés à vingt ans de prison et enfermés en 1959 au pénitencier de Columbia, ils n'y sont pas restés longtemps. Ils ont fait deux tentatives d'évasion, ratées toutes les deux, et la seconde les a envoyés à Alcatraz.

Il n'est donc pas surprenant que lorsque trois individus de ce gabarit se retrouvent dans la vedette conduisant au pénitencier, ils sympathisent immédiatement. C'est Frank Morris, le plus âgé et celui dont la personnalité est la plus forte, qui s'impose tout de suite comme le chef du trio. Il ne doute de rien, les frères Anglin, eux, ont des hésitations.

– Il paraît que là-bas, tout est en béton. Il n'y a pas de dalles ou de pierres qu'on peut desceller. Il faut creuser.

– On creusera.

– Il faudra passer les barbelés électrifiés, le mur d'enceinte de quinze mètres. Sans compter qu'il faudra construire un radeau.

– On y arrivera...

– Il paraît qu'ils font des contrôles tout le temps, qu'ils regardent dans les cellules plusieurs fois par nuit.

– Ce n'est pas un problème...

En tout cas, ce n'est pas un problème pour Frank Morris... Les trois complices sont, heureusement pour eux, logés dans trois cellules mitoyennes. Chacune, d'une dimension d'un mètre cinquante sur trois, a pour mobilier un lit, une tablette fixée au mur, qui peut servir de table ou d'étagère, un lavabo et des toilettes. Il n'y a pas de fenêtre, mais près du sol se trouve une bouche d'aération recouverte d'un grillage scellé dans la maçonnerie... Dès le début, Frank Morris dit à ses deux complices :

– C'est par là qu'on va passer. Derrière, il y a une sorte de cheminée, on doit pouvoir s'y glisser.

– L'ouverture est trop étroite. Avec quoi on va creuser ?

– Avec une petite cuillère, qu'on va affûter.

– Tu rigoles ! Elles sont en plastique.

– Les nôtres, oui. Mais celles des gardiens sont en métal. Je me charge d'en trouver trois...

Par quel moyen Frank Morris s'est-il procuré les fameuses petites cuillères, alors que le réfectoire des gardiens est rigoureusement séparé des endroits où circulent les détenus ? On l'ignore. Tout comme on ne connaît pas le détail de ce qui s'est passé par la suite. Mais à partir de ce moment, Frank Morris, John et Clarence Anglin se livrent jour après jour, semaine après semaine, mois après mois, au nez et à la barbe de leurs gardiens, dans la prison la mieux surveillée du monde, à un travail prodigieux. Et ce qu'ils ont fait, on ne l'apprendra que le jour de leur évasion.

11 juin 1962, 6 h 30 du matin. C'est l'heure du réveil réglementaire des détenus. Comme chaque jour, un système électrique ouvre en même temps toutes les portes des cellules et les prisonniers gagnent les coursives métalliques pour répondre à l'appel avant d'aller au réfectoire. Au troisième étage du bloc D, tous se présentent, sauf trois. Le haut-parleur répète les noms des manquants :

– Frank Morris, John Anglin, Clarence Anglin, sortez !

Pas de réponse. Immédiatement, la procédure d'alerte se met

en marche. Le haut-parleur crie à l'attention des deux cent soixante-cinq autres détenus du pénitencier.

– Regagnez vos cellules sur-le-champ !

Docilement, les prisonniers s'exécutent et les portes se referment automatiquement derrière eux, sauf trois, qui restent ouvertes, celles de Morris et des frères Anglin. Les gardiens se précipitent et poussent un cri de rage. Elles sont vides. Dans les trois lits, des polochons recouverts d'une couverture imitent la forme d'un dormeur. Mais cela n'aurait pas suffi à donner le change, car, cinq fois par nuit, les gardiens allument la lumière de l'extérieur et regardent par le judas. Les polochons sont prolongés par des masques en plâtre colorés au fond de teint, aux lèvres rosies et surmontés d'une chevelure faite avec des poils de balai-brosse.

Les gardiens, leurs chefs et le directeur de la prison contemplent, ahuris, le spectacle. Comment se sont-ils procurés du plâtre ? Par quel moyen ont-ils pu le mouler ? C'est en observant de plus près qu'ils s'aperçoivent qu'il ne s'agit pas de plâtre, mais de papier-toilette mélangé à du savon, ce qui donne une matière présentant à peu près les mêmes caractéristiques. Quant au fond de teint et au rouge à lèvres, sans doute étaient-ils dissimulés dans les envois, pourtant minutieusement fouillés, venant de l'extérieur. Mais les gardiens ne sont pas au bout de leurs surprises. Le plus stupéfiant reste à venir. L'un d'eux se baisse et désigne la bouche d'aération.

– Ils sont partis par là !

Effectivement. Le grillage a été remplacé par des morceaux de carton peints qui, même de près, font illusion. L'ouverture a été agrandie à l'aide d'une cuillère métallique qui se trouve encore à côté. Les prisonniers se sont ensuite retrouvés dans un étroit tube d'aération, où ils ont dû grimper, selon la technique d'escalade dite « de la cheminée », jusqu'à la bouche d'aération du ventilateur général, une douzaine de mètres plus haut.

Plusieurs gardiens refont ce trajet et parviennent au sommet épuisés. Là, ils se trouvent devant une trappe donnant sur le toit, dont les barreaux sont épais comme le poignet. Deux d'entre eux ont été limés. C'est donc par le toit qu'ils se sont enfuis, à un endroit qui est pourtant balayé en permanence par les projecteurs des miradors. Un peu plus loin, une gouttière de quinze mètres de hauteur redescend jusqu'au sol. Il est absolument ahurissant qu'ils aient pu faire tout ce trajet sans être vus, mais il faut se rendre à l'évidence : pour la première fois, on est sorti d'Alcatraz !

En attendant, c'est le branle-bas de combat. Tous les moyens sont employés pour retrouver les fugitifs. Car la partie est loin d'être gagnée pour eux. Il ne suffit pas de s'échapper de la forteresse. Après les défenses des hommes, il reste celles de la nature, qui sont sans doute encore plus redoutables. Des vedettes de police, bientôt appuyées par des unités de la marine, parcourent la baie de San Francisco, des hélicoptères sillonnent le ciel.

Personne ne pense qu'ils ont pu se noyer. Des hommes qui ont fait preuve d'une telle maîtrise dans leur évasion n'ont pas pu se jeter à l'eau, sachant que toute tentative à la nage était impossible. Ils ont sûrement utilisé un radeau ou une embarcation quelconque. Mais laquelle ?

La réponse ne tarde pas à venir. Les autres prisonniers sont systématiquement fouillés pour découvrir s'il n'y a pas parmi eux d'éventuels complices. Dans une cellule voisine, occupée par un certain Allen West, on trouve, à la place du grillage métallique de l'aération, une bouche factice en carton peint. De là, l'ouverture a été agrandie à la petite cuillère pour permettre le passage d'un homme. Pressé de questions, Allen West parle :

– Oui, je devais m'évader avec eux, je l'ai même fait. Mais le conduit était trop étroit et j'ai perdu du temps. Quand je suis arrivé sur le toit, ils n'étaient plus là. Alors, je suis redescendu.

– Comment sont-ils partis ? Ils ont un radeau ?

– Pas un radeau, un canot pneumatique.

– Où l'ont-ils volé ?

– Ils ne l'ont pas volé, ils l'ont fabriqué...

Et Allen West donne des précisions, qui rendent plus extraordinaire encore le travail des évadés. À l'aide de colle envoyée dans des tubes dentifrice et d'une cinquantaine d'imperméables provenant de détenus, ils ont confectionné une embarcation de deux mètres de large sur quatre mètres et demi de long. Pliée, elle pouvait passer par la cheminée d'aération. Ils l'ont gonflée en arrivant devant la mer, grâce à une pompe fabriquée avec un accordéon. Ils avaient également bricolé des pagaies !

Les recherches s'intensifient. Étant donné les courants portant vers la petite île d'Angel Island à trois kilomètres de là, deux cents soldats de la 6e armée, équipés pour un débarquement, prennent pied sur les lieux à bord de tanks amphibies. Peine perdue ! On ne retrouvera jamais les fugitifs.

Que sont-ils devenus ? Se sont-ils noyés dans les eaux glaciales de la baie de San Francisco, comme l'a conclu officiellement l'administration pénitentiaire, qui n'a pas voulu reconnaître son échec ? Pour elle, Frank Morris, John et Clarence Anglin sont morts. Il faut dire que plusieurs éléments vont dans ce sens. On a retrouvé les jours suivants, dans la mer, des pagaies rudimentaires, des effets personnels et un gilet de sauvetage. Et, plusieurs semaines plus tard, le corps d'un homme portant une tenue bleue semblable à celle des prisonniers a été repêché. Mais son état de conservation était trop mauvais pour qu'on puisse l'identifier.

Au contraire, pour le grand public, comme on peut l'imaginer, c'est la version de l'évasion réussie qui s'est imposée. Des hommes qui avaient fait preuve d'une telle ingéniosité, d'un tel génie pour vaincre tous les obstacles, de plus sans employer la moindre violence, ne méritaient pas d'échouer. On a voulu croire que Frank Morris, John et Clarence Anglin, ou du moins deux d'entre eux, le noyé étant vraisemblablement l'un des leurs, avaient mené depuis une vie cachée et tranquille. Et c'est aussi la version qu'a choisie Hollywood. En 1979, l'évasion a été portée à l'écran, dans le film de Don Siegel, *L'Évadé d'Alcatraz*, où Clint Eastwood joue le rôle de Frank Morris.

En tout cas, qu'elle ait échoué ou réussi, une chose est certaine : cette tentative était la dernière. Moins d'un an plus tard, le 21 mars 1963, le pénitencier d'Alcatraz fermait définitivement ses portes. Sans doute la décision était-elle déjà programmée, mais cette extraordinaire aventure l'a certainement accélérée. La légende était brisée, Alcatraz, le navire de béton, le Roc, était redevenu l'île aux Pélicans de ses origines, celle où les oiseaux sauvages pouvaient librement se poser et reprendre librement leur vol.

Les échappés de l'asile

Il est 11 heures du matin, ce 6 octobre 1949. Le père Maheu est dans son champ, près du village de Vercel, dans le Morbihan, avec ses deux fils Yves et Jean-Marie, ainsi qu'un ouvrier agricole, Fritz Werner, un Allemand, ancien prisonnier de guerre, qui a préféré rester après sa libération, n'ayant personne qui l'attendait chez lui. Soudain, le père Maheu dresse l'oreille. Un bruit insolite vient de retentir.

– Écoutez donc. On dirait que ça vient de chez les Gaboriau...

Cela vient, en effet, de la grosse ferme des Gaboriau, derrière le bosquet bordant le champ, et c'est très inquiétant. Toutes les vaches se sont mises à mugir en même temps et des hennissements retentissent à leur tour. Une seule raison peut provoquer une pareille réaction animale : le feu. Justement, une fumée noire s'élève derrière les arbres. Le père Maheu a une exclamation épouvantée :

– Bon sang, les enfants !

Abandonnant tout, il se précipite, en compagnie de Fritz Werner et de ses fils. Il arrête Jean-Marie, le plus jeune.

– Non, toi, va au village prévenir les pompiers.

Tandis que Jean-Marie fait demi-tour, Yves questionne son père, tout en courant à ses côtés.

– Pourquoi les enfants ?

– Parce qu'ils sont seuls là-bas, les deux plus jeunes...

Ce matin de bonne heure, en effet, le père Maheu a croisé

les Gaboriau. Ils étaient dans leur carriole, avec leur plus grand fils, Jérôme, quatre ans. Comme tous les mercredis, ils allaient vendre leurs carottes au marché de Vannes. Ils ont expliqué qu'ils emmenaient Jérôme avec eux parce qu'il avait besoin d'une nouvelle paire de souliers, laissant à la maison les deux autres, Christian, trois ans, et le petit dernier, Rémy, six mois. Christian et Rémy, qui sont seuls dans l'incendie.

Les trois hommes sont sur place en quelques minutes, mais ce qu'ils découvrent est pire que ce qu'ils pouvaient imaginer : presque toute la ferme est en flammes. Ils parviennent à entrer dans la cour où le chien pousse des aboiements de terreur en tirant sur sa chaîne. Dans l'étable et l'écurie, les cris des vaches et des chevaux sont assourdissants. Les poules et les canards, plus chanceux, ont pu s'envoler par le toit effondré du poulailler.

Malheureusement, c'est dans les pièces d'habitation que l'incendie s'est propagé le plus vite. Des flammes énormes s'échappent par les fenêtres, qui ont explosé sous l'effet de la chaleur. Une fumée suffocante empêche d'approcher. Le feu a pris à une telle vitesse qu'il est vraisemblablement d'origine criminelle, mais l'heure n'est pas à ces considérations. Il faut absolument sauver les deux malheureux enfants, s'il n'est pas déjà trop tard...

Le père Maheu et son fils tentent en vain de pénétrer dans le bâtiment. Seul Fritz Werner s'obstine, et parvient à s'engouffrer à l'intérieur. Les minutes s'écoulent, interminables. Les Maheu s'interrogent avec angoisse. Est-il prisonnier du brasier ? Va-t-il au contraire sortir en tenant dans ses bras un des enfants, ou les deux ?

L'Allemand sort. Il est dans un état effrayant : il n'a plus de cheveux ni de sourcils, son visage est tout noirci ; il tape sur ses vêtements pour éteindre les flammes. Malheureusement, aucun des fils Gaboriau n'est avec lui. Il secoue la tête avec accablement.

– Pas possible... Feu trop grand...

À présent, d'autres personnes font irruption à leur tour. Ce sont les Cornavin, qui habitent le hameau voisin. Ils sont six en tout, avec leurs domestiques. Ils découvrent, effarés, le spectacle… Il faut tout de même faire quelque chose. On cherche de l'eau, il n'y a que celle de l'abreuvoir, on cherche un récipient, on ne découvre qu'un seul seau. Une chaîne dérisoire s'organise. Le père Maheu, lui, va ouvrir l'étable et l'écurie pour sauver au moins les bêtes. Celles-ci s'échappent au grand galop, manquant de l'écraser. Il retire le collier du chien, qui détale à son tour.

Au même moment, la sirène des pompiers retentit. Il se précipite à leur rencontre, ainsi que les autres, qui abandonnent leur chaîne inutile. Sans le savoir, tous viennent de sauver leur vie. À peine se retrouvent-ils à l'extérieur du bâtiment qu'une explosion épouvantable retentit. Tous sont jetés à terre par le souffle, suivi d'une pluie de projectiles qui s'abat dans toutes les directions.

Par chance, les pompiers étaient encore dans leur véhicule. Ils peuvent donc sortir sans dommage, une fois le déluge passé. Leur premier soin est de porter secours aux victimes de l'explosion. Tous ont été blessés sans gravité, ce qui est un véritable miracle. Puis les pompiers se dirigent vers la ferme mais, de ce côté-là, il n'y a plus rien à espérer. L'habitation est complètement détruite. Il n'y a plus un mur debout. Cela fait penser aux bombardements récents de la guerre. On retrouve sans mal le corps calciné du petit Christian, mais celui du plus jeune, Rémy, est introuvable.

Les gendarmes arrivent à leur tour et prennent la direction des opérations. Ils sont placés sous le commandement du capitaine Leguellec. Ils font les premières constatations, tandis que les habitants des environs, alertés par le tocsin qui sonne à tous les villages, ne cessent d'arriver pour prêter main-forte aux secours… Le soir, le capitaine Leguellec a la pénible mission d'accueillir les époux Gaboriau à leur retour de Vannes. Le malheureux couple est effondré.

– On ne pouvait pas faire autrement. On n'est pas assez riches pour se payer un domestique et il fallait bien qu'on vende nos carottes à Vannes.

Le capitaine Leguellec ne fait pas de commentaire. Il ne va pas accabler ces pauvres gens, même s'il pense qu'ils ont été pour le moins négligents.

– Où étaient les enfants ?

– Christian au premier étage et le petit dans son berceau au rez-de-chaussée.

– Quand les pompiers sont arrivés, il y a eu une explosion. Il y avait des produits détonants dans la ferme ?

M. et Mme Gaboriau baissent la tête, ravagés par la douleur et le remords.

– Oui, du bore. On avait été en prendre au blockhaus. C'était pour faire sauter les souches.

Le bore est un explosif extrêmement dangereux que les Allemands avaient entreposé dans certaines parties du Mur de l'Atlantique. Bien que ce soit formellement interdit, beaucoup de paysans en avaient récupéré pour leurs besoins personnels, avant que passe le service de déminage.

– Et il était où, ce bore ?

La réponse vient dans un souffle :

– Dans la grande pièce.

– Là où était Rémy ?

– Oui...

Après un long silence, le capitaine de gendarmerie poursuit ce dialogue extrêmement pénible.

– Nous avons retrouvé le corps de Christian, mais pas celui de Rémy. Il y a peut-être encore un espoir.

– Comment cela ?

– Qu'il ait été enlevé.

– Enlevé ? Mais par qui ?

– Par celui qui a mis le feu.

– C'est un incendie criminel ?

– Cela ne fait aucun doute.

– Mais qui ?

Qui ? La réponse ne va pas tarder à arriver. Le téléphone sonne à la gendarmerie. Il s'agit du docteur Lefaucheux, médecin-chef de l'asile psychiatrique de Vannes.

– Je viens d'apprendre ce qui est arrivé à Vercel. Il est de mon devoir de vous signaler qu'un de mes pensionnaires s'est échappé.

– Quand cela ?

– Hier après-midi. Sa tante m'a appelé. Il a été chez elle. Il est entré par effraction et il lui a volé du sucre, du café et des allumettes.

– Des allumettes !

– Je sais ce que vous pensez, mais ce n'est certainement pas lui : il est très doux, très pacifique. C'est d'ailleurs pour cela que je lui avais accordé une grande liberté de mouvement.

– S'il était chez vous, c'est qu'il y avait quand même une raison.

– Oui, il a commis deux incendies et deux meurtres...

Les gendarmes ne partagent pas du tout l'avis du médecin sur le côté doux et inoffensif du malade évadé. Et ils sont encore plus certains qu'il se trompe lorsque leur parviennent les renseignements le concernant. Il s'appelle Pierre Joseph. Il est né le 1er octobre 1920 à Belle-Isle-en-Terre. Il est donc âgé de vingt-neuf ans et présente déjà un tableau clinique des plus alarmants.

Jusqu'à l'âge de quinze ans, il n'a fait que voler des allumettes et des couteaux, sans passage à l'acte. Il était aussi sujet, sans la moindre raison, à des crises de nerfs épouvantables. Le reste du temps, c'était un enfant timide et renfermé, qui pouvait rester des jours entiers sans parler. Il était également très retardé sur le plan intellectuel. Sa mère, qui l'élevait seule, ne sachant quoi faire de lui, l'a expédié chez son frère aîné, qui travaillait en usine à Aubervilliers. Mais le jeune Pierre Joseph s'est avéré incapable de faire un ouvrier. Le bruit des machines le terrorisait et, après deux crises de nerfs, il a fallu le renvoyer. Son oncle et sa tante le laissaient donc à la maison pour surveiller leur fille, âgée de quinze mois.

Et ce fut le drame. La fillette faisait ses dents, elle hurlait toute la journée. À la fin, n'en pouvant plus, le gamin, qui avait une peur panique du bruit, l'a noyée dans une bassine d'eau.

Puis il a mis le feu à la maison. Il a été déclaré responsable et jugé par un tribunal pour enfants, qui l'a condamné à dix ans de réclusion dans une colonie pénitentiaire, c'est-à-dire un bagne pour enfants, une institution qui a disparu depuis.

Pierre Joseph y a passé toute la guerre. Il a purgé intégralement sa peine et en est sorti à l'âge de vingt-cinq ans. Il est rentré alors chez lui, à Belle-Isle-en-Terre. Là encore, le drame est arrivé presque tout de suite. Quelques jours plus tard, il égorgeait sa mère, dévastait la maison, s'acharnant en particulier sur la literie, puis il mettait le feu. Les voisins l'ont découvert dansant et chantant au milieu des flammes, couvert de plumes et de sang.

Cette fois, les médecins le déclarent irresponsable et il est envoyé à l'asile de Vannes. C'était il y a quatre ans. Depuis, selon le docteur Lefaucheux, son état mental n'a cessé de s'améliorer, et il lui a confié progressivement de plus en plus de tâches : balayer le réfectoire, servir à table et, récemment, aller en ville pour faire les provisions. C'est à la suite d'un de ces déplacements qu'il n'est pas rentré à l'asile et qu'il est allé chez sa tante voler du sucre, du café et des allumettes...

Son signalement est affiché dans toutes les gendarmeries de la région : un mètre soixante-cinq, cheveux châtains, sourcils réunis, front petit, menton en galoche, nez retroussé et légèrement épaté, teint clair, visage ovale, regard sournois. Le portrait est également diffusé dans la presse locale. Faut-il préciser que les habitants de Vannes et des alentours ne partagent pas l'avis du docteur Lefaucheux sur le côté inoffensif de l'individu ? À partir de cet instant, la mobilisation est générale.

Les gendarmes traquent le fugitif. Les paysans de la région viennent leur prêter main-forte, armés de fourches, de gourdins et, bien que cela leur ait été expressément interdit, de fusils. C'est une véritable troupe qui ratisse la lande et les fermes isolées. Et elle obtient des résultats, même si ce n'est pas la capture espérée. Elle suit l'évadé à la trace. Ici il a trouvé refuge dans un blockhaus et il s'est fait du café, là il a volé des pommes dans un verger, là encore il s'est introduit dans un poulailler et a pris une poule...

Les jours passant, l'angoisse et l'exaspération s'accroissent mais, le 10 octobre, deux nouvelles vont les porter à leur comble. La première est le résultat de l'autopsie du petit Christian : le malheureux enfant a été violé. Pierre Joseph est donc aussi un sadique et, s'il a bien enlevé le petit Rémy, le pire est à craindre.

Mais le second événement provoque plus d'émotion encore. Le téléphone sonne en fin d'après-midi dans la gendarmerie de Vercel ; c'est de nouveau le docteur Lefaucheux qui demande à parler au capitaine Leguellec. Le gendarme a un pressentiment en prenant l'appareil. Il ne veut pas y croire... Et pourtant, si, c'est vrai !

– Un autre de mes malades s'est échappé ce matin.

– Comment est-ce possible ? Comment faites-vous votre compte ?

– C'est votre faute. L'hôpital est envahi par les gendarmes. Pour chercher quoi, d'ailleurs, on se le demande ! Résultat, les services sont sens dessus dessous et n'importe qui peut s'en aller !

– Et celui-là aussi, vous allez me dire qu'il est tranquille et inoffensif ?

– Pas du tout. Il est très dangereux, mais pour lui-même. Il a fait plusieurs tentatives de suicide. S'il est laissé seul, il va certainement recommencer. Il faut absolument le retrouver.

– J'y compte bien !

Le médecin donne l'identité et le signalement du second fugitif et, parce que malgré tout il peut avoir unc information intéressante à apporter, le capitaine informe son interlocuteur des derniers développements de l'enquête. En entendant parler de viol, le psychiatre bondit littéralement.

– Alors, ce n'est pas lui ! Pierre Joseph n'est pas un sadique, cela n'entre pas du tout dans sa pathologie. Je sais ce que je dis, c'est mon métier.

Le capitaine Leguellec ne réplique rien mais, sur ce point, il serait assez d'accord avec le praticien. Quand il a tué sa petite cousine, Pierre Joseph s'est contenté de la noyer, il ne l'a pas violentée, alors qu'il avait toute possibilité de le faire. Cette histoire de viol ne cadre pas avec le reste. Mais le juge d'instruction a ordonné une contre-expertise. Il faut attendre.

Le capitaine raccroche en promettant de rappeler le docteur Lefaucheux. Jamais de toute sa carrière il n'a été dans une situation aussi délicate. Il a maintenant deux fous au lieu d'un sur les bras, sans compter tous ces gens qui se promènent armés dans la campagne et qui représentent un danger supplémentaire.

Et ses craintes sont justifiées. La nuit suivante, deux patrouilles de volontaires se prennent mutuellement pour cibles. Il y a une fusillade et un homme est grièvement blessé. Leguellec, qui s'en serait bien passé, intervient. Après une courte enquête, il parvient à mettre la main sur le responsable du coup de feu. Son arrestation déclenche presque une émeute. Lui et ses hommes sont pris à partie par la population.

– C'est à ça que vous servez, les gendarmes, à arrêter les honnêtes gens ?

– Pendant ce temps-là, on viole et on brûle nos enfants !

– Vous avez intérêt à les retrouver vite, les fous, parce que si c'est nous, on ne les laissera pas vivre !...

Le capitaine Leguellec en est parfaitement conscient. Face à cette situation extrême, il demande et obtient des renforts. Et les résultats ne se font pas attendre. Le lendemain, le second malade, le dépressif, est retrouvé à La Roche-Bernard, à une quarantaine de kilomètres de Vannes. Le docteur Lefaucheux ne s'était pas trompé sur son état : il s'était jeté dans la Vilaine et il a été sauvé par un passant. Après un interrogatoire de principe, l'homme est reconduit à l'asile. Il n'avait, de toute évidence, rien à voir avec l'affaire.

Mais l'événement décisif a lieu le surlendemain, 13 octobre, une semaine après le drame. Pierre Joseph est arrêté à Lanvaudan, un petit village pas loin de Lorient. Il venait de casser la vitrine d'un boulanger, pour s'emparer d'un paquet de biscottes. Heureusement pour lui, un gendarme passait par là, sinon on ne sait pas ce qui serait arrivé, une foule vociférante s'étant aussitôt rassemblée.

Le suspect est emmené sous forte escorte à Vercel. En le découvrant, le capitaine Leguellec est tenté, un bref instant, de donner raison au docteur Lefaucheux. L'homme n'a pas l'apparence du meurtrier sanguinaire qu'il attendait : tout maigre, hirsute et tremblant, il a l'air plus affamé et apeuré que terrifiant.

Le capitaine n'est pas décidé pour autant à le ménager. Au contraire, dans ces cas-là, il faut toujours frapper un grand coup. Il conduit immédiatement le jeune homme sur les ruines de la ferme Gaboriau. Il compte sur le choc pour obtenir ses aveux.

– Alors, tu es déjà venu ici ? Tu reconnais ?

– Non, rien du tout.

– Mais si. C'est là que tu as mis le feu. Avec quoi ?

– J'ai pas mis le feu.

– Alors pourquoi tu as volé des allumettes chez ta tante ?

– Pour faire du café...

Les autres gendarmes interviennent, les questions pleuvent.

– Et l'enfant dans son berceau, qu'est-ce que tu en as fait ?

– Je ne sais pas ce que vous dites...

– Tu l'as noyé, comme ta cousine ? Tu l'as égorgé, comme ta mère ?

– J'ai rien fait...

– Dis-le et on te ramènera à l'hôpital. Rien ne sera changé, le docteur s'occupera de toi. Mais si tu ne veux pas répondre, tu iras en prison. On te jugera et on te coupera la tête !

L'interrogatoire se poursuit à la gendarmerie, mais il n'est pas plus productif. Pierre Joseph, très effrayé depuis qu'on a parlé de lui couper la tête, donne quantité de détails sur son escapade. Il raconte comment il a volé des pommes, comment il a tué une poule en lui tordant le cou, mais dès qu'il est question de la ferme Gaboriau, il nie obstinément.

– C'est pas moi... J'ai pas mis le feu...

Il est pourtant inculpé d'incendie volontaire, d'enlèvement et de meurtre. Il est incarcéré en attendant l'expertise psychiatrique qui pourrait le reconduire chez le docteur Lefaucheux. Ce dernier, d'ailleurs, est amené peu après à donner son point de vue sur l'enquête. Convoqué par le capitaine, il s'exprime avec la dernière énergie :

– Ce n'est pas lui. Vous faites fausse route !

– Comment pouvez-vous en être certain ?

– Si c'était lui, il le dirait. Il a bien avoué qu'il avait volé des pommes et tué une poule...

– Il y a quand même une différence !

– Pas pour lui. Il n'a pas conscience de la gravité de ses actes. S'il a fait quelque chose, il le dit. S'il nie, c'est qu'il ne l'a pas fait...

Tout cela est troublant. Le capitaine Leguellec est, pour la première fois, ébranlé. D'autant que le résultat de la contre-expertise lui parvient au même moment. Émanant d'un grand professeur de Nantes, elle est particulièrement accablante pour les auteurs de la première autopsie : le corps de l'enfant ne présente aucun signe de violences sexuelles. Il est mort dans l'incendie, c'est tout.

Il n'y a donc jamais eu d'agression sadique. Dans ces conditions, l'enlèvement du petit Rémy devient tout aussi improbable. Les experts en explosifs ont, d'ailleurs, rendu un rapport selon lequel il aurait pu se volatiliser totalement dans l'explosion du bore. Car, après être restés longtemps évasifs, ses parents ont fini par avouer que le bidon se trouvait juste à côté de son berceau.

Si l'opinion publique est toujours aussi certaine de la culpabilité de Pierre Joseph, pour le capitaine Leguellec le doute l'emporte peu à peu. Une seule chose est établie : il ne s'agit pas d'un accident, mais d'un incendie criminel. On a retrouvé sur place des traces d'essence, or il n'y en avait pas chez les Gaboriau. Ils ne possédaient aucun engin à moteur, ni voiture ni machine agricole. Ils avaient du bore, oui, mais pas d'essence.

Le capitaine Leguellec décide donc de reprendre son enquête avec un nouveau point de départ : l'incendiaire n'est pas Pierre Joseph ; son évasion de l'asile la veille des faits est une pure coïncidence. Et, à partir de ce moment, tout va très vite.

Un chiffon de laine grise est retrouvé dans la basse-cour, que les Gaboriau ne reconnaissent pas comme leur appartenant. On peut donc imaginer qu'il a été apporté par l'incendiaire, avec d'autres, pour les imbiber d'essence. Au moment où l'incendie a éclaté, l'homme s'est enfui en oubliant le morceau de laine.

Les gendarmes retournent sur place avec un chien. Ils lui font sentir le tissu et, miracle, l'animal prend aussitôt une piste ! Le trajet n'est pas long. Il suit un chemin de terre, traverse un bosquet et arrive devant une maison misérable. Un gamin d'une quinzaine d'années est assis à même le sol, en train de couper du petit bois. Le chien s'immobilise devant lui en frétillant de la queue. L'adolescent est devenu tout tremblant en apercevant les gendarmes. Mais le capitaine Leguellec l'interroge gentiment :

– Tu t'appelles comment ?

– François Lepage.

– Tu habites ici avec tes parents ?

– Ma mère. Je suis seul avec elle.

– C'est à vous la maison ?

– Non. On est locataires des Gaboriau.

Le capitaine sort le morceau de tissu de sa poche.

– Et ce chiffon de laine, il est à toi ?

L'adolescent devient livide. Incapable de prononcer le moindre mot, il opine de la tête. Le gendarme lui pose la main sur l'épaule.

– Pourquoi tu as fait cela, François ?

Ce dernier éclate en sanglots.

– Pour me venger des Gaboriau.

– Qu'est-ce qu'ils t'avaient fait ?

– Ils voulaient nous mettre à la porte parce qu'on n'avait pas payé notre loyer. Et ils voulaient aussi nous prendre notre vache... Mais je ne savais pas qu'il y avait les enfants, je vous le jure ! Et je ne voulais pas vraiment mettre le feu, juste faire un peu de fumée.

L'affaire du dramatique incendie de Vercel, avec tous les troubles et les rebondissements qu'elle avait suscités, était enfin terminée. Dans le fond, elle était bien simple et aurait pu être résolue le jour même. Ce qu'avait fait le chien plus d'une semaine après, il aurait pu le faire juste après l'incendie. Seulement c'était le moment qu'avait choisi un jeune homme à la tête troublée pour aller voler chez sa tante du sucre, du café et des allumettes...

9, rue Toullier

Cela commence comme une affaire banale, relevant de la routine policière, même si, dans le cas présent, il s'agit d'un service spécial, la DST, Direction de la surveillance du territoire, le service de contre-espionnage qui opère sur notre sol, contre les espions de tous bords.

Nous sommes en juin 1975. Cela fait trois mois que la DST enquête sur un réseau international, dont le cerveau est à Beyrouth et dont une antenne a été détectée au Quartier latin, encore très cosmopolite et très remuant de l'après-Mai 68. C'est le lieu idéal pour trouver des complices parmi les étudiants, encore très sensibles aux thèses d'extrême gauche.

Depuis peu, les services du contre-espionnage ont interpellé un Libanais de vingt-cinq ans, Michel Wahab Moukarbal, soupçonné d'activités terroristes. Lors des filatures, on l'a vu en compagnie de Wilfried Bose, un membre de la bande à Baader, qui sera l'un des responsables du détournement d'avion d'Entebbe, dont il est question dans cet ouvrage. Moukarbal a également rencontré d'autres suspects, qui ont été photographiés de loin et sur lesquels il est prévu d'enquêter.

Pendant quatre jours, Moukarbal tient tête aux interrogatoires, il n'avoue rien, tandis que la perquisition de son appartement parisien n'apporte aucun élément non plus. Et soudain, au bout de soixante-douze heures, alors qu'on s'apprêtait à le relâcher, il craque. Il reconnaît être un agent de liaison entre le FPLP, le mouvement palestinien extrémiste, et les commandos terroristes en Europe. Il a remis à l'un de ses contacts une liste d'attentats à commettre, ainsi qu'une importante somme d'argent.

En échange de contreparties qui ne seront pas rendues publiques, il collabore avec la police. Il donne une adresse : un studio, 9, rue Toullier, près du Panthéon. Il est sûr d'y rencontrer le membre du réseau en question et d'y retrouver une partie des fonds qu'il a apportés. On lui propose d'y aller en sa compagnie, il accepte.

Pour les policiers, tout cela ne revêt pas une grande importance. Moukarbal n'est à leurs yeux qu'un personnage de second ordre et ses subordonnés sont forcément du petit gibier. Des interpellations de ce genre, ils en ont fait des dizaines dans le Quartier latin : des rêveurs, de jeunes exaltés qui jouent à la révolution pour se donner de l'importance et passer le temps.

Une voiture prend donc la direction de la rue Toullier, avec cinq personnes à son bord. Outre le chauffeur et Michel Wahab Moukarbal, il y a là le commissaire principal Jean Herenz et les inspecteurs Jean Donati et Raymond Dous. Aussi extraordinaire que cela paraisse, aucun des trois n'est armé. Ils ne l'ont pas jugé nécessaire, vu le côté banal de l'affaire. Et puis, il est tard, 21 heures, la journée a été fatigante. C'est une négligence comme en commettent tous les jours les policiers du monde entier, mais qui va tourner au drame. Personne n'oubliera dans la police française l'adresse du 9, rue Toullier...

Il est 21 h 30 lorsque le véhicule arrive sur les lieux. Tandis que le chauffeur va chercher une place pour se garer, le commissaire, les deux inspecteurs et le Libanais entrent dans l'immeuble. C'est une bâtisse vétuste du XIXe siècle, aux murs lépreux et aux escaliers très raides. Au deuxième étage, au bout d'un long corridor, on accède à un studio donnant sur la cour. Derrière la porte, on entend de la musique sud-américaine, qui résonne dans tout l'immeuble. Le commissaire sonne avec autorité.

– Police, ouvrez !

Après une courte attente, un homme d'une trentaine d'années ouvre, sans éteindre la musique. Les policiers aperçoivent un groupe de jeunes du même âge. Moukarbal désigne l'un d'eux, un individu assez enveloppé, de dos.

– C'est lui.

L'intéressé se retourne et les considère d'un regard neutre. C'est un jeune homme au visage joufflu et aux grosses lunettes. Le commissaire le reconnaît. Il l'a vu à plusieurs reprises en compagnie de Wilfried Bose et a pris quelques photos de lui. Il était chaque fois avec une fille différente. Il a été catalogué comme un dragueur, sans rapport avec les terroristes... Il s'adresse aux policiers :

– Je peux aller aux toilettes ?

On lui fait signe que oui. Il s'en va et revient peu après. Son visage ne trahit toujours pas la moindre émotion... La suite, il l'a racontée plus tard, dans une interview à un journaliste palestinien, avec un détachement et une précision qui font froid dans le dos : « Aux toilettes, je me suis emparé d'un pistolet Tokarev russe 7,62. J'ai tiré sur le Libanais d'abord, sur les policiers ensuite. À chaque fois, dans le nez : c'est plus simple, parce que cela provoque une mort immédiate. »

Trois corps jonchent maintenant le sol du studio du 9, rue Toullier : ceux de Michel Wahab Moukarbal et des inspecteurs Donati et Dous. Le commissaire Herenz a eu le réflexe de se jeter en avant, ce qui lui vaut de n'être que grièvement blessé. L'agresseur a disparu. Le lendemain, toute la France apprend le drame et va bientôt découvrir un nom, ou plutôt un surnom, qui n'a pas fini de la faire trembler : Carlos.

Le ministre de l'Intérieur Michel Poniatowski est immédiatement prévenu et il alerte lui-même le président de la République Valéry Giscard d'Estaing. Des mesures exceptionnelles sont prises : tous les services de la police et de la gendarmerie sont mobilisés, les postes-frontières et les aérodromes sont mis en état d'alerte. Le lendemain, la presse et la télévision publient l'une des photos qui ont été prises lors de la filature et le public découvre avec étonnement ce gros garçon joufflu, qui a l'air de tout sauf d'un tueur impitoyable. La même photo fait le tour du monde, car l'affaire prend dès le début une dimension internationale.

Pour l'instant, on n'a encore aucun nom à mettre sur ce visage. Le commissaire Herenz, qui a été hospitalisé à Cochin, peut, malgré son état, raconter les circonstances du triple meurtre, ne donnant pas de précision supplémentaire sur son auteur. Les jeunes gens présents dans le studio de la rue Toullier sont tous interpellés et interrogés sans relâche au siège de la DST, rue des Saussaies.

Ils donnent tous le même nom : Carlos. Malgré les questions, ils ne peuvent en dire davantage. Tous répètent la même chose :

– Il ne nous a jamais dit son nom. Il nous a dit de l'appeler Carlos, c'est tout.

– Qu'est-ce qu'il fait ? Il est étudiant ?

– Je ne sais pas...

– Quelle est sa nationalité ? Est-ce qu'il vous l'a dit ?

– Il n'est pas français : il a un accent. Il parle espagnol, anglais et arabe. Il doit être sud-américain...

Au fil des interrogatoires, il s'avère que les jeunes gens présents au moment du triple meurtre n'appartiennent à aucun mouvement terroriste. L'enquête apprend au même moment que Moukarbal était un personnage beaucoup plus important qu'on ne l'avait cru. C'était un rouage essentiel de la Lutte armée arabe. Un communiqué publié à Beyrouth précise les objectifs de ce mouvement : « La Lutte armée arabe opère clandestinement, dans le cadre des organisations internationales, dans le but de frapper les objectifs sionistes et impérialistes à l'intérieur des territoires arabes et dans toutes les parties du monde. » Par-delà la rhétorique d'usage, tout cela est terriblement inquiétant : il s'agit bien d'un mouvement mondial et le danger peut survenir partout.

En attendant, toujours aucun renseignement sur l'identité véritable de ce Carlos, vraisemblablement sud-américain. Il reste introuvable, malgré une extraordinaire mobilisation dans toute la France. Alors l'enquête se poursuit, à commencer par l'examen des indices se trouvant au domicile de Moukarbal. Les premières investigations ont été faites de manière plutôt hâtive, car, en examinant mieux un chéquier, on découvre un talon portant la somme de 2 500 francs, au nom de Silva Empela Masmela.

Renseignement pris, il s'agit d'une employée de banque de nationalité colombienne, habitant 11, rue Amélie, dans le VIIe arrondissement. On s'y précipite. Elle n'est pas là, mais on découvre un formidable arsenal, des pistolets, des mitraillettes, des grenades, des explosifs, des bombes. Il y a aussi tout un matériel pour fabriquer de faux papiers et une liste de personnalités de toutes tendances politiques (journalistes, hommes d'affaires et intellectuels) devant faire l'objet d'attentats.

Des attentats, il s'en est préparé dans ces lieux. On découvre les plans précis de trois journaux, *L'Aurore*, *Minute* et *L'Arche*, qui ont été récemment victimes d'explosions au plastic. Des traces d'occupation récentes laissent, en outre, supposer que Carlos s'y est réfugié après son triple meurtre.

L'appartement de la rue Amélie va devenir pour les policiers une véritable mine de renseignements. Un carnet appartenant à Moukarbal décrit en toutes lettres de récents attentats dont les auteurs s'avèrent être Carlos et lui-même : la prise d'otages de l'ambassade de France à La Haye, le 13 septembre 1974, et surtout l'attentat du drugstore Saint-Germain, deux jours plus tard...

L'affaire avait causé une immense émotion. Ce jour-là, un inconnu avait lancé une grenade au milieu des clients, faisant deux morts et trente-quatre blessés, dont dix-huit femmes et quatre enfants. L'enquête n'avait abouti à rien. On avait fini par conclure qu'il s'agissait de l'acte d'un fou. Or, on découvre à présent que c'est sans doute l'œuvre de ce Carlos, dont la dimension criminelle ne cesse d'augmenter à mesure que l'enquête avance.

Le même Carlos revendiquera plus tard cette opération, répondant à un journaliste. Au moment où des pourparlers étaient en cours entre le gouvernement français et les preneurs d'otages de La Haye, il avait voulu faire une « opération persuasive de style algérien » pour que les autorités françaises « accèdent aux demandes formulées par les camarades de La Haye ».

Toujours dans le même calepin, on découvre que Moukarbal et Carlos ont rencontré en 1974, à Zurich, des membres de l'Armée rouge japonaise et leur ont remis 400 000 francs suisses, une somme considérable. Ce n'est pas tout. L'expertise des armes est tout aussi parlante. Les grenades appartiennent à un lot volé sur une base américaine en Allemagne, par la bande à Baader. Il y a, d'autre part, des grenades de fabrication yougoslave, identiques à celles abandonnées par des terroristes japonais dans un parking de la porte Maillot.

On découvre enfin un lot de transistors semblables à ceux dont disposait un commando palestinien, arrêté par la DST dans une villa de Villiers-sur-Marne, en décembre 1973. Tout indique que Carlos est au centre du terrorisme international. Coordonne-t-il les activités de ces mouvements clandestins, qui agissent chacun de leur côté ? L'émotion s'accroît, non seulement en France, mais dans le monde entier. Les Anglo-Saxons, qui ont surnommé Carlos « le Chacal », suivent avec passion le déroulement de l'enquête.

Découvrir qui se cache derrière ce prénom n'en devient que plus urgent. Et les efforts aboutissent. Début juillet 1975, dix jours après la tuerie de la rue Toullier, à la suite d'une enquête internationale à laquelle participent les policiers anglais, allemands, hollandais, suisses et sud-américains, Carlos est identifié : il s'appelle Ilitch Sanchez Ramirez et sa biographie, que reproduisent les médias du monde entier, sort vraiment de l'ordinaire !

Ilitch Sanchez Ramirez est un citoyen vénézuélien, né à Caracas le 12 octobre 1949. Son père, un avocat multimillionnaire, est à ce point admirateur de Lénine qu'il a donné à ses trois fils les prénoms et le nom du révolutionnaire russe : Vladimir, Ilitch et Lénine.

Dès son plus jeune âge, Ilitch mène une vie à la fois luxueuse et révolutionnaire, un mélange surprenant dont il gardera toujours le goût. En 1964, il adhère aux Jeunesses communistes vénézuéliennes, tout en fréquentant la jeunesse dorée de la capitale. Deux ans plus tard, ses parents se séparent et il suit sa mère à Londres où il apprend l'anglais.

En 1968, il quitte l'Angleterre pour s'inscrire à l'université Patrice-Lumumba de Moscou. Il y rencontre de jeunes Palestiniens et s'enflamme pour leur cause. Il est également remarqué et enrôlé par le KGB. Mais il n'y reste pas longtemps, il est même expulsé peu après d'URSS, les autorités le jugeant trop violent et irresponsable. Il a pris pour devise une phrase, qu'il répète à qui veut l'entendre : « Seules les balles ont une signification. » Lui-même trouve les Russes trop mous et il les quitte sans regret.

Il se réinstalle à Londres avec sa mère, où il s'initie pour la première fois à la pratique terroriste, avec des instructeurs de l'IRA. C'est également là qu'il commet son premier meurtre. Le 30 décembre 1973, il assassine à son domicile londonien John Edward Sieff, propriétaire de la chaîne de magasins Marks & Spencer et responsable sioniste. On retrouve son corps tué d'une balle dans le nez.

Il quitte peu après l'Angleterre pour le Liban. À Beyrouth, il est recruté par le Front populaire de libération de la palestine (FPLP), mouvement qui prône entre autres le recours au terrorisme. De là, il est envoyé dans un camp d'entraînement palestinien où il est initié aux techniques de la guérilla. Puis il rentre en Angleterre et passe en France où il commence sa carrière de terroriste : l'attentat du drugstore Publicis en liaison avec la prise d'otages de La Haye, qu'il a dirigée de loin, et, enfin, la tuerie de la rue Toullier.

Au fil de l'enquête, on apprend ce qu'a fait Carlos après son triple meurtre. Immédiatement il s'est réfugié chez Ampela Masmela. Le lendemain, il a rencontré à l'aérogare des Invalides une autre de ses amies, Angela Armstrong, vingt-huit ans, secrétaire au Collège de France. Il lui a fait des confidences auxquelles elle n'a rien compris. C'est plus tard qu'elle a établi le rapprochement avec la rue Toullier et qu'elle est allée trouver les policiers. Il lui a remis des lettres à poster et l'a chargée de transmettre des messages. La teneur de ces messages n'a pas été rendue publique.

Une troisième amie, Nancy Sanchez, qui avait quitté le studio quelques heures avant la fusillade et qui avait pris peu après l'avion pour le Venezuela, est arrêtée à son arrivée à Caracas. Interrogée sur la raison de ce départ précipité, elle répond que son père est malade. Vérification faite, il est effectivement en mauvaise santé et les policiers vénézuéliens se déclarent satisfaits. Malgré une demande d'arrestation venue de France par l'intermédiaire d'Interpol, Nancy Sanchez ne sera pas extradée.

La publication de la photographie de Carlos par la presse du monde entier a une conséquence décisive en Angleterre. Un Londonien, Barry Woodhams, fiancé à une Basque espagnole, Angela Otoala, vingt-deux ans, reconnaît un garçon qu'elle fréquentait au moment où ils se sont rencontrés. Inquiet, il se rend, en son absence, dans le studio de sa fiancée. Ce qu'il découvre l'horrifie. Dans un sac, il y a plusieurs kilos de gélinite, un explosif très puissant, des pistolets, trois grenades, un passeport chilien au nom de José Muller-Bernal, un permis de conduire koweïtien et une liste de personnalités juives habitant Londres, dont le violoniste Yehudi Menuhin et Joseph Edward Sieff. Ce dernier nom a été barré.

Affolé, Barry Woodhams prévient la police, déclenchant une enquête de grande envergure menée par la Special Branch de Scotland Yard, la police secrète anglaise. Angela Otoala est aussitôt interrogée. Elle se présente comme étrangère à l'affaire.

– J'ignorais le contenu de ce sac. J'ai connu Carlos l'année dernière à Paris, dans un restaurant où je travaillais. C'était un jeune homme charmant, cultivé, qui m'a dit être un économiste péruvien. Nous nous sommes retrouvés à Londres. Je lui avais communiqué mon adresse.

– Quand l'avez-vous vu pour la dernière fois ?

– Il y a quinze jours. Il est venu pour me souhaiter mon anniversaire.

– Vous êtes sa maîtresse ?

– Non, mais je sais qu'il en a une à Londres. Je ne la connais pas.

Malheureusement pour Angela Otoala, les policiers découvrent chez elle une lettre de Carlos, postée de Paris le lendemain même du crime de la rue Toullier : « Les choses se sont gâtées pour moi. Il vaut mieux que je disparaisse. Ne téléphone pas encore à mon amie. Je pars en voyage pour une durée indéterminée. J'espère être bientôt de retour. Quant au *Chiquitin*, je l'ai envoyé dans un monde meilleur pour le punir de sa trahison. »

Chiquitin, « petit » en espagnol, désigne évidemment Moukarbal. Le fait que Carlos avoue son crime à Angela prouve à quel point elle est impliquée dans ses activités. D'autre part, puisqu'il lui demande de ne pas lui téléphoner, elle connaît, contrairement à ce qu'elle a affirmé, l'identité de sa maîtresse à Londres. Angela Otoala est arrêtée et livre le nom de cette dernière : Maria Toban de Romero, trentre-quatre ans, juriste à l'université de Bogota, et celui d'une autre maîtresse, Maria Penhairo, citoyenne brésilienne résidant dans le Hampshire.

Les deux femmes sont longuement interrogées mais, contrairement à Angela, elles semblent étrangères aux activités du terroriste... À ce stade de l'enquête, on peut s'interroger sur le nombre de conquêtes féminines de Carlos, qui est loin d'être un apollon. Il est certainement doué d'une faconde naturelle, mais il a été établi que, dans ses cours de guérilla, il avait appris les techniques de séduction : choisir des femmes naïves ou des étudiantes engagées. Comme pour tout le reste, Carlos n'a pas tardé à se montrer un spécialiste...

En attendant, il court toujours et la traque à l'échelle mondiale organisée contre lui suscite les plus folles rumeurs. On le signale en Angleterre, à Paris, au Liban, en Irak... À Londres, un blanchisseur l'a vu dans sa boutique en compagnie d'un Sud-Américain :

– Ce n'était pas la première fois qu'il venait, mais cette fois-ci il avait l'air nerveux...

Un automobiliste belge l'a pris en stop de Chimay à Bruxelles, une Allemande s'est assise à côté de lui dans un tramway de Cologne. D'autres l'ont vu passer la tête par-dessus le mur de Berlin, côté Allemagne de l'Est. Une Libanaise s'est fait aborder par lui sur une plage de Beyrouth. Toutes ces déclarations sont systématiquement vérifiées, mais sans résultat.

C'est à Paris qu'a lieu le plus grand remue-ménage. Le 10 juillet, deux semaines après le drame, trois diplomates cubains, le premier secrétaire d'ambassade et deux sous-secrétaires, sont déclarés persona non grata et priés de faire leurs valises. L'un d'eux, Pedro Larazamora, était en étroit contact avec Nancy Sanchez, la Vénézuélienne qui se trouvait dans le studio de la rue Toullier et qui était rentrée à Caracas soi-disant parce que son père était malade.

Trois autres amies de Carlos, toutes vénézuéliennes, étaient également en relation avec les trois Cubains. D'autre part, l'une de ses maîtresses de Londres, Maria Toban de Romero, faisait de fréquents séjours à Paris. Militante du Parti communiste colombien, elle fréquentait à Londres le secrétaire de l'ambassade cubaine, qui faisait lui aussi partie des services secrets du pays... Le gouvernement cubain ne proteste pas contre ces expulsions à l'ambassade de Paris, ce qui est un aveu implicite. Mais où est Carlos ? On n'en a pas la moindre idée.

C'est Carlos lui-même qui va donner la réponse, en organisant le coup le plus retentissant de sa carrière. À la fin de cette même année 1975, le 28 décembre, il attaque la conférence de l'OPEP, Organisation des pays exportateurs de pétrole, qui se tient à Vienne, en Autriche. À la tête de sept hommes, six Palestiniens et un Allemand, J. P. Klein, membre de la bande à Baader, il prend en otage soixante-dix personnes, dont douze des ministres du pétrole venus au sommet.

Commanditée par le colonel Kadhafi, l'opération vise à ce que les revenus du pétrole soient affectés en priorité à la cause palestinienne. Le mode d'action est extrêmement violent : trois hommes sont tués, un Irakien, un policier autrichien et le délégué libyen, dix-huit sont blessés. Carlos a achevé personnellement l'un d'entre eux en lui vidant son chargeur dans la tête. Il commande de bout en bout les opérations, jusqu'à la libération des otages sur l'aéroport d'Alger, après un long périple en avion, et disparaît...

Il disparaît longtemps, très longtemps, malgré les milliers de policiers lancés à sa poursuite de par le monde. Et il réapparaît une fois encore, le 5 décembre 1979, lorsqu'il accorde à un journaliste jordanien une interview reproduite dans le journal libanais *Al-Watan*. Il y reconnaît, entre autres, avoir tué Joseph Edward Sieff et être l'auteur de l'attentat du drugstore Saint-Germain.

Les Palestiniens, qui trouvent qu'il dessert plus qu'il ne sert leur cause, rompent avec lui. Il est donc contraint de se replier sur l'Europe et d'agir en relation avec des organisations terroristes comme la bande à Baader. C'est d'ailleurs à cette organisation qu'appartient sa compagne du moment, Magdalena Kopp. Celle-ci se rend en Suisse, pensant ne pas être reconnue, mais la police helvétique la surveille. Elle est arrêtée et remise à la France, qui a demandé son extradition.

Cette arrestation déclenche la fureur du terroriste. Il prend contact avec le ministre de l'Intérieur Gaston Defferre, pour négocier la libération de Magdalena Kopp et d'un autre membre de son réseau prisonnier en France, Bruno Bréguet. Et, devant la fin de non-recevoir qui lui est opposée, il passe à l'action.

Le 29 mars 1982, une bombe explose dans le Capitole, le train Paris-Toulouse, faisant cinq morts et vingt-sept blessés. Il a été établi par la suite que Carlos pensait que Jacques Chirac s'y trouvait. Le 24 avril 1982, jour de l'ouverture du procès de Magdalena Kopp, une bombe explose rue Marbeuf, faisant un mort et soixante-trois blessés.

Dans un communiqué, Carlos menace de mettre Paris à feu et à sang, mais c'est ailleurs qu'il va frapper. Le 25 août 1983, le centre culturel français de Berlin-Ouest est soufflé par une explosion : un mort et vingt-trois blessés. Le 31 décembre de la même année, plusieurs explosions ont lieu dans la gare Saint-Charles, à Marseille, et dans le TGV Sud-Est : quatre morts. Le lendemain, 1er janvier 1984, c'est le centre culturel français de Tripoli qui est détruit.

L'ouverture des archives secrètes des pays de l'Est a permis de reconstituer le parcours de Carlos durant la décennie 80. Car c'est de l'autre côté du rideau de fer qu'il est alors hébergé.

Entre deux coups de main sanglants, il mène une vie princière. Il fréquente les palaces de Belgrade, Budapest, Berlin-Est, Bucarest, Moscou et, lorsqu'il a besoin de soleil, en hiver principalement, il se rend en Syrie ou au Yémen. Il a épousé, en 1986, Magdalena Kopp, libérée après deux ans de prison, et ils ont une fille, Evita, un an plus tard.

L'effondrement du bloc communiste, en 1989, l'année de ses quarante ans, constitue pour lui le premier revers. Il se replie vers la Syrie, mais n'y reste pas longtemps. En 1991, la Syrie choisit le camp américain dans la première guerre du Golfe. Carlos devient un hôte gênant, il est prié de quitter le pays.

C'est le début de son errance. Il devient un terroriste de luxe au chômage, qui ne sait plus à qui vendre ses services. Les mouvements dits révolutionnaires, type bande à Baader, ont disparu. Les Palestiniens sont en pleine négociation avec Israël. Carlos ne sert plus à personne. Le 1er juin 1992, il est condamné par contumace, en France, à la réclusion criminelle à perpétuité, pour l'affaire de la rue Toullier.

Bientôt son errance se double d'une errance sentimentale. Il tombe amoureux d'une jeune Jordanienne, pour qui il abandonne sa femme et sa fille. Il se fait musulman afin de l'épouser religieusement et vit avec elle à Khartoum, au Soudan, le seul pays qui veuille encore de lui. Il boit beaucoup, il est de toutes les soirées. Il a vieilli, il a encore grossi, il n'est plus bon à grand-chose dans son domaine, mais il est certainement encore très dangereux pour qui voudrait l'approcher.

L'approcher, c'est ce qu'ont tenté, depuis le début, par tous les moyens, les services français. Aujourd'hui, on peut reconstituer la traque secrète de Carlos... Comme il n'est pas en France, la DST, dont le rôle est de protéger le territoire, n'est pas compétente. Il n'y a qu'un organisme qui puisse agir, le SDECE (Service de documentation extérieure et de contre-espionnage). Celui-ci possède un Service action pouvant intervenir partout dans le monde, y compris pour éliminer physiquement un individu. Tous les pays ont un service équivalent.

Début 1976, six mois après le massacre de la rue Toullier, le général Alexandre de Marenches, patron du SDECE, choisit pour mener la traque le général Philippe Rondot, un des membres du Service action. Ses instructions sont précises : ne pas abattre Carlos, le ramener en France pour qu'il soit jugé et qu'il réponde de ses actes. Ce genre d'enlèvement en territoire étranger est une opération bien plus complexe qu'une simple élimination, mais le général Rondot a tout pour réussir.

Ce saint-cyrien, parachutiste accompli, est à la fois un homme d'action et un intellectuel. Son père, le général Pierre Rondot, ex-officier de renseignement devenu universitaire, est un des meilleurs connaisseurs du monde arabe et son fils, qui a passé une partie de son enfance en Tunisie et parle couramment arabe, n'a rien à lui envier. Il accepte avec enthousiasme cette mission délicate entre toutes.

Si le grand public ignore où est Carlos, en ce début 1976, le SDECE, lui, le sait. Le terroriste est le plus souvent en Libye, mais comme il n'a pas beaucoup de femmes à sa disposition dans ce pays islamiste et qu'il ne peut s'en passer, il fait de fréquentes excursions à Malte pour se donner du bon temps. Il n'est pas impossible aussi qu'il se rende un jour au Venezuela, étant donné les liens qui le rattachent à son pays natal.

Courant 1976, le général Rondot le retrouve à Malte, dans un palace où il dépense des fortunes en galante compagnie. Rondot est sur le point de passer à l'action, lorsqu'il constate la présence d'agents algériens et d'Israéliens du Mossad. Que sont-ils venus faire ? Mystère. Leur présence l'empêche d'agir dans la discrétion et l'opération est annulée.

La même année, Philippe Rondot tente la carte vénézuélienne. Il se rend à San Cristobal, ville d'un million d'habitants près de la Colombie où habite une partie de la famille de Carlos. Et il réussit un travail remarquable. Avec un autre agent, il parvient à entrer parmi les relations de Jose Ramirez, son père, et à faire partie de ses amis. Ils deviennent tellement proches que ce dernier ne lui cache plus rien. Il lui montre des photos d'Ilitch et lui confie :

– Il m'écrit régulièrement. Je suis sûr qu'un jour ou l'autre, il viendra me voir...

La mission est à deux doigts d'aboutir. Un avion clandestin attend sur un aérodrome pour emmener le terroriste en France. Malheureusement, encore une fois, la présence d'agents du Mossad fait annuler l'opération. Le général Rondot doit, la mort dans l'âme, regagner le siège du SDECE. Deux occasions exceptionnelles ont été perdues, elles ne se reproduiront pas de sitôt.

Les années passent sans offrir de nouvelle opportunité. Ilitch Sanchez Ramirez est de plus en plus souvent de l'autre côté du rideau de fer où il est impossible de tenter quoi que ce soit. Jusqu'au moment où, avec une rare audace, il se rend en France, pour tenter de faire libérer Magdalena Kopp, puis commettre sa série d'attentats. Sur le territoire national, la DST prend le relais. Elle surveille en particulier toutes les femmes qui le connaissent, mais Carlos ne commet pas d'imprudence. Il disparaît de nouveau et pour longtemps...

Tant que celui-ci se trouve dans les pays de l'Est ou en Syrie, il faut attendre. Ce n'est que quand il est expulsé par les Syriens, en 1991, que la traque peut reprendre. Il finit par se fixer à Khartoum, au Soudan. Il envisage un moment des déplacements à Chypre et au Yémen, mais y renonce. C'est donc à Khartoum qu'il faudra agir. Le général Philippe Rondot entre de nouveau en scène et sa connaissance du monde arabe va jouer pleinement.

Se comportant plus en diplomate qu'en chef d'une mission secrète, il parvient à arracher aux autorités soudanaises la livraison de Carlos. Il leur démontre que sa présence sur leur sol n'est pas de nature à améliorer leur image dans le monde. En outre, argument propre à influencer certains de ses interlocuteurs musulmans pratiquants, il met en avant sa vie dissolue. Et il obtient leur feu vert.

Le 15 août 1994, près de vingt ans après le début de toute l'affaire, Ilitch Sanchez Ramirez est enlevé à Khartoum et ramené en France. Les conditions matérielles de son arrestation sont encore mal connues. Ce sont sans doute les services secrets français qui ont agi, avec l'accord et la protection des autorités soudanaises. Toujours est-il que, pour Carlos, l'heure de l'expiation a sonné.

Le 12 décembre 1997, après quarante mois passés à l'isolement dans une cellule de la Santé, Ilitch Sanchez Ramirez comparaît devant la cour d'assises de Paris. Il ne répond que du triple meurtre de la rue Toullier. Les autres affaires sont encore en cours d'instruction, un nombre suffisant de preuves n'ayant pas encore été réuni contre lui.

Quand il fait son apparition dans le box, le moins qu'on puisse dire, c'est que celui qui a tant semé la terreur autour de lui ne paye guère de mine. Il est grassouillet, il s'exprime avec un fort accent et d'une voix zézayante. Au moment de prendre place, il détaille les femmes du jury, se demandant sans doute si son charme va jouer sur elles.

Au début, il se compose un rôle de provocateur. Après avoir décliné son identité et, comme le président lui demande sa profession, il répond :

– Je suis un révolutionnaire internationaliste dans la tradition léniniste.

Même chose concernant son domicile :

– Un révolutionnaire internationaliste n'a pas de domicile.

Après quoi, il récuse la compétence du tribunal, estimant qu'il a été enlevé illégalement au Soudan... Mais passé ces premiers éclats, il donne le plus souvent derrière des réponses évasives et les débats sombrent dans la monotonie. Il ne s'anime que lorsqu'un expert fait part de son point de vue sur un attentat :

– Si quelqu'un peut parler avec autorité en matière d'attentat, c'est moi ! J'ai initié, préparé ou participé à nombre d'entre eux. J'ai plus d'expérience que vous tous ici en ce domaine !

Dans ce domaine, effectivement, on ne peut que lui donner raison... Durant le procès, Magdalena Kopp, dans une interview au magazine allemand *Stern*, parle longuement de celui qui déclarait : « Seules les balles ont une signification. » Son jugement, quoique peut-être influencé par le fait d'avoir été délaissée, est sans appel : « Carlos ne se battait pour personne, rien que pour lui. C'était un mégalomane avide de pouvoir. Je serais contente de voir son mythe démoli. »

Les jurés font preuve de la même fermeté. À l'issue des débats, le 24 décembre 1997, Ilitch Sanchez Ramirez est condamné à la prison à perpétuité, pour le triple meurtre de la rue Toullier. Il accueille la sentence par une exclamation en espagnol et en arabe :

– *Viva la revolución ! Allahou Akbar !* (Vive la révolution ! Dieu est grand !)

Depuis, bien qu'il ait obtenu un non-lieu pour l'affaire du drugstore et les autres attentats, le parquet a fait appel, fin 2006, et il pourrait être jugé pour ces chefs d'accusation un jour ou l'autre.

Mais là n'est pas l'important. Carlos est en prison et n'est pas près d'en sortir. Quant à son mythe, si tant est qu'il ait existé, ainsi que le souhaitait Magdalena Kopp, il est bel et bien démoli. Aujourd'hui, Carlos ne représente plus rien, à part un mauvais, un très mauvais souvenir.

Opération Tonnerre

– Mesdames, messieurs, vous pouvez apercevoir à votre droite l'île de Corfou...

C'est le commandant Michel Bacos, pilote de l'Airbus A300 d'Air France, vol 139, reliant Tel-Aviv à Paris, qui vient de faire cette annonce dans les haut-parleurs. Une partie des passagers se penche vers les hublots pour admirer le paysage. Le panorama est magnifique, le temps splendide, ce dimanche 27 juin 1976. Il est 12 h 58 exactement. Après l'escale qui vient d'avoir lieu à Athènes, dans un peu plus d'une heure et demie, les deux cent cinquante-six occupants de l'avion, deux cent quarante-quatre passagers et douze membres d'équipage – se poseront sur l'aéroport d'Orly. C'est du moins ce qu'ils imaginent...

– Les mains en l'air, pas un geste !

Une voix brutale vient de s'exprimer en allemand. Le même commandement est répété en anglais. Les occupants de l'appareil voient surgir dans la travée centrale quatre personnes, une femme et trois hommes, dont le comportement indique la détermination la plus absolue... On ne va pas tarder à apprendre qu'il s'agit de deux Allemands, membres de la Fraction armée rouge, autrement dit la bande à Baader : Wilfried Bose, vingt-sept ans, un ami du redoutable Carlos, et Ingrid Spieman. Les deux autres terroristes sont des membres du Front de libération de la Palestine, organisation palestinienne extrémiste. Tous les quatre ont dans la main droite un revolver, qu'ils promènent en direction des sièges, et une grenade dans la main gauche. Ils sont montés à l'aéroport d'Athènes où la fouille a été pour le moins négligente... Wilfried Bose pointe son canon sur la tempe d'une hôtesse.

– Conduis-moi dans la cabine de pilotage !

Tandis qu'il disparaît par la porte avant, les trois autres se répartissent dans l'avion. L'Allemande montre sa grenade.

– Si l'un de vous bouge, je dégoupille et nous sautons tous !

La terreur s'est installée dans le vol 139 d'Air France. Pour longtemps...

La voix du commandant Bacos se fait entendre de nouveau dans les haut-parleurs. Cette fois, ce n'est plus pour un renseignement touristique. Il est calme et grave à la fois.

– J'ai reçu l'ordre de me dérouter sur Benghazi, en Libye. Je vous donnerai d'autres nouvelles, si c'est en mon pouvoir...

L'avion amorce un long virage. La jolie île de Corfou disparaît des hublots et il n'y a plus désormais que les flots de la Méditerranée, qu'il va falloir traverser de part en part jusqu'aux côtes libyennes. Dans la carlingue, les visages sont tendus, les bouches muettes. Il règne un silence total, à une exception près : une femme assise dans les derniers rangs s'est mise à gémir. Un des pirates, un Palestinien, va dans sa direction. Il brandit son revolver d'une manière menaçante.

– Taisez-vous !

Mais la femme ne se tait pas, bien au contraire. Elle redouble de gémissements et se met à pleurer.

– J'ai des douleurs. J'ai peur d'accoucher !

Le preneur d'otages se rend alors compte qu'elle est enceinte d'environ huit mois. Il va rejoindre ses complices. Après un conciliabule avec eux, il revient vers elle :

– On va vous débarquer à Benghazi...

Benghazi, l'Airbus du vol 139 d'Air France y atterrit à 15 heures. Il y a une demi-heure qu'il aurait dû terminer son voyage à Orly. Il est désormais entré dans l'inconnu, pour un temps que nul ne peut déterminer. L'avion s'immobilise en bout de piste. Une ambulance, prévenue par radio, vient chercher la femme enceinte. C'est une Anglaise, du nom de Patricia Heymann. Les pirates n'ont pas voulu courir le risque qu'elle accouche pendant le détournement. Pour elle, le cauchemar est terminé, pour les autres, il continue...

Il n'y a pas qu'une ambulance qui attende l'Airbus : un camion d'essence s'approche pour le ravitaillement ainsi qu'une jeep chargée de militaires. Plusieurs gradés libyens montent à bord. Les passagers les voient avec angoisse remettre de nouvelles armes aux terroristes. Ils s'entretiennent longuement avec eux et disparaissent. La voix du commandant de bord se fait de nouveau entendre :

– Nous sommes en train de faire le plein. Ensuite nous partirons pour Entebbe, en Ouganda.

Il est nécessaire, effectivement, de faire le plein : Entebbe est au cœur de l'Afrique, au bord de l'immense lac Victoria, il y a des milliers de kilomètres à faire et des heures de vol pour y parvenir.

Ce n'est qu'à minuit passé que l'appareil arrive à destination, où il se pose de nouveau en bout de piste. Les moteurs sont coupés. Il y a un long moment d'attente. Les quatre pirates, les deux Allemands, et les deux Palestiniens, rangent leurs grenades dans un sac et glissent leur revolver à la ceinture. Un passager français murmure à un steward :

– C'est le moment de leur sauter dessus !

Mais le steward fait non de la tête, après avoir regardé par le hublot.

– Je ne crois pas...

De la part des pirates, il ne s'agit pas d'une négligence ou d'un relâchement, ils savent ce qu'ils font... Plusieurs camions militaires ainsi que plusieurs voitures se garent devant l'avion. L'échelle de débarquement est mise en place et trois Palestiniens armés jusqu'aux dents font irruption dans la carlingue. Parmi eux, Fayed Jaber, un haut responsable du Front de libération de la Palestine. Les terroristes sont maintenant au nombre de sept. Les nouveaux venus s'adressent aux otages. Ce sont eux qui ont pris le commandement.

– Descendez tous !

Les deux cent quarante-trois passagers obéissent en silence, bientôt rejoints par le commandant et le reste de l'équipage. En bas, sur la piste, environ deux cents soldats ougandais les attendent. Leur attitude ne laisse pas place au doute : ils ne sont pas là pour les protéger, mais pour prêter main-forte à leurs ravisseurs. Un homme en civil, qui se présente comme le directeur de l'aéroport d'Entebbe, vient dans leur direction.

– Nous vous attendions. Suivez-moi.

Encadré par les soldats, le groupe d'otages se met en marche. Au bout de plusieurs centaines de mètres, il arrive devant un bâtiment délabré. Il s'agit de l'ancien aérogare d'Entebbe, désaffecté depuis plusieurs années. C'est là que, visiblement, on a décidé de les garder.

Les passagers de l'Airbus arrivent avec appréhension sur les lieux, lorsqu'une grosse Mercedes noire surgit à toute vitesse et pile dans un crissement de pneus. Un personnage corpulent, vêtu d'un uniforme chamarré, en descend. Il vient vers eux et leur lance, d'une voix sonore et joviale :

– *Welcome in Uganda !*

Celui qui vient de souhaiter aux otages la bienvenue dans son pays n'est autre que le chef de l'État, le maréchal président Idi Amin Dada... Ce n'est pas par hasard que les pirates de l'air ont choisi l'Ouganda comme destination finale : qu'il ait été complice avec eux depuis le début ou, plus vraisemblablement, prévenu une fois l'opération commencée, de toute manière ils pouvaient compter sur lui.

En cette année 1976, Amin Dada est l'un des chefs d'État les plus excentriques de la planète, malheureusement beaucoup plus inquiétant que pittoresque... Lorsque en 1962 l'Ouganda accède à l'indépendance, son président Milton Obote décide de s'appuyer sur Israël. Pendant neuf ans, des centaines de conseillers militaires israéliens forment l'armée ougandaise, les pilotes sont entraînés sur des Fouga Magister français assemblés en Israël.

Idi Amin Dada est alors chef d'état-major de l'armée et,

comme tout le monde dans le pays, il se montre favorable aux Israéliens. Au point qu'il a appelé sa fille Sharon et ne manque jamais de rappeler que ce nom est celui de l'hôtel de Jérusalem où elle a été conçue. Pour ne pas être en reste, les Israéliens lui accordent le brevet et les insignes de parachutiste, alors que ses pieds déformés par la goutte ne lui permettent pas de sauter.

Mais tout bascule en janvier 1971, quand Amin Dada renverse Milton Obote. Le nouveau chef de l'État demande aussitôt à son allié israélien des chasseurs Phantom pour, avoue-t-il naïvement, bombarder la Tanzanie, le pays voisin. Moshe Dayan, ministre de la Guerre, qui l'a beaucoup fréquenté, le considère comme un fou dangereux. Golda Meir, Premier ministre, refuse la demande, ce qui déclenche la fureur du maréchal président.

Le 30 mars 1972, les relations diplomatiques sont rompues et les mille six cents Israéliens présents en Ouganda, dont soixante-dix conseillers militaires, sont expulsés. Les Russes et les Palestiniens prennent leur place. Dans les locaux de l'ambassade israélienne, il n'y a plus que des Palestiniens et la garde présidentielle est désormais composée de fedayins. Idi Amin Dada devient violemment antisémite. En septembre 1972, il envoie à Yasser Arafat un télégramme affirmant que « Hitler a bien agi en tuant six millions de juifs ». En septembre 1973, lors de la guerre du Kippour, il se porte « volontaire contre Israël avec trois millions d'Ougandais ». Et, en cette année 1976, il parle d'ériger une statue au Führer à Kampala, capitale du pays.

Dans ces conditions, on comprend pourquoi les terroristes ont choisi Entebbe pour garder leurs otages. Dans ce pays loin de tout, au cœur de l'Afrique, ils sont pour ainsi dire chez eux et il sera bien difficile de tenter quoi que ce soit contre eux.

Sur l'aéroport d'Entebbe, après avoir salué joyeusement les otages, le maréchal Amin Dada remonte dans sa grosse Mercedes, qui démarre. Les passagers se retrouvent seuls dans ces bâtiments vides et sinistres, avec les sept pirates de l'air et, un peu plus loin, les soldats ougandais. C'est alors qu'a lieu une scène dramatique. Wilfried Bose, l'un des deux membres de la bande à Baader, prend la parole dans sa langue :

– Sortez vos passeports. Les Israéliens et les juifs à droite, les autres à gauche !

Ces ordres, criés en allemand, réveillent pour certains de terribles souvenirs. Une Israélienne, ancienne déportée, dira plus tard :

– J'ai cru revivre ce que j'avais vécu il y a trente-deux ans, lorsqu'on nous a séparés en deux groupes, les uns pour aller au travail, les autres pour aller à la chambre à gaz. J'étais alors dans le bon groupe, à présent j'étais dans le mauvais...

Dans cet avion, qui avait Tel-Aviv pour point de départ, les Israéliens sont nombreux. Il y a aussi beaucoup de juifs, ou du moins de personnes qui portent un nom juif. Le groupe de droite est nettement plus important que celui de gauche. Mais plusieurs personnes qui auraient pu être épargnées tiennent à le rejoindre. C'est le cas du commandant Michel Bacos. Il s'adresse à l'Allemand :

– Les passagers sont sous ma responsabilité. Je ne les abandonnerai pas.

Les hôtesses et stewards lui emboîtent le pas et les douze hommes et femmes d'équipage prennent courageusement place à côté des juifs. Une religieuse française veut les imiter. Elle demande à faire partie du même groupe et qu'un juif prenne sa place. Mais les soldats ougandais, qui interviennent pour la première fois, l'emmènent manu militari. Sous leur escorte, le groupe de ceux qui vont être libérés quitte les lieux. Il reste deux cent cinq personnes dans l'ancienne aérogare désaffectée d'Entebbe...

En ce tout début de matinée du 28 juin, un nouveau personnage se présente. Il s'agit de l'ambassadeur de France en Ouganda, Pierre-Henri Renard. Il vient d'être prévenu du détournement par les autorités françaises. C'est à lui que les ravisseurs font part de leurs revendications. Ils exigent la libération de quarante Palestiniens incarcérés en Israël et de treize autres détenus en France, au Kenya, en Suisse et en Allemagne, plus le paiement d'une rançon de 5 millions de dollars.

Les heures qui suivent sont à la fois confuses et dramatiques. En Israël, la nouvelle provoque une immense émotion. La doctrine du pays en matière de prise d'otages est sans équivoque : ne jamais céder aux terroristes. Mais est-ce que ce sera possible alors que tant de vies israéliennes sont en jeu ? Le gouvernement d'Yitzhak Rabin est favorable à la fermeté, mais l'opinion, pour une fois, ne suit pas : il faut négocier...

La confusion et l'angoisse sont plus terribles encore sur le terrain, à Entebbe. Les otages sont parqués dans des conditions épouvantables. Matériellement, d'abord : l'aérogare désaffectée ressemble à un hangar délabré, ouvert au vent desséchant d'Afrique, sans eau, sans électricité, sans commodités. Psychologiquement, ensuite ; le comportement des terroristes fait craindre à tout instant le pire, celui des deux Allemands surtout : Wilfried Bose joue avec la mitraillette que lui ont donnée les Ougandais, il vise les uns et les autres et fait mine de tirer ; quant à Ingrid Spieman, elle se comporte, diront plus tard les rescapés, comme une « vraie chienne », une « vraie nazie », giflant les juifs et les insultant en allemand.

Le lendemain, la tension monte encore, avec la publication d'un nouveau communiqué des ravisseurs. Un ultimatum est fixé au jeudi 1er juillet, à midi : si, à ce moment-là, les cinquante-trois terroristes prisonniers n'ont pas été libérés, ils commenceront à fusiller deux otages toutes les heures. Ceux-ci, informés de l'ultimatum, ne se font aucune illusion sur la détermination de leurs ravisseurs : ils mettront leur menace à exécution.

Le 30 juin, sur l'intervention personnelle d'Idi Amin Dada, qui souffle le chaud et le froid, quarante-sept passagers sont libérés, dont trente-trois Français et une Israélienne de soixante-seize ans, Dora Bloch, qui souffre de troubles digestifs graves et dont la vie était en danger ; elle est dirigée vers l'hôpital principal de Kampala pour y recevoir des soins. Ils ne sont donc plus que cent cinquante-sept dans l'aérogare désaffectée, attendant le moment des premières exécutions. Leurs ravisseurs leur ont dit, en outre, que des charges explosives avaient été disposées un peu partout et qu'à la moindre tentative pour les délivrer, tout sauterait.

C'est dans ces conditions que l'ambassadeur de Somalie en Ouganda, Hashi Abdullah Farah, autorisé par les pirates à rendre visite aux otages, se présente. En revenant, il décrit aux journalistes « l'atmosphère fataliste, résignée, écrasante qui règne dans le bâtiment, déjà bourré de dynamite peut-être ». Il répond de la manière la plus pessimiste aux questions :

– Comment avez-vous trouvé les ravisseurs ?

– Résolus, très excités même. Ils se promènent au milieu des otages avec leurs mitraillettes. Un drame peut avoir lieu à tout instant.

– Les sentez-vous capables d'abattre froidement les prisonniers ?

– Sans le moindre doute.

– Que peut-on faire, à votre avis ?

– À part céder, je ne vois pas...

Céder ou non : c'est la question cruciale que se pose au même moment le gouvernement israélien, qui est en réunion de crise depuis le début du détournement. Une opération militaire a été envisagée, mais les responsables sont formels : il n'est pas possible de la mettre au point avant le 1er juillet à midi, le délai est trop court. Alors, céder ? Bien des arguments s'y opposent. Ce serait une capitulation sans précédent, l'abandon de la ligne de conduite toujours réaffirmée par Israël ; ce serait, en outre, encourager d'autres tentatives, sans compter que parmi les détenus dont la libération est réclamée, il y a des individus très dangereux et qu'avec les 5 millions de dollars de rançon, les terroristes les plus extrémistes vont se renforcer.

Mais d'un autre côté, peut-on envoyer à une mort affreuse des dizaines d'innocents ? Devant la gravité de la situation, M. Rabin demande aux chefs de l'opposition de venir à ses côtés et c'est un cabinet d'union nationale qui rend sa décision, dans la matinée du 1er juillet : Israël demande l'ouverture de négociations, pour la première fois il cède ! Yitzhak Rabin dira plus tard : « Le sablier était vide, nous n'avions pas le choix. »

C'est l'unanimité dans le pays. Un éditorialiste résume l'avis général : « La défaite est humiliante, mais un État n'a pas le droit d'abandonner ses citoyens à la mort. Israël n'a pas le droit de décréter qu'il ne faut pas se rendre aux terroristes, quand il n'y a pas d'alternative pour sauver les victimes. »

La nouvelle, lorsqu'elle est annoncée à Entebbe, donne lieu à une scène digne d'un film (il y en aura d'ailleurs trois réalisés sur l'aventure)... Il est 11 h 20, il ne reste plus que quarante minutes avant l'expiration de l'ultimatum. Les otages sont tendus à l'extrême, certains font leurs prières. Les pirates se concertent à voix basse.

C'est alors qu'un homme en civil arrive en courant : l'ambassadeur de France Pierre-Henri Renard. Il lance, hors d'haleine :

– Israël accepte la négociation !

Les otages applaudissent, poussent des cris de joie, se jettent dans les bras les uns des autres. C'est le premier moment heureux depuis le début du cauchemar. D'autant qu'un nouveau groupe de cinquante-trois personnes est aussitôt libéré. Ils ne sont plus que cent quatre dans l'aérogare désaffectée : tous les Israéliens, vingt Français juifs et les douze membres d'équipage...

Des négociations soit, mais comment vont-elles s'organiser concrètement ? La réponse des pirates arrive dans l'après-midi à Jérusalem, par l'intermédiaire des Somaliens et des Français : l'ultimatum est repoussé de trois jours et les discussions auront lieu à Paris.

Au gouvernement israélien, on exulte ! C'est totalement inespéré, les terroristes ont commis leur première erreur depuis le début du détournement. Ces soixante-douze heures supplémentaires changent tout. De l'avis des responsables militaires, il y a maintenant assez de temps pour envisager une opération aéroportée. M. Rabin, le gouvernement, les chefs de l'opposition et les principaux généraux décident de mener de front les pourparlers et les préparatifs de l'intervention. On a accusé, par la suite, Israël de duplicité, mais les négociations étaient sincères. Elles auraient abouti si l'opération armée s'était révélée impossible...

Les discussions commencent à Paris, puisqu'il en a été décidé ainsi, et sont confiées au conseiller du Premier ministre pour la lutte antiterroriste, le général Rehavam Zeevi, surnommé on ne sait trop pourquoi « Gandhi », car il serait plutôt un faucon qu'une colombe. C'est un personnage pittoresque, cultivant une image quelque peu fracassante, qui se faisait photographier naguère en compagnie d'un lion apprivoisé offert par le zoo de Thoiry.

« Gandhi » n'est pas mis au courant des préparatifs militaires qui ont lieu en même temps, Yitzhak Rabin ayant jugé qu'il risquait sinon de manquer de conviction. Le conseiller prend l'avion pour Paris et rejoint l'ambassadeur d'Israël en France, qui mène la négociation depuis le Quai d'Orsay. Elle ne va guère avancer, les interlocuteurs palestiniens faisant preuve de la plus grande inconstance dans leurs exigences et leurs concessions.

Mais d'autres discussions ont lieu en Ouganda, à la demande expresse d'Amin Dada, qui tient absolument à se mêler aux tractations. Israël lui a délégué Baruch Bar-Lev, ancien chef de la mission militaire en Ouganda, pour qui le président a gardé une grande estime. Leurs interminables conversations ne peuvent déboucher sur rien, mais contribuent à calmer le dictateur, qui, autrement, serait capable du pire.

De temps à autre, celui-ci quitte sa capitale Kampala et se rend à Entebbe dans sa Mercedes noire, pour retrouver les otages et leur tenir des propos délirants :

– Je suis en train de négocier votre liberté. Je suis votre sauveur ! Appelez-moi maréchal, président, docteur !

Mais les choses sérieuses se passent ailleurs, en Israël, au siège de l'état-major. L'intervention militaire, baptisée « opération Tonnerre », est confiée au général Dan Shomron, héros de la guerre des Six Jours, le premier à avoir atteint le canal de Suez avec ses troupes. Les soldats seront convoyés par des avions gros porteurs Hercules et se poseront sur l'aérodrome même. Il suffirait de placer des camions en travers des pistes pour qu'il soit impossible d'atterrir et que tout échoue, mais le général ne pense pas que les Ougandais le feront car ils n'imaginent pas qu'une intervention soit réalisable.

Dan Shomron et l'état-major israélien disposent, en outre, d'atouts décisifs. Tout d'abord, ils connaissent parfaitement l'aérogare désaffectée d'Entebbe, pour la bonne raison que ce sont eux qui l'ont construite. Grâce aux plans qu'avaient conservés les entrepreneurs de l'époque, ils ont pu en réaliser une maquette qui permet d'envisager les différentes attaques. Ils savent tout : l'épaisseur des murs, la nature des sols, le sens dans lequel s'ouvrent les portes.

De plus, ils ont pu recueillir le témoignage des nombreux otages libérés et avoir des renseignements, cette fois non plus sur le terrain, mais sur l'adversaire. Grâce à eux, les Israéliens peuvent connaître le comportement des sept pirates, l'endroit où ils se tiennent le plus souvent pour surveiller les prisonniers, le nombre approximatif et la position des soldats ougandais...

Le samedi 3 juillet au matin, tandis que les négociations continuent pour donner le change, l'opération Tonnerre est décidée. Si elle réussit, ce sera une des plus risquées du genre. Il faut en effet parcourir 3 840 kilomètres, avec le survol de l'Égypte, pays hostile qui peut donner l'alerte. Et, sur place, il faudra combiner rapidité et puissance de frappe.

À 17 heures, quatre Hercules décollent de Tel-Aviv, à dix minutes d'intervalle. À leur bord, trois cents soldats. Seuls cinquante participeront directement à la libération des otages, les autres ont diverses autres missions ou resteront en réserve, prêts à intervenir en cas de besoin. Des médecins et des infirmières complètent l'effectif, avec un petit hôpital de campagne à leur disposition. Les troupes sont placées sous l'autorité du commandant Jonathan Netanyahu, trente ans, frère du futur Premier ministre.

Les quatre avions de l'opération Tonnerre survolent en rase-mottes l'Égypte, pour éviter les radars. Ils reprennent ensuite le parcours des lignes régulières qui relient Israël au Kenya. Ils peuvent alors, vus du sol, passer pour de paisibles avions commerciaux. Mais à l'entrée dans le territoire ougandais, ils se mettent de nouveau en rase-mottes...

C'est au bout de six heures qu'ils arrivent à Entebbe. À l'approche de l'objectif, ils ont une bonne et une mauvaise surprise.

La bonne est que, contrairement à ce qu'ils pensaient, l'aéroport est illuminé, preuve que les Ougandais ne s'attendent absolument pas à une opération militaire. La mauvaise est qu'au moment d'atterrir, ils sont pris dans une brusque tempête. Les appareils sont terriblement secoués, mais il n'est pas possible d'attendre, il faut se poser.

Grâce à la dextérité des pilotes, les Hercules se posent sans mal, non sur la piste principale, bien sûr, ni sur la piste secondaire, sur laquelle a été abandonné l'Airbus, mais sur une piste désaffectée un peu plus loin. Dans la tour de contrôle, tout le monde somnole. Le bruit que font les panneaux arrière en s'abattant sur la piste semble assourdissant, mais encore une fois l'alerte n'est pas donnée et les jeeps peuvent descendre sur les plans inclinés...

Tandis que la majorité des troupes reste en retrait, le commando d'attaque se met en place. On constate alors à quel point les Israéliens ont été loin dans le souci du détail : les soldats portent des uniformes ougandais et ils ont été grimés en noirs par les maquilleuses de la télévision ; outre les jeeps, a débarqué une Mercedes noire immatriculée UGN 35 62, le numéro de la voiture présidentielle ; à son bord prend place un personnage corpulent, lui aussi grimé en noir et vêtu d'un uniforme de maréchal. Comme il est arrivé à Amin Dada de faire des visites impromptues sur l'aéroport, accompagné de sa garde, cela devrait donner le change, le temps suffisant pour agir.

Et, effectivement, l'effet de surprise est complet. Les occupants de la tour de contrôle, qui croient voir arriver leur président, se mettent au garde à vous. Ils sont neutralisés sans un coup de feu, ce qui permet à l'opération de se poursuivre comme prévu. Les soldats se débarrassent alors de leur maquillage et de leur uniforme ougandais et apparaissent dans l'uniforme israélien qu'ils portaient dessous. Après quoi, cinquante hommes se ruent dans l'aérogare désaffectée, tandis que les autres prennent position en couverture. Il est 23 h 14...

Les soldats israéliens surgissent par toutes les portes à la fois, mitraillette au poing. Ils crient en hébreu, à destination des otages :

– À terre ! À terre !

Pour les pirates, la surprise est totale. L'Allemand Wilfried Bose est tué, alors qu'il tentait de s'emparer de sa mitraillette. Ingrid Spieman est abattue dans les mêmes conditions, puis c'est au tour du chef du commando, le Palestinien Fayed Jaber. Un otage, qui n'a pas compris ce qui se passait et qui se précipite au-devant des Israéliens, est tué par ceux-ci, qui le prennent pour un terroriste.

La fusillade redouble. Les soldats continuent à crier en hébreu, entre deux rafales :

– Pas d'affolement, pas de panique ! Restez à terre !

Les otages se serrent les uns contre les autres, s'enfouissent la tête dans les couvertures qu'on leur a fournies, mais deux d'entre eux sont tués par des balles perdues, tandis que le reste des pirates se réfugient à l'étage, poursuivis par les Israéliens...

Dehors, les coups de feu ont donné l'alerte aux Ougandais, qui tentent de réagir et de prêter main-forte aux Palestiniens. Mais les cent hommes de couverture entrent en action, déclenchant un feu nourri. Dans la fusillade, le commandant Jonathan Netanyahu est tué. Furieux de la mort de leur chef, les soldats tirent au bazooka sur la tour de contrôle qu'ils réduisent en miettes.

Pendant que la bataille fait rage, une troisième équipe gagne la partie de l'aéroport où sont garés les chasseurs Mig fournis par l'URSS à Amin Dada. Ils posent des charges explosives et les font sauter les uns après les autres. Il sera impossible de poursuivre les Hercules lorsqu'ils redécolleront.

Une quatrième équipe, armée d'automitrailleuses et de jeeps avec canons sans recul, prend position aux abords de l'aérogare désaffectée pour contrer la venue d'éventuels renforts. Effectivement des Ougandais surgissent dans la nuit. Une cinquantaine d'entre eux sont tués, les autres refluent en désordre.

Les soldats qui ont libéré les otages reviennent avec ces derniers. Ils ont réussi à tuer quatre des pirates, les autres sont parvenus à prendre la fuite... Tous embarquent à bord des Hercules, avec les victimes : les trois otages et le commandant Netanyahu. Il est minuit, les combats ont duré trois quarts d'heure.

Au moment où le premier Hercules, transportant les prisonniers libérés, doit décoller, il y a une dernière frayeur : il a beaucoup plu et l'appareil ne parvient pas à s'élever. Sans s'affoler, le pilote fait demi-tour, prend la piste dans l'autre sens et, cette fois, réussit le décollage... C'est de nouveau le survol de l'Ouganda en rase-mottes, puis l'arrivée à Nairobi, au Kenya, pour faire le plein. Il est 1 h 30. L'opération Tonnerre est terminée. C'est un succès sans précédent.

En l'apprenant, Yitzhak Rabin décroche son téléphone pour appeler à Paris le général Zeevi, dit « Gandhi », qui continuait les discussions.

– Tout est terminé ! Dépêche-toi de rentrer si tu veux voir nos soldats...

Furieux qu'on se soit moqué de lui, mais ravi du dénouement inespéré du drame, « Gandhi » saute dans le premier avion pour Israël. Pourtant il arrivera trop tard pour assister au retour triomphal des militaires et des otages. C'est Shimon Peres, le ministre de la Défense, qui les accueille, devant une foule immense, qui crie sa joie. Il rend hommage à la réussite de l'opération Tonnerre, « la plus éloignée dans l'espace, la plus rapide dans le temps, la plus hardie en imagination ».

En Ouganda, l'atmosphère est évidemment différente. Lorsqu'il apprend les événements, le maréchal Amin Dada entre dans une colère folle. Il fait fusiller la plupart des militaires présents sur l'aéroport, notamment ceux de la tour de contrôle, coupables de ne pas avoir repéré les avions. Il n'empêche qu'il ne se remettra pas de ce camouflet, qui sera une des causes de sa chute, en 1979.

Mais entre-temps, il a conclu cette affaire sanglante par un dernier crime. Dora Bloch, l'Israélienne de soixante-seize ans qui avait été libérée pour raison de santé et soignée dans un hôpital de Kampala, demeure introuvable. Le consul de Grande-Bretagne demande de ses nouvelles, on lui répond que tout va bien, mais on ne la reverra jamais plus. Une enquête établira plus tard qu'elle a été assassinée par les sbires du Président, au lendemain de l'intervention israélienne.

L'Ours à deux pattes

En cette année 1957, dans un pays aussi vaste et riche que les États-Unis, on trouve encore des régions où on semble vivre à l'époque de la conquête du Far West. C'est le cas des montagnes Rocheuses ou, du moins, des parties les plus reculées d'entre elles.

La famille Bedford habite au sud-est du Wyoming, pas très loin de la bourgade de Laramie, dans une grande maison isolée que le père a construite lui-même. Une maison tout en bois, puisque M. Bedford est bûcheron. Il exploite la forêt alentour, faite de mélèzes plusieurs fois centenaires, peut-être millénaires, dont le bois coûte très cher. Cela ne lui permet toutefois que de vivre petitement : la famille a l'électricité depuis peu et pas encore l'eau courante.

Ils sont six à vivre dans cette grande cabane accrochée au flanc de la montagne, surplombée par des arbres aussi hauts que les immeubles d'une grande ville : Greg, le père, Mary, la mère, Peggy, seize ans, la fille aînée, et trois garçons, dont les âges s'échelonnent entre huit et quinze ans. Ils sont pensionnaires à Laramie. Greg les y conduit et les ramène chaque semaine. Et ce samedi 21 avril, ils se promènent dans les environs. Leur mère leur a demandé de rapporter quelques fleurs, notamment des jonquilles, nombreuses en cette saison.

Les voilà donc partis tous les quatre. Leurs parents ne leur ont pas dit de faire attention aux ours, ce n'est pas la peine, ils ont l'habitude. C'est la période où, après leur hivernage, les ours sortent de leur tanière, l'estomac vide. Ils ne sont pas agressifs, mais il ne faut pas les déranger.

Alors que les enfants se dirigent vers une prairie presque toute jaune de jonquilles où coule un torrent particulièrement agité, les branches s'agitent vivement derrière eux. Ils poussent le même cri :

– Un ours !

Ils se retournent et s'immobilisent, ce qui est le meilleur moyen pour éviter des réactions imprévisibles de l'animal. Mais ce n'est pas un museau qui sort des feuillages, c'est quelque chose de brillant qui renvoie un éclair dans le soleil : un canon de fusil. Derrière, il y a un homme, et pas n'importe lequel : il a de longs cheveux blonds qui lui descendent jusqu'aux épaules, et une barbe immense, de la même couleur avec quelques reflets roux. Ils l'ont parfaitement reconnu. Ils ne l'ont jamais vu, mais il y a longtemps qu'ils ont entendu parler de lui. Cette fois, ils ne crient plus. Peggy chuchote à ses frères :

– L'Ours à deux pattes !

C'est ainsi qu'on appelle ce vagabond errant dans la montagne. Personne ne sait depuis combien de temps il est là ni où il habite, sans doute dans une des innombrables grottes qu'il dispute aux ours, les vrais, à quatre pattes. Il vit de chasse et de pêche. Il n'est pas méchant, du moins à ce qu'on prétend. Cela n'empêche que les enfants Bedford ne sont pas rassurés du tout... L'Ours à deux pattes faits plusieurs pas dans leur direction et leur parle d'une drôle de voix. Il ne doit pas être de la région.

– Toi, la fille, viens ici !

L'aîné des garçons tente d'intervenir.

– Qu'est-ce que vous lui voulez ? Elle n'a rien fait.

L'homme pointe son fusil vers lui.

– Ne bouge pas ! Restez tranquilles, les enfants, et tout ira bien. Toi, la fille, viens avec moi...

Terrorisée, Peggy Bedford s'avance comme un automate. Lorsqu'elle arrive à sa portée, il lui saisit l'avant-bras d'une poigne de fer, lui arrachant un petit cri, avant de disparaître dans la végétation... Les trois frères mettent un moment à revenir de leur effroi, puis, honteux de n'avoir rien pu faire, ils rentrent chez eux en courant. Là, l'aîné hurle à son père :

– Papa, l'Ours à deux pattes a enlevé Peggy !

Tandis que Mary Bedford, qui a entendu la nouvelle, se met à hurler, Greg questionne son fils, en allant chercher son fusil.

– Où ça s'est passé ?

– Dans la plaine, près du torrent.

– Il est armé ?

– Oui...

– Il lui a fait mal ?

– Je ne crois pas.

– Viens avec moi, tu vas me montrer...

Greg Bedford saute dans son camion, qui lui sert à la fois à emmener les enfants à l'école et à transporter son bois, et file à tombeau ouvert, en compagnie du garçon. Une fois arrivés sur les lieux, ils s'arrêtent, mais il n'y a rien, pas le moindre signe indiquant la direction qu'ont prise l'homme et la jeune fille. Il n'y a plus qu'à aller à Laramie, chez le shérif.

Horace Bellow, shérif de Laramie, est un homme bedonnant, approchant la cinquantaine, qui arbore l'étoile correspondant à sa fonction. C'est un brave homme, apprécié de ses concitoyens, même si jusque-là il ne s'est pas particulièrement distingué. Il faut dire qu'il y a peu de criminalité dans la région. Elle est habitée par des hommes rudes : des paysans, des éleveurs, des bûcherons, et le travail est si dur que chacun s'y consacre tout entier. C'est dire sa stupeur lorsqu'il apprend la nouvelle.

– L'Ours à deux pattes ? Ce n'est pas possible, il n'avait rien fait de mal jusqu'ici !

– C'est pourtant lui, mon fils l'a parfaitement reconnu.

Le garçon confirme et ajoute :

– Il avait un accent. Il doit être étranger...

Greg Bedford questionne le représentant de l'autorité d'une voix impatiente :

– Alors, qu'est-ce que vous allez faire ?

– Pour l'enquête, rien. Le kidnapping est un crime fédéral : il faut que je prévienne le FBI. Mais en attendant que les flics de Washington arrivent, on va tous s'y mettre et on va l'avoir, l'Ours à deux pattes, je vous le garantis !

Le shérif Horace Bellow alerte la capitale. Il raconte les faits et donne tous les détails qu'il possède sur le vagabond et sa victime. Après, il contacte le maire de Laramie et les principales personnalités du pays. L'émotion est immense. Tous cessent de travailler, prennent leurs équipements de chasse et leur voiture. En quelques heures, c'est une véritable armée qui est mise sur pied. Plusieurs centaines d'hommes se rendent sur les lieux de l'enlèvement et se mettent à explorer les environs.

La nuit, ils couchent sur place, dans les tentes qu'ils ont emportées, et ils reprennent les recherches au petit matin. D'autres viennent les rejoindre. Bientôt une bonne partie des hommes valides participe à la battue. Ils sont particulièrement nerveux et tirent sur tout ce qui bouge. C'est un miracle s'il n'y a pas parmi eux de mort ni de blessé.

Mais pour ce qui est des résultats, c'est l'échec complet. Des dizaines et des dizaines de grottes, de ravins, de cachettes en tout genre sont inspectés sans résultat. L'Ours à deux pattes et sa proie semblent s'être volatilisés dans ces montagnes sauvages.

C'est dans ces conditions qu'arrive le policier du FBI, un peu plus de vingt-quatre heures après l'enlèvement. Horace Bellow est prévenu sur le terrain et revient à Laramie pour l'accueillir. Gary Merson, un grand échalas à moustache, aux allures un peu britanniques, serre la main du shérif avec distinction. Ce dernier ne peut s'empêcher de manifester sa surprise.

– Vous êtes seul ?

– Ce n'est pas le nombre qui compte. Des hommes, vous en avez pas mal en ce moment dans la montagne, à ce que j'ai entendu.

– Pas loin d'un millier...

– Et vous avez trouvé un indice ?

– Malheureusement pas.

– Vous voyez... Moi, je suis ici pour trouver des indices, mais d'une autre manière. D'après la description que vous m'avez faite, l'homme n'est pas fiché chez nous. Mais comme le frère de la victime a parlé d'un accent, il l'est peut-être à l'étranger. Seulement, ce sera long à vérifier... On est sûr qu'il n'avait pas de complice ?

– Certain.

– Il n'a pas demandé de rançon ?

– Non et, si vous voulez mon avis, cela n'arrivera pas. Les parents sont pauvres, et lui, qu'est-ce qu'il ferait avec de l'argent ? Il vit de rien.

– C'est aussi ce que je pense. Il n'y a pas d'autre témoignage sur lui ? Personne ne l'a vu de près, cet Ours à deux pattes ?

– Il y a bien Vivian Carroll. Il est entré chez elle une fois.

– Vous l'avez interrogée ?

– Pour quoi faire ? C'était il y a longtemps.

– Et qu'est-ce qui s'est passé à ce moment-là ? Il l'a volée, il l'a violée ?

– Sûrement pas, sans quoi elle aurait porté plainte. On sait simplement qu'il est entré chez elle...

Peu de temps après, Vivian Carroll se trouve dans le bureau du shérif. Institutrice à Laramie, c'est une jolie blonde de vingt-cinq ans à l'aspect appétissant. Elle répond sans hésitation aux questions de Gary Merson.

– C'était en 1953, il y a quatre ans. J'habitais chez mes parents. Ils ont une maison très isolée au milieu des bois. C'était une nuit, au mois d'août. J'étais seule, ils étaient partis à Laramie, rendre visite à ma tante malade. Il faisait très chaud. J'ai entendu du bruit dehors et je suis sortie. C'est à ce moment qu'il y a eu un coup de feu...

– Il a tiré sur vous et vous n'avez pas porté plainte ?

– Je vais vous expliquer... J'ai senti une brûlure à la main gauche et j'ai vu que je saignais. Il m'a menacée avec son fusil et il m'a fait rentrer dans la maison.

– Comment était-il ?

– Ni grand ni petit, une quarantaine d'années. Il avait des cheveux longs, blonds tirant sur le roux, il était barbu mais sa barbe était correctement taillée. Il n'avait pas vraiment l'air d'un ours. Il me fixait de ses yeux gris très clairs et j'ai eu vraiment peur.

– Il était habillé comment ?

– Un vieux jean et un t-shirt avec une inscription bizarre : « Ville Marie ».

Vivian Carroll épelle à l'homme du FBI ces deux mots français, très inhabituels, et poursuit son récit :

– Quand il a vu que ma main saignait, il a pris une serviette sur la table et en a fait un pansement. Après, il m'a entraînée dans la chambre et il a voulu me violer.

– Comment cela, voulu ?

– Eh bien... il n'a pas pu. Il m'a forcée à me déshabiller, il a enlevé tous ses vêtements, mais il est resté impuissant. Au début, j'étais terrorisée, mais après, il me faisait presque pitié. Il s'est mis à pleurer... Il s'est rhabillé, il a repris son fusil et il est parti... C'est pour cela que je n'ai pas voulu porter plainte. J'ai simplement dit que l'Ours à deux pattes était venu chez moi et je n'en ai plus parlé à personne.

Gary Merson remercie la jeune femme, qui vient de lui donner le premier indice de son enquête. Il s'agit, bien entendu, des deux mots « Ville Marie ». D'après son accent, l'homme est un étranger. Serait-il français ? C'est possible, mais il est quand même bien improbable qu'il ait traversé la moitié du monde pour se fixer dans ce coin perdu des Rocheuses... L'agent du FBI a une autre idée : il pense à un Canadien. Or, il a un excellent ami dans la police fédérale canadienne : Arthur Laforest. Ils ont résolu ensemble plusieurs affaires touchant les deux pays.

Il l'appelle dans son bureau d'Ottawa. Laforest n'a pas une seconde d'hésitation :

– Ville Marie ? Bien sûr que je connais ! C'est le nom d'un grand magasin de Montréal. Il y a des chances que ton client soit de là-bas.

– Tu peux faire des recherches en urgence ?

– Bien sûr, je te rappelle...

Il ne faut pas plus de quelques heures à Arthur Laforest pour mener à bien ses investigations. À la fin de la même journée, le téléphone sonne dans le bureau du shérif de Laramie.

– Je l'ai trouvé ! Il n'est pas canadien mais hollandais. Il s'appelle William Stratum, né à La Haye en 1912. Il a eu un permis de séjour chez nous il y a dix ans. Il a été arrêté plusieurs fois et il a fait plusieurs séjours en asile psychiatrique. Il est fiché comme « faible d'esprit à tendance criminelle ». Malheureusement, durant son dernier internement, il s'est évadé et il a disparu.

Gary Merson remercie chaleureusement son collègue canadien. Grâce à lui, il connaît désormais l'identité de l'Ours à deux pattes. A priori cela ne semble pas d'un grand secours pour mettre la main sur lui, mais on ne sait jamais. Par expérience, le policier pense être plus près du but que le millier d'hommes qui explorent en ce moment les Rocheuses.

Espérant que ce nom soit le fil conducteur, le sésame de son enquête, il contacte les shérifs de toutes les localités avoisinantes : est-ce qu'ils n'auraient pas eu connaissance d'un Hollandais du nom de William Stratum ? Et, miracle, il y a une réponse positive ! Le shérif de Rock Junction, une localité distante d'une trentaine de miles, sur l'autre versant de la montagne, confirme :

– Je ne me souviens pas de son nom, mais c'était un Hollandais, j'en suis sûr. Il s'est installé dans une cabane de berger. On lui a, un jour, demandé ses papiers, et comme il ne faisait rien de mal, on l'a laissé tranquille.

– Et vous ne l'avez jamais vu depuis ?

– Jamais. Pour moi, il est parti.

Gary Merson réfléchit... Se serait-il trompé ? Non. Il s'entête à penser que William Stratum est bien le kidnappeur. Il habite la cabane de Rock Junction, et si les gens de là-bas ne l'ont pas vu, c'est que pour une raison surprenante il va toujours sur l'autre versant de la montagne, du côté de Laramie. C'est là qu'est le terrain de chasse de l'Ours à deux pattes. Sans doute s'y rend-il pour de longues périodes avant de rentrer dans sa tanière.

Et sa tanière, c'est là qu'il doit se trouver en ce moment avec Peggy. Il faut s'y rendre immédiatement. Gary Merson, qui n'a pas quitté son téléphone, questionne le shérif de Rock Junction :

– De combien d'hommes disposez-vous ?

– Deux. On n'est pas nombreux ici.

– Cela devrait aller quand même. J'arrive...

Quelques heures plus tard, Gary débarque à Rock Junction de l'autre côté des Rocheuses, avec le shérif de Laramie et les quatre hommes dont il dispose. Il n'a pas voulu s'encombrer de tous les policiers amateurs qui battent la région. Greg Bedford voulait à tout prix les accompagner, mais il s'y est opposé, lui demandant de lui faire confiance : contrairement aux apparences, le ravisseur n'est sans doute pas violent et il y a de bonnes chances que sa fille soit saine et sauve...

À Rock Junction, les deux équipes de policiers se rejoignent. Ils sont dix en tout : les deux shérifs, leurs six hommes, l'agent du FBI et un médecin dont la présence ne sera peut-être pas inutile. À l'aide de deux voitures tout-terrain, ils parviennent à quelques centaines de mètres de leur objectif, puis la progression se fait à pied. La cabane ne tarde pas à être en vue. Gary Merson continue seul et demande aux autres de le suivre à distance.

Il avance prudemment. L'habitation ressemble plus à une hutte qu'à une cabane. Elle est faite de branchages et de pierres posés un peu n'importe comment. Apparemment, il n'y a personne. Il en fait le tour avec précaution, le revolver pointé. Soudain, il s'immobilise. Une jeune fille est là, devant lui, à quelques mètres. Elle est attachée à un arbre par un collier et une chaîne, exactement comme une chèvre à un piquet ! Elle est debout, très pâle, elle a les traits tirés, mais elle semble en bonne santé. Sa robe est couverte de poussière et toute déchirée.

– C'est vous, Peggy ?

Avant qu'elle ait le temps de répondre, Gary Merson sent un contact dur dans son dos. Profitant de son inattention, le ravisseur a surgi et lui enfonce le canon de son fusil entre les côtes.

– Jette ton arme !

– Écoutez, Stratum, ne faites pas de bêtise. Je vois que vous n'avez pas fait de mal à la petite. Si vous vous rendez, cela peut s'arranger.

– Jette ton arme, je te dis !

Gary Merson s'exécute, il a reçu l'entraînement approprié à ce genre de situation. Au même moment, il se retourne brusquement et détourne le canon avec le coude. Son adversaire tire dans le vide. D'autres coups de feu claquent et le vagabond s'écroule comme une masse. Il a reçu plusieurs balles, dont deux dans la tête. Il n'y a plus rien à faire pour lui. Le médecin, qui vient d'arriver, le confirme...

Gary court délivrer Peggy Bedford, qui s'est mise à pleurer et tremble de tous ses membres.

– Pourquoi avez-vous fait cela ? Il n'était pas méchant.

– On ne pouvait pas l'éviter. Vous étiez en danger.

– Mais non, il ne m'a pas fait de mal...

– Comment êtes-vous arrivée jusqu'ici ? Il a fallu faire de l'escalade.

– J'ai l'habitude. Par moments, il m'aidait.

– Et vous étiez enchaînée ?

– Non. C'était seulement en arrivant ici.

Le policier du FBI prend dans ses bras la jeune fille, toujours agitée de sanglots convulsifs.

– Pourquoi vous a-t-il enlevée ? Il vous l'a dit ?

– Oui, pour parler.

– C'est tout ?

– C'est tout. Il m'a expliqué qu'il était malheureux d'être seul. Il avait besoin de la présence de quelqu'un.

– Il n'a pas essayé quelque chose ? Il n'a pas eu de geste déplacé ?

– Non, pas une fois, je vous jure...

Garry Merson laisse le médecin prendre en charge Peggy et se dirige vers le cadavre, que les agents installent sur une civière. Il contemple le corps puissant de William Stratum, ses longs cheveux blonds et sa barbe tirant sur le roux.

Peggy a raison, il n'était pas méchant. Il ne l'a pas été avec elle, ni avec Vivian, l'institutrice. Comme les ours ! Eux non plus ne sont pas méchants. Ils veulent seulement vivre à leur manière, mais cela ne les empêche pas d'être dangereux et de se faire tuer quand ils s'approchent trop près des hommes...

Le racket

Une petite usine de confection féminine vient de s'installer dans la banlieue de New York. Ce jour-là, au début de l'année 1956, le patron, M. Smith, reçoit la visite de deux messieurs. D'âge moyen, correctement habillés, tous deux portent une petite serviette à la main. Les deux hommes enlèvent poliment leur chapeau :

– Vous vous attendiez sans doute à notre visite, monsieur Smith...

Le patron fait signe que non. Ses visiteurs ont l'air franchement surpris.

– Mais voyons, nous représentons l'Association pour la protection du travail.

Comme M. Smith n'a jamais entendu parler de cette association, il leur demande des explications, et ses interlocuteurs s'empressent de le mettre au courant.

– Voilà, c'est extrêmement simple. Notre association vous garantit contre tout ce qui pourrait arriver de fâcheux à votre entreprise : les difficultés d'approvisionnement, les grèves, les avaries ou la destruction de vos machines. En échange, nous prélèverons 5 dollars sur chaque article qui sort de vos ateliers.

M. Smith manque de s'étrangler.

– 5 dollars, mais vous êtes complètement fous ! D'ailleurs, mes ouvriers n'ont aucune envie de se mettre en grève et je ne vois pas ce qui pourrait arriver à mes machines.

Ils n'insistent pas, se lèvent et déclarent simplement en s'en allant :

– Vous avez tort, monsieur Smith, vous avez tort...

Le lendemain, M. Smith constate avec surprise que sa commande de tissu n'est pas arrivée. Il décroche son téléphone pour appeler le transporteur.

– Alors, que se passe-t-il ? Vous deviez me livrer ce matin.

Son interlocuteur ne s'embarrasse pas d'excuses.

– J'ai eu une autre commande plus urgente, c'est tout.

M. Smith est furieux.

– Si c'est comme ça, je vous retire ma clientèle !

Pour toute réponse, il y a un petit rire.

– D'accord. Bonne chance...

M. Smith contacte alors dix, quinze, vingt transporteurs. Partout, c'est la même réponse :

– Impossible pour le moment. Nous sommes complets. Dans trois mois, peut-être...

Le lendemain, une surprise plus grande encore l'attend. Quand il arrive à son usine, il ne voit pas un seul ouvrier. Ils sont tous en grève. Les responsables vont certainement venir lui exposer leurs revendications. Mais personne ne vient. Ils sont en grève, un point c'est tout.

Et, la nuit même, il est tiré de son sommeil par un coup de téléphone de la police.

– Venez vite, votre usine est en train de brûler !

Le lendemain matin, après une nuit d'efforts des pompiers, plusieurs de ses machines sont détruites. Alors seulement, M. Smith comprend. Il comprend l'incroyable puissance de cette association dont il ignorait l'existence et que, s'il s'entête, il risque plus grave encore. Il compose le numéro que lui ont laissé ses deux visiteurs. Au bout du fil, il reconnaît la voix de l'un d'eux.

– Monsieur Smith, quelle bonne surprise !

Le malheureux parle d'une voix éteinte :

– D'accord. 5 dollars par article...

– C'est bien. Vous allez voir que tout va marcher comme

sur des roulettes à présent. J'en suis ravi, monsieur Smith. Vous êtes trop jeune pour vous retrouver au fond de l'Hudson.

L'Association pour la protection du travail vient d'ajouter une nouvelle victime à son racket. Tous les fabricants de confection féminine de New York sont sous sa coupe. Et cela dure depuis des dizaines d'années, depuis avant la guerre. Tout le monde, dans la profession, est au courant et personne n'ose en parler. Les rares récalcitrants ont été rapidement éliminés. Oui, il faudrait être complètement fou pour s'attaquer à l'organisation.

Pourtant, le fou existe, et il a décidé qu'entre le gang de la confection féminine et lui, la guerre à mort était ouverte. Abraham Telvy a vingt-huit ans. Il est journaliste, depuis quelques années déjà, au *Daily Mirror*, le plus grand quotidien américain. Physiquement, il ne paie guère de mine. Il a l'air d'un intellectuel un peu perdu dans la vie. Il est petit, plutôt frêle. Il n'est pas très beau non plus, avec un front disproportionné, démesurément grand, et les cheveux crépus, très bruns, qui surmontent son visage.

Mais sous son allure ingrate, il cache un caractère peu banal. Entré au journal pour trier les dépêches, il a gravi rapidement tous les échelons et il est devenu un des rédacteurs les plus en vue. Aussi, en ce jour de janvier 1956, il est décidé. Il entre dans le bureau de son patron pour lui demander une faveur : faire une série d'articles dénonçant le gang de la confection féminine.

Le directeur ouvre de grands yeux.

– Mais vous êtes fou ! C'est du suicide. Jamais personne n'a osé parler de ça. Même la police n'ose pas mettre son nez là-dedans !

– Moi, je le ferai. Et personne ne m'empêchera d'aller jusqu'au bout...

Le directeur du journal essaye pendant un moment de le dissuader, et puis il pousse un soupir.

– À votre aise, mon garçon. J'imagine que vous avez vos raisons...

Oui, Abraham Telvy a ses raisons, dont il n'a jamais parlé à personne. Seize ans plus tôt, en 1940, il n'était qu'un gamin quand il a perdu son père, qui travaillait comme ouvrier dans un atelier de confection féminine. Il le revoit encore : physiquement, il était plutôt dans son genre, mais on sentait tout de suite que c'était un têtu, un coriace. Souvent, le soir à table, il l'entendait tenir des propos qu'il ne comprenait pas très bien :

– Tout le monde est à plat ventre devant ces gangsters. Mais moi, je vais fonder un syndicat, un vrai ! Il suffit qu'il y ait quelqu'un de décidé et tous les autres suivront.

Et son père a disparu. On a retrouvé son corps deux mois plus tard dans l'Hudson...

Le jeune Abraham Telvy en a été bouleversé. Et c'est dans ce seul but qu'il a entrepris des études de journalisme, c'est avec cette seule idée qu'il est entré au *Daily Mirror* et qu'il a classé des dépêches pendant des années : dénoncer le gang qui a tué son père.

Il a déjà enquêté discrètement avec quelques amis, et a réuni une documentation considérable, des preuves accablantes. Mais maintenant que son directeur lui donne le feu vert, il peut enfin se lancer dans la bataille, une bataille sans merci.

Quelques jours plus tard, le premier article d'Abraham Telvy paraît. Il fait sensation : c'est la première fois que quelqu'un dit tout haut ce que beaucoup de gens préfèrent oublier ; qu'un journaliste décrit dans les moindres détails la structure et le fonctionnement d'un grand syndicat de gangsters. Abraham Telvy donne même le nom de son chef, un mafioso notoire, Joe Gondolfo, et son adresse, une luxueuse villa des environs de New York.

Dans l'article suivant, Abraham Telvy donne plus de précisions encore : les millions de dollars que Joe Gondolfo gagne avec son racket, la date des principaux crimes qu'il a ordonnés. Et il conclut à chaque fois : « Que fait la police ? Qu'attend-elle pour agir ? »

Du coup, il devient un des journalistes les plus célèbres

d'Amérique. Grâce à lui, le tirage du *Daily Mirror* fait un bond ; ses papiers sont reproduits dans toute la presse, on lui demande de venir parler à la radio et à la télévision. Totalement insensible à cette gloire soudaine, Abraham Telvy continue son action. Il sait qu'il n'aura pas de repos tant qu'il n'aura pas réussi...

5 avril 1956, 2 heures du matin. Entouré de quelques amis, Abraham Telvy est en train de dîner au Lindy's, à Broadway. C'est le restaurant littéraire à la mode où se réunissent, tard dans la nuit, les journalistes, les acteurs, les écrivains, les artistes. À sa table, Telvy parle avec impétuosité.

– Bientôt, je vais frapper le grand coup ! Je révélerai les complicités dont Gondolfo dispose chez les hommes politiques et dans la police.

Ses compagnons le regardent d'un air à la fois admiratif et inquiet. Ils savent qu'il est inutile de l'inciter à la prudence... Aucun d'eux ne remarque l'homme attablé, seul, quelques mètres plus loin. Pourtant, ce n'est guère le type de client de l'établissement. Il rumine son chewing-gum entre ses mâchoires épaisses et, dans le journal sportif qu'il a étalé devant lui, il lit avec application le compte rendu d'un match de base-ball...

3 heures du matin. Abraham Telvy et ses amis ont fini de dîner. Ils se lèvent de table, suivis par l'homme au chewing-gum, qui porte un gros paquet sous le bras. Abraham se sépare de ses collègues devant le restaurant et part seul, en sifflotant.

Il aime se promener la nuit dans les rues de New York. La ville, si infernale dans la journée, est déserte, aussi tranquille qu'un parc... Il repense à la déclaration télévisée qu'il a enregistrée quelques heures plus tôt. Il est certain d'avoir été particulièrement convaincant, chaleureux. Il approche du but. Bientôt son père sera vengé. Dans son dos, une voix l'interpelle :

– Monsieur Telvy ! Monsieur Telvy !

Il se retourne. Deux mètres derrière lui, il y a un individu d'une quarantaine d'années, plutôt corpulent. L'homme fait un geste brusque de la main droite, comme s'il lançait un ballon. Abraham sent immédiatement un liquide froid lui couler sur le visage. Pendant une fraction de seconde il pense à une mauvaise plaisanterie : on vient de lui jeter un seau d'eau à la figure. Et l'instant d'après, c'est l'horreur ! Une douleur atroce lui déchire, lui dévore le visage. Il comprend et se met à hurler :

– Du vitriol ! Au secours !

Des consommateurs du Lindy's se précipitent. On l'asperge d'eau, il est emmené de toute urgence à l'hôpital... Mais c'est trop tard. Sa figure n'est qu'une horrible plaie et, à la place des yeux, il n'y a plus que deux trous sanglants.

Le lendemain, en apprenant la nouvelle, toute l'Amérique est traumatisée. Abraham Telvy, le journaliste courageux qui, pour la première fois, voulait aller jusqu'au bout de ses révélations, est aveugle et défiguré. Les gens prennent conscience de la terrible puissance des gangs organisés, qui peuvent frapper qui ils veulent quand ils veulent. Et ils savent que, si on ne fait rien, ce crime restera impuni comme les autres.

Mais cette fois, l'opinion réagit. Tous les journaux exigent la vérité. Sur son lit d'hôpital, Abraham Telvy reçoit des milliers de lettres de sympathie, des dizaines de personnes s'offrent pour lui donner un œil. Hélas, la greffe est impossible. Pourtant, au fond de son lit, il trouve la force de sourire. Il sent que son action va enfin réussir.

Avril 1956. À la suite de l'agression, le FBI, pressé par l'opinion publique, se décide enfin à ouvrir le dossier Joe Gondolfo, qui dirige depuis des années le racket des fabricants de mode féminine.

Ça ne sera pas facile. Joe Gondolfo est un citoyen respectable. Il habite dans une luxueuse villa de la banlieue de New York. Il va à la messe tous les dimanches et dépense des fortunes pour les organisations charitables. Il possède lui-même plusieurs usines de confection, dont il prétend tirer ses revenus.

Pour agir contre lui, il faudrait un commencement de preuve. Or, c'est ce qui semble le plus difficile à obtenir. Les enquêteurs vont voir un à un tous les patrons de la confection féminine new-yorkaise, M. Smith et les autres. Et, chaque fois, c'est le même scénario : des visages fermés, des regards fuyants.

– Joe Gondolfo ? Oui, bien sûr, je le connais, comme tout

le monde. La presse ne parle que de lui en ce moment. Mais je n'ai jamais eu personnellement affaire à lui... Non, n'insistez pas, inspecteur. Toute cette publicité faite autour de notre profession est plus nuisible qu'autre chose. Moi, je ne demande qu'à travailler en paix...

Que faire dans ces conditions ? L'enquête, menée dès le départ sans conviction par le FBI, se heurte au mur du silence. Puisqu'il semble impossible de prendre Gondolfo avec ses activités aux États-Unis, les policiers se penchent sur son passé en Italie d'où il a émigré à la fin des années 30.

Par l'intermédiaire d'Interpol, les Américains se renseignent auprès de leurs collègues italiens. En Sicile, province dont il est originaire, Joe Gondolfo a été mêlé à l'époque à un certain nombre de crimes. Il est certain qu'il appartenait déjà à la Mafia, mais toutes ces affaires se sont terminées par un non-lieu. Il n'y a rien à espérer de ce côté-là non plus...

C'est alors qu'un témoignage capital relance l'enquête : après avoir longtemps hésité, un homme, qui tient à conserver l'anonymat, déclare aux policiers :

– Le 5 avril, j'ai tout vu. J'étais sur le trottoir d'en face. Je n'ai pas bien distingué les traits de l'agresseur, mais je l'ai vu lancer le vitriol. Le journaliste est resté une seconde sans bouger, surpris, puis il s'est mis à hurler. L'homme l'a regardé et s'est enfui en portant la main à sa joue droite.

« En portant la main à sa joue droite... » Les policiers comprennent immédiatement ce que cela signifie : en lançant l'acide, l'agresseur en a lui-même reçu quelques gouttes. Et cette marque sur son visage est ineffaçable. Avec un tel signe distinctif, il est beaucoup plus facile à retrouver.

Des vérifications d'identité à grande échelle sont organisées dans les endroits fréquentés par les truands. Enfin l'enquête avance sur un terrain solide ! Malheureusement, une indiscrétion a lieu dans la police. La nouvelle est immédiatement diffusée dans la presse. Joe Gondolfo est désormais, lui aussi, au courant et a dû lancer ses tueurs à la poursuite de l'homme, pour l'empêcher de parler...

Le 28 avril 1956, les policiers découvrent un cadavre dans

une chambre d'hôtel minable de Brooklyn. L'homme a été tué d'une seule balle entre les deux yeux. Du travail de professionnel. Sur sa joue droite, il y a quatre petits trous incontestablement produits par de l'acide. Le maillon qui aurait permis de remonter jusqu'à Joe Gondolfo vient de disparaître.

Quelques mois passent. L'enquête piétine. Tout le monde est certain que le racket de la confection féminine continue comme avant, et on finit par se dire que rien n'est possible contre un syndicat de gangsters. Seul Abraham Telvy, qui a quitté l'hôpital aveugle et défiguré à vie, poursuit sa croisade en dictant ses articles. Leur ton est de plus en plus violent, de plus en plus amer.

C'est alors que les policiers, qui surveillent Joe Gondolfo, apprennent qu'il vient d'acquérir un stock important de viande de porc. D'abord perplexes, ils ne tardent pas à avoir l'explication.

D'autres informateurs révèlent au FBI que la plupart des charcutiers de New York viennent de passer des commandes considérables de viande de porc à Joe Gondolfo. Des quantités insensées, sans rapport avec leurs ventes, qui ne peuvent que pourrir dans leur arrière-boutique. On enquête auprès des charcutiers comme on l'a fait auprès des fabricants de vêtements féminins. Mais là encore, on se heurte au même silence terrorisé.

– Eh bien oui, j'ai acheté de la viande à Joe Gondolfo. Qu'est-ce qu'il y a d'extraordinaire à cela ?

– Vous en avez acheté pour 10 000 dollars. Vous ne pourrez jamais la vendre. Elle va pourrir.

– Et alors ? Si j'ai envie que ma viande pourrisse ?

– Vous allez ruiner votre commerce.

– C'est mon droit. Ce n'est pas un délit, que je sache... Laissez-moi, je vous en prie, laissez-moi !

Cette fois, c'en est trop ! Le directeur de la police new-yorkaise décide d'interroger lui-même Joe Gondolfo. Il le reçoit dans son bureau. Celui-ci se présente à l'heure dite, décontracté, un œillet à la boutonnière de son costume de la meilleure coupe porté sur une chemise de soie. Malgré ses tempes grisonnantes, il fait moins que ses cinquante ans. Il est du genre sec et vif. Il s'exprime d'une manière volubile, avec un léger accent italien.

Joe Gondolfo s'installe confortablement sur le siège qu'on lui désigne et attaque l'entretien.

– Alors, pouvez-vous me dire ce qu'on me reproche ? De faire des affaires ? C'est ce que doit faire tout citoyen consciencieux.

– Vous avez vendu pour des centaines de milliers de dollars de viande à des commerçants qui n'en avaient pas besoin.

Gondolfo hausse les épaules.

– Et alors ? Je l'ai vendue légalement.

– Je sais que vous avez agi par la menace.

Cette fois, Joe Gondolfo s'anime :

– C'est faux ! Je n'ai jamais menacé personne. Je vous défie de trouver une seule personne qui vous dise le contraire.

Le chef de la police soupire. Il sent bien qu'il n'est pas le plus fort.

– N'empêche qu'ils vous ont cédé parce qu'ils avaient peur.

Joe Gondolfo éclate de rire.

– Bien sûr qu'ils avaient peur ! Je vais même vous dire exactement ce qui s'est passé. Je me suis contenté de leur envoyer ma proposition de viande avec ma carte de visite. Et ils m'ont tous passé commande. Pas étonnant, avec tout ce que la presse raconte sur moi en ce moment et avec l'enquête que vous menez. Si je fais si peur aux gens, c'est à cause de vous ! Maintenant, je peux vendre n'importe quoi à n'importe qui. Alors, qu'est-ce que vous voulez, j'en profite...

Et le directeur de la police new-yorkaise est bien obligé de le laisser partir. Lorsque l'opinion publique l'apprend, elle se révolte. C'est le comble ! Non seulement l'action entreprise depuis des mois contre Joe Gondolfo ne lui a causé aucun tort, mais elle le sert, en faisant sa publicité ! Il suffit désormais de prononcer son nom pour que les gens lui donnent ce qu'il veut !

Alors, les autorités américaines se fâchent vraiment. Elles décident de mettre en mouvement la seule administration qui soit plus puissante que les organisations de gangsters : les impôts...

Quand Joe Gondolfo voit débarquer chez lui deux inspecteurs du fisc, il fait la grimace. En narguant le directeur de la police, il a été trop loin. Il sait que cette fois, on ne le lâchera plus. Pendant des mois, les inspecteurs fiscaux épluchent sa comptabilité. Et, en novembre 1957, Joe Gondolfo est condamné pour fraude fiscale à trente ans de prison.

Celui qui était responsable de dizaines de meurtres s'est vu reprocher d'avoir exagéré le montant de ses donations aux bonnes œuvres déductibles de ses impôts... Mais qu'importe. Privé de son chef, le gang de la confection féminine a vécu et, au prix de son terrible sacrifice, le petit journaliste a tout de même fini par venger son père.

Orgosolo, la maudite

Ce dimanche 28 octobre 1962, vers 1 heure de l'après-midi, une Fiat 600 blanche s'arrête en bordure d'un champ planté d'oliviers centenaires. Deux personnes en descendent, dont l'allure détonne franchement dans ces montagnes sardes. L'homme et la femme sont roux, longilignes et dégingandés. Lui doit faire un mètre quatre-vingts, elle à peine moins. Ils se mettent à converser en anglais, mais rien qu'à leur allure on aurait pu deviner qu'il s'agissait de sujets de sa Majesté britannique. La femme s'exprime avec enthousiasme.

– Quel endroit merveilleux, Edmund ! C'est ici que nous devons vivre. Comment s'appelle-t-il ?

– Cela doit être indiqué là-bas. Allons voir.

Sur le panneau de signalisation est écrit en lettres majuscules « ORGOSOLO ». La femme fait remarquer :

– C'est curieux, tous ces trous. On dirait qu'on a tiré dessus avec une arme à feu.

Le mari acquiesce et conclut, avec un flegme tout britannique :

– Allons au village. Nous allons certainement en savoir plus.

Oui, ils vont en savoir plus, beaucoup plus !

Il y a déjà une semaine qu'Edmund et Vera Townley parcourent la Sardaigne à la recherche d'une maison à acheter. Avant, ils habitaient le Kenya, le pays des grands fauves et, en ce début des années 60, des peuplades encore sauvages. Ils ont cinquante ans l'un et l'autre, ils ont vendu l'exploitation de café qu'ils possédaient là-bas et ils ont voulu se rapprocher de leurs deux fils, qui vivent en Angleterre.

On leur a dit que la Sardaigne n'était pas précisément dans la banlieue des îles Britanniques mais, vu du Kenya, cela semblait tout proche. On leur a parlé aussi des bandits sardes, mais cela les a bien fait rire, eux qui avaient été plus d'une fois à la chasse au lion...

Edmund et Vera Townley entrent dans le village d'Orgosolo, qui est aussi charmant et pittoresque qu'ils l'imaginaient. Il est bâti tout en hauteur et offre, par moments, une vue magnifique sur la campagne environnante. Ils s'arrêtent de temps à autre pour prendre une photo. C'est la sortie de la messe. Ils adressent des saluts et des sourires à tout le monde, sans être rebutés par les mines rébarbatives qu'ils rencontrent.

Ils s'installent au café de la grand-place. Vera, qui possède des rudiments d'italien, essaye de faire parler le patron.

– Mon mari et moi, nous voudrions nous installer ici. Est-ce qu'il y a des maisons à vendre ?

– Je ne pense pas, non.

– Mais est-ce que quelqu'un pourrait nous montrer un peu le village ?

– Si vous voulez. Mon fils va vous conduire au cimetière.

Un grand échalas d'une vingtaine d'années se présente, vêtu d'un pantalon élimé et d'une peau de mouton sans manches. Les Townley le suivent. Le cimetière est charmant, avec ses tombes au milieu des cyprès. Mais sur certaines est écrit sur une pancarte en grosses lettres majuscules « MORT TRAGIQUEMENT ». Vera s'étonne.

– Qu'est-ce que cela signifie ?

– C'est la police qui oblige à mettre cela sur les tombes de ceux qui ont été assassinés par vendetta.

– Il y en a beaucoup !

Le jeune homme à la peau de mouton hoche la tête.

– Oui, il y en a beaucoup...

Nullement rebutés par cet accueil, Edmund et Vera Townley

continuent à parcourir les rues d'Orgosolo. Dans l'épicerie du village, Edmund s'extasie sur un magnifique couteau au manche de corne et à la lame bleue interminable. Le commerçant précise :

– C'est l'arme des duels d'honneur. Mais vous devriez prendre quelque chose de mieux pour vous défendre, *signor*.

Edmund Townley réplique en souriant :

– Aucune importance. C'est pour le pique-nique. Donnez-moi aussi du saucisson, du fromage de chèvre et du raisin blanc...

Trois heures plus tard, un paysan, qui passait avec son âne, découvre, près de la Fiat 600 blanche, à côté des magnifiques oliviers qui leur avaient tant plu, les corps d'Edmund et Vera Townley. Edmund a été tué de deux balles dans la nuque, Vera d'une balle dans le cou et d'une autre en plein cœur. Inutile de dire que l'enquête qui commence s'annonce difficile, voire impossible... Les carabiniers se heurtent à l'habituel mur du silence.

– Des coups de feu ? Bien sûr que j'ai entendu des coups de feu. C'est dimanche et c'est la période de la chasse.

– Non, je ne savais pas qu'ils étaient anglais. Non, je ne les ai pas vus à Orgosolo. Si ces touristes ont été tués, c'est sûrement un crime crapuleux...

Et pourtant, dans le portefeuille d'Edmund Townley, on trouve deux billets de 10 000 lires et il a dans sa poche un étui à cigarettes en argent. Vera, de son côté, porte deux bagues et un collier. Quant aux bagages, on n'y a pas touché. Ils sont toujours dans la voiture.

À la réflexion, on leur a sans doute volé quelque chose. Bien qu'aucun témoin ne l'ait mentionné, des touristes comme eux avaient sûrement un appareil photo ou une caméra, mais rien de tel n'a été retrouvé sur les lieux.

Pour les carabiniers, le scénario est clair. Les Townley, qui ont parcouru Orgosolo en interrogeant les habitants et en prenant des clichés, ont été pris pour des policiers ou des espions.

Ils ont été jugés suffisamment dangereux, en tout cas, pour que quelqu'un qui n'avait pas la conscience tranquille les élimine.

Malheureusement, cet indice ne peut guère faire progresser l'enquête. Des gens qui n'ont pas la conscience tranquille, il n'y a que cela à Orgosolo. En Sardaigne, pourtant réputée pour sa violence, on a coutume de dire : « Orgosolo, malédiction de Dieu. » Dans ce village, où prier consiste à demander la vengeance de ses ennemis, tous ont une arme à feu et le grand jeu consiste à faire un carton sur le panneau indicateur du village.

L'année précédente, l'Église a voulu mettre un terme à ces mœurs. Elle a envoyé un curé de choc, avec un hercule de l'Action catholique comme garde du corps. Le premier dimanche, le curé a prononcé un long sermon contre la violence et, le lundi matin, on a retrouvé sa voiture criblée de balles dans un ravin, avec l'hercule à l'intérieur. Depuis, le curé ne fait plus jamais de sermon. Il est aussi discret et effacé que possible. Il a peur, comme les autres.

Le lendemain du crime, les journalistes investissent Orgosolo. Ils ne viennent pas seulement d'Italie, mais du monde entier. C'est que l'affaire Dominici, qui a tant fait parler d'elle, est encore présente dans les esprits et elle a plus d'une ressemblance avec le crime d'Orgosolo : la nationalité des victimes, le cadre sauvage dans lequel il s'est déroulé. Et, malheureusement, on peut penser que, cette fois encore, le mystère qui l'entoure ne sera jamais levé.

Pourtant, les choses ne vont pas du tout se passer de la même manière. Car les habitants d'Orgosolo sont furieux d'être sous les feux de l'actualité, d'être traités par le monde entier d'arriérés et de barbares. Et la traditionnelle hospitalité sarde a été bafouée ! On ne tue pas un paisible couple d'étrangers qui avait l'intention de s'installer dans le pays. C'est contraire à l'honneur.

Le jour même, le conseil municipal vote une motion condamnant cet acte, qui bafoue les traditions ancestrales de la Sardaigne. Il décide que le couple Townley sera enterré aux frais de la commune, en attendant que les corps soient rapatriés en Angleterre. Les époux Townley rejoindront pour quelque temps le petit cimetière qu'ils avaient visité quelques heures avant leur mort. Eux aussi sont « morts tragiquement », même s'il n'y aura pas de pancarte officielle pour le signaler...

Chez presque tous les journalistes, la délibération du conseil municipal ne suscite aucun commentaire particulier. À quelques exceptions près : les Sardes, les Siciliens, les Calabrais et tous ceux qui appartiennent à un pays de vendetta. Ceux-là ont compris. Ils disent, tout excités, à leurs collègues :

– La mairie d'Orgosolo se désolidarise officiellement des criminels !

– Et alors ?

– Alors il ne va pas tarder à y avoir du nouveau.

– C'est-à-dire ?

– C'est-à-dire que la chasse à l'homme est ouverte. Mais ce n'est pas la police qui va la mener, c'est la population.

– Et cela change beaucoup de choses ?

– Tout.

Le 31 octobre au soir, une vieille femme, partie chercher du bois, découvre deux cadavres, sur une route non loin du village. Il s'agit de Salvatore Mattu, un bandit qui avait pris le maquis depuis plusieurs années, et Giovanni Messina, un délinquant de moindre envergure. Tous deux ont été tués par balles...

Tout semble donc terminé. Orgosolo a vengé l'affront fait à son honneur. Les meurtriers de Vera et Edmund Townley ont payé leur manquement au code de l'hospitalité. C'est du moins ce qu'on croit sur le moment, mais l'enquête apporte un éclairage différent. Si l'un des deux hommes, Salvatore Mattu, était bien l'assassin, son revolver étant l'arme du crime, l'autre, Giovanni Messina, n'y était pour rien et les deux hommes se sont entre-tués... On peut donc imaginer le scénario suivant : Messina, qui ravitaillait Mattu dans le maquis, savait qu'il était l'auteur du crime et il a décidé de l'abattre. Mais le bandit était sur ses gardes et a tiré lui aussi.

Du coup, cela change tout. La famille Mattu ne peut rester sans réagir. Deux jours plus tard, dans le café de la place où les

Townley s'étaient renseignés sur l'achat d'une maison, Ercole Mattu, neveu de la victime, abat d'une rafale de mitraillette Amintore Messina, neveu de son agresseur, avant de prendre la fuite. Lui aussi a gagné le maquis et on n'est pas près de le revoir...

Les journalistes, eux, sont déjà partis. L'affaire est close. La routine de la vendetta continue. Dans le cimetière d'Orgosolo la maudite, les pancartes « MORT TRAGIQUEMENT » n'ont pas fini de fleurir.

Ce sont les juifs !

Notre histoire commence en 1882, à Tisza-Ezlar, un petit bourg agricole situé dans la partie orientale de l'Autriche-Hongrie. On y cultive le blé. Les paysans sont des gens courageux, travailleurs, honnêtes, en un mot des gens ordinaires. Mais dans cette plaine de Hongrie qui a servi de passage à toutes les invasions, le peuplement est très mélangé. À Tisza-Ezlar, deux communautés religieuses cohabitent : les catholiques et les juifs, et ces derniers sont depuis longtemps les souffre-douleur des premiers.

Samedi 1er avril 1882. Pâques aura lieu dans une semaine et un jour, et c'est la seule fête religieuse célébrée par les deux communautés, dans un esprit qui devrait être d'union et de tolérance. De fait, une bonne humeur générale semble régner. Esther Solymossy a quatorze ans, elle est joyeuse. Elle est catholique, et demain ce sont les Rameaux. Elle a déjà mis sa nouvelle robe bleue qu'elle portera pour l'occasion et, bien sûr, pour le jour de Pâques. Elle va acheter un pot de peinture chez le droguiste du village pour sa patronne, chez qui elle est placée comme bonne à tout faire.

Sur le chemin du retour, elle croise sa sœur Sophie et bavarde un peu avec elle. Mais le soir, Esther n'est toujours pas rentrée. Sa patronne, puis sa mère, la veuve Solymossy, l'attendent en vain. La mère, très inquiète, parcourt le village. C'est la nuit. Elle frappe aux portes :

– Avez-vous vu Esther ?

Non, personne ne l'a vue. Sur les marches de la synagogue, le rabbin Joseph Scharf et sa femme prennent l'air. Mme Solymossy leur pose la même question :

– Avez-vous vu Esther ?

Non, mais le rabbin essaye de rassurer la mère.

– Elle est peut-être allée s'amuser avec des camarades...

Et il ajoute :

– L'année dernière, rappelez-vous, madame Solymossy, la petite Christina Horvath, qui avait l'âge de votre fille, a disparu pendant un mois et on nous avait accusés, nous les juifs, de l'avoir enlevée. Elle est revenue. Christina avait fait une fugue à Budapest. Esther va revenir...

Mais Mme Solymossy ne peut pas attendre aussi longtemps et, dès le lendemain, elle va trouver l'officier de police Bary, responsable du district.

Il y a beaucoup à dire sur ce Bary. C'est une brute qui s'est toujours distinguée par ses méthodes cruelles et, surtout, par son farouche antisémitisme. En fait, Bary est une créature du député local Onody, qui l'a nommé à Tisza-Ezlar.

Onody, lui aussi, est une personnalité dans son genre. Il ne passe pas inaperçu à la Chambre. Député d'extrême droite, orateur violent et passionné, il ne manque pas une occasion d'accuser, chaque fois qu'il le peut, ses ennemis jurés, en lançant de sa voix de stentor :

– Ce sont les juifs !

Difficultés économiques ? Ce sont les juifs ! Troubles politiques ? Ce sont les juifs ! Un crime inexpliqué ? Ce sont les juifs ! Et maintenant qu'une fillette disparaît dans sa propre circonscription, Onody ne manque pas l'occasion. Il arrive en hâte à Tisza-Ezlar, pour s'occuper lui-même de l'affaire. Il fait immédiatement part de sa conviction à Bary :

– Ce sont les juifs qui ont fait le coup et cette fois vous devez les coincer ! Pour moi, c'est un crime rituel. Ils l'ont égorgée dans la synagogue. Si vous voulez de l'avancement, vous savez ce qui vous reste à faire !

Bary le sait. Il va trouver Mme Solymossy.

– Madame, nous avons des raisons de penser que les juifs

sont responsables de la disparition de votre fille. Avez-vous des informations qui iraient dans ce sens ?

La brave femme ne s'attendait pas à cela. Elle réfléchit un moment et finit par déclarer :

– J'ai bien rencontré le rabbin et sa femme devant la synagogue, le jour de la disparition d'Esther...

– Ah ! Et que vous ont-ils dit ?

– Qu'il ne fallait pas que je m'inquiète, qu'on allait retrouver Esther, comme on avait retrouvé Christina Horvath, alors qu'on avait accusé les juifs de l'avoir enlevée.

– Et pourquoi le rabbin vous a-t-il dit ça, s'il a la conscience tranquille ?

Mme Solymossy est une femme simple, une brave paysanne catholique. Les juifs, pour elle, sont des inconnus, qui lui font un peu peur. Bien sûr le rabbin est un homme aimable et gentil, mais cela cache sans doute quelque chose. Esther aux mains des juifs, c'est affreux ! Dès ce moment, elle a presque perdu l'espoir de revoir sa fille. À ceux qui viennent la réconforter, elle rétorque, en hochant la tête :

– Je ne reverrai plus ma petite Esther, ce sont les juifs qui me l'ont prise...

Bary ne s'arrête pas en si bon chemin. Il demande à ses inspecteurs de lui amener le petit Samuel Scharf, le fils cadet du rabbin, qui a cinq ans :

– Allons, mon petit Samuel, dis-nous ce que tu as vu. Tu sais, la semaine avant Pâques, le soir, à la synagogue. Tu n'as pas vu une dame que tu ne connaissais pas, avec ton papa et ses amis ?

– Je ne sais pas, monsieur...

– Il n'y a rien de grave dans tout cela, rassure-toi. Dis-moi seulement que tu as vu la dame et tu auras des bonbons.

– Oui, j'ai vu la dame...

Les larmes de la veuve Solymossy et la déclaration de Samuel, soigneusement ébruitée par Bary, jettent le trouble à Tisza-

Ezlar. Le député Onody se charge du reste. On n'entend plus que cela dans le village :

– Ce sont les juifs !

Les plus excités parlent de mettre le feu à la synagogue.

Le rabbin se défend avec dignité. Dans le bureau de Bary, il répond aux accusations :

– Samuel a cinq ans. Vous lui avez fait dire n'importe quoi avec une poignée de bonbons ! Chaque fois qu'il se passe quelque chose, vous accusez les juifs. L'année dernière, c'était Christina Horvath, aujourd'hui, c'est Esther Solymossy. Mais Esther reviendra comme Christina. Ce n'est pas sérieux !

Bary ne répond pas. Il sait que le rabbin a raison. Il faudrait une preuve plus solide, comme, par exemple, le témoignage du frère aîné du petit Samuel, Moritz, qui, lui, a treize ans...

Il n'est pas très compliqué de faire parler Moritz Scharf. La chose se révèle presque aussi facile que pour son frère. Seulement, au lieu des bonbons, on emploie les coups et les menaces. Après une journée d'interrogatoire dans le bureau de Bary, Moritz signe la déclaration suivante : « Mon père, le rabbin Joseph Scharf, a rencontré Esther Solymossy, l'après-midi du 1er avril. Il l'a conduite dans la synagogue. Je regardais par le trou de la serrure, avec mon frère Samuel. Il y avait Bauman, Birbaum... » Moritz cite les noms d'une dizaine de personnes, tous des juifs du village, terminant ainsi sa déclaration : « Ils ont déshabillé Esther Solymossy. Ils l'ont forcée à s'étendre par terre. Le boucher Schwarz l'a égorgée avec un couteau. Ils ont recueilli le sang dans un pot. C'est tout ce que j'ai vu. »

Bary est satisfait. Il tient enfin quelque chose de sérieux. Le lendemain, à l'aube, la police arrête le rabbin Scharf et les douze autres israélites désignés par Moritz. Inculpés de meurtre, ils clament aussitôt leur innocence. Ils ont tous un alibi : leurs femmes, leurs fils, leurs voisins se pressent au bureau du policier, pour lui dire qu'ils étaient chez eux ce soir-là et pas à la synagogue. Ce dernier les écoute sans mot dire et conclut, à l'attention de qui veut l'entendre :

– Ces juifs, ils méritent bien leur réputation ! Pour se défendre entre eux, ils sont très forts !

C'est aussi ce que disent les journaux. Dans toute la région, la campagne antisémite, habilement orchestrée par Onody, se déchaîne. Des patrons catholiques renvoient leurs ouvriers juifs, le bureau de Bary est submergé de lettres d'encouragement.

– Bravo, monsieur Bary, vous avez entrepris une œuvre de salubrité publique. Continuez, ce sont eux. Ce sont les juifs !

Des dizaines de policiers fouillent la région pour retrouver le cadavre. Les maisons juives sont mises sans dessus dessous. On cherche de la cave au grenier, on sonde les murs, on défonce les planchers, on ouvre tous les tonneaux de vin assez grands pour contenir un corps...

Le 18 juin 1882, les recherches aboutissent enfin, mais pas de la manière qu'attendaient les enquêteurs. Ce matin-là, on découvre dans la Tisza le corps d'une jeune fille. Elle est vêtue d'une robe bleue et, à proximité, se trouve un petit pot de peinture.

Bary arrive sur les lieux. Les juifs avaient donc jeté le cadavre d'Esther dans la rivière. Il n'y avait pas pensé. Mais, dès les premières constatations, tout change. Contrairement à ce qu'on imaginait, le corps ne porte aucune blessure ni aucune trace de violence. La jeune fille n'est pas morte égorgée, elle s'est noyée.

Toute l'accusation s'effondre. Esther Solymossy n'a pas été tuée à la synagogue ; le témoignage de Moritz Scharf et celui de son frère sont sans valeur. Les juifs vont être mis hors de cause. À moins, bien entendu, que le corps qu'on vient de retrouver ne soit pas celui d'Esther Solymossy.

Mme Solymossy est amenée devant la dépouille. Elle ne reconnaît pas sa fille, dont les traits ont été pratiquement effacés par son séjour prolongé dans l'eau, mais elle est formelle quant à ses vêtements :

– Oui, c'est la robe d'Esther. C'est sa petite robe bleue !

La patronne d'Esther, elle non plus, n'identifie pas le pauvre corps déformé, mais elle est tout aussi certaine que les vêtements sont ceux que la jeune fille portait le jour de sa disparition.

La question, maintenant, est simple et capitale pour l'affaire :

le cadavre repêché dans la Tisza le 18 juin 1882 est-il oui ou non celui d'Esther Solymossy ? À partir de ce moment, c'est donc à la médecine légale d'avoir la parole.

Bary convoque les docteurs Trajtler et Nagy. Ce sont les deux experts de la région, du moins de nom : Trajtler vient juste d'être nommé à son poste ; quant à Nagy, il n'est même pas médecin, il est encore étudiant et il n'a encore pratiqué aucune dissection. Le 10 juillet, tous deux déposent leurs conclusions. Elles sont formelles : « La morte a entre dix-huit et vingt ans. Elle a eu de nombreux rapports sexuels. Le décès remonte à dix jours au plus, la peau est blanche, bien soignée : il ne s'agit pas d'une paysanne mais d'une fille de la ville. »

À la lecture du rapport, Bary se frotte les mains. Ce ne peut donc pas être Esther Solymossy. Elle n'avait que quatorze ans, elle était vierge, elle était morte depuis plus d'un mois et demi. Et, comme toutes les paysannes, elle avait la peau tannée.

Il reste la robe, que la mère et la patronne d'Esther ont reconnue, et le pot de peinture, retrouvé à côté du corps, et qu'Esther avait acheté chez le droguiste le jour de sa disparition. Mais ce n'est pas cela qui peut embarrasser l'officier de police. Il en fait au contraire un élément d'accusation supplémentaire contre les juifs : ils ont mis dans la rivière un corps, qu'ils ont revêtu de la robe d'Esther, et ils ont placé à côté un pot de peinture. C'est tout juste si Bary ne va pas les accuser d'avoir tué une seconde personne pour se disculper. D'ailleurs, pour le conforter dans ses conclusions, de nombreuses lettres anonymes ne tardent pas à parvenir sur son bureau. On a vu les juifs jeter, il y a une dizaine de jours, dans la Tisza, le corps d'une jeune fille... L'enquête est désormais bouclée. Le dossier d'accusation est complet et cohérent. Bary peut être satisfait de lui !

Mais l'affaire prend une autre direction et des dimensions politiques. Les accusés choisissent pour avocat le député libéral Eötvös. Ce dernier ne tarde pas à se rendre compte de la faiblesse de ce dossier, que tous les journaux appellent le « meurtre dans la synagogue ». L'ensemble n'est qu'un tissu de mensonges. Les seuls témoignages sont ceux de deux enfants, obtenus dans les conditions les plus douteuses.

Eötvös est un esprit clair, il va à l'essentiel. Le point capital est l'examen du corps repêché dans la Tisza, qui a été pratiqué par deux débutants. Si on peut prouver que le corps de la jeune fille est bien celui d'Esther Solymossy, alors toute l'accusation s'effondrera. Car, il faut le répéter, il s'agit d'une noyée, qui ne porte aucune trace de blessure. La mort naturelle ne fait aucun doute.

Eötvös obtient du juge d'instruction un contre-examen et demande le concours des trois plus hautes autorités d'Autriche-Hongrie, les professeurs Schenthauer, Mihalkovics et Belki. Tous trois ont fait leurs études en France et leur renommée est mondiale. L'exhumation a lieu le 3 décembre 1882 et, le 8 janvier 1883, les professeurs communiquent leurs conclusions. Elles sont précises, irréfutables. Premièrement, le corps est celui d'une jeune fille d'environ quatorze ans. Deuxièmement, en raison de la fraîcheur de l'eau de la Tisza, il a pu être immergé depuis plus de deux mois et demi. Troisièmement, la décoloration de la peau est due au séjour prolongé dans l'eau. Il peut très bien s'agir d'une paysanne, qui avait à l'origine la peau tannée. Quatrièmement, bien qu'on ne puisse rien affirmer, la jeune fille était sans doute vierge. De plus, les professeurs soulignent les nombreuses incohérences, les incroyables erreurs du premier rapport : on y fait état d'impressions générales, avec une absence totale de rigueur scientifique ; le compte rendu des premiers experts ne vaut rien, il est bâclé, incompétent et frise parfois le ridicule. Venant des plus grands experts du pays, ces conclusions ont, bien entendu, un poids déterminant dans le procès qui s'ouvre en juillet 1883, à Budapest.

Du côté de l'accusation, à part le témoignage des deux enfants, il n'y a rien, sauf peut-être le député Onody, qui vient à la barre dénoncer avec toute la violence qu'on lui connaît ses éternelles victimes :

– Il faut écraser cette vermine, messieurs ! Vous en avez aujourd'hui l'occasion. Je vous le dis, je vous le répète : les coupables, ce sont les juifs !

Les jurés n'écoutent pas la voix de la haine, mais celle de la raison, la voix des trois professeurs qui démontrent calmement, irréfutablement, que le corps repêché dans la Tisza est bien celui d'Esther Solymossy, et que la jeune fille est morte noyée, et non égorgée dans une synagogue. Le 3 août 1883, la chambre criminelle de Budapest prononce l'acquittement général des accusés.

On serait tenté de s'en tenir à ce bilan satisfaisant : la science, avec son honnêteté et sa rigueur, a triomphé de l'ignorance, de la superstition et de l'antisémitisme. Les accusés sont libres, ils vont retourner dans leur village, tout cela ne se reproduira plus. Ce serait une belle conclusion. Malheureusement l'histoire en impose une autre. Treize juifs innocents ont été acquittés, en 1883, à Budapest, mais six ans plus tard, dans la même Autriche-Hongrie, naissait Adolf Hitler...

La machine infernale

L'East End est la partie la plus misérable du port de Londres, ce qui n'est pas peu dire, en cette année 1905... La grande métropole anglaise n'a jamais été aussi peuplée ni aussi contrastée socialement. D'un côté, les riches habitations de la City, de l'autre, les bouges des quartiers industriels et du port, où il y a peu a sévi Jack l'Éventreur.

Pourtant, William Kellog, qui s'avance en compagnie de deux portefaix tirant une charrette à bras, n'a pas l'air spécialement inquiet. Il a la trentaine, le teint frais, une moustache et des favoris blonds tirant sur le roux. Il s'arrête devant une masure en brique autrefois rose mais grise de fumée depuis longtemps, où une femme corpulente entre deux âges l'attend.

– Bonjour, madame Mac Guire. Vous voyez que je suis à l'heure !

– Cela vous conviendra ? Je vous l'avais dit. Ce n'est pas Buckingham Palace.

– Ce sera parfait.

– Alors, il faut payer d'avance !

– Pas de problème. Voici 3 livres. Trois mois de loyer.

La femme, elle aussi, semble très à l'aise dans ce quartier sordide. Il faut dire qu'elle tient un tripot sur les quais et qu'elle possède quelques autres logements du même genre qu'elle loue à des gens de passage... Les deux portefaix s'emparent d'une des caisses déposées dans la charrette et grimacent sous son poids. Soupçonneuse, la femme demande :

– Qu'est-ce qu'il y a là-dedans ? C'est pas dangereux au moins ?

William Kellog a un large sourire.

– Mais non, mais non ! Ne vous inquiétez pas...

Mme Mac Guire enfouit ses 3 livres sterling dans son vaste corsage et s'en retourne à son tripot. Et elle n'a pas fait trois pas que sa silhouette massive disparaît dans le brouillard de cette petite matinée frisquette de novembre. William Kellog, lui, attend que les déménageurs aient fini de décharger la charrette. Lorsqu'ils ont disparu à leur tour, il ouvre brusquement la caisse qui a éveillé la méfiance de sa logeuse... Il en contemple le contenu avec une intense satisfaction : des dizaines et des dizaines de bâtons de dynamite, cent vingt kilos en tout. Tout est prêt pour le dernier acte !

Trois mois plus tard, en février 1906. L'agent Lesly fait sa tournée quotidienne dans l'East End. Le temps est toujours aussi détestable, ce qui, à Londres, n'a rien de particulièrement remarquable. L'agent essaie d'ouvrir l'œil comme il peut dans le brouillard, lorsqu'il sursaute. Une forte explosion vient de retentir non loin, avec un bruit de vitres brisées. Il se précipite dans cette direction et, à mesure qu'il approche, il est saisi à la gorge par une fumée âcre et une odeur de poudre.

Il ne tarde pas à arriver devant une masure en brique à un étage. C'est sans nul doute là qu'a eu lieu l'explosion. Toutes les fenêtres ont été soufflées et des volutes noires s'en échappent. La porte est fermée, mais il entre par un des carreaux cassés. Il n'y a personne au rez-de-chaussée, seulement une grande caisse fermée. À l'étage se trouve un laboratoire rempli d'ustensiles de toutes sortes. Un homme vêtu d'une blouse grise est étendu sur le sol et se relève péniblement.

– Vous n'avez rien, monsieur ?

– Non, cela ira.

– Qu'est-ce que vous faites ? Des expériences ?

– Oui, je suis inventeur. Je travaille à un nouveau moteur pour les navires.

– Vous vous rendez compte ? Vous avez failli faire sauter tout le quartier !

– Ce n'est pas possible. Je n'utilise pas de substances dangereuses, à part celles qui, malheureusement, viennent de provoquer l'explosion. Il ne peut rien se produire de pire que ce qui vient d'arriver.

– N'empêche. Il faut que je fasse un rapport. Vous vous appelez ?

– William Kellog.

– Profession : inventeur. C'est cela ?

Un ouragan fait irruption dans la pièce. C'est Mme Mac Guire, la logeuse.

– Quand j'ai entendu ce vacarme, j'ai été sûre que c'était vous ! Et les dégâts ? Qui va me les payer, les dégâts ?

– Mais moi, bien sûr...

– Avec quoi ? Les inventeurs n'ont pas le sou, c'est bien connu !

Pour toute réponse, William Kellog met la main à sa poche et en sort cinq billets de 1 livre.

– Ce sera suffisant ?

La femme s'adoucit instantanément, empoche l'argent, bougonne quelques mots et s'en va. L'agent Lesly s'adresse à l'habitant des lieux.

– Ça ira pour cette fois-ci, mais à l'avenir, soyez plus prudent. On vous a à l'œil.

À peine le policier parti, William Kellog se renfrogne. La police le surveille : c'est le pire qui pouvait lui arriver. Les deux premières fois, tout s'était bien passé. Ce serait trop stupide que cela ne marche pas ce coup-ci ! D'autant qu'il était à deux doigts de réussir...

Il époussette ses vêtements maculés de plâtras et de cendre et remet ses cheveux en ordre. Il remet dans sa poche le portefeuille, qui est bourré de billets de banque. Lui, l'inventeur impécunieux, a une petite fortune en liquide ! Mais elle n'est pas encore suffisante et c'est pour cela qu'il va continuer. Seulement, après ce qui s'est passé, il doit faire vite. Il se donne deux jours, trois au maximum.

Deux jours ont passé. William Kellog se dirige vers sa masure en compagnie d'un homme bien mis : Horace Winslow, employé des assurances Lloyd. Comme l'homme fait la grimace en arrivant dans cet endroit sinistre, il s'emploie à le rassurer.

– J'ai entreposé la marchandise ici parce que c'est proche du port...

L'homme ne fait pas le moindre commentaire. Quelques minutes plus tard, William Kellog désigne la grande caisse de la pièce du bas à son interlocuteur.

– Elle contient des objets d'art antiques. Je veux l'assurer pour 1 500 livres.

Winslow sort un carnet de sa poche et y inscrit ce que vient de lui dire son client.

– Sur quel navire va embarquer la marchandise ?

– Le paquebot *Moselle* à destination de New York. Il part demain à 11 h 30.

– Très bien. Pouvez-vous ouvrir la caisse pour que je vérifie ?

– Malheureusement, c'est très difficile. L'emballage a été fait par des spécialistes. Il s'agit de pièces de grande valeur et très fragiles.

L'homme des assurances a un haussement d'épaules.

– Comme vous voudrez. La prime s'élèvera à 50 livres.

William Kellog met la main à son portefeuille, sort la somme demandée. L'assureur s'en empare, lui remet sa police et prend congé...

William Kellog est tout sourire. Pour la troisième fois, il va réussir son coup et ce sera la dernière. Quand le *Moselle* aura sombré, il touchera les 1 500 livres et aura assez d'argent pour cesser son activité, assurément rentable, mais tout de même dangereuse.

Activité criminelle aussi, car, sous ses dehors convenables quoique un peu farfelus, William Kellog est un assassin ! Sa façon de procéder est aussi simple qu'effroyable. Il expédie par bateau une caisse bourrée de dynamite qu'il fait assurer comme contenant des œuvres d'art. À l'intérieur se trouve un mécanisme de mise à feu de son invention, qui lui donne tant de mal à mettre au point.

Il est conçu pour se déclencher en cas de fort roulis. Comme les bateaux sur lesquels embarque la caisse vont aux États-Unis, la mer est forcément forte à un moment ou à un autre. Toute la difficulté consiste à régler la machine infernale. Trop sensible, elle exploserait trop tôt, pendant le chargement ; pas assez, elle n'exploserait pas du tout. Jusque-là, tout a parfaitement fonctionné. Il y a un dernier détail, cependant. En raison de l'urgence consécutive à l'incident dans son laboratoire, William Kellog a choisi le premier navire en partance pour l'Amérique. Or, le *Moselle* est un paquebot, qui va embarquer plus de mille passagers. Cela ne l'a pas arrêté...

Le jour du départ du *Moselle* arrive. À 9 heures du matin, l'inspecteur Campbell, de la police londonienne, reçoit un visiteur dans son bureau. Son secteur est celui de l'East End, le quartier le plus sinistre de Londres. C'est dire qu'il n'a pas l'occasion de chômer souvent. Pourtant, l'homme qui est venu le voir n'a rien de commun avec la faune qu'il côtoie d'ordinaire. C'est un gentleman venu tout droit de la City, avec melon, redingote et costume à gilet. Il retire son couvre-chef et se présente :

– Samuel Pinkerton de la Lloyd, inspecteur. Je suis chargé, au sein de la compagnie, des enquêtes internes, que nous faisons systématiquement en cas d'accident.

L'inspecteur Campbell le prie de s'asseoir.

– Je vous écoute, monsieur Pinkerton.

– L'attention de la compagnie a été attirée par deux naufrages : celui du cargo *Bella*, allant de Liverpool à New York, et du cargo *Scorpion*, faisant le trajet Londres-Boston. Tous deux ont disparu corps et biens au milieu de l'Atlantique, respectivement le 16 juillet 1901 et le 23 avril 1903. Le premier avait trente-trois passagers et hommes d'équipage à son bord, le deuxième vingt-cinq. On n'a rien retrouvé d'eux, pas un survivant, pas un canot, pas même un seul débris.

– Et c'est étonnant ?

– Oui. Sauf, évidemment, en cas de forte tempête. Or, il n'y a eu aucun mauvais temps signalé durant leur traversée. Cela m'a conduit à vérifier la cargaison. Et j'ai découvert que, dans les deux cas, une caisse contenant des objets d'art antiques avait été assurée par un dénommé William Kellog, pour la somme de 1 500 livres.

L'inspecteur ouvre de grands yeux.

– Vous pensez à une machine infernale ?

– Cela y ressemble.

– Et vous croyez que ce Kellog peut être sur mon secteur ?

– J'ai tout lieu de le croire. Je viens de consulter les assurances récemment prises chez nous. William Kellog vient de faire enregistrer une caisse d'objets d'art antiques par un de nos employés, pour une somme de 1 500 livres. Elle doit être embarquée aujourd'hui sur le *Moselle*.

– Mais c'est épouvantable ! Il n'y a pas un instant à perdre !

– Certainement. Quoiqu'il n'y ait pas de danger dans l'immédiat. Les deux naufrages ont eu lieu après plusieurs jours de traversée. Il y avait certainement avec la bombe un mécanisme de retardement.

Au même moment, sous la direction de William Kellog, les portefaix qui ont déjà procédé à l'emménagement hissent la caisse sur leur charrette et prennent la direction du port... Jamais le temps n'a été aussi détestable. Il fait extrêmement froid et, comme il a beaucoup plu les jours précédents, les pavés sont couverts de verglas. William Kellog incite les hommes à faire preuve de la plus grande prudence. Ils arrivent à bon port sur le quai. La lourde silhouette du *Moselle* se dresse dans la brume matinale.

Un homme accoste William Kellog. Il reconnaît l'agent Lesly.

– Revoilà l'inventeur ! Où allez-vous comme cela ? Vous ne faites pas d'imprudence au moins ?

William Kellog ne répondra jamais à la question et l'agent Lesly vient de prononcer ses dernières paroles. L'un des deux portefaix a trébuché sur le sol verglacé, entraînant la charrette dans sa chute. La caisse a basculé et déclenché l'apocalypse. Une déflagration énorme ébranle tout le quartier. Lorsque la fumée se dissipe, elle laisse voir un cratère de dix mètres de diamètre. Il ne reste rien de tous ceux qui se trouvaient à proximité de l'explosion. L'inspecteur Campbell, qui arrive peu après avec ses hommes, découvre un spectacle atroce : des dizaines de morts et de blessés. Le *Moselle* lui-même a été fortement endommagé. Il peut pourtant, lui et ses passagers, être considéré comme un miraculé.

Ainsi est parti en fumée l'un des plus épouvantables criminels qu'on ait jamais connus. Car si les assassins en tout genre sont légion, il est rare de faire preuve d'une détermination aussi impitoyable et d'une insensibilité aussi absolue.

La bande à Baader

Les années 70, ce n'est pas si loin, la plupart d'entre nous les ont vécues, et pourtant, à bien des égards, c'est un autre monde. Sur les plans économique, social et politique, tout est différent d'aujourd'hui. L'expansion est continue depuis la fin de la Seconde Guerre mondiale. La croissance tourne autour de 5 % par an, le chômage est inexistant, les ménages s'équipent à une allure folle en biens de consommation. Les mœurs subissent le même bouleversement. Les règles de la morale traditionnelle volent en éclats. La nouvelle génération aspire à une sexualité libérée, que permettent l'arrivée de la pilule et l'absence du sida. Et les femmes, qui revendiquent en outre l'égalité avec les hommes, sont à la pointe du combat.

Mais à côté de cette évolution accélérée, la situation politique reste bloquée. Le monde est toujours divisé en deux blocs antagonistes et le communisme semble avoir de beaux jours devant lui. Mieux, il attire toute une partie de la jeunesse, révoltée par la guerre que mènent les États-Unis au Vietnam. Ses héros s'appellent Che Guevara, dont l'effigie romantique s'affiche sur les drapeaux et les t-shirts, et Mao, pour les plus extrémistes.

Chez nous, tout cela a donné l'explosion de Mai 68, certes considérable, mais qui n'a rien eu de sanglant. Il n'en a pas été de même en Allemagne où la situation a été autrement dramatique. Et, dans le fond, cela n'a rien d'étonnant. Car c'est en Allemagne que les bouleversements ont été les plus profonds. Transformée en champ de ruines après la guerre, elle s'est redressée avec une telle rapidité qu'on a pu parler de miracle. Mais nulle part la coupure entre les deux blocs politiques n'y est plus radicale. Ailleurs, elle est théorique, intellectuelle ; ici, elle est matérielle. L'Allemagne est divisée en deux pays opposés, Allemagne de l'Ouest et Allemagne de l'Est, fracture qui passe parfois entre les familles et qui est symbolisée physiquement par le sinistre mur de Berlin.

Après le combat pour la mauvaise cause qu'ont mené leurs pères, les jeunes Allemands sont prêts à s'enflammer pour une lutte juste. Tous les éléments sont réunis pour que l'explosion ait lieu. Elle va se produire et elle porte à jamais un nom pour l'histoire : la bande à Baader.

Tout commence à Berlin-Ouest, en 1965. Un groupuscule extrémiste allemand prend le nom de « Viva Maria », d'après le titre d'un récent film à succès, avec Jeanne Moreau et Brigitte Bardot. Il regroupe cinq filles et neuf garçons, dont un jeune réfugié de l'Allemagne de l'Est, né en 1940, Rudi Dutschke, qui ne cessera par la suite de dénigrer son pays d'adoption.

Il fait d'abord un séjour à l'université de Berkeley, en Californie, où il suit les cours d'Herbert Marcuse, le théoricien de la contestation. Il en revient avec des idées un peu confuses, prônant la liberté dans tous les domaines, à commencer sur le plan sexuel. Tout cela est résumé en une phrase, qui fleurira sur les murs de Mai 68 : « Il est interdit d'interdire. » Sur le plan politique, c'est pour le moins l'indécision. Le groupe s'engage résolument contre la guerre du Vietnam, mais à la suite de la mort d'un jeune Allemand qui avait tenté de franchir le Mur, il manifeste aux cris de « À bas Mao ! À bas Ulbricht », le dirigeant de l'Allemagne de l'Est.

Progressivement pourtant, Viva Maria va s'installer sur une ligne d'extrême gauche. Fin 1966, une manifestation contre la guerre du Vietnam est violemment réprimée et lance véritablement le mouvement. En avril 1967, la venue du vice-président des États-Unis Hubert Humphrey donne lieu à des affrontements plus durs encore. Et il en est de même lors de la visite du shah d'Iran, un peu plus tard.

Dans la majorité de l'opinion et dans la presse, Rudi Dutschke, surnommé « Rudi le Rouge », et les siens suscitent plus d'agacement que d'hostilité. Ce sont des trublions qui font la crise de croissance propre à leur âge. On les appelle « les rêveurs » ou « les clowns de Berlin-Ouest ». On se demande quand finiront enfin les grèves à l'université. Pour l'instant, personne n'a saisi qu'il ne s'agit que d'un prélude, sauf une journaliste. Elle est peut-être la seule à prendre Viva Maria au sérieux. En 1967, elle réalise une longue interview de Rudi Dutschke, qu'elle félicite de « faire peur aux bourgeois ». Elle s'appelle Ulrike Meinhof, elle a trente-sept ans, c'est une brune aux yeux marron, plutôt jolie, qui possède en tout cas beaucoup de charme et d'esprit.

Elle appartient à un milieu intellectuel et résolument de gauche. Son père, directeur de musée, est mort en 1940. Sa mère, militante socialiste jusqu'à l'arrivée d'Hitler, a écouté la BBC pendant toute la guerre. En 1949, elle meurt, et Ulrike est élevée par une de ses amies, Renate Riemeck, qui devient sa tutrice. C'est une femme intelligente, professeur de lettres, qui encourage ses tendances à la révolte. Mais pour l'instant, Ulrike Meinhof est loin d'être extrémiste. Elle reste croyante et prend pour devise un verset de saint Jean : « Dans ce monde vous connaîtrez l'affliction, mais gardez courage. » C'est par romantisme, par générosité, qu'elle mènera ensuite ses premières actions contre les injustices sociales et la bombe atomique.

Elle n'est pas communiste, elle n'est même pas socialiste et certains de ses amis lui reprochent de ne pas avoir lu une ligne de Marx, mais qu'importe ! Elle a besoin d'un idéal, besoin de faire quelque chose. Elle se marie avec un jeune homme fortuné, dont elle a des jumelles. Elle devient rédactrice en chef de la revue *Konkret* et fréquente la bonne société où on la surnomme « le petit guignol révolutionnaire ». Elle anime de sa fougue les soirées ennuyeuses.

Mais sa vie change brusquement : elle ne supporte plus son mari, demande le divorce et obtient la garde de ses deux fillettes.

Elle réalise alors l'interview de Rudi Dutschke, qui lui vaut de perdre sa place de rédactrice en chef. Elle traverse une période d'inaction et de doute. Pour s'occuper et structurer ses idées, elle se met à lire Marx et d'autres auteurs révolutionnaires. Elle devient une redoutable idéologue...

Une autre jeune fille de bonne famille, Gudrun Ensslin, a été vivement impressionnée par Rudi Dutschke. Elle est plus jeune qu'Ulrike Meinhof puisqu'elle est née en 1940, à Stuttgart. Son père est pasteur. Son enfance est heureuse, sa scolarité brillante, c'est une élève douée. Elle fait la fierté et la joie de ses parents. Elle aide son père au temple et reçoit les compliments des fidèles.

Devenue étudiante, Gudrun quitte Stuttgart, pour s'installer chez une tante, qui vit près de l'université de Tübingen. La tante a des principes assez rigides, et lorsqu'elle la surprend en train de fumer, elle lui lance :

– Ou tu t'arrêtes de fumer ou tu t'en vas !

Gudrun Ensslin part sur-le-champ et s'installe dans une chambre de bonne. Elle rencontre un étudiant gauchiste, Bernard Vesper, qui la convertit à ses idées. Ils se marient. Pour se faire un peu d'argent, ils proposent des poèmes à la rédactrice de *Konkret*, Ulrike Meinhof. Mais celle-ci les refuse, parce qu'elle les juge « hystériques ».

En mai 1967, Gudrun et Bernard Vesper ont un garçon, Félix. Lors des manifestations contre le Vietnam, ils l'emmènent dans sa poussette, avec l'inscription : « Quand je serai grand, j'aurai toujours ma mitraillette avec moi. Pensez-y ! »

Pourtant, peu de temps après, Gudrun divorce. Elle s'est considérablement radicalisée. Elle reproche à son mari d'être trop modéré. Elle se consacre désormais uniquement à l'action politique et abandonne son enfant, qui n'a même pas un an. C'est alors qu'elle retrouve Ulrike Meinhof, renvoyée de sa revue et qui s'est mise à la lecture des auteurs révolutionnaires. Les deux femmes ne tardent pas à sympathiser...

Andreas Baader lui aussi cherche sa voie, en cette seconde moitié des années 60, et lui aussi est issu du meilleur milieu bourgeois. Né en 1943 à Munich, il n'a pas connu son père, mort en 1945, sur le front russe. Sa mère ne se remarie pas. Très aisée, elle ne vit que pour son fils unique, qu'elle adore. Mais Andreas est loin de répondre à ses espérances. À l'école, ses professeurs et ses camarades détestent cet enfant violent qui ne sait parler qu'avec ses poings. Elle l'inscrit dans un établissement privé qu'elle paye à prix d'or, mais cela ne change rien, il ne veut pas étudier.

À dix-huit ans, pour éviter le service militaire, Andreas va à Berlin-Ouest où les jeunes gens en sont exemptés. Il collabore quelques semaines au grand journal *Bild Zeitung*, mais il n'aime pas plus travailler qu'étudier. Heureusement pour lui, la nature l'a gâté sur le plan physique. C'est un beau ténébreux. Avec son front haut, ses cheveux fournis et sa petite moustache, il a des allures de poète ou de compositeur allemand du XIXe siècle. Il plaît aux femmes et comme elles sont, dit-il, « assez bêtes pour lui faire des petits cadeaux », il en prend l'habitude.

En 1967, pourtant, tout change. Il rencontre Gudrun Ensslin et c'est un coup de foudre réciproque. Gudrun lui présente Ulrike Meinhof, qui est en train de devenir une théoricienne du gauchisme. Pour Baader, c'est une révélation. Il a vingt-sept ans et il a vécu jusque-là aux crochets d'une société qu'il méprisait. Maintenant, il la hait et il veut la détruire. Les deux femmes sont plus intellectuelles, lui est plus porté vers l'action. Tous trois s'engagent dans le combat révolutionnaire...

Avec leur entrée en scène, c'est une page qui se tourne, après les initiatives un peu brouillonnes de Rudi Dutschke et de son mouvement Viva Maria. Le jeune homme, d'ailleurs, disparaît brutalement de l'actualité. En avril 1968, un extrémiste de droite tire plusieurs coups de feu sur lui. Grièvement blessé, Rudi survit, mais ne s'en remettra jamais. Il s'installe au Danemark et renonce à la politique. Il mourra en 1979, d'une crise cardiaque, à l'âge de trente-neuf ans.

Ce n'est donc plus Rudi le Rouge qui mène le mouvement révolutionnaire allemand. Il n'a pas de successeur, aucun nouveau leader n'a pris la relève. Andreas Baader, Gudrun Ensslin,

Ulrike Meinhof et les autres manifestent contre la guerre du Vietnam ou la société de consommation, dans des affrontements parfois violents, à coups de boulons ou de pavés, en restant toutefois dans les limites de la légalité.

Tout bascule le 22 avril 1968. Ce jour-là, Baader, Ensslin, Meinhof et quelques amis décident d'« allumer des feux révolutionnaires ». Ils se rendent dans la Zeil, la grande rue commerçante de Francfort, et déposent des bombes incendiaires devant des commerces de luxe. Il n'y a pas de victime, mais deux magasins sont ravagés de fond en comble. Jamais jusque-là la contestation des jeunes n'avait pris cette forme. C'est le début de l'existence de la bande à Baader...

Dès le lendemain, Baader, les deux femmes et un second élément masculin, Horst Söhnlein, sont cueillis chez eux par la police. Ils ont été dénoncés par un de leurs complices, pris de peur devant la brutalité de leur action.

Les voici sous les verrous. En prison, Baader lit les œuvres de Marx, dont Ulrike Meinhof lui rebat les oreilles depuis si longtemps ; quant à elle, elle tricote des pull-overs pour la femme de son avocat commis d'office, qu'elle n'a pas les moyens de payer. Mais tous deux préparent aussi leur procès, car ils ont bien l'intention d'en faire un acte de propagande décisif.

Et, effectivement, la bande à Baader ne va pas rater son entrée en scène... Les débats s'ouvrent le 13 octobre 1968, devant des dizaines de journalistes. Les quatre accusés sont dans le box, l'air narquois, provocateur. Le président commence par appeler Andreas Baader, mais c'est Horst Söhnlein qui se lève. Le magistrat s'étonne :

– Qu'est-ce qu'il vous prend ?

– Que ce soit Baader ou moi, c'est la même chose !

– Qu'est-ce que vous voulez dire ?

Andreas Baader se dresse à son tour.

– Lui ou moi, c'est pareil. Nous avons tous le même nom : « Mort aux bourgeois et à la société... »

Le ton est donné. L'interrogatoire d'identité finit tout de même par avoir lieu. Mais quand on lui demande sa date de naissance, Baader répond :

– 14 juillet 1789.

Et ainsi de suite... Les journalistes relatent les innombrables incidents de séances et le public n'en perd pas une miette. Le 31 octobre 1968, les accusés sont condamnés à quatre ans de prison, mais ils font appel et, en attendant le second procès, sont relâchés. Ils sortent de la prison le 13 juin 1969, sous les vivats d'une foule de sympathisants. Leur épopée judiciaire les a révélés au grand public et sans doute aussi à eux-mêmes. Ils sont plus que jamais déterminés à poursuivre leur action.

La Cour suprême rejette leur appel et leur ordonne de rentrer en prison. Mais seul Horst Söhnlein obtempère. Les trois autres sont partis à l'étranger. Ils vont d'abord en France, dans le Paris de l'après-68, puis en Suisse, ensuite en Allemagne. La vue de leurs photos placardées un peu partout les grise. Ils sont devenus les héros de la révolution, ils doivent se montrer à la hauteur de leur réputation. Ils se procurent des armes, non pas encore pour attaquer la société, mais pour commettre des braquages : il faut bien vivre. Ils trouvent une planque à Hambourg, où ils pensent être en sécurité...

Pourtant, le 3 avril 1970, deux ans après sa première arrestation, Andreas Baader est pris au cours d'un contrôle de routine. On ne les considère pas comme dangereux, lui et ses complices, et on a tort. Baader se voit accorder le droit d'étudier dans une bibliothèque attenant à la prison. Gudrun Ensslin et Ulrike Meinhof le font évader, en blessant grièvement le garde qui l'accompagne.

Deux mois plus tard, le 2 juin, l'agence de presse allemande DPA reçoit le premier communiqué signé de la « Rote Armee Fraction » la « Fraction armée rouge ». C'est le nom officiel de la bande à Baader, qui, désormais, existe en tant qu'association terroriste constituée.

Tout de suite après, les trois complices se rendent en Jordanie, dans un camp du Front populaire de libération de la Palestine, le groupe palestinien extrémiste, pour s'entraîner aux techniques de la guérilla. C'est loin d'être une réussite. Les Allemands et les Palestiniens ne peuvent pas se supporter et le trio est prié de rentrer chez lui.

De retour en Allemagne, ils ne perdent pas de temps. Ils recrutent cinq autres sympathisants et, le 9 août, ils attaquent simultanément quatre banques, en quatre groupes de deux. Ils en retirent le butin de 210 000 marks, soit à peu près autant d'euros d'aujourd'hui.

Cette somme relativement importante ne résout pas tous leurs problèmes. Ils sont traqués. Ils vont voir leurs anciens amis gauchistes, mais ceux-ci réprouvent leur forme d'action violente et refusent de les aider. Ils achètent à prix d'or des nouvelles armes : des mitraillettes, des pistolets 9 mm, et cambriolent la mairie de Neustadt-Am-Rübenberg, pour voler des papiers et des tampons officiels...

Depuis leur retour de Jordanie, ils vivent à Berlin. La police les sait dans la ville et l'étau se resserre. Ils préfèrent partir pour Francfort. Ils s'entraînent assidûment au tir, dans un bois bordant les pistes de l'aéroport, profitant du bruit des réacteurs pour ne pas être entendus. Finalement, Ulrike Meinhof découvre dans les petites annonces une grande villa tranquille, près de Hanovre. Toute la bande, une quinzaine d'hommes et de femmes à ce moment, s'y installe.

À ce point du récit, on peut s'étonner du nombre de femmes dans le groupe. Elles ont été de bout en bout aussi nombreuses que les hommes et elles ont joué un rôle aussi actif, y compris dans la violence et dans le meurtre. Il faut sans doute y voir une revendication extrême d'égalité des sexes, dans le prolongement du combat féministe de l'époque. Le nom de « bande à Baader » n'est d'ailleurs pas tout à fait exact. Il n'a été donné à l'organisation qu'en France, peut-être par analogie avec la « bande à Bonnot ». Mais Andreas Baader n'en a jamais été le chef, ni officiellement ni dans les faits. Si ce titre devait être donné à quelqu'un, ce serait plutôt à Ulrike Meinhof, qui avait la plus forte personnalité du groupe.

Quoi qu'il en soit, quand ils se retrouvent dans la villa de Hanovre, ils éprouvent le besoin de faire le point et discutent pour rebâtir le monde. Comment faire disparaître cette société qu'ils détestent ? Ils se décident pour un enlèvement spectaculaire. Ils hésitent entre Axel Springer, le patron du plus grand groupe de presse allemand, et Franz Josef Strauss, l'homme politique du centre droit ; certains parlent même du chancelier Willy Brandt.

En attendant, pour assurer leur subsistance, ils font des cambriolages. La police semble avoir beaucoup de chance, car, durant cette période, au cours de simples contrôles de routine, elle arrête la majorité d'entre eux. En réalité, il s'agit sans doute de redditions déguisées. Ceux qui se font prendre font partie des éléments les moins déterminés, qu'effraie la tournure prise par les événements. Il ne reste plus, au sein de la bande à Baader, que ses éléments plus durs. La suite va effectivement être terrible.

Le 17 janvier 1971, les irréductibles de la Fraction armée rouge réussissent un double hold-up à Kassel, la grande ville du centre de l'Allemagne. Trois de ses membres sont pris, mais Andreas Baader, Ulrike Meinhof et Gudrun Ensslin s'échappent. Plus que le butin qu'ils ont emporté, c'est la manière dont ils ont opéré qui frappe l'opinion. Ils n'ont pas hésité à tirer les premiers sur les policiers. Ce comportement inédit séduit les jeunes extrémistes. Un peu partout dans le pays, des émules des terroristes tirent eux aussi sur les policiers, sans raison, uniquement pour les tuer. Il n'y a pas de victime, mais un climat d'angoisse s'empare de tout le pays.

Cette guérilla diffuse dure près d'un an, sans que la Fraction armée rouge intervienne personnellement. Au début de l'année 1972, elle se sépare en deux groupes : Ulrike Meinhof part vers le Nord, avec la moitié des effectifs, Baader se rend dans le Sud, avec l'autre partie. Le plan d'attaque a été soigneusement mis au point et on va assister à une vague d'attentats sans précédent.

Le 11 mai 1972, trois bombes explosent devant le siège social d'IG Farben, à Francfort, faisant un mort et treize blessés. Cette société n'a pas été choisie par hasard : c'est le plus grand groupe chimique allemand, l'un des plus grands mondiaux, et c'est lui qui avait fourni à Hitler le gaz des camps de concentration. L'enquête déterminera qu'Andreas Baader en personne a transporté les bombes, enveloppées dans du papier cadeau.

Le lendemain a lieu un double attentat. À Augsbourg, une bombe à retardement explose devant le quartier général de la police, blessant cinq policiers. À Munich, une voiture piégée fait sauter le parking du Bureau national des enquêtes criminelles ; il n'y a pas de blessé, mais soixante véhicules sont détruits. Le 15 mai, la femme du juge Buddenberg, chargé du dossier de la bande à Baader, met le contact à sa voiture, qui explose ; elle est grièvement blessée et survivra par miracle.

La folle série continue. Le 19 mai, deux bombes sautent dans les toilettes du groupe de presse Springer, faisant dix-sept blessés, dont deux graves. Le 24 mai, un colonel américain et un de ses amis sont déchiquetés par l'explosion de la voiture piégée du militaire ; deux nouvelles victimes s'ajoutent au bilan des terroristes. Les autorités, qui les ont si longtemps sous-estimés, offrent une prime de 100 000 marks – autant d'euros – pour leur capture.

Pourtant, ils se font prendre par hasard. Le 1er juin, Andreas Baader est arrêté à Francfort, en compagnie de son principal lieutenant, Jan Carl Raspe, un intellectuel, professeur de sociologie, converti au terrorisme. L'arrestation est d'autant plus spectaculaire qu'une équipe de télévision, qui passait par là pour faire un reportage sportif, filme la scène et que tous les Allemands peuvent la voir en direct. On assiste à une interminable fusillade, digne d'un western. Baader est blessé dans l'affrontement, mais sans gravité.

L'arrestation de Gudrun Ensslin est plus discrète. Les policiers s'emparent d'elle alors qu'elle s'achète un pull dans un magasin de Hambourg. Et, à la fin de ce même mois de juin 1972, c'est au tour d'Ulrike Meinhof de tomber dans les mains de la police.

L'Allemagne respire. Les chefs de la Fraction armée rouge étant sous les verrous, la violence terroriste ne peut que cesser ou, du moins, diminuer considérablement. Elle se trompe, c'est l'inverse qui va se produire. D'autres vont prendre le relais et commettre des actions plus déterminées encore, pour obtenir la libération de Baader et des siens. C'est au cours de cette période, qu'on pourrait appeler la « bande à Baader sans Baader », que l'Allemagne va véritablement entrer dans l'horreur.

En cet été 1972, chacun pense pourtant, pour la première fois depuis des mois, à autre chose. Au début du mois d'août, les Jeux olympiques s'ouvrent à Munich, les festivités et les performances sportives remplacent le bruit des balles et des explosions. Hélas, l'accalmie ne dure pas longtemps et, même si ce ne sont pas des Allemands qui en sont les protagonistes, la bande à Baader est bien présente dans le drame...

Dans la nuit du 4 au 5 septembre, un commando palestinien du groupe terroriste Septembre noir s'introduit dans le village olympique et pénètre dans deux des chambres du pavillon où dorment les athlètes israéliens. Deux de ces derniers tentent de résister et sont abattus. Les preneurs d'otages ligotent les neuf autres et, une demi-heure plus tard, ils font connaître leurs revendications : libération de deux cent trente-quatre Palestiniens prisonniers en Israël, d'Andreas Baader, d'Ulrike Meinhof et de Gudrun Ensslin, et mise à disposition de trois avions prêts à décoller pour Le Caire.

Les Allemands font semblant de céder et, le même jour, à 22 heures, deux hélicoptères transportent les terroristes et leurs otages sur un aérodrome où un Boeing les attend. Il est bourré de policiers, qui donnent l'assaut. Mais l'action, mal préparée, se solde par un échec sanglant. Tous les athlètes israéliens sont tués, ainsi que cinq des preneurs d'otages, plus un policier...

De jeunes Allemands décident de passer à l'action, mais dans un premier temps, ils ne font pas preuve de la même efficacité que leurs devanciers. Tout de suite après le drame de Munich, un communiqué annonce à la presse la création d'un « Mouvement du 2 juin », date à laquelle un militant gauchiste a été abattu par la police, en 1967. Moins intellectuel que la bande à Baader, le groupe est surtout composé d'ouvriers.

Comme trois étudiants viennent d'être exécutés en Turquie, ils projettent d'attaquer l'ambassade de ce pays à Bonn. Ils essaient de voler une Mercedes, « comme Baader », mais n'y parviennent pas et en louent une. Ils partent pour Bonn, où ils ont un ami chez qui ils confectionneront leurs bombes. Mais arrivés très tôt le matin, ils n'osent pas le déranger et attendent dans la voiture, où ils s'endorment. La police, les trouvant suspects, les interpelle et découvre tout un arsenal dans le coffre. Ils seront condamnés à deux ans de prison, qu'ils effectueront entièrement. L'un d'eux sera abattu à sa sortie, pour le punir d'avoir été aussi médiocre.

Cet intermède tragicomique n'est qu'un répit : d'autres vont passer à l'action, cette fois d'une tout autre manière ! Peu après, alors que le juge Günter von Drenkmann, président de la Cour suprême, le plus haut magistrat allemand, fête ses soixante-quatre ans, un groupe de garçons et de filles sonne à sa porte, les bras chargés de fleurs. Il ouvre et il est abattu instantanément par une grêle de balles.

Plus tard, le même Mouvement du 2 juin kidnappe Peter Lorenz, secrétaire général des chrétiens démocrates, le grand parti de droite. Il exige la libération d'Andreas Baader, Ulrike Meinhof et Gudrun Ensslin, sinon l'homme politique sera « tué comme le juge ». Pendant des jours et des jours, d'intenses négociations ont lieu avec le gouvernement, tandis que Peter Lorenz, enfermé dans une cave de deux mètres sur trois, est surveillé par des hommes et des femmes armés.

Les autorités finissent par transiger. Six gauchistes incarcérés seront libérés, mais pas Baader ni les deux femmes. Les ravisseurs acceptent. Les prisonniers sont relâchés et conduits dans un avion en partance pour Aden, capitale du Yémen, pays qui a toujours accueilli les terroristes. Les bénéficiaires de la tractation se voient, en outre, remettre chacun une prime de 20 000 marks. Au même moment, Peter Lorenz est retrouvé sain et sauf dans le Volkspark, un jardin public de Berlin.

Le même mouvement attaque deux banques de Francfort les 30 et 31 juillet 1975, offrant des gâteaux secs aux clients terrorisés, tout en les menaçant avec leurs mitraillettes. Ils emportent 100 000 marks à chaque fois...

Le gouvernement a cédé lors de la prise d'otage et il y a tout lieu de craindre que d'autres actions spectaculaires soient tentées pour libérer Baader et les siens, toujours en attente de leur procès. Ulrike Meinhof est enfermée seule à Cologne où sa sœur va lui rendre visite, accompagnée de ses jumelles. Baader, lui, est incarcéré à Stuttgart, avec le sociologue Jan Carl Raspe, Gudrun Ensslin et une seconde femme membre de la bande, Irmgard Moeller.

Tous sont sous une surveillance constante, isolés dans des cellules où la lumière brille jour et nuit, avec chacun un gardien en permanence. Leurs avocats lancent alors une campagne contre ce qu'ils appellent la « torture par l'isolement ». Les autorités se laissent fléchir et leurs conditions de détention s'améliorent tellement qu'on crie au scandale : ils ont droit à la télévision, ils peuvent passer ensemble plusieurs heures par jour dans la cellule des uns ou des autres.

À Stuttgart, ils ont une bibliothèque privée, qui ne comprend pas moins de deux mille ouvrages. Leur traitement est à ce point privilégié qu'il y a des tentatives de mutinerie de la part des autres détenus. Andreas Baader règne en maître dans la prison. Il hurle à longueur de journée :

– Du sexe, de l'alcool et du tabac !

Il insulte et menace les gardiens :

– Mouchard, on te cassera la tête quand on sera libérés ! Et pas seulement à toi, à ta femme et à tes gosses aussi !

Un jour, on le découvre même dans le lit de sa maîtresse Gudrun Ensslin. Cela ne les empêche pas de faire la grève de la faim, tout en continuant, il est vrai, à boire du lait. Et cela n'empêche pas des personnalités, dont la plus illustre est Jean-Paul Sartre, de se pencher sur leur sort avec inquiétude... Pendant ce temps, leurs complices ne les ont pas oubliés et ils passent à l'action de la plus terrible des manières.

Il est 11 h 30, ce 24 avril 1975, lorsque deux hommes d'une trentaine d'années se présentent à l'ambassade d'Allemagne à Stockholm. Ils prétendent avoir perdu leurs passeports. Le garde déverrouille la porte du sas de sécurité et les laisse entrer. Aussitôt après, un couple se présente :

– Nous sommes étudiants. Nous voulons savoir comment obtenir une bourse pour étudier en Suède.

Survient un autre couple, portant des brassards noirs de deuil et réclamant le service des héritages. Les uns et les autres sont introduits dans le bâtiment et rejoignent les deux premiers. Tous dégainent des mitraillettes. La sirène d'alarme retentit, mais il est trop tard. Les six jeunes gens montent au premier étage, tirant des rafales et semant la panique.

Ils prennent douze otages, dont l'ambassadeur, l'attaché militaire et l'attaché économique. Une secrétaire, livide, est chargée de taper leurs exigences. Le feuillet est ensuite jeté au rez-de-chaussée où la police suédoise a pris position. Le commando exige la libération de vingt-six terroristes allemands, dont Andreas Baader, Ulrike Meinhof et Gudrun Ensslin, qui doivent être conduits, dans six heures au plus tard, à l'aéroport de Francfort, avec chacun une somme de 20 000 marks, dans un Boeing 707 prêt à partir pour la destination de leur choix. Sinon l'ambassade sautera. Des charges explosives ont été disposées un peu partout.

Tandis qu'on informe les autorités allemandes, dans l'ambassade de Stockholm, la situation est de plus en plus tendue. Les ravisseurs veulent absolument que la police suédoise évacue le rez-de-chaussée, ce qu'elle refuse. L'attaché militaire allemand apparaît sur le palier, menacé par un homme et une femme. Il crie, il implore, il pleure :

– Je vais être abattu si vous ne partez pas. Pour l'amour du ciel, allez-vous-en !

Les policiers ne bougent pas et, quelques minutes plus tard, voient le corps de l'attaché militaire, criblé de balles, jeté pardessus la rampe. Pendant ce temps, le Premier ministre suédois Olof Palme est en contact permanent avec son homologue allemand, Helmut Schmidt. L'ultimatum du commando est fixé à 21 heures. À cette heure précise, Olof Palme, à la demande du chancelier allemand, téléphone aux terroristes :

– Vos exigences ne sont pas acceptées. Je peux vous proposer, au nom de la Suède, un sauf-conduit, si vous libérez les otages.

Certain que le gouvernement allemand céderait, le commando est abasourdi. Il refuse le sauf-conduit et menace d'abattre un otage toutes les deux heures jusqu'à ce qu'il obtienne satisfaction.

À 22 h 20, l'attaché économique apparaît à l'une des fenêtres donnant sur la rue, devant une foule de policiers, de militaires et de journalistes. Pour qu'il ne se méfie pas, ses ravisseurs lui ont dit qu'il allait leur parler. Il lance :

– Vous m'entendez ?

Ce sont ses derniers mots. Des coups de feu éclatent et son corps s'abat sur le rebord de la fenêtre, pendant à moitié dans le vide...

À 23 heures, les secrétaires sont libérées. Elles portent un message des ravisseurs renouvelant leurs exigences. Olof Palme comprend que la seule solution est d'employer la force. Il décide de lancer une attaque au gaz. Mais à peine est-elle commencée qu'une terrible explosion secoue l'ambassade. Les dégâts sont considérables. Deux terroristes sont tués, mais tous les otages sont sains et saufs.

Le temps passe et la bande à Baader attend toujours son procès. Dans la nuit du 8 mai 1976, Ulrike Meinhof se pend dans sa cellule à l'aile d'une corde faite de lambeaux de serviette. On ne découvre son corps que le lendemain ; elle n'a laissé aucun mot expliquant son geste. Une semaine plus tard, quatre mille personnes se pressent à son enterrement.

Le 27 avril 1977, les survivants de la Fraction armée rouge, Andreas Baader, Jan Carl Raspe, Gudrun Ensslin et Irmgard Moeller, sont enfin jugés et condamnés à la prison à vie. Mais l'Allemagne n'est pas sortie du terrorisme.

Le 7 mai 1977, le procureur général de Karlsruhe et deux de ses gardes du corps sont abattus. C'est le dixième attentat dont est victime un magistrat depuis 1972. Il est revendiqué par un groupe « Ulrike Meinhof », qui annonce d'autres attaques. La police identifie quatre de ses membres. Deux sont tués en tentant de passer la frontière suisse, les deux autres disparaissent à l'étranger.

Le 30 juillet 1977, quatre femmes assassinent le directeur de la Dresdner Bank. Le lundi 5 septembre, à 17 h 30, Hans Martin Schleyer, président du syndicat du patronat allemand, circule à bord de son imposante Mercedes, avec son chauffeur et son garde du corps. Alors que la voiture roule à vive allure dans une rue tranquille, une femme projette en avant un landau d'enfant. Le chauffeur pile. Aussitôt des terroristes surgissent, ouvrent les portières. Ils abattent froidement à la mitraillette le chauffeur et le garde du corps. Ils s'emparent du patron des patrons et le font monter dans une autre Mercedes. Le rapt n'a duré que quelques secondes.

Le soir même, ils exigent la libération de tous les membres de la bande à Baader avant le 16 septembre à minuit, faute de quoi le prisonnier sera exécuté. Les autorités décident aussitôt de mettre Baader et les siens au secret. Ils sont sortis de leurs confortables cellules et transportés au septième étage de la prison de Stuttgart, où ils n'ont plus ni radio ni télévision.

De longues tractations sont entamées entre les kidnappeurs et le gouvernement. De temps en temps, ils envoient à la presse une photo d'Hans Martin Schleyer sous l'emblème des Rote Armee Fraction : une étoile, avec une mitraillette et les lettres RAF. Un journal du jour est placé devant le prisonnier, pour prouver qu'il est toujours en vie. De cliché en cliché, on voit le visage du malheureux se décomposer. Mais la date fatidique passe et le commando ne met pas sa menace à exécution. Les négociations continuent et le patron des patrons est toujours vivant. C'est alors que survient un nouveau et dramatique rebondissement.

Le 12 octobre, un Boeing 707 de la Lufthansa décolle de Palma de Majorque, à destination de Francfort. Durant le vol, deux hommes et une femme armés le détournent et exigent, eux aussi, la libération de la bande à Baader. L'ultimatum est fixé au 16 octobre, à 8 heures GMT. L'avion se pose à Chypre.

Au même moment, les ravisseurs d'Hans Martin Schleyer annoncent à la presse qu'ils reportent leur propre ultimatum à la même date et à la même heure.

De Chypre, l'avion se rend à Dubaï où il reste jusqu'au 14 octobre, puis à Aden. Là, le commandant de bord, le capitaine Schuman, refuse d'aller plus loin. Les terroristes le font s'agenouiller dans l'allée centrale et, sans hésiter, le tuent d'une balle dans la nuque sous le regard horrifié des passagers. Le copilote prend les commandes et reçoit l'ordre d'aller à Mogadiscio, en Somalie. Il s'exécute, relate brièvement les événements dans la radio et lance :

– Aidez-nous !

Le gouvernement allemand refuse toujours de négocier. Alors que l'appareil est immobilisé sur une piste de Mogadiscio, le copilote annonce par radio que les terroristes vont faire sauter l'avion : ils sont en train d'arroser les passagers d'essence et d'alcool et leur demandent s'ils préfèrent brûler ou recevoir une balle dans la nuque.

Peu après, otages et ravisseurs apprennent que le gouvernement cède. Un avion, avec à son bord la bande à Baader, vole vers Mogadiscio. Il sera sur place en fin de journée du 17 octobre... L'avion a bien décollé de Bonn, mais il emporte cinquante policiers d'élite, spécialisés dans la lutte antiterroriste.

Arrivés à Mogadiscio, ils pénètrent dans l'appareil de la Lufthansa par les sorties de secours et font exploser des grenades aveuglantes et assourdissantes. Les deux terroristes hommes sont tués, la femme est grièvement blessée et tous les passagers sont indemnes. La nouvelle est annoncée aux environs de minuit. Les membres de la bande à Baader en ont connaissance, grâce à un petit transistor que Jan Carl Raspe a pu dissimuler.

18 octobre, 6 h 30 du matin. Les mille fenêtres de la prison de Stuttgart s'illuminent toutes en même temps. Au septième étage du bâtiment, les gardiens ouvrent la première des cellules des quatre prisonniers de marque, celle de Jan Carl Raspe, le sociologue.

Il est 6 h 39. Ils découvrent une vision d'horreur. L'homme baigne dans son sang. À ses côtés, un pistolet 9 mm. Une balle lui a traversé la tête de la nuque au front et a projeté une flaque de sang sur le mur. L'émotion est telle que ce n'est qu'à 7 heures que les gardiens vont dans les cellules suivantes.

En entrant dans celle d'Andreas Baader, ils manquent de trébucher sur son corps. Il est allongé sur le dos, les bras écartés, les poings fermés, un pistolet 7,65 près de la main droite. Lui aussi a reçu une balle dans la tête. Affolés, les gardiens se précipitent chez Gudrun Ensslin. D'abord, ils ne voient personne, puis, dépassant d'une couverture grise tendue devant la fenêtre, ils aperçoivent deux pieds. Gudrun Ensslin s'est pendue avec le fil électrique du tourne-disque qu'on lui avait laissé.

Dans les secondes qui suivent, c'est la ruée vers la dernière cellule, celle de la seconde femme, Irmgard Moeller. Elle est allongée sur son lit, couverte de sang. Dans son poing serré, elle tient un couteau à bout arrondi servant à couper le pain, qui a été aiguisé. Elle a reçu de nombreux coups au cou et à la poitrine, mais elle vit et ses jours ne semblent pas en danger. C'est la seule survivante de la bande à Baader...

Le lendemain, à 17 heures, une voix anonyme téléphone à l'agence France Presse :

– Vous trouverez le corps d'Hans Martin Schleyer dans une voiture verte de marque Audi, stationnée rue Charles-Péguy, à Mulhouse.

Une demi-heure plus tard, une femme contacte le journal *Libération*, répétant l'information et proclamant :

– Le combat ne fait que continuer.

Le patron des patrons allemand est retrouvé dans le coffre de l'Audi. Il a été tué de quatre balles, toutes tirées à bout portant, et égorgé. Malgré le formidable déploiement de la police allemande, les auteurs de l'enlèvement et de l'assassinat ne seront jamais retrouvés.

Le suicide ou du moins la mort des chefs de la bande à Baader a un incroyable retentissement en Allemagne ainsi que dans le monde entier. L'événement déclenche aussi une violente polémique. Car il est évident que le gouvernement allemand avait tout intérêt à éliminer physiquement Andreas Baader et les siens, pour éviter une nouvelle prise d'otages, avec demande de libération.

Le chancelier Helmut Schmidt prend les devants et donne, le jour même, devant le Bundestag, la chambre des députés allemande, ce qui restera la version officielle :

– Les prisonniers ont eu recours à la destruction de leur vie comme moyen de combat.

Autrement dit, il les accuse de s'être tués de manière qu'on puisse penser qu'ils ont été éliminés... Alors, suicide ou liquidation ? On en a discuté âprement sur le moment et il faut tenter à présent de faire le point.

Les arguments en faveur d'une machination d'État ne manquent pas. D'où les deux hommes tenaient-ils ces armes à feu, alors qu'ils étaient théoriquement à l'isolement dans leurs cellules ? Andreas Baader avait son revolver près de la main droite, alors qu'il était gaucher. D'autre part, au lieu de porter ses baskets habituelles, il avait des chaussures à semelles de crêpe sur lesquelles on a trouvé des traces de sable. Quant à Raspe, il a été tué d'une balle dans la nuque. Et, surtout, il y a les déclarations de la rescapée, Irmgard Moeller :

– Je ne dormais pas. J'ai entendu du bruit, puis j'ai senti que je perdais connaissance, comme si j'avais respiré un gaz hypnotique. Je suis revenue à moi pour entendre deux hommes dire : « On a tué Baader et Raspe... » Après, je ne me souviens de rien.

Pourtant, force est de reconnaître que son récit n'est pas crédible et que c'est la thèse du suicide qui l'emporte. Des exécuteurs venus tuer la jeune femme auraient porté leurs coups avec beaucoup plus de force et de précision et ne l'auraient pas laissée en vie. Elle n'a pu survivre que parce qu'elle s'est frappée elle-même.

Quant aux deux hommes, leur suicide n'est pas douteux non plus. Un de leurs avocats, Klaus Croissant, a avoué qu'il leur avait fourni les revolvers. Après quoi, ils s'en sont servi de manière à faire croire à une exécution, Raspe en se tirant une balle dans la nuque, ce qui est difficile mais possible, et Baader, le gaucher, en utilisant sa main droite.

Et s'ils ont tous décidé de recourir à cette autodestruction, c'est, ainsi que le chancelier l'a déclaré devant le Parlement, pour porter un dernier coup au gouvernement qui se verrait accusé de crime d'État. Ce qui n'a pas été le cas : l'opinion a accueilli la fin de la bande à Baader avec un immense soulagement.

Andreas Baader et les siens n'ont rien obtenu avec leur mort, mais ils n'ont pas eu plus de résultat avec les actions menées durant leur courte existence. Aujourd'hui, avec le recul, on est frappé par le contraste entre la violence, la sauvagerie de leurs crimes et leur peu d'impact sur la société allemande. Celle-ci a continué d'être florissante, sans jamais être sérieusement ébranlée. De plus, contrairement à ce qu'avait annoncé la revendicatrice anonyme de l'assassinat du patron des patrons, la lutte n'a pas continué. Le terrorisme s'est arrêté avec la mort de ses auteurs. Le grand embrasement révolutionnaire dont ils avaient rêvé n'a été qu'un feu de paille. La bande à Baader n'a infligé à l'Allemagne que des souffrances et des larmes inutiles.

La loi des Apaches

Greg Wilkinson, shérif de Mobile, une bourgade perdue de l'Arizona, en bordure de la grande réserve apache, est en train de tuer le temps, en cette matinée du 8 mai 1932. Il ne se passe pas grand-chose dans la localité dont il a la charge. Les immigrants de fraîche date qui la composent sont des travailleurs sérieux. Quant aux Indiens, ils font la police eux-mêmes. Le shérif ne doit intervenir que pour un fait vraiment grave, comme un meurtre, mais ce n'est jamais arrivé jusqu'à présent...

Une pétarade se fait entendre à l'extérieur. Un motard s'arrête devant le poste de police. Sur son engin sont entassés de volumineux bagages. L'homme a sûrement l'intention de séjourner dans la réserve et sans doute vient-il demander des conseils sur le meilleur itinéraire à suivre. Greg Wilkinson n'aime pas trop cela. Les Indiens ne sont pas d'exotiques personnages, qui attendent les touristes pour se faire quelque argent. Dans sa réserve, la plus grande d'Amérique, ils sont soixante mille à avoir conservé la manière de vivre et les croyances de leurs ancêtres. Ils sont jaloux de leur tranquillité et risquent, si on les importune, d'avoir des réactions imprévisibles...

Le motard vient d'entrer. Il retire son casque et Greg Wilkinson bondit sur son siège. Il a devant lui une charmante jeune femme de vingt-cinq ans environ. La jolie brunette aux yeux bleus, coiffée à la garçonne, comme c'est la mode en ces années 30, lui sourit.

– Bonjour, shérif ! J'aurais besoin de vos conseils. Pourriez-vous m'aider ?

– Pour quoi faire, mademoiselle ?

– Pour parcourir la réserve apache. J'ai l'intention d'y rester trois mois.

Greg Wilkinson considère avec ahurissement son interlocutrice. Elle n'a pas l'air folle, elle semble parfaitement maîtresse d'elle-même.

– Vous ne parlez pas sérieusement ?

– Je suis on ne peut plus sérieuse. Permettez-moi de me présenter. Je m'appelle Audrey Schneider. Je suis étudiante en sociologie à l'université de Columbia et je fais une thèse sur les Apaches. Mon travail est déjà avancé mais, bien entendu, il faut que je me rende sur le terrain.

– C'est de la folie. C'est beaucoup trop dangereux !

– De quel danger voulez-vous parler ?

– Comme si vous ne le saviez pas ! Une jeune fille seule au milieu de tous ces sauvages. Et une Blanche de surcroît ! C'est une véritable provocation. Vous n'en sortirez pas vivante !

La jeune étudiante ne s'émeut pas.

– Vous vous trompez, shérif. Les Apaches ne sont pas des sauvages. Je les connais peut-être mieux que vous. Leur civilisation est très ancienne et, chez eux, les lois de l'hospitalité sont sacrées. Avez-vous le pouvoir de m'empêcher d'y aller ?

– Non, effectivement. Je ne peux pas vous interdire de vous suicider.

– Alors, aidez-moi, s'il vous plaît... J'ai l'intention d'aller sur les bords de la rivière Blanche. Quel est le meilleur chemin à votre avis ?

Le shérif Greg Wilkinson soupire. L'écervelée a choisi l'endroit le plus reculé de la réserve, celui que les Indiens considèrent un peu comme leur sanctuaire. Mais il doit quand même lui venir en aide. Le chemin n'est pas évident. Il faut qu'il lui indique le plus sûr pour qu'elle évite au moins de se rompre le cou...

Audrey Schneider écoute avec attention les explications que le policier lui fournit et, lorsqu'il a terminé, elle remet son casque.

– Merci, shérif. Nous nous reverrons dans trois mois.

Greg Wilkinson lui souhaite bonne chance et la regarde s'éloigner... Il sait très bien, lui, qu'il ne la reverra ni dans trois mois, ni dans six mois, ni dans un an. Il ne la reverra jamais !

Les appréhensions du shérif sont hélas fondées. Début juillet, Aigle des Monts, le chef de la plus importante tribu de la réserve, arrive au poste de police. Pour qu'il se déplace jusqu'à Mobile, il faut que ce soit grave...

– Il y a eu un malheur, shérif. Une étudiante blanche a été assassinée. Ce n'est pas un de mes hommes, j'en suis sûr. Nous l'avions accueillie avec respect. Chez nous, l'hospitalité est sacrée. Je pense d'ailleurs que ce n'est pas un homme de notre peuple qui a fait cela.

Greg Wilkinson revoit la jeune fille à moto, si pleine d'enthousiasme et de vie. Il n'a pas réussi à la détourner de son projet et il s'en veut. Mais pouvait-il y arriver ?

– Où est-elle ?

– Je l'ai fait enterrer. Je vais vous conduire...

L'endroit où Audrey Schneider a trouvé la mort se situe assez loin de la rivière Blanche. Le shérif Greg fait exhumer le corps et Aigle des Monts lui dit en le quittant :

– Nous saurons qui est le coupable et nous ferons justice. J'ai convoqué le grand conseil des tribus à la prochaine lune.

L'autopsie d'Audrey Schneider confirme qu'il s'agit bien d'un crime. La malheureuse a été violée et étranglée. Le shérif Wilkinson va donc devoir enquêter sur ce meurtre. Seulement comment faire, comment savoir quoi que ce soit dans cette réserve qui, bien que située au cœur des États-Unis, ressemble à un pays étranger ? Tout le monde y parle la langue apache, observe des coutumes et a un comportement incompréhensibles pour un homme blanc.

Bien sûr, il pourrait quand même enquêter avec ses policiers. Il accomplirait son devoir, mais il sait bien qu'il n'arriverait à rien. Les Indiens ne lui diraient pas un mot et, cela, il ne le veut pas. Il veut trouver lui-même l'assassin de la jeune fille.

Elle avait du cran, elle sortait de l'ordinaire. Il doit cela à sa mémoire...

Alors Greg Wilkinson se résout à employer les grands moyens. Il appelle Washington pour demander l'aide du FBI et la police fédérale répond favorablement. Elle lui envoie John Kenneth, l'un de ses agents, qui possède la particularité d'être un Apache de pure race.

Il fait son apparition dans le poste de police de Mobile, vêtu d'un costume traditionnel : un pantalon et une veste de cuir recouverts de dessins multicolores. Son visage cuivré aux pommettes saillantes est surmonté d'un couvre-chef en plumes d'aigle. John Kenneth explique en souriant :

– J'ai beau habiter Washington, je suis apache à cent pour cent, et ce que je porte, ce ne sont pas des accessoires pour Hollywood, c'est une authentique tenue indienne.

– Vous parlez apache ?

– Couramment.

– Vous êtes sûr qu'ils vous laisseront aller au conseil des tribus ?

– Certain, shérif. Je suis apache, c'est suffisant.

– Et vous pensez que vous y apprendrez la vérité ?

– Très vraisemblablement. Je viendrai vous le dire aussi vite que je pourrai et ce sera à vous de jouer.

John Kenneth prend, à cheval, la direction de la rivière Blanche, qui a été fatale à la malheureuse Audrey... Ainsi qu'il l'a dit, il est accepté sans problème par les siens. Personne ne le connaît, mais il parle apache, il pratique les signes de reconnaissance et les salutations traditionnels. On le laisse passer et il peut assister au grand conseil des tribus.

Celui-ci a lieu dans un cadre impressionnant, une immense cuvette, sans doute le cratère d'un ancien volcan. Le spectacle que forment ces milliers d'hommes aux vêtements et aux plumes bariolés a quelque chose de féerique. Toutes les tribus ont répondu à l'appel d'Aigle des Monts, qui paraît sur une tribune, en compagnie des autres chefs.

– Un crime a été commis. Une jeune fille a été assassinée au mépris de l'hospitalité. Le coupable sera puni selon la loi du peuple apache. Je sais qu'il n'appartient pas à ma tribu.

Tour à tour, les autres chefs viennent dire la même chose : l'assassin ne fait pas partie des leurs... John Kenneth est contrarié et surpris. Un Apache sait toujours ce qui se passe sur son territoire, et pourtant, cette fois, ce n'est pas le cas... C'est alors qu'un Indien qui ne fait pas partie des chefs vient à la tribune et déclare :

– Je sais qui a fait cela, c'est Gary Seymour !

À ces mots, une clameur sauvage parcourt le conseil. Visiblement, ce Gary Seymour semble connu de tous et n'est guère apprécié... John Kenneth ignore qui il est, mais il en sait assez. Il bondit sur son cheval et court apprendre la nouvelle au shérif Wilkinson.

Peu après, tandis que tous deux filent à toute allure, en voiture cette fois, sur les pistes de la réserve, le shérif le renseigne sur la personnalité de l'assassin.

– Gary Seymour est un Apache qui a abandonné les siens. Il a renié ses ancêtres et ses dieux. Il vit sur la réserve, mais il habite un ranch où il élève des chevaux. C'est un vaurien que j'ai à l'œil depuis longtemps. Il a dû proposer d'offrir l'hospitalité à la petite...

Quand Greg Wilkinson et John Kenneth arrivent, il est trop tard. C'est un cadavre qu'ils trouvent dans le ranch : celui de Gary Seymour, la tête fracassée d'un coup de tomahawk et une flèche plantée dans le cœur. Est-ce la façon d'exécuter les criminels selon la loi apache ? Le shérif aurait tendance à le croire, mais il n'en sait rien. Audrey Schneider, elle, le savait sûrement, mais elle n'est plus là pour le dire.

Le premier ennemi public

Il y a des malfaiteurs qui se décident sur le tard ou qui quittent le droit chemin à la suite d'un événement imprévu. Ce n'est assurément pas le cas de John Dillinger, qui manifeste dès son plus jeune âge ses penchants pour les formes les plus variées de la délinquance.

Il est pourtant loin d'être un enfant de la misère. Il naît, le 2 juin 1903, dans un milieu tout ce qu'il y a d'aisé. Son père est épicier dans une banlieue chic d'Indianapolis. Veuf trois ans plus tard, il se remarie en 1912. C'est la même année que le petit John s'affilie à un gang d'enfants, dont le nom se passe de commentaire : les « Douze Crapules ». Il en prend rapidement la tête et commet avec eux des délits en tous genres. Il n'a que neuf ans.

Il est arrêté, mais la police passe l'éponge, en raison de son jeune âge, lui faisant promettre de ne pas recommencer. Promesse non tenue. Quelques mois plus tard, il ligote un camarade sur le plateau d'une scierie et ne coupe le moteur de la scie qu'à quelques centimètres du garçon. L'année suivante, il fait plus fort encore : il vole une locomotive ! Le véhicule est à l'arrêt, moteur en marche, il s'y introduit, desserre les freins et l'abandonne quelques dizaines de kilomètres plus loin. À treize ans, avec l'apparition de la puberté, il se tourne vers une autre forme de délit et viole une fille de son âge.

Il n'est pourtant pas pris pour tous ces méfaits et il ne le sera pas, car il quitte Indianapolis. Son père vend l'épicerie et abandonne le métier de commerçant. Il s'installe comme fermier à Mooresville, toujours dans l'Indiana. John en profite pour changer de vie. Il adhère à un mouvement de jeunes chrétiens et annonce qu'il sera pasteur.

Mais ses bonnes résolutions ne durent pas. Il s'engage dans la marine pour échapper à la police, à la suite d'un vol de voiture, et déserte au bout de huit mois. Il a la chance de ne pas être poursuivi et trouve du travail dans une entreprise de meubles. Il se passionne pour le base-ball et se lie d'amitié avec un arbitre, Ed Singleton, qui est apparenté à sa belle-mère. Le personnage est assez peu recommandable et c'est sous son influence qu'il bascule dans la criminalité proprement dite. Il a vingt et un ans.

Un soir de septembre 1924, posté devant la boutique de l'épicier Franck Morgan, un ami de son père, il le voit compter le contenu de son tiroir-caisse et mettre la recette du jour dans sa poche. John attend qu'il ait fermé l'établissement et vient à sa rencontre. L'épicier Morgan l'interpelle joyeusement :

– Salut, Johnny ! Comment vas-tu ?

Dillinger sort alors un revolver de sa poche et s'écrie sur un ton qu'il veut sans réplique :

– Ton fric, en vitesse !

Franck Morgan est loin d'être impressionné. Pour ce colosse d'un mètre quatre-vingt-dix, le fils Dillinger n'est qu'un gamin.

– Tu es fou ? Range ça !

Une bagarre s'ensuit et un coup de feu éclate. Dillinger s'enfuit, persuadé d'avoir tué l'épicier, qui n'est que blessé. Ed Singleton l'attend un peu plus loin en voiture et démarre. Tous deux ne tardent pourtant pas à être pris, ce qui était inévitable après une agression à visage découvert contre quelqu'un qui les connaissait. Ils passent en jugement et, cette fois, plus question d'indulgence : Dillinger est condamné à vingt ans de prison, pour vol à main armée et tentative de meurtre ; Singleton, considéré comme un simple comparse, n'écope que de six mois.

La justice propose à Dillinger, bien qu'il n'en ait plus l'âge, de purger sa peine dans la maison de redressement de Pendleton. Pourtant, il choisit le pénitencier de Michigan City, un établissement à la discipline très dure, mais qui possède une équipe de base-ball exceptionnelle.

Le jeune malfaiteur y rencontre les pires gangsters des États-Unis qui, sentant tout ce qu'il y a de prometteur en lui, s'emploient à faire son éducation criminelle. Il se lie en particulier avec trois d'entre eux : Jenkins, Pierpont et Van Meter. Au cours de leurs conversations, il est souvent question d'évasion, mais Dillinger préfère un autre moyen pour retrouver la liberté : avoir une conduite irréprochable et bénéficier d'une libération anticipée.

C'est un détenu modèle, vivement apprécié de la direction du pénitencier. Il faut noter ici un des aspects les plus étonnants de la personnalité de John Dillinger : il est sympathique. Quand il s'en donne la peine, il s'attire les bonnes grâces de qui il veut. Il a d'ailleurs un physique de séducteur, un vrai physique de cinéma, avec une beauté virile, mais sans brutalité. Il ressemble étonnamment à Humphrey Bogart, qui commencera sa carrière quelques années plus tard...

Les habitants de Mooresville avec qui il n'a jamais cessé de correspondre signent une pétition en sa faveur, en tête de laquelle figure le nom de Franck Morgan. Ils ne disent que du bien de lui et accusent unanimement Ed Singleton de l'avoir influencé ; le véritable criminel, c'est lui ! Tant et si bien que, le 10 mai 1933, le gouverneur signe sa libération sur parole. Dillinger a fait neuf ans de prison et il est sur le point d'avoir trente ans.

Il arrive chez lui à temps pour assister à l'enterrement de sa belle-mère. Il ne l'aimait guère, ce qui ne l'empêche pas, à l'église, de surprendre tout le monde par sa ferveur. Le pasteur fait un sermon ému sur la parabole du pécheur repenti. À la fin de la cérémonie, l'ancien prisonnier se précipite dans ses bras en larmes, lui disant :

– Vous ne saurez jamais le bien que vous m'avez fait !

Le lendemain, il rejoint le gang des Casquettes blanches, à qui il a été recommandé par Pierpont, et ils entament ensemble une série de hold-up. Ils opèrent, ainsi que leur nom l'indique, avec une casquette blanche et un foulard sur le nez, comme dans les westerns.

Comme cela s'est passé avec le premier gang dont il a fait partie, les Douze Crapules, John Dillinger en prend rapidement la tête. Sous son impulsion, les agressions se multiplient, jusqu'à une par jour. Il est également soucieux de mise en scène : il décide de remplacer les casquettes, qu'il trouve vulgaires, par des canotiers, que vient de mettre à la mode Maurice Chevalier.

Peu après, il tente un coup plus risqué, à visage découvert. En compagnie d'un complice, il se rend dans une filature de Monticello, dans l'Indiana, le jour de la paye. Il est reçu par le sous-directeur, Fred Fischer :

– On vient chercher du boulot. On nous a dit qu'il y en avait.

Mais le sous-directeur est méfiant, précisément parce que c'est le jour de la paye.

– Revenez demain, on verra ça.

Le complice sort son revolver. Fred Fischer, nullement intimidé, saute sur lui et s'en empare. Dillinger tire alors et s'enfuit. Heureusement, comme avec l'épicier Morgan, le sous-directeur n'est que légèrement blessé. Quant aux deux hommes, ils ne seront ni reconnus ni inquiétés...

En cette année 1933, il est évident pour tout le monde que la Prohibition est sur le point d'être supprimée et il n'est plus intéressant de se lancer dans le trafic d'alcool. C'est la criminalité ordinaire, les braquages et agressions en tous genres qui font recette. D'autant que jamais la misère n'a été aussi grande dans le pays : à la suite de la crise née du krach de 1929, il y a treize millions de chômeurs. Dillinger va donc devoir affronter une concurrence acharnée mais il va se distinguer des autres par son audace et aussi par un certain panache.

Le 17 juillet, avec deux complices, il se présente à visage découvert dans la banque de Dalesville, Indiana, le canotier sur le côté à la manière de Maurice Chevalier. Il sort son revolver et annonce à la caissière, avec un sourire enjôleur :

– Salut beauté, c'est un hold-up !

Puis, tel un acrobate, il bondit par-dessus le comptoir comme dans les meilleurs films d'action et vide les coffres, tandis que ses complices tiennent les employés et les clients en respect...

Le témoignage de la caissière permet de l'identifier et Matt Leach, le chef de la police de l'Indiana, fait placarder des avis de recherche un peu partout. Il communique également sa photo aux journaux, qui la diffusent largement. Pensant qu'il risque de s'y rendre, il fait surveiller en vain la maison de son père à Mooresville et celle de sa sœur à Maywood.

Matt Leach apprend alors qu'il logerait, en compagnie d'une certaine Mary Longmaker, à Dayton, dans l'Ohio. S'agissant d'un autre État, il ne peut que transmettre le dossier à la police de l'Ohio, qui se rend au 324 West Avenue. Mais la jeune femme est seule et, les jours suivants, il n'y a pas trace de Dillinger.

Le renseignement est bon, mais l'intéressé est à ce moment à Michigan City, où il s'emploie à faire évader ses amis détenus : Pierpont, Jenkins, Van Meter et quelques autres. Il leur fait parvenir tout un arsenal, par l'intermédiaire de gardiens soudoyés, et, une fois l'opération réussie, il rentre à Dayton...

Il est en compagnie de Mary Longmaker, lorsqu'on sonne à la porte. La jeune femme ouvre et se trouve en présence de deux hommes en civil, mitraillette à la main :

– Police ! Pas de résistance !

Mary, qui n'est pas au courant des activités criminelles de son amant, s'évanouit. Celui-ci tente de crâner :

– Vous n'êtes pas en uniforme. Qu'est-ce qui me dit que vous êtes de vrais policiers ?

La réponse est sans réplique :

– Pas de bêtises, Dillinger ! Nous savons qui tu es. Suis-nous ou on tire.

John Dillinger est donc arrêté. Il avait été libéré sur parole le 10 mai 1933, puis repris le 22 septembre : sa cavale n'a duré qu'un peu plus de quatre mois, mais le nombre d'agressions qu'il a commises durant ce temps est proprement incroyable !

Et il a également préparé l'évasion de ses amis. Elle a lieu quatre jours après son arrestation. C'est une opération mouvementée, avec fusillade et prise d'otages, qui coûte la vie à Jenkins. Mais les six autres s'en sortent. Lorsqu'ils apprennent le sort de leur bienfaiteur, ils n'ont qu'une idée en tête : le délivrer à son tour.

Ils savent qu'il a été interné dans la petite prison de Lima, dans l'Ohio. C'est un établissement tranquille, dirigé par le shérif Sarber, qui y habite avec sa famille. Depuis qu'il y a été amené, John Dillinger a d'ailleurs sympathisé avec ce dernier. Une fois encore, il a fait son numéro de charme et ils sont devenus les meilleurs amis du monde.

Les six évadés arrivent à Lima deux jours plus tard, à bord de deux voitures. Trois d'entre eux restent à l'intérieur, les trois autres, Pierpont, Clarke et Makley, font irruption dans le bureau de la prison.

– Nous sommes de la police de Michigan City. On veut voir Dillinger.

Le shérif Sarber se méfie.

– Vous pouvez me montrer vos pièces d'identité ?

Il a le malheur de faire un geste vers le tiroir de son bureau. Pierpont tire et l'homme s'écroule, mortellement blessé. Makley hurle :

– Les clés des cellules en vitesse !

Mme Sarber, qui a assisté à toute la scène, les lui donne en tremblant. L'adjoint du shérif ne peut rien faire... En entendant le coup de feu, Dillinger, qui jouait aux cartes avec d'autres prisonniers, a sauté sur sa veste et son chapeau. Pierpont le délivre et lui donne un revolver. Dillinger arrive dans le bureau, où le shérif Sarber agonise. En le voyant, celui-ci a un cri douloureux :

– Oh, les gars, pourquoi avez-vous fait ça ?

Dillinger se penche sur le corps, l'air catastrophé, mais c'est trop tard. Les autres enferment la femme et l'adjoint dans une cellule et tous quittent les lieux. L'alerte est donnée bien après et les fuyards ne seront pas rattrapés.

Dillinger reconstitue son gang et s'installe dans un vaste appartement de Chicago où tous sont à l'abri de la police de l'Ohio. Ils sont sept : quatre gangsters, dont trois avec leur maîtresse. Dillinger s'est mis en ménage avec Billie Frechette, la première dont il ait été vraiment épris. De son côté, Matt Leach, le chef de la police de l'Indiana, toujours à leur recherche, obtient leur adresse. Son autorité ne pouvant dépasser le cadre de son État, il communique le renseignement à la police de l'Illinois où se trouve Chicago.

Les policiers de l'Illinois agissent sans retard. Ils décident d'arrêter Dillinger lorsqu'il sera en voiture. Pas question d'opérer à l'intérieur de l'immeuble : dans ce nid de gangsters, ce serait un carnage. Ils ne visent que Dillinger, c'est lui le chef et le plus dangereux, les autres viendront après.

Par un mouchard infiltré dans le gang, la police apprend qu'il a rendez-vous avec un médecin d'Irving Park Boulevard. Les policiers de l'Illinois sont tellement sûrs de leur réussite qu'ils invitent Matt Leach, pour qu'il assiste à la capture. Le plan est de laisser Dillinger aller chez le médecin, puis remonter dans sa voiture et de le coincer avec plusieurs véhicules banalisés.

Il arrive en compagnie de Billie Frechette, dans une puissante auto. Il est très décontracté. Visiblement, il ne se doute de rien. Mais en sortant de chez le médecin, il remarque de nombreux véhicules garés en infraction. Il murmure à sa compagne :

– Ce sont les flics. Surtout ne regarde pas. On va à la voiture comme si de rien n'était. Mais une fois qu'on sera dedans, cramponne-toi !

Dillinger démarre en marche arrière à toute allure. Totalement surpris, les policiers se mettent à manœuvrer. Mais il repart en avant et passe en trombe au milieu d'eux. Une fusillade éclate. Un agent de la circulation, prenant les policiers pour des gangsters, ouvre le feu sur eux. Dillinger, lui, fonce en direction du tramway qui passe à ce moment et traverse juste devant lui. Le véhicule bloque ses poursuivants suffisamment longtemps pour qu'il puisse s'échapper. Il est sauvé !

Cet exploit lui vaut une célébrité incroyable dans tout le pays. Il est aussi à l'origine d'une réorganisation capitale dans la police américaine. C'est en effet à cause de Dillinger qu'est créé véritablement le FBI, la police nationale américaine. Jusque-là, l'organisme existait sur le papier, mais ses attributions étaient très limitées.

À la suite de plusieurs lois votées en 1934, son champ d'action est étendu aux crimes les plus graves, dont le banditisme en gang. Et cela change tout. Jusqu'à présent, il suffisait aux gangsters de passer d'un État à l'autre pour augmenter considérablement leurs chances d'impunité. La police de l'État où le délit avait été commis devait avertir celle de l'État où les malfaiteurs avaient trouvé refuge et lui passer le relais, comme cela venait de se produire entre l'Indiana et l'Illinois. Désormais, le FBI est immédiatement saisi pour ce genre de crime et peut traquer ses auteurs à travers tout le pays.

C'est Edgar Hoover, personnage énergique, qui est nommé à la tête de l'organisme et le restera jusqu'à sa mort, en 1972. Sa première décision est, bien sûr, de s'occuper de Dillinger. Et il ne fait pas les choses à moitié ! Il crée une « brigade anti-Dillinger », sous la direction du capitaine John Stedge, avec pour consigne : « Tirer pour tuer et tirer les premiers. »

Le résultat ne tarde pas. La presse annonce, quelques jours plus tard, que l'un des membres de la brigade, l'inspecteur Reynolds, a abattu Dillinger, Pierpont et un troisième gangster, Hamilton, au cours d'une effroyable fusillade. Le démenti arrive le lendemain : il s'agissait de trois malfaiteurs qui n'avaient rien à voir avec le gang. John Dillinger apprend l'affaire comme tout le monde et téléphone personnellement à Stedge pour lui présenter ses félicitations...

En attendant, il continue ses hold-up et, pour la première et dernière fois, il va tuer. Le 15 janvier, il attaque une succursale de la First National Bank de Chicago, en compagnie d'un de ses complices, Hamilton. Ce dernier rafle l'argent, tandis que lui-même tient tout le monde en respect.

Un agent, qui faisait une ronde avec un collègue, entre. John Dillinger le met en joue avec sa mitraillette et lui ordonne de jeter son revolver. Il s'exécute. L'autre agent fait alors irruption et tire. Dillinger est atteint à la poitrine, mais il est protégé par son gilet pare-balles. Il ne riposte pas. L'agent tire à nouveau et, cette fois, Dillinger fait feu, l'atteignant en plein cœur. Malgré l'intervention d'autres policiers, les deux hommes s'enfuient, avec plus de 20 000 dollars...

À la suite de cet événement et sachant le FBI à ses trousses, le gang décide de se séparer. Dillinger reste aux États-Unis, mais Pierpont et Clarke se réfugient au Mexique. Mal leur en prend. Malgré leurs fausses pièces d'identité, ils sont reconnus et arrêtés. Au moment de son interpellation, Pierpont tente d'avaler un papier. On le lui arrache : c'est l'adresse de John Dillinger. Le FBI, immédiatement prévenu, s'y précipite. Il est parti pour la journée avec sa maîtresse Billie. Lorsqu'ils rentrent le soir, ils sont entourés par une nuée de policiers.

– Haut les mains, Dillinger ! Pas un geste !

Comme il l'a déjà fait lors de son arrestation précédente, ce dernier ne s'émeut pas.

– Qu'est-ce qu'il vous prend ? Je m'appelle Frank Sullivan.

Mais il est emmené au poste, où il est formellement reconnu. Cette fois, il n'est pas conduit dans une paisible prison, comme celle de Lima, que dirigeait l'infortuné shérif Sarber, mais au pénitencier de Lake County, à Crow Point, le plus redoutable de la région, celui d'où personne ne s'échappe.

Là, Dillinger fait son numéro de séduction habituel devant les innombrables journalistes venus le voir. Et il réussit au-delà de toute expression. Il est enjoué, gai, charmant. Il pose pour les photographes, le bras sur l'épaule de Robert Estill, le procureur de l'Indiana, chargé de l'envoyer à la chaise électrique. Un peu plus tard, sous le crépitement des flashes, il serre la main de Matt Leach, qui s'est spécialement déplacé pour le voir. Les deux clichés font scandale tout en amusant beaucoup.

Pour éviter une nouvelle évasion, des précautions extraordinaires ont été prises : toute une partie du deuxième étage de la prison lui est réservée. Elle grouille d'hommes en armes spécialement recrutés pour la circonstance. La nuit, des projecteurs balayent inlassablement les environs. Et pourtant, le 3 mars 1934, un mois jour pour jour après son incarcération, John Dillinger va réussir sa plus extraordinaire évasion.

Des dizaines de gardes le surveillent mais, par une incroyable négligence, on lui a laissé son rasoir. À l'aide de celui-ci, il sculpte dans un morceau de bois un revolver factice qu'il enduit de cirage noir. Lorsque le gardien arrive, comme chaque matin, pour lui porter son café, il le lui met sous le nez.

– Je n'ai pas envie de tuer qui que ce soit. Alors, donne-moi les clés et appelle-moi ce type là-bas.

« Ce type là-bas », c'est le shérif adjoint Blunk, qu'on peut apercevoir par la porte entrouverte. Le gardien s'exécute et Dillinger se retrouve avec deux otages. Bientôt trois, car le directeur de la prison, Lou Barker, passe à proximité de la cellule, entend qu'on l'appelle et entre sans méfiance.

Dillinger y enferme le gardien et le directeur et part en compagnie du shérif adjoint Blunk.

– Fais comme si tu m'emmenais quelque part. Au moindre geste, au moindre mot, tu es mort.

C'est ainsi que Dillinger passe au milieu des dizaines d'hommes armés jusqu'aux dents, chargés de le surveiller. Il conduit son prisonnier jusqu'au bureau du gardien-chef Blake et s'arrête devant la porte.

– Appelle-le.

Il obéit. Le gardien-chef sort et Dillinger se précipite dans le bureau où il sait qu'il y a des armes. Il trouve effectivement deux mitraillettes chargées et s'en empare. Cette fois, il est réellement armé et peut jeter son revolver de bois...

Conduisant devant lui ses deux prisonniers, il parvient encore à s'emparer par surprise d'une dizaine de gardiens, qu'il enferme les uns après les autres. Puis, il délivre un détenu noir, un certain Youngblood, condamné pour meurtre. Il lui remet l'autre mitraillette et prend la direction du garage de la prison, ne gardant avec lui que le shérif adjoint Blunk.

Ils y trouvent le mécanicien Ed Saager, penché sur le capot d'une voiture. Aussitôt, ce dernier se retrouve nez à nez avec les mitraillettes.

– Montre-nous ta bagnole la plus rapide et monte avec nous !

Le mécanicien désigne une puissante automobile et bientôt celle-ci démarre. Lui-même est au volant avec à ses côtés le shérif adjoint. Dillinger et Youngblood sont assis sur la banquette arrière avec leurs mitraillettes. Ils franchissent la porte du pénitencier, en compagnie de leurs otages. Au bout de quelques kilomètres, Dillinger arrête la voiture, les libère et remet 4 dollars à chacun.

– Pour votre peine, les gars ! Je ne peux pas faire plus pour l'instant, mais je ne vous oublierai pas à Noël.

Puis, il se sépare de Youngblood, qui a décidé de tenter sa chance de son côté. Il sera abattu peu après par la police.

Tel est l'extraordinaire exploit que relatent tous les journaux et les radios : une évasion sans un coup de feu, sans effusion de sang, accomplie avec une maîtrise parfaite et une incontestable élégance ! Dans la presse, on ne peut pas vraiment parler d'admiration, mais tous les journalistes le reconnaissent : Dillinger, c'est quelqu'un !

Il n'en va évidemment pas de même pour les autorités, principalement pour la police. Edgar Hoover est fou furieux et les révocations vont bon train au FBI. Il prend personnellement la tête de la brigade anti-Dillinger et déclare ce dernier « ennemi public numéro un ». C'est la première fois qu'on emploie cette expression, appelée à faire fortune par la suite. La population est invitée à collaborer par tous les moyens à sa capture et sa tête est mise à prix 10 000 dollars, soit environ 100 000 euros.

Dillinger, lui, continue imperturbablement son activité de braquages. Il a reformé sa bande avec Van Meter, son vieux camarade de Michigan City, et Lester Gillis Nelson, surnommé « Baby Face » à cause de son visage d'ange. Ensemble, ils dévalisent les banques de Sioux Falls et Mason City.

Dans le même temps, le procès de ses anciens coéquipiers Pierpont, Makley et Clarke s'ouvre à Lima, dans l'Ohio. Des effectifs policiers considérables entourent le palais de justice ; on a même fait venir l'armée, mais l'ennemi public numéro un ne se manifeste pas et les débats se déroulent normalement. Pierpont et Makley sont condamnés à mort ; Clarke, qui bénéficie de circonstances atténuantes, est condamné à la perpétuité.

Le FBI continue sa traque. Il reçoit un renseignement, selon lequel Dillinger serait à Saint Paul, dans le Minnesota. Il s'y précipite, mais Dillinger est parti ; les policiers n'arrêtent qu'un comparse, Eddie Green... Et pourtant, l'homme le plus recherché du pays aurait pu être facilement arrêté à quelque distance de là ! Car pendant ce temps, avec son inséparable compagne Billie, il séjourne chez son père, à Mooresville. Il est venu le remercier d'avoir déclaré aux journalistes qu'il ressentait une « certaine fierté devant l'astucieuse et spectaculaire évasion de son fils ».

Il y a une grande fête en famille, après quoi tout le monde se sépare dans d'émouvantes embrassades. Le plus extraordinaire, c'est que les deux agents en faction sur les lieux ne se sont aperçus de rien ! Encore une fois, Dillinger a ridiculisé la police, gagnant un surcroît de popularité. Contrairement à ce qu'espérait Hoover, la population ne collabore pas avec le FBI, elle compte les points dans cette partie de gendarmes et de voleurs, avec une nette préférence pour ces derniers...

Faisant preuve de la même audace, Dillinger se permet de rendre visite à la famille de Pierpont, récemment condamné à mort, pour lui exprimer sa sympathie. Aussi invraisemblable que cela paraisse, les lieux ne sont pas surveillés. Il subit pourtant, peu après, sa première véritable défaite. Alors qu'il est revenu à Chicago avec Billie Frechette, elle est arrêtée, tandis qu'elle se promenait seule dans la rue...

Un nouvel homme a repris la traque de Dillinger, sous les ordres directs d'Edgar Hoover, l'inspecteur Melvin Purvis. Il apprend que le gangster se trouve à Louisville et organise une souricière. Malheureusement pour lui, la presse publie les plans du FBI et l'opération échoue. Un peu plus tard, un renseignement signale l'ennemi public numéro un dans une auberge au nord du Wisconsin, la Petite Bohème. La bande s'y trouve bien au complet mais l'intervention est mal menée, les policiers sont découverts et tout le monde parvient à s'échapper pendant la fusillade.

Il s'en est fallu de peu. Dillinger décide alors de se faire refaire le visage grâce à un chirurgien marron. Quoique le résultat soit peu convaincant, il en est très satisfait et retrouve tout son allant. En compagnie de Van Meter et Baby Face Nelson, il attaque une banque à South Bend, dans l'Indiana. La police intervient pendant l'opération et les gangsters se protègent en prenant des otages. Les policiers tirent sans discernement, tuant un agent et blessant six otages.

L'événement provoque une vive émotion dans la population. Mais elle n'est pas dirigée contre Dillinger, c'est la police qui est prise à partie. Celle-ci est composée non seulement d'incapables, mais d'individus irresponsables qui mettent en danger les honnêtes gens. À la suite de cela, on voit des automobilistes se promener avec une pancarte sur leur voiture : « Je ne suis pas Dillinger, ne tirez pas ! »

Après ce coup mouvementé, l'ennemi public numéro un décide de s'accorder pour la première fois un peu de repos. Billie Frechette ayant été condamnée à deux ans de prison pour assistance à un criminel, il s'est mis en ménage avec Polly Hamilton, vingt-six ans, serveuse de restaurant. Tous deux logent à Chicago, chez une nommée Anna Sage, quarante-deux ans, d'origine roumaine.

Dillinger sympathise immédiatement avec elle. Sans méfiance, il lui révèle son identité et son projet : partir pour le Mexique. Il ne lui vient pas à l'idée qu'elle est une immigrante en situation irrégulière, qui a tout intérêt à collaborer avec la police, et que la prime de 10 000 dollars pourrait la tenter. Sans doute après l'extraordinaire dépense d'énergie qui a été la sienne depuis sa première sortie de prison, le 10 mai 1933, il y a un peu plus d'un an, éprouve-t-il le besoin de se reposer. Ce relâchement va lui être fatal...

Le samedi 21 juillet 1934, Anna Sage a rendez-vous avec l'inspecteur Melvin Purvis, dans un endroit isolé, au bord du lac Michigan :

– Demain dimanche, il sera au cinéma Marbro, avec Polly et moi...

Le lendemain, les préparatifs policiers commencent autour du Marbro. Mais en fin d'après-midi, Dillinger déclare aux deux femmes :

– Si on allait plutôt au Biograph ? Ils jouent un truc chouette : l'histoire d'un gangster condamné à la chaise électrique.

Anna Sage téléphone au FBI.

– Il n'est pas fixé. Il parle du Biograph à présent...

– Tâchez de savoir lequel des deux c'est et rappelez-moi.

Anna Sage rappelle à 19 heures. Elle chuchote :

– Il est dans la pièce à côté. On va partir pour le cinéma, mais il ne s'est toujours pas décidé...

Le FBI n'a d'autre solution que de répartir les effectifs : Purvis et un inspecteur iront au Biograph, deux autres au Marbro. Les autres se tiendront entre les deux cinémas en attendant de rejoindre le bon...

À 20 heures, Melvin Purvis voit arriver le trio. Dillinger ne prend aucune précaution pour se cacher, très confiant en sa transformation esthétique, bien qu'on le reconnaisse assez facilement. De toute manière, on ne peut pas se tromper : l'informatrice est à ses côtés, dans une robe rouge.

Melvin Purvis prévient les autres hommes, qui convergent vers le Biograph. Puis, il appelle Edgar Hoover :

– Cette fois, je crois qu'on le tient !

– Pas de massacre à l'intérieur du cinéma. Attendez la sortie.

Les policiers ont donc toute la durée du film pour mettre au point les détails de l'intervention. Il est convenu que Purvis se tiendra devant le Biograph, un cigare éteint à la bouche. Il l'allumera lorsque Dillinger passera devant lui. À ce moment, les agents postés dans la rue interviendront.

Tous ces conciliabules sont loin d'être discrets. La caissière les a remarqués et, croyant à une tentative de hold-up, prévient son directeur, qui prévient à son tour la police. Les hommes du FBI voient surgir peu après un car rempli d'agents en uniforme, sirène en marche. Il s'en faut d'un rien pour que toute l'opération échoue. Mais le malentendu finit par être dissipé, les agents en uniforme repartent et le dernier acte peut avoir lieu.

À 21 h 30, les spectateurs quittent le Biograph. L'inspecteur Purvis allume son cigare. Les agents postés dans la rue mettent la main à leur arme. Ils sont vingt-sept. Dillinger marche tranquillement entre les deux femmes. Soudain, son sixième sens lui donne l'alerte : il sort son revolver et se met à courir. Il y a des sommations, des cris, des coups de feu dans tous les sens. Il s'effondre, atteint de deux balles dans la tête. Deux passants ont été blessés.

Telle a été la fin de John Dillinger, à l'issue d'une carrière criminelle aussi brève que fracassante. Bien loin d'être accueillie avec soulagement, la nouvelle de sa mort a suscité surtout des critiques. L'opinion a reproché à la police de l'avoir tué sans chercher à le capturer. Car Dillinger était tout le contraire d'un forcené, d'un homme à abattre ; il s'était laissé prendre sans résistance les deux premières fois.

Lui-même n'avait tué qu'à une seule reprise, et encore, parce qu'il y avait été obligé, en état de légitime défense, si l'on peut dire. Tout cela avait fini par lui composer une sorte de légende... On dit que des femmes ont trempé leur mouchoir dans son sang répandu sur le trottoir, on dit aussi que, lorsqu'il a commencé sa carrière, Humphrey Bogart a bénéficié de sa ressemblance avec lui.

C'est étonnant, mais c'est ainsi : le premier ennemi public avait la sympathie du public.

L'inconnu de l'Europe-Express

Les grands express internationaux, dans l'esprit du public, c'est toute une légende. Chaque semaine à heure dite, ils emmenaient à l'autre bout de l'Europe un monde élégant et cosmopolite. C'étaient les paquebots de la terre, un univers clos, feutré et luxueux dans lequel naissaient des intrigues politiques ou sentimentales, des aventures et parfois même des drames. Il y avait là, réunis pour deux ou trois jours, dans les wagons-restaurants, dans les wagons-salons, tout ce que l'Europe comptait de personnalités ou de personnages : artistes, industriels, hommes d'État, mondaines, demi-mondaines, escrocs de haut vol, espions internationaux...

Évidemment, tout cela appartient au passé. Pourtant, si certains trains internationaux, comme l'Orient-Express, ont disparu depuis longtemps, d'autres ont continué leur carrière jusque dans les années 80. Eux aussi étaient des mondes clos, fermés sur eux-mêmes, avec leurs intrigues et leurs drames. Mais les aventures qui s'y passaient n'étaient pas tout à fait du même genre.

Ils étaient utilisés par ceux qui n'avaient pas les moyens de se payer l'avion ou même le charter, c'est-à-dire, en majorité, par les travailleurs émigrés. Finis les voitures-restaurants, les salons de première classe, la longue file bleue des wagons-lits. À la richesse avait succédé la misère, aux trains de luxe des convois de pauvres gens.

Et c'est bien le cas de l'Europe-Express, qui, en cette année

1976, fait chaque semaine le trajet Hambourg-Belgrade et retour, traversant successivement l'Allemagne, l'Autriche et la Yougoslavie. C'est le train des émigrés yougoslaves qui vont travailler dans les usines de la Ruhr, de Francfort ou d'ailleurs. Et c'est aussi celui des hippies, car on vend presque ouvertement de la drogue dans l'Europe-Express. À chaque voyage, une douzaine de prostituées fait le trajet. Ce sont des habituées, qui ont leur compartiment réservé, toujours le même. Il y a en plus toute une cohorte de petits escrocs et de parasites : des joueurs professionnels, des marchands de revues pornographiques ou d'alcool frelaté.

La police sait tout cela, mais elle a pris le parti de fermer les yeux. D'ailleurs, quelle police devrait intervenir quand il s'agit d'un train qui traverse trois pays différents ? Pour qu'elle se manifeste, il faudrait vraiment qu'il se passe quelque chose de grave.

Le 2 février 1976, des ouvriers des chemins de fer autrichiens employés à l'entretien des voies découvrent près de la ville de Linz le cadavre déchiqueté d'un homme. Il a ses papiers sur lui. C'est un Yougoslave, Jacob Padubronka, vingt et un ans, travaillant en Allemagne. De toute évidence, il est tombé de l'Europe-Express.

Un quart d'heure plus tard, Heinz Bruckmayer, commissaire principal à Linz, est prévenu. Il est près de 16 heures quand le téléphone sonne dans son bureau. Heinz Bruckmayer écoute en silence le chef de gare de Linz, pose quelques questions et raccroche. C'est un policier de la vieille école et, si l'on se fie à son seul aspect physique, on dirait volontiers « vieux jeu ». Il a la cinquantaine bien avancée, les cheveux gris presque blancs et, été comme hiver, il porte un costume sombre avec gilet et montre de gousset. Mais ses subordonnés savent que, sous ses dehors conventionnels, c'est un chef particulièrement efficace et même acharné quand une affaire lui tient à cœur.

Pour l'instant, le commissaire Bruckmayer grommelle devant

son jeune adjoint Ritter qui, patiemment, attend que sa mauvaise humeur se soit calmée.

– Je l'avais bien dit, Ritter, à force de fermer les yeux, cela devait arriver. Toutes les polices savent parfaitement ce que c'est que l'Europe-Express. Mais chacun se dit : « Si quelque chose se passe, ce sera chez le voisin. » Eh bien, maintenant, cela s'est passé et c'est chez nous.

Franz Ritter approuve, sans se compromettre, d'un hochement de tête.

– À présent, c'est à moi de diriger l'enquête. Mais comment voulez-vous mener une enquête quand tout a eu lieu dans un monde à part qui vous file sous le nez à cent trente à l'heure ?

Le commissaire médite encore amèrement quelques instants avant de retrouver son esprit de décision.

– Ritter, vous allez téléphoner à Belgrade. Si le train n'est pas arrivé, nous avons encore une chance. Vous demanderez par Interpol que la police yougoslave prenne l'identité de tous les passagers.

Franz Ritter revient cinq minutes plus tard, l'air contrarié.

– Pas de chance, commissaire, à une heure près. L'Europe-Express est arrivé à Belgrade à 15 heures. Comme rien d'anormal n'avait été signalé, on a laissé partir tout le monde après les formalités de douane et de police.

Heinz Bruckmayer tire nerveusement une bouffée de son cigare.

– Ce qui veut dire que tous les témoins nous ont filé entre les doigts... Notez que c'est peut-être un accident. Mais, entre nous, je n'y crois pas, dans ce lieu de débauche et de perversion.

Le jeune adjoint s'éclaircit la voix :

– Je ne suis pas entièrement de votre avis, commissaire. Il y a des témoins. Le personnel du train, qu'on pourra retrouver facilement, et puis surtout les prostituées. Vous savez comme moi qu'elles sont de tous les voyages. Ce sont des habituées. En plus, elles peuvent être d'excellentes observatrices. Qui sait même si l'une d'elles n'a pas eu la victime pour client ?

Le commissaire gratifie son adjoint d'un sourire approbateur.

– Nous interrogerons tout ce petit monde quand le train

repassera à Linz. En attendant, je vous charge de l'enquête traditionnelle.

L'enquête traditionnelle, Franz Ritter la mène à bien en quelques coups de téléphone. Interpol Allemagne et Yougoslavie donnent tous les renseignements possibles sur l'identité de la victime : un travailleur émigré comme tant d'autres, qui avait quitté le soleil de l'Adriatique pour les brumes de Hambourg, avec presque tous les jeunes gens de son village. Manifestement un brave garçon qui n'avait pas eu d'histoires, ni dans son pays natal ni dans son travail en Allemagne. La seule chose vraiment intéressante est qu'il allait passer quinze jours dans sa famille et que, comme beaucoup de ses compatriotes, il devait lui apporter pas mal d'argent en liquide.

Le lendemain, les résultats de l'autopsie confirment la première impression du commissaire Bruckmayer : il s'agit bien d'un crime. Le jeune homme était drogué. Un mélange d'alcool et de barbituriques. Il était inconscient au moment où il est tombé sur la voie ; il ne peut être question d'accident, on l'a poussé.

Deux jours plus tard, l'Europe-Express est de retour à Linz. À son entrée en gare, la police autrichienne fait descendre tous ceux que le commissaire Bruckmayer lui a demandé d'interpeller, c'est-à-dire les habitués du train : le vendeur de revues pornographiques, le marchand d'alcool et, bien entendu, une douzaine de prostituées. Le personnel a été également convoqué. Quant aux fournisseurs de drogue, dont chacun sait qu'ils tiennent boutique dans les toilettes des derniers wagons, ils sont introuvables : en apprenant le meurtre, ils ont préféré s'éclipser pendant quelque temps.

Étant donné le nombre de témoins, le commissaire les a réunis dans la salle d'attente de la gare, fermée provisoirement au public, et les questionne dans un bureau voisin. L'interrogatoire des membres du personnel ne donne pas grand-chose. Depuis longtemps, ils ont pris leur parti de limiter leur service au minimum et, surtout, de ne pas se montrer trop curieux. Le travail dans l'Europe-Express est déjà suffisamment peu enviable comme cela. Ils ne tiennent pas à ce qu'en plus, il devienne dangereux. En tout cas, ils n'ont aucun souvenir du jeune homme. Comment remarquer un Yougoslave parmi des centaines d'autres ?

Le témoignage du vendeur de revues pornographiques n'est guère plus instructif. C'est un gros homme rougeaud, congestionné ; quand il arrive devant le commissaire, il semble au bord de l'apoplexie. Il s'éponge sans cesse le front et les joues avec son mouchoir.

– Je suis en règle, monsieur le commissaire. Je suis un honnête commerçant. J'ai ma licence. Toutes mes publications sont autorisées par la loi autrichienne. Et je ne vends jamais aux mineurs... Jamais !

Le commissaire Bruckmayer l'interrompt et lui montre la photo du jeune homme.

– Ce n'est pas ce qu'on vous demande. Lui avez-vous vendu votre marchandise ?

Le vendeur examine longuement le cliché. Visiblement, il ne demande qu'à coopérer, mais ne sait rien.

Le vendeur d'alcool n'en dit pas plus que son collègue, et c'est enfin au tour des prostituées. La première, une certaine Hilda, a manifestement l'habitude des entretiens avec la police. Elle comprend tout de suite ce qu'on attend d'elle.

– Faut demander à Gisèle, commissaire, je crois bien que c'est elle qui s'est occupée de lui.

– Gisèle ? C'est une Française ?

La femme a un gros rire.

– Elle dit qu'elle est parisienne, comme ça, pour faire chic, mais entre nous, elle parle allemand aussi bien que moi.

La dénommée Gisèle ne fait aucune difficulté pour reconnaître qu'elle n'a jamais mis les pieds à Paris, et qu'elle s'appelle en fait Johanna Menger. C'est une blonde, assez bien proportionnée, qui, sans son maquillage outrancier, pourrait passer pour une petite-bourgeoise.

– Je dois vous dire, monsieur le commissaire, que ce n'est pas vraiment mon métier. Je n'ai pas toujours fait cela. Mais je vis seule avec ma fille, et il faut que je paie mon appartement à Hambourg. Vous comprenez ?

Le commissaire Bruckmayer ne cherche pas à comprendre.

– Cela ne m'intéresse pas. Reconnaissez-vous cet homme, oui ou non ?

La jeune femme ne regarde même pas le cliché qu'il lui tend.

– Ce n'est pas la peine, j'ai déjà vu sa photo dans les journaux. Oui, je l'ai eu comme client. Si j'avais pu savoir...

Elle hésite un instant.

– Mais dans le fond, cela ne m'étonne pas qu'il lui soit arrivé quelque chose. Il y avait des gros billets dans sa poche et il les montrait à tout le monde dans le couloir. D'autant que dans tout son wagon, c'était plein de hippies...

– Et avez-vous spécialement remarqué l'un d'entre eux ?

Gisèle hausse les épaules.

– Les hippies, je n'y fais jamais attention. Ils sont tous fauchés et, s'ils ont un peu d'argent, c'est pour s'acheter de la drogue. Non, il n'y a que les Yougoslaves qui sont intéressants, eux, ils ont du fric... Enfin, surtout dans le sens Hambourg-Belgrade, quand ils rentrent chez eux. Parce que, dans l'autre sens, ils ont le plus souvent les poches vides : alors, pour nous, c'est plus calme, on se repose...

Le commissaire arrête là les considérations professionnelles de la jeune femme. L'interrogatoire est terminé. Une fois rentré dans son bureau, il résume la situation avec son adjoint :

– C'est bien ce que je craignais au départ, Ritter. Ce train est un univers à lui seul. C'est comme si le crime avait été commis sur une autre planète. Des hippies, a dit cette fille... Qu'est-ce qu'on peut faire d'un renseignement pareil ? Je vais envoyer deux de mes hommes sur l'Europe-Express. Mais je ne pourrai pas les laisser en poste plus de quinze jours et je sais bien que, de toute façon, c'est du temps perdu.

Heinz Bruckmayer a raison. Ses inspecteurs réussissent tout juste à arrêter de petits truands, pas même les fournisseurs de drogue, qui n'ont toujours pas reparu... Plusieurs mois passent sans apporter le moindre élément nouveau. À contrecœur, le commissaire Bruckmayer s'est résigné à abandonner son enquête. Mais il ne peut s'empêcher de continuer à penser à cet Europe-Express qui vient le narguer deux fois par semaine en traversant sa ville de Linz avec, derrière ses rideaux tirés, tout son cortège de débauche et peut-être un assassin.

Le matin du 30 juin 1976, Franz Ritter fait irruption dans le bureau de son patron.

– Commissaire, ça continue !

Le commissaire Bruckmayer, qui est resté très attaché à l'étiquette, ne supporte pas qu'on entre sans frapper quand il travaille. Mais avant qu'il ait pu dire quoi que ce soit, son adjoint poursuit :

– Un appel d'Interpol Allemagne. Le meurtrier de l'Europe-Express a remis ça. Exactement de la même manière : le corps d'un jeune Yougoslave a été retrouvé le long de la voie, près de Passau.

Le commissaire se redresse brusquement.

– Passau ? Mais c'est la dernière ville allemande avant la frontière ! Nous avons affaire à quelqu'un de très fort, Ritter. Il a pensé à tout.

Le jeune adjoint hoche la tête.

– Oui, commissaire, sûrement un criminel hors série. Deux meurtres dans deux pays différents. Et vous savez qu'on a retrouvé le cadavre à cinq cents mètres seulement de la frontière autrichienne ?

Le commissaire Bruckmayer tape du poing sur la table, geste très inhabituel chez lui.

– Mais Interpol existe, bon sang ! Mettez-moi en rapport avec mes collègues allemands. Je tiens à participer personnellement à leur enquête, j'en fais une question d'amour-propre.

La police allemande accepte avec empressement la collaboration d'Heinz Bruckmayer, dont l'expérience dans cette affaire ne peut que lui être précieuse. Mais en arrivant à Passau, le commissaire a une étrange impression : il lui semble assister à l'enquête qu'il a déjà menée !

La victime s'appelait Slobodan Skolic, vingt-cinq ans, né à

Sarajevo et travaillant à Düsseldorf. Il venait de terminer son contrat avec la firme allemande qui l'employait et il rentrait dans son pays avec tout l'argent qu'il avait économisé. Comme le précédent, il a été drogué et il est mort de sa chute sur la voie.

Dans les locaux de la police de Passau, le commissaire revoit défiler tous ceux qu'il a interrogés lui-même à Linz : le marchand de revues pornographiques congestionné, le vendeur d'alcool frelaté, les prostituées, parmi lesquelles Gisèle, qui se permet de lui adresser un petit sourire en le reconnaissant au fond de la pièce. Cette fois, ce n'est pas elle qui a eu la victime comme client. Mais l'autre dit exactement la même chose : l'homme avait des billets plein son portefeuille et il les a montrés à tout le wagon. De nouveau, il est question de hippies et de gens inquiétants dont personne n'a un souvenir bien précis. Les employés du train n'en savent pas plus que la première fois...

Rentré à Linz, le commissaire Bruckmayer est plus découragé que jamais. On tourne en rond. L'assassin ne laisse qu'un seul indice : sa victime. Le reste s'est passé entre les parois métalliques d'un train qui traverse trois pays à cent trente kilomètres-heure...

Pendant plusieurs mois, les policiers allemands et autrichiens unissent leurs efforts pour surveiller l'Europe-Express. Des agents en civil font le trajet dans les deux sens. Des contrôles sont effectués. Pourtant, les résultats sont tout aussi insignifiants que précédemment. On n'arrête que des délinquants sans importance. L'assassin, lui, est introuvable. Il a définitivement renoncé, ou alors il attend...

Après six mois d'efforts, on est bien obligé d'arrêter la surveillance. Tout le monde, y compris le commissaire Bruckmayer, a fini peu à peu par oublier le double crime de l'Europe-Express.

Aussi le commissaire reste-t-il muet de saisissement quand le 3 août 1977, un an après le second meurtre, son adjoint lui annonce, pénétrant une nouvelle fois en trombe dans son bureau :

– Un appel d'Interpol. C'est l'Europe-Express. On a

retrouvé un troisième corps en Yougoslavie, juste après la frontière autrichienne...

Dans l'esprit de Bruckmayer, une sorte de cauchemar a surgi brusquement : tout recommence, et en Yougoslavie cette fois ! Jamais il ne s'est trouvé face à un cas semblable. C'est un paradoxe, un véritable défi au bon sens. Voilà trois meurtres qui ont eu lieu au même endroit, l'Europe-Express, peut-être dans le même compartiment, sur la même banquette, mais qui, pourtant, ont été commis dans trois pays différents et relèvent de trois juridictions différentes ! Décidément, il donnerait cher pour connaître le cerveau qui a mis au point un plan aussi élaboré.

Le commissaire en est là de ses réflexions quand Belgrade appelle de nouveau. Cette fois, il se fait passer directement la communication. Au bout du fil, contrairement à toute attente, la voix du policier yougoslave est enjouée.

– Un véritable miracle commissaire ! Cette fois, nous tenons l'assassin. Le jeune homme retrouvé sur la voie a eu une chance inouïe. Il n'est pas mortellement blessé comme nous l'avons cru tout d'abord. Il a des fractures multiples, il est fortement commotionné et a été drogué, mais il survivra. Dès que son état le permettra, nous l'interrogerons.

Le commissaire Bruckmayer s'exprime posément malgré l'excitation qu'il ressent.

– Si vous me permettez un conseil, annoncez à la presse que la victime est décédée. Il ne faut pas que l'assassin prenne peur et on doit à tout prix mettre hors d'état de nuire un criminel de cette envergure.

Le policier yougoslave répond aimablement :

– C'est bien ce que nous comptions faire. Dès que nous aurons du nouveau, nous vous tiendrons au courant.

Et, le lendemain après-midi, le commissaire Bruckmayer a sur son bureau un télex de Belgrade. C'est la déposition du blessé de l'Europe-Express : « Je rentrais à Zagreb pour les vacances. Un homme est entré dans mon compartiment où j'étais seul. C'était un colosse. Il avait l'air à la fois gentil et pas très malin. Il m'a dit s'appeler Sigmund Platt, être représentant de commerce et habiter Hambourg. Il connaissait bien la Yougoslavie et en particulier Zagreb. Nous avons sympathisé. Je lui ai dit que je retournais dans ma famille et que j'avais fait pas mal d'économies avec mon travail en Allemagne. Il a sorti alors de sa valise une bouteille de schnaps. “J'en ai toujours une pour les amis, m'a-t-il dit ; excusez-moi de ne pas trinquer avec vous, j'ai un ulcère à l'estomac.” J'ai bu deux verres et, après, je ne me souviens plus de rien... »

Immédiatement, Heinz Bruckmayer téléphone au commissariat central de Hambourg. Son collègue allemand s'apprêtait à l'appeler lui-même. Il jubile.

– C'est fini. Nous venons d'arrêter à l'instant même Sigmund Platt. Et vous ne devinerez jamais comment nous l'avons trouvé. Tout simplement en cherchant son adresse dans l'annuaire... Sous son matelas, nous avons découvert les portefeuilles de ses trois victimes. Il n'a fait aucune difficulté pour avouer.

Le commissaire Bruckmayer ne peut cacher sa surprise.

– Sous son matelas ! C'est surprenant de la part d'un assassin aussi machiavélique.

L'interlocuteur du commissaire a un petit rire.

– Vous n'y êtes pas du tout, c'est une brute, un tueur et rien d'autre. Il repérait des émigrés qui avaient de l'argent sur eux, il les droguait, les dépouillait et les jetait par la fenêtre. C'est tout. Il n'y a pas la moindre trace de calcul dans tout ce qu'il a fait.

Le commissaire a du mal à y croire.

– Mais ces trois meurtres dans trois pays différents, juste avant ou après la frontière !

– Un hasard, cher collègue, un pur hasard. Quand nous lui en avons fait la remarque, il a ouvert des yeux ronds. Il n'y avait pas songé un seul instant. Il s'était débarrassé de ses victimes dès que la drogue avait fait son effet. C'est aussi simple que cela...

Une fois la communication terminée, le commissaire Bruckmayer reste un long moment songeur... En sortant de sa rêverie, il pousse un profond soupir et se tourne vers son adjoint.

– Décidément, Ritter, il n'y a plus personne de raffiné dans les trains internationaux, pas même les assassins.

Hannibal

Bob Shipman sifflote en se rendant dans un club de musculation d'un quartier central de Londres, ce jour de septembre 2000. C'est fait, il a pris une grande décision ! Terminés les week-ends devant la télé ou au cinéma, qui lui ont fait accumuler toute cette graisse, tous ces kilos superflus. Quoi d'étonnant si, à près de trente ans, il est toujours célibataire ? Quelle fille raisonnable voudrait de lui dans cet état ? Bien sûr, il n'est pas très séduisant et son métier de petit employé de banque n'est pas non plus un atout pour les conquêtes, mais une fois qu'il sera svelte et musclé, tout changera, il en est sûr !

Bob Shipman est arrivé devant le club, dont la vitrine s'orne de photos d'apollons et de vénus souriant dans leur maillot de bain. Cette vision le conforte dans son optimisme. L'aventure l'attend !

Bob Shipman ne se trompe pas : c'est bien l'aventure qui est au rendez-vous, derrière la porte du club de musculation. La grande, la très grande aventure.

Bob Shipman sue sang et eau. C'est une louable intention de perdre des kilos, mais il constate que cela ne se fait pas tout seul et qu'il n'a plus, depuis longtemps, l'habitude de l'exercice physique. Au bout de quelques heures, il est exténué. Il sort du club quasiment mort d'inanition et se traîne dans le pub juste en face. Il va peut-être regagner quelques grammes mais, avec ce qu'il a perdu, le bilan sera largement positif...

C'est alors qu'il constate qu'il n'est pas le seul dans ce cas. Un client du club est sorti en même temps et a pris, lui aussi, la direction du pub. Comme ils manquent de se cogner en franchissant la porte, ils éclatent tous les deux de rire.

– Vous non plus, vous n'en pouvez plus ?

– À qui le dites-vous ! Je suis mort de faim et de soif !

L'homme doit avoir la quarantaine. Il est grand, distingué, avec une barbe tirant sur le gris. Il affiche un sourire jovial et lui tend la main.

– Moi, c'est Peter. Et vous ?

– Bob. On se met à la même table, Peter ?

– Et comment !

Tous deux commandent des sandwichs et des bières et la conversation s'engage. L'interlocuteur de Bob parle avec un fort accent américain, se dit lui aussi dans la banque, ce qui lui occasionne de fréquents déplacements en Angleterre. Bob comprend que s'il est dans la même branche que lui, ce n'est pas tout à fait au même niveau. Les pintes succèdent aux pintes... Les deux hommes en viennent aux confidences. Ou, du moins, c'est Peter qui parle, car la vie de Bob est si plate qu'il n'aurait pas grand-chose à raconter. Son compagnon de rencontre décrit longuement ses diverses conquêtes des deux côtés de l'Atlantique, lorsque, soudain, il s'arrête et baisse le ton.

– Mais je ne t'ai pas dit le plus beau : j'ai fait de la prison. Et pas qu'un peu !

Du coup, Bob Shipman est tout émoustillé.

– Une histoire de femme ?

– Qu'est-ce que tu crois ? C'est une histoire d'homme !

– Et qu'est-ce que tu as fait ?

Peter finit d'un coup sa chope, la repose sur la table, s'essuie les lèvres d'un revers de la main et déclare laconiquement :

– Meurtre...

Bob Shipman a beaucoup bu, mais il n'a pas entièrement perdu son jugement. La situation lui semble tout à coup extrêmement troublante. Il ne sait pas pourquoi, mais il a la certitude que, loin de tenir des propos d'ivrogne, ce Peter lui dit la vérité... Ce regard qu'il lui jette, ses mains volumineuses à plat sur la table... Oui, c'est un assassin, cela ne fait pas de doute !

Son interlocuteur a dû s'apercevoir de sa frayeur, car il lui déclare, avec un sourire qu'il veut rassurant, mais que Bob trouve parfaitement inquiétant :

– T'en fais pas ! Tout ça, c'est des vieilles histoires. Pour moi, c'est fini depuis longtemps.

La conversation s'arrête là. Ni l'un ni l'autre n'ont envie qu'elle se poursuive. Ils se quittent à la sortie du pub.

Bob Shipman, qui a gardé un souvenir plutôt désagréable de la rencontre, continue, durant les semaines qui suivent, à se rendre au club de musculation. Curieusement, il n'y croise plus le fameux Peter. Il en conclut qu'il est reparti pour les États-Unis, à moins qu'après son aveu il ait préféré l'éviter. Mais un mois plus tard, à la mi-octobre 2000, il tombe nez à nez avec lui. Bob n'a pas vraiment envie de renouer le dialogue. Il tient pourtant à être poli. Il s'avance, la main tendue.

– Bonjour, Peter.

Ce dernier le toise, avec un air désagréable.

– Qu'est-ce que vous me voulez ? Je ne vous connais pas !

Et il tourne les talons. Bob Shipman, dans le fond, n'en est pas fâché et il oublie tout à fait son compagnon d'un jour. D'autant plus qu'à partir de ce moment, il ne le revoit plus.

Deux ans ont passé. Nous sommes en octobre 2002. Les belles résolutions de Bob Shipman n'ont, hélas, pas duré. Il a abandonné rapidement la musculation, il s'est remis aux week-ends télé ou cinéma, ses kilos perdus sont revenus et il n'a toujours pas trouvé l'âme sœur.

Ce jour-là, justement, il est au cinéma. Il regarde *Hannibal*, un film américain. La scène montre les locaux du FBI. Un policier compulse ses archives pour retrouver le criminel et ouvre un dossier, qui porte en titre : « Les dix criminels les plus recherchés des États-Unis ». L'une après l'autre, il en sort des photos, que la caméra montre en gros plan, et Bob Shipman fait un bond sur son siège.

– Ce n'est pas possible !

Tandis que ses voisins lui disent de se taire, il tente de revenir de sa surprise. L'une des dix photos est celle de son compagnon de rencontre du club, celui qui disait se prénommer Peter ! Le temps passé n'y fait rien. Il n'oublie jamais un visage. Il est sûr de ne pas se tromper ! Dès qu'il quitte le cinéma, il se rend immédiatement à Scotland Yard. Il a peur d'être éconduit, mais pas du tout. Un fonctionnaire le reçoit, l'écoute attentivement, enregistre sa déposition, prend son nom, son adresse et conclut :

– Tout cela est peut-être intéressant. Nous vous recontacterons.

Une semaine s'est écoulée. Pendant le week-end, Bob Shipman est devant sa télévision, comme à son habitude, lorsqu'on sonne à sa porte. Deux silhouettes s'encadrent sur le seuil.

– Vous avez un moment à nous accorder, monsieur Shipman ? FBI.

Bob n'en revient pas. Le feuilleton continue ! Il est en train de vivre un roman policier.

– C'est Scotland Yard qui vous a prévenus ?

– Oui. Et, grâce à vous, nous pouvons mettre la main sur quelqu'un que nous recherchons depuis longtemps.

– Les photos qui étaient montrées dans le film étaient donc vraies ?

– Parfaitement. La production a demandé le dossier au FBI, qui a accepté. L'homme que vous avez reconnu s'appelle James Bulger. Il y a longtemps que nous pensions qu'il avait trouvé refuge en Angleterre. Grâce à vous, nous en avons la preuve. J'ajoute, monsieur Shipman, qu'il y a une très bonne nouvelle : une prime de un million de dollars est offerte à celui qui aura permis sa capture. Si nous réussissons, elle est à vous !

Bob Shipman reste la bouche ouverte, les yeux écarquillés, contemplant son studio minable, songeant à son petit poste d'employé de banque... Et dire qu'il se plaignait que son existence soit vide ! Un million de dollars, quel bouleversement ! Quel coup de baguette magique ! C'est la fortune d'un seul coup ! Et, pour l'âme sœur, il n'aura plus que l'embarras du choix : les femmes vont toutes se précipiter sur lui, malgré ses bourrelets. La voix du policier le ramène à la réalité.

– Nous vous devrons une fière chandelle, monsieur Shipman, car s'il y a un individu dangereux, c'est bien Bulger : dix-huit meurtres à lui tout seul !...

Bob Shipman sent sa gorge se nouer. Le conte de fées n'en est peut-être pas tout à fait un. Il pourrait bien tourner au cauchemar.

– Et... quel genre de meurtres exactement ?

– Des hold-up sanglants. Il tire sur tout ce qui bouge. On l'a surnommé « Exterminator ».

Le second agent approuve d'un hochement de tête et ajoute d'une voix sinistre :

– L'ennui, c'est que, quand il sera arrêté, il restera encore sa bande... Maintenant, monsieur Bob Shipman, si vous voulez bien venir avec nous, pour quelques formalités...

En compagnie des hommes du FBI, Bob Shipman retourne à Scotland Yard pour des papiers administratifs, y compris celui qui fera de lui le bénéficiaire de la prime, en cas d'arrestation... Pendant tout le trajet, il tremble que James Bulger, alias Exterminator, ou l'un des membres de sa bande le voie en compagnie des policiers...

Une fois qu'il a terminé sa déposition, les gens du FBI lui assurent que son anonymat sera totalement respecté. Il n'empêche que ce n'est pas sans appréhension qu'il suit les péripéties de l'enquête.

Elle démarre tout naturellement au club de musculation. Les policiers consultent ses fichiers. James Bulger s'y est inscrit sous un faux nom, mais il a commis l'erreur de prendre l'un de ceux qu'il avait déjà utilisés et qui est connu des services de police.

À partir de là commence un long travail de vérification, consistant à rechercher dans toute l'Angleterre quelqu'un répondant à ce nom. La persévérance finit par être récompensée : James Bulger, Exterminator, est descendu dans l'un des plus grands palaces londoniens. Avec l'argent de ses hold-up, il en a les moyens et il faut croire que, malgré ses confidences imprudentes, il se sent en sécurité.

S'agissant d'un individu aussi dangereux, l'arrestation se fait avec toutes les précautions possibles. Des policiers avec cagoule et gilet pare-balles entourent l'hôtel et c'est une petite armée qui se présente à la porte de sa chambre. L'effet de surprise joue à plein. James Bulger est arrêté en douceur. L'un des dix hommes les plus recherchés d'Amérique a cessé de l'être...

Le soir, devant sa télévision, Bob Shipman entend le présentateur ouvrir le journal avec l'affaire dont il était le principal protagoniste. Après avoir relaté les péripéties de l'arrestation et décrit longuement les étapes de la carrière criminelle de James Bulger, le journaliste rapporte sa déclaration, au moment où les policiers l'emmenaient. Il s'est écrié d'une voix furieuse :

– Mes hommes me vengeront !...

Ainsi se termine cette aventure peu banale, seul exemple peut-être d'un criminel arrêté grâce à un film de cinéma. Reste à savoir ce qu'est devenu Bob Shipman. Il serait intéressant, en particulier, de lui demander si, pour lui, le million de dollars l'a emporté sur la crainte des complices de Bulger. Malheureusement, c'est impossible. Le lendemain de l'arrestation, il a disparu et jamais depuis on n'a eu de ses nouvelles. Il est vrai qu'avec sa fortune, il avait de quoi s'offrir une retraite sûre et définitive.

Alors, souhaitons-lui de passer une vie heureuse dans ces conditions si particulières... Une chose est certaine, en tout cas : lui qui voulait rencontrer l'aventure, il l'a rencontrée et, pour lui, elle n'est pas près de se terminer !

Le dernier plongeon

Il fait un temps splendide, ce 3 juin 1957, ce qui n'a rien de surprenant, en Floride. Et pourtant, à deux milles des côtes, un navire est en train de sombrer. Dans une mer de rêve, qui semble faite pour la baignade et le ski nautique, le *Maine*, navire marchand transportant une cinquantaine de passagers à destination de La Havane, s'enfonce doucement après avoir heurté un récif.

Sur le pont, c'est un début de panique parmi les passagers. Une femme pousse des cris perçants, un homme s'accroche à ses trois valises. Le capitaine lance des ordres brefs :

– Rassemblement à bâbord ! Mettez vos gilets de sauvetage ! Un seul bagage à main par personne !

Le capitaine retourne à l'intérieur du navire. Dans la cale, il est presque impossible de pénétrer : l'eau monte jusqu'à la ceinture et les caisses de la cargaison ont été brisées par le choc. Le capitaine grimpe l'échelle quatre à quatre, parcourt au pas de course les cuisines, la salle à manger, le salon. Il arrive aux cabines des passagers... Alors qu'il va entrer dans la première, un homme se plaque rapidement contre la paroi, derrière la porte. Le capitaine ouvre, jette un rapide coup d'œil et continue son inspection...

Maintenant tout le monde est rassemblé sur le pont. Les deux canots contenant les passagers sont mis à la mer... C'est au tour de celui de l'équipage. Le capitaine lance un dernier regard au

Maine, qui continue à s'enfoncer, et monte dans l'embarcation de sauvetage...

Dans la cabine, l'homme met la tête au hublot. Il pousse un léger soupir en constatant que tout le monde a quitté le navire. Il sort précipitamment et va en direction de la cale.

– John ! Eh, John ! Tu peux sortir, ils sont partis...

Depuis les profondeurs, une voix lui répond :

– Il était temps ! J'avais de l'eau jusqu'au nombril.

Non, tous les passagers du *Maine* n'ont pas été embarqués sur les canots. Il en reste deux qui ont choisi de rester sur l'épave au risque de couler avec elle. Pourquoi ?

Dans le bateau en train de sombrer, les deux hommes se sont installés au bar de la salle à manger et servi une bière. Le plus grand, un blond à la carrure impressionnante, la trentaine environ, semble parfaitement calme malgré l'urgence de la situation. L'autre, au contraire, plus jeune, brun, de taille moyenne, paraît très nerveux.

– Et maintenant John, qu'est-ce qu'on fait ?

Le grand blond s'essuie les lèvres d'un revers de main.

– T'affole pas, Kenneth. Tu ne voulais tout de même pas qu'on aille avec les autres ?

À cette perspective, Kenneth a une grimace.

– Non, bien sûr. Mais il est en train de couler, ce fichu bateau...

John quitte la salle à manger et revient sur le pont.

– D'abord, on garde notre sang-froid. C'est parce qu'il a perdu la tête que Dixie s'est fait piquer.

Les deux hommes se penchent au-dessus du bastingage. L'eau est calme. Il n'y a pratiquement pas de vagues, mais elle est à peu près à un mètre du pont et continue à monter doucement. La côte semble toute proche, mais en mer les distances sont trompeuses. Le *Maine* s'est échoué à environ deux milles marins, soit près de quatre kilomètres... Le grand blond regarde en direction de la terre.

– C'est très faisable. À peine deux heures... Comme ça, on

débarquera dans un endroit tranquille et pas dans un port où il y a sûrement nos avis de recherche.

Kenneth a une expression d'angoisse.

– Je croyais qu'on avait coulé plus près. C'est beaucoup trop loin pour moi. Je ne suis pas assez bon nageur...

John hausse les épaules.

– Tu iras sans te presser. Allez ! Je vais me chercher un sac de toile pour mettre mes frusques et le pognon...

John revient dans la cabine. Kenneth le rejoint et répète anxieusement :

– John, je n'y arriverai pas, je te dis...

Son compagnon, occupé à déposer des liasses de dollars dans un sac marin, lui dit sans se retourner :

– Eh bien, reste sur ce rafiot ! Quand il coulera, tu verras bien...

Kenneth parle avec précipitation :

– Ne me laisse pas tomber, John... Tu ne peux pas me faire ça !

John ne répond pas. Il retire ses vêtements et les plie soigneusement dans le sac de toile. Il le met sur ses épaules et revient sur le pont. La mer a encore monté. Il lui suffit d'enjamber le bastingage pour se mettre à l'eau. Kenneth pousse un cri :

– John !

John attache le sac à sa ceinture à l'aide d'une corde :

– De quoi tu te plains ? Je t'ai laissé ta part. Maintenant, c'est chacun pour soi.

Kenneth tente de retenir son compagnon :

– Je t'ai toujours dit que le coup était trop risqué... Et puis c'est toi qui as tué le garde, c'est pas moi !

John se dégage brutalement :

– On a tiré tous les deux, tu le sais bien. Allez, salut !

John se laisse glisser dans l'eau tiède... Tandis qu'il le voit s'éloigner de son crawl puissant et régulier, Kenneth sent monter en lui une rage impuissante. Et, avant même de réfléchir à la situation, une idée le traverse. Comme un fou, il revient vers la cabine et soulève fébrilement son matelas :

– Le fric ! Il me l'a piqué ! Je suis sûr qu'il me l'a piqué !

Non, il sent sous ses doigts le toucher caractéristique du papier-monnaie et il empoigne les liasses de billets verts. 30 000 dollars... Kenneth enferme l'argent dans une boîte en fer-blanc qu'il trouve dans la cabine et revient sur le pont. Il n'a rien à reprocher à John... Chacun pour soi, telle est la loi du milieu après tout. John a été parfaitement régulier. Il n'a plus qu'à lui souhaiter bonne chance...

La Manhattan Bank était le premier coup qu'ils faisaient ensemble, John et lui. Si les choses ont mal tourné, ce n'est pas la faute de John ni la sienne. C'est celle de Dixie qui montait la garde pendant qu'ils ouvraient le coffre. Il n'a pas vu le gardien de la banque s'approcher derrière eux. Une chance que John se soit retourné à ce moment-là... Ils ont eu le même réflexe : ils ont tiré ensemble sur le gardien. Lequel des deux l'a eu ? Allez savoir. De toute façon, s'ils se font prendre, c'est la chaise électrique pour tous les deux...

John et lui ont entassé les billets à toute allure dans leurs sacs, mais Dixie a craqué. Il s'est enfui en lâchant son arme et a immédiatement été arrêté. Eux ont réussi à revenir à la voiture avec l'argent et à s'enfuir. Heureusement que le *Maine* était en partance sur le port. Mais maintenant, Dixie a sûrement parlé et leur signalement doit être diffusé dans tous les États-Unis...

Kenneth émerge brusquement de ses souvenirs. Il constate, surpris, que depuis que John a plongé, le niveau de la mer n'a pas bougé. L'eau arrive toujours approximativement à la hauteur du pont. Le navire doit reposer en équilibre sur les récifs. Pour l'instant, tout danger immédiat est écarté. Kenneth réfléchit. Il doit être aux environs de midi. Cela fait une heure que le naufrage a eu lieu. Dans le bateau, il doit y avoir suffisamment d'objets en bois pour qu'il puisse se confectionner un radeau ou, tout au moins, une planche qui pourra le soutenir pour gagner le rivage à la nage. Kenneth sent l'optimisme l'envahir de nouveau. Il redescend vers l'intérieur du *Maine*. Il doit faire vite... Sans doute les rescapés sont-ils arrivés au port le plus proche ; l'absence des deux passagers a dû être constatée. Peut-être la police a-t-elle compris qu'il s'agissait d'eux et est-elle partie à leur recherche. Fébrilement, Kenneth cherche une planche quelconque, une planche de salut.

Les événements qui sont en train de se dérouler à terre donnent raison à Kenneth. Les canots de sauvetage viennent d'arriver au port de Miami. Et c'est là que le capitaine découvre qu'il manque deux passagers...

Pourtant le choc contre le récif a été très peu ressenti sur le bateau. Il est impossible que quelqu'un se soit assommé en tombant et se soit trouvé inconscient au moment de l'abandon du navire. Mais il a beau compter et recompter les passagers, il en a embarqué cinquante et un, ils ne sont plus que quarante-neuf. Il se souvient à présent : deux hommes qui partageaient la même cabine, un grand blond et un brun de taille moyenne, de drôles de types. Comment se pourrait-il qu'ils soient restés à bord ? Il a visité leur cabine comme les autres...

Le capitaine va immédiatement signaler la chose à l'officier de police du port. Mais à sa surprise, plutôt que d'ordonner l'envoi de secours immédiats, celui-ci pose des questions.

– Sont-ils montés juste avant l'appareillage, le 2 juin ?

– Oui. Voulez-vous que je retrouve leurs noms sur la liste des passagers ?

– C'est inutile. S'il s'agit bien de John Garret et Kenneth Moore, ils n'ont pas été assez bêtes pour donner leurs vrais noms. Et vous affirmez qu'il est impossible qu'ils se soient noyés...

– Absolument impossible. Le choc a été insignifiant.

L'officier de police en sait assez. Il donne des ordres et, quelques minutes plus tard, prend place, en compagnie de deux hommes, à bord d'une vedette rapide qui fonce en direction du *Maine*.

Kenneth Moore a réussi à démolir une table. Il a arraché les pieds et l'a coupée en deux. Ainsi, il a une planche qui pourra le soutenir dans sa traversée jusqu'au rivage. Il n'ira pas vite, mais au moins, il ira jusqu'au bout. Comme l'a fait John, il met dans un sac les dollars et les vêtements. Le bateau ne s'est pas enfoncé davantage. Il semble s'être définitivement stabilisé sur les récifs...

Kenneth enjambe le bastingage et se laisse glisser dans l'eau. Il tient sa planche devant lui, le sac de toile posé dessus, et se propulse avec les jambes. Il a fait quelques dizaines de mètres quand un bruit attire son attention. On dirait un moteur, un moteur hors-bord. Il s'arrête de nager. Au loin, il y a un point qui grossit. Une vedette rapide vient dans sa direction. Pas de doute, c'est la police. Kenneth Moore fait demi-tour et revient sur le *Maine* aussi vite qu'il peut. Il n'y a pas moyen de faire autrement. La vedette arrive de la côte. Elle lui barre la route.

Quelques minutes plus tard, Kenneth remonte épuisé sur le navire. Il grimpe sur le toit du poste de pilotage et s'aplatit, son sac à côté de lui. Il était temps ! Le bruit rageur du moteur, qui n'a cessé de s'amplifier, vient de s'adoucir brusquement. La vedette se range à petite vitesse contre le *Maine*. Les bruits de voix que Kenneth Moore entend depuis son perchoir dissipent ses dernières illusions.

– Attention, les gars. Soyez prêts à tirer au moindre geste suspect. Ils sont dangereux.

– Où va-t-on, lieutenant ?

– À l'intérieur. S'ils n'ont pas quitté le bateau, c'est là qu'ils se cachent.

Kenneth retient son souffle. Il entend trois pas d'hommes traverser le pont et se perdre dans les profondeurs du navire. Il réfléchit. À l'intérieur, ils ne trouveront rien, alors ils reviendront sur le pont et finiront par l'arrêter. Pour combien de temps en ont-ils ? Cinq minutes peut-être... Alors, il a une chance. Une chance inespérée. Il descend du toit... Le pont est désert. La vedette est là, vide. Mais, des hublots, ils peuvent sans doute l'apercevoir. S'il tente de monter dedans, ils tireront.

Kenneth Moore, son sac dans les bras, va du côté opposé à la vedette. Son plan est au point. Il va contourner le navire en nageant sous l'eau jusqu'à l'embarcation des policiers. Kenneth prend son inspiration et plonge… Une vedette rapide, c'est la liberté. En quelques heures, il sera dans les eaux mexicaines. Il ne s'arrêtera pas trop loin de la côte et la gagnera à la nage. Une fois au Mexique, il verra bien. Il aura, en tout cas, plus de chances de s'en sortir que John, qui a préféré la Floride.

Kenneth Moore remonte pour reprendre son souffle. Quel dommage de ne pas être meilleur nageur ! Il y serait déjà. Il replonge et nage aussi vite qu'il le peut. Une nouvelle fois, il revient à la surface, juste le temps de voir que la vedette est toujours vide. Elle est à une quinzaine de mètres. Cette fois, il va aller d'un seul coup jusqu'au bout… Kenneth prend une dernière inspiration…

Il remonte à bout de souffle. Et il a une impression de cauchemar. Non, ce n'est pas possible ! Ces voix juste au-dessus de lui…

– Allez, les gars, on s'en va…

– C'était sûr qu'ils avaient gagné la côte, lieutenant…

Kenneth plonge, mais le bruit d'eau qu'il fait le trahit. Il se sent happé par une main. Puis hissé sur l'embarcation. Le lieutenant est hilare.

– Tiens, mais c'est Kenneth Moore ! C'est gentil d'être venu nous voir. On ne t'avait pas trouvé…

Kenneth est là, tout ruisselant, son sac à la main. Le lieutenant continue à rire.

– Et il nous rapporte même les dollars ! C'est la banque qui va être contente. Dis-moi, où tu étais caché ?

Kenneth répond d'une voix sinistre :

– Sur le toit de la cabine de pilotage.

Le lieutenant se retourne vers ses hommes.

– C'est drôle, les gars, on n'avait pas pensé à aller voir là-haut…

Il s'adresse à Kenneth :

– Où est John Garret ?

Kenneth a un dernier sursaut de fierté :

– Il s'est noyé.

Le lieutenant met le moteur en marche.

– Comme tu voudras. De toute façon, il n'ira pas bien loin.

Non, John Garret n'est pas allé loin. Il a été arrêté le jour même. Kenneth Moore et lui sont passés en jugement six mois plus tard. Un meurtre au cours d'un hold-up, cela ne pardonne pas. Tous deux ont été condamnés à la peine capitale et exécutés sur la chaise électrique en avril 1958.

Le naufrage du *Maine* avait fini par faire deux morts.

Le bandit bien-aimé

Si, lors d'un voyage dans le beau pays du Dauphiné, il vous arrive de passer à Saint-Étienne-de-Saint-Geoirs, un bourg de mille deux cents habitants non loin de Grenoble, vous serez accueilli par une étonnante pancarte : « Patrie de Louis Mandrin ». Et ce n'est pas tout. Un peu plus loin, comme pour dissiper toute équivoque, la place du village a été baptisée « place Louis-Mandrin, capitaine des contrebandiers de France ». Un peu plus loin encore, on vous montrera la maison natale de la mère du héros et, à l'extérieur de l'agglomération, la « grotte à Mandrin » où il entassait prétendument son butin.

Il n'est pas fréquent, c'est le moins qu'on puisse dire, qu'une cité se réclame d'un hors-la-loi. Alors, pourquoi une renommée aussi paradoxale ? La raison tient en une seule phrase, que vous entendrez peut-être si vous conversez avec les habitants du lieu : « Il défendait les petits contre les gros. » Louis Mandrin a-t-il donc été une sorte de Robin des Bois français ou bien tout cela n'est-il qu'exagération, partialité, esprit de clocher ? Une chose est certaine, en tout cas : un tel personnage sortait forcément de l'ordinaire.

C'est il y a un peu moins de trois siècles, le 11 février 1725, que Louis Mandrin voit le jour à Saint-Étienne-de-Saint-Geoirs. Il est l'aîné des dix enfants de François Mandrin et de Marguerite Veyron-Churlet. Son père, marchand de bestiaux, a en outre une échoppe qui sert à la fois de mercerie, de quincaillerie et d'estaminet. C'est loin d'être la misère, mais ce n'est pas la richesse non plus, ce qui n'empêche pas le jeune Louis d'être élevé dans un climat de révolte, voire de rébellion.

Ce n'est pas propre à sa famille ni même à son village, mais à toute la province qui est animée du même esprit : le Dauphiné est le pays des contrebandiers et, s'ils sont en si grand nombre, c'est à cause des impôts.

La fiscalité de l'Ancien Régime est particulièrement injuste, puisqu'elle ne frappe que les roturiers, la noblesse et le clergé étant exemptés, ce qui, comme chacun sait, sera une des causes de la Révolution. La taille, la dîme, les corvées sont unanimement détestées, mais les impôts indirects sont plus impopulaires encore.

Le plus connu, la gabelle, qui frappe le sel, est de loin le plus lourd. On peut s'en étonner, car une taxe sur le sel ne rapporterait aujourd'hui pas grand-chose. Mais le salage est, à l'époque, l'unique mode de conservation des aliments. Le saloir est l'équivalent de notre réfrigérateur. Il ne s'agit pas de relever le goût des aliments à l'aide d'une pincée ou deux, mais de les enrober tout entiers, comme dans de la glace. Aussi faut-il d'énormes quantités de sel. Sans lui, c'est la disette assurée. À côté de cela, d'autres marchandises plus ou moins utilisées dans la vie quotidienne sont taxées de droits considérables, comme le tabac, la poudre à fusil, certaines étoffes et certains objets manufacturés.

Le mode de perception renforce encore la lourdeur et l'injustice des droits indirects. Ils ne sont pas encaissés personnellement par l'État, comme on pourrait l'imaginer, mais confiés aux riches fermiers généraux, réunis dans un organisme central, la Ferme. Chaque année, celle-ci négocie avec le gouvernement le montant global des impôts indirects et verse la somme à l'État, à charge pour elle de recouvrer ensuite la taxe.

Comme on peut s'en douter, la Ferme a tout intérêt à ce que l'impôt lui rapporte plus que ce qu'elle a avancé et, à cet effet, elle emploie une foule d'agents armés. Le peuple les a surnommés « gâpians », du nom de ces oiseaux de mer qui fouillent inlassablement les rochers et même les décharges à la recherche de nourriture. Leur action est terriblement efficace : il n'est pas rare que les impôts rapportent à la Ferme trois fois ce qu'elle a payé au roi.

Dans ces conditions, les régions frontalières, comme le Dauphiné, se livrent depuis des temps immémoriaux à la contrebande. C'est devenu une véritable industrie locale, toute la population y participe ou en est complice. À la veillée, on se raconte avec admiration les exploits de ces hommes de l'ombre qui franchissent à la nuit tombée le Guiers, le cours d'eau faisant frontière avec la Savoie, alors rattachée à la Sardaigne. Les contrebandiers sont courageux, ils s'enrichissent plus vite que tout le monde et, grâce à eux, on paye le sel et le tabac moins cher. Comment tout jeune homme aventureux ne rêverait-il pas de les imiter ?

Et c'est bien le cas de Louis Mandrin. Dans sa famille plutôt aisée, il n'y a pas de contrebandier, son oncle tient même un dépôt de tabac pour le compte de la Ferme, mais Louis déteste ce dernier et il est résolument du côté des hors-la-loi. Pour le ramener dans la bonne voie, sa mère tente d'en faire un enfant de chœur, mais il est si dissipé et insolent que le curé ne tarde pas à le renvoyer.

Au village, il a une réputation détestable. Il ne rêve que plaies et bosses, se bagarre avec tous les garnements de son âge. Malgré son physique avenant, avec ses cheveux blonds tirant sur le roux et ses grands yeux clairs, il se comporte en véritable terreur. Doué d'une force colossale et d'une autorité naturelle peu commune, il exerce un grand ascendant sur ses frères cadets, qui le suivent dans tous ses mauvais coups.

De l'avis général, quelque chose va changer dans la famille Mandrin, jusque-là sans histoire, et on ne va pas tarder à entendre parler de son aîné. Nul ne lui a prédit la potence, ainsi qu'il sera raconté dans des anecdotes inventées après coup, mais si une pareille prophétie avait été réellement faite, elle n'aurait étonné personne à Saint-Étienne-de-Saint-Geoirs...

À vingt ans, son père meurt et voici Louis Mandrin chef de

famille. Il gère l'entreprise paternelle avec les méthodes et le tempérament qui sont les siens. Quand un créancier lui réclame 300 livres, il tombe sur lui à bras raccourcis et, si on ne l'avait arraché de ses mains, il l'aurait sans doute tué. Pour le reste, il n'est pas doué en affaires ou alors il n'a pas de chance, toujours est-il qu'il se lance dans une entreprise particulièrement malheureuse.

L'armée française, engagée dans la guerre de Succession d'Autriche, loue des mulets pour ses équipages. Louis achète tout un troupeau et fait route vers l'Italie où ont lieu les combats. Mais lorsqu'il arrive à Menton, c'est pour apprendre que la guerre est finie. Il n'a plus qu'à rentrer chez lui. Pour comble, sur le chemin du retour, il perd la quasi-totalité de ses bêtes ; il lui en reste seize sur quatre-vingt-dix-sept, quand il arrive à Saint-Étienne-de-Saint-Geoirs : il a ruiné sa famille.

Ses deux frères cadets, Claude et Pierre, passent les premiers à l'action. Ils fracturent et pillent les troncs de l'église. C'est un délit particulièrement grave, car au vol s'ajoute le sacrilège. Ils sont arrêtés et condamnés aux galères à perpétuité. Ils parviennent à s'enfuir lors de leur transfert à Marseille où ils devaient prendre la mer. Mais s'ils ont échappé aux galères, ils deviennent des hors-la-loi, passibles de la peine de mort.

C'est plus que Louis Mandrin peut en supporter. L'affaire des mulets a déjà accru sa violence naturelle, le sort de ses frères le rend fou furieux. Avec quelques amis, il organise une expédition punitive chez le curé victime du vol, qui n'a pas voulu de lui comme enfant de chœur et a porté plainte contre ses frères. Il coupe ses arbres fruitiers et saccage sa vigne, avant de prendre la fuite. L'agression contre un ecclésiastique dont il s'est rendu coupable est aussi grave que le vol des troncs. Dès lors, il se cache, le voici à son tour hors la loi.

Pendant quelque temps, il reste dans les environs, ne cessant de « piller et saccager », selon le châtelain du pays, mais il va vite se produire quelque chose de pire encore... L'événement est lié à un autre abus de l'Ancien Régime, la levée de la milice, c'est-à-dire l'enrôlement dans l'armée. Pour le paysan, c'est une véritable calamité. Normalement, pour les malheureux tirés au sort, le service est de dix ans, mais ils ne reviennent pratiquement jamais. Aussi, beaucoup préfèrent s'enfuir.

C'est le cas d'un certain Brissaud, qui a quitté en toute hâte la maison familiale. Ainsi que cela se pratique souvent dans les campagnes, un nommé Roux se met à sa poursuite avec des amis, espérant être exempté de service en échange de sa capture. Brissaud se réfugie auprès de Mandrin et de ses amis. La rencontre avec le groupe des poursuivants a lieu au village voisin de Mas-des-Serves. Mandrin l'emporte mais à quel prix ! Roux et l'un de ses frères qui l'accompagnait sont tués. Il est désormais criminel.

La justice ne tarde pas à sévir. Le tribunal de Grenoble le condamne par contumace à la roue, comme auteur principal du crime. Le même jour, Brissaud, qui a été rattrapé presque tout de suite, et Pierre Mandrin, qui a fini par se faire prendre, sont pendus tous les deux sur la grand-place de la ville. Pour Louis, il n'y a plus qu'une solution : devenir contrebandier. S'il reste au pays, il risque à tout moment d'être arrêté. Au sein d'une bande, il sera plus en sécurité.

Or, une bande, il y en a une qui opère régulièrement dans la région, celle de Bélisart. Mandrin en a entendu parler depuis qu'il est tout petit. Ayant ses bases en Savoie et en Suisse, elle vend surtout du tabac et des étoffes appelées « indiennes », dont raffolent les élégantes. Ce sont des toiles de coton peintes de motifs représentant le plus souvent des feuillages. À l'origine, elles étaient fabriquées en Inde mais, depuis quelque temps, elles sont produites en Europe et sont frappées de droits prohibitifs.

La bande de Bélisart a réalisé récemment un coup de main particulièrement hardi, en délivrant un de ses membres prisonnier à Pont-de-Beauvoisin, dans la maison même du directeur de la Ferme. Mandrin se dit qu'avec de tels hommes, il sera en bonne compagnie. D'autant qu'il a beaucoup réfléchi à la pratique de la contrebande et qu'il a des idées à proposer...

Une nuit, il franchit la rive du Guiers et se retrouve en Savoie. Il tombe presque tout de suite sur la bande de Bélisart et son autorité est telle qu'en quelques jours, il devient le chef des contrebandiers ! Bélisart, déjà âgé et fatigué, passe la main. On ne parlera plus désormais que de la « bande à Mandrin ».

La bande à Mandrin n'a rien à voir avec celle de Bélisart ni avec aucune de celles qui l'ont précédée. Le jeune homme la réorganise entièrement en quelques semaines, selon des principes inédits. Il a l'idée de génie de calquer son organisation sur celle de l'armée. Il instaure une hiérarchie et une discipline militaires. Ses hommes sont payés de la même manière que les soldats : 10 louis d'or à l'engagement, 6 livres par jour durant les campagnes, 30 sous « en temps de paix » plus une part sur les « bénéfices ». Ils portent tous un uniforme rouge et gris.

Mandrin renvoie sans plus attendre dans leur foyer les bandits et les assassins et, pour les remplacer, il recrute de préférence des déserteurs, qui ont une expérience et un entraînement militaires. Avec les bénéfices, il achète un armement redoutable. Chaque homme dispose d'un mousquet, de deux pistolets de ceinture, de deux pistolets d'arçon (se mettant dans les fontes de la selle), de deux pistolets de poche, chacun à deux coups, plus un couteau de chasse. Ils sont tous montés sur des chevaux originaires du pays, de petite taille, habitués à aller sur les chemins escarpés.

Mandrin lui-même porte un habit militaire rouge, avec une large ceinture de soie rouge et verte, dans laquelle il a glissé deux pistolets et un couteau. Il va faire ses achats en Suisse : indiennes et mousselines pour les dames, montres de Genève, tabac et poudre à fusil. Nous sommes au tout début de l'année 1754. Lorsque sa troupe passe le Guiers, il la harangue à la manière d'un général à la veille d'une expédition :

– Courage, mes amis ! La saison est froide mais nous ferons bon feu. Vive la gloire, la contrebande et le bon vin !

Un cri unanime lui répond :

– Vive Mandrin !

Et les voilà partis. Le 9 janvier, il entre à la tête de ses hommes dans son village natal de Saint-Étienne-de-Saint-Geoirs, qu'il a quitté en tant que proscrit. On peut imaginer l'accueil triomphal qui lui est fait. C'est lui, l'enfant du pays, qui est devenu le chef des contrebandiers, c'est lui qui a supplanté l'illustre Bélisart. Désormais, ce seront les exploits de Louis Mandrin qu'on racontera, le soir, à la veillée.

À Saint-Étienne-de-Saint-Geoirs, Mandrin a deux projets en tête. D'abord, mettre la main sur l'employé de la Ferme Jacques Sigismond Moret, qui a conduit l'expédition permettant la capture de son frère Pierre. Puis le tuer sans autre forme de procès. Par chance pour l'employé des impôts indirects, celui-ci est absent.

Alors, Mandrin met à exécution son second projet : rendre visite à son oncle, l'entreposeur de tabac. À son égard, il n'a pas d'intention homicide, il veut simplement l'effrayer un peu et lui reprendre une partie de l'argent qu'il a soutiré pour le compte des impôts. Par chance pour lui également, l'oncle n'est pas là. Il n'y a que sa fille, la petite cousine de Louis, dont il a été vaguement amoureux autrefois et qui l'a dédaigné. Elle est à présent toute tremblante devant lui :

– J'ai décidé que ton père me paierait 4 000 livres en réparation de ce qu'il avait pris aux honnêtes gens.

– Je ne peux rien te donner, Louis. Il n'y a pas d'argent ici. Et puis 4 000 livres, c'est beaucoup trop...

Malgré sa frayeur, la cousine discute et Mandrin, qui a gardé quelques sentiments pour elle, se laisse attendrir. Ils finissent tous deux par se mettre d'accord sur 400 livres. Le plus étonnant, c'est qu'à son retour, l'oncle fera immédiatement porter la somme à son neveu.

La bande se remet en route. Au village de Curzon, c'est jour de foire. Ils s'installent et déballent leurs marchandises : des indiennes, des mousselines et du tabac. Les gâpians surgissent au même moment. Ils s'approchent d'eux sans méfiance, ne pouvant imaginer que des gens qui se cachent si peu puissent être des contrebandiers. Mandrin va à leur rencontre, suivi de ses hommes. Il lève le bras, signe convenu pour faire feu, et une salve d'enfer éclate. Trois gâpians sont tués, dont le brigadier qui les commandait, les autres s'enfuient. Mandrin ramasse le tricorne à un galon d'or du sous-officier, en fait son chapeau et son emblème.

La fusillade de Curzon frappe de stupeur la région. La présence de cette troupe d'une centaine d'hommes armés jusqu'aux dents et faisant preuve d'une détermination aussi absolue provoque la panique chez les gâpians. Mandrin peut désormais parcourir tout le Dauphiné sans être inquiété et proposer sa marchandise aussi ouvertement qu'un honnête commerçant. Il s'enhardit et pénètre plus avant dans le royaume.

À Millau, il vend ses produits de contrebande, disent les autorités dans leur rapport, « plus publiquement qu'on ne vend les chapelets ». Il n'écoule pas moins de 6 000 livres d'étoffes et de tabac. Pour remercier les habitants de leur générosité, il fait faire l'exercice à ses hommes : pendant près d'une demi-heure, ceux-ci, toujours selon le rapport des autorités, « tournent, virent et pivotent, à l'ébahissement des badauds ».

À Rodez, c'est mieux encore. Là aussi, c'est jour de marché et toute une foule se presse : des bourgeois et des bourgeoises cossus, des soubrettes et des valets avec leurs économies, des fermiers et des fermières endimanchés et même des châtelains, venus en calèche.

La bande fait une entrée triomphale, précédée de gamins à qui on a donné quelques piécettes et qui jouent du fifre et du tambourin. Viennent ensuite les bandits, sur leurs petits chevaux des Alpes, avec leur uniforme gris et rouge, leurs chapeaux rabattus jusqu'aux yeux et le véritable arsenal dont ils sont dotés, puis une longue file de mulets chargés de ballots et tirés par des valets armés d'une pique de bois brûlé. Cet impressionnant équipage ne provoque pas la panique, bien au contraire. Mandrin a la réputation d'être courtois avec les hommes et galant avec les dames. Et ce qu'il vend est si bon marché ! On les acclame, on crie :

– Vive les contrebandiers !

Les hommes armés mettent pied à terre et prennent leur poste de garde, le fusil à la main, tandis que les valets ouvrent les colis. La foule se précipite avec des cris de joie. Les valets se transforment en marchands et vantent la marchandise, Mandrin lui-même fait l'article auprès des personnes de qualité. Quant aux gâpians et autres gendarmes, ils se contentent d'observer la scène de loin...

La tournée continue de ville en village, agrémentée parfois d'une parade militaire. En quelques semaines, la popularité de Mandrin devient prodigieuse. Il prend pour devise : « S'enrichir en faisant plaisir au public », ce qui correspond effectivement à la réalité. Et il n'attire pas que les clients, on se presse aussi pour s'enrôler dans sa bande. Il examine soigneusement les candidatures, rejetant systématiquement les voleurs et les assassins. Il questionne les autres sur leur passé et sur leur « connaissance des sentiers, des défilés et des gués de rivières ». Et, si c'est d'accord, il leur verse sur-le-champ les dix louis d'or d'engagement.

Malgré tout, les « Mandrins », comme on les appelle désormais, ne sont pas des enfants de chœur, comme leur chef l'a été de manière éphémère. S'ils sont sans pitié contre leurs ennemis, les gâpians, ils commettent aussi d'autres crimes. À Saint-Bauzille, dans le département actuel de l'Ardèche, la bande arrête un homme qu'elle soupçonne d'être un espion de la Ferme et, malgré ses protestations désespérées, le fusille séance tenante. Le malheureux n'avait rien à voir avec le personnel des impôts. À Saint-Rome, dans l'Aveyron, un contrebandier se prend de querelle avec un ivrogne qui l'a insulté. Il le poursuit jusque dans sa maison et tire dans sa direction. Malheureusement, il le manque et abat sa femme enceinte.

Le dernier crime de la bande est l'œuvre de Mandrin lui-même. Sur le chemin du retour, avant de repasser en Savoie, il revient à Saint-Étienne-de-Saint-Geoirs. Celui qui a capturé son frère, Jacques Sigismond Moret, a l'inconscience de ne pas avoir pris la fuite. Mandrin se précipite à son domicile et tombe nez à nez avec lui.

– N'est-ce pas toi qui as fait pendre mon frère Pierre ?

L'employé de la Ferme se jette à genoux et tend son enfant de dix-huit mois devant lui, comme un bouclier vivant. Il implore :

– Grâce !

Sans se laisser apitoyer, Mandrin tue le père et l'enfant. Après quoi, la bande franchit la frontière de Savoie au pont de Chaix. Les gâpians tentent de leur barrer le passage. Plusieurs sont tués, d'autres blessés. Le chef des contrebandiers fait don à chacun de ces derniers d'une chemise, pour qu'ils puissent se panser parce que, leur dit-il, « j'ai l'âme noble ».

On est alors début juin 1754. Mandrin passe plusieurs semaines en Savoie et en Suisse, tant pour se réapprovisionner que pour permettre à ses hommes de prendre du bon temps avec tout ce qu'ils ont gagné. Peu avant la fin du mois, il repasse la frontière et les circonstances vont lui permettre de donner toute sa mesure.

Les Mandrins sont à Rodez le 30 juin. Là, Louis apprend une nouvelle qui change la situation du tout au tout : les fermiers généraux ont fait proclamer en chaire et afficher aux carrefours que tous ceux qui achèteraient aux contrebandiers seraient sévèrement punis. Immédiatement, le résultat se fait sentir : lorsque la marchandise est déballée, personne ou presque ne s'approche. Bien sûr, pour l'instant les gâpians ne sont pas là, mais dès que la bande aura disparu, ils reviendront et malheur à celui chez qui on trouvera des étoffes ou du tabac !

Alors, Mandrin a une inspiration de génie, qui va donner à son action et à sa personne une tout autre stature : puisque c'est ainsi, puisque la Ferme lui interdit de commercer avec le public, c'est à elle-même qu'il va vendre sa marchandise ! Sans attendre, il se rend chez M. de Raynal, l'entreposeur officiel de la Ferme pour la ville de Rodez, qui se terre dans son hôtel particulier de la rue Saint-Just, l'artère la plus huppée.

En voyant arriver le bandit entouré d'hommes en armes, celui-ci croit sa dernière heure arrivée, mais Mandrin se contente de l'obliger à le suivre. Il le conduit sur la place du marché, où les produits de contrebande sont déballés. Il lui montre un tas de paquets.

– Ce que vous voyez est du tabac de la meilleure qualité. Je vous l'abandonne à 40 sous la livre et je ne veux point d'autre acheteur que vous.

M. de Raynal tente de protester.

– Mais je n'ai pas le droit...

Mandrin lui désigne d'un mouvement de tête les hommes armés jusqu'aux dents qui les entourent.

– Alors, votre réponse ?

– C'est oui... Combien y en a-t-il ?

– Six cents kilos.

Et Louis Mandrin quitte Rodez, après s'être fait remettre 2 494 livres et 5 sous... Désormais, il pratique toujours de la même manière et la Ferme devient son seul client. Après Rodez, il attaque Mende, Brioude, Nantua. À Ambert, il fait acheter par l'entreposeur des tabacs pour 1 000 écus d'or de marchandise, après quoi il a le front de faire enregistrer la transaction devant notaire... Le 2 octobre, il est à Bourg, avec cent douze hommes, dont quatre-vingt-seize à cheval, et se fait remettre 23 000 livres.

Du coup, sa réputation s'accroît encore et change de nature. C'est à partir de ce moment qu'on le surnomme « le bandit bien-aimé ». Il devient une sorte de redresseur de torts, combattant un système fiscal injuste et exécré. Ce n'est pas à proprement parler un révolutionnaire, son action ne s'accompagnant pas d'une justification politique, mais il porte des coups incontestables à l'édifice de l'Ancien Régime.

Bien sûr, la population est un peu dépitée. Elle n'a plus d'intérêt personnel dans l'aventure. Le tabac et les magnifiques étoffes à des prix défiant toute concurrence ne sont plus pour elle. La devise de Mandrin : « S'enrichir en faisant plaisir au public » n'est plus valable. Du moins en apparence, car le public découvre un autre plaisir : celui de voir l'administration fiscale ridiculisée et rançonnée. Lyon, la patrie de Guignol, n'est pas si loin. Dans le Dauphiné et aux alentours, on assiste à une pièce de Guignol transposée dans la réalité, dans laquelle le héros triomphe des gendarmes, à la joie des petits et des grands...

Le hasard permet à Mandrin de terminer sa campagne par un coup d'éclat inattendu. Avant d'arriver en Savoie, il croise, sur la route de Pont-de-Vaux, le baron d'Espagnac, gouverneur militaire de la Bresse et du Bugey et aide de camp du maréchal de Saxe. Il fait descendre l'officier plus mort que vif de sa calèche et le salue, en retirant son célèbre tricorne.

– Je vous serais reconnaissant, monsieur l'aide de camp, de passer mes hommes en revue et de les faire manœuvrer pendant quelques minutes.

Mandrin le fait monter sur son propre cheval et le suit modestement sur celui d'un de ses hommes. Le baron s'exécute et, une fois qu'il a terminé, lui adresse ces mots :

– Je vous fais compliment. Vous avez une troupe d'élite.

Octobre 1754. Il s'est passé tellement de choses depuis qu'il est à la tête de sa bande qu'on a l'impression qu'il y a des années qu'il parcourt le pays. Pourtant, cela ne fait pas dix mois qu'il est entré en campagne et lui-même n'a pas trente ans. Réfugié en Savoie, Mandrin prépare une nouvelle expédition.

En face, cette fois, c'est la mobilisation générale. Un véritable dispositif de guerre a été mis en place. Comme on ne sait pas par quel point de Suisse, de Savoie ou d'Italie il va pénétrer en France, un cordon immense de troupes tient la frontière, depuis le Jura jusqu'à la Méditerranée. Les hommes ont été placés sous les ordres du colonel Alexis de La Morlière, un Dauphinois qui connaît admirablement le pays...

Mandrin est attendu de pied ferme et, pourtant, il se paie le luxe d'arriver là où on l'attend le plus : son pays natal. Le 4 octobre, il franchit le Guiers avec quatre cents hommes, sous le feu des canons, et franchit l'obstacle. Ensuite, il entame une expédition foudroyante. Il se présente devant Bourg avec une telle rapidité qu'on n'a pas le temps de mettre en action la milice prévue de sept cents hommes. Puis, il remonte vers le nord, en direction de Besançon. En chemin, il pressure la Ferme et ouvre les prisons. Il libère ceux qui sont incarcérés pour dettes ou contrebande, mais ne laisse pas sortir les autres.

Du côté des autorités, c'est la panique la plus totale. De mauvais plaisantins en profitent pour s'amuser à leurs dépens. Témoin, cette lettre envoyée au commandant de la maréchaussée d'Aurillac :

« Monsieur,

Je dois me rendre dans votre ville avec mes hommes. Je sais que vous avez des ordres contre moi et ma troupe. Je dois vous prévenir que, dans le cas où vous feriez le moindre mouvement, je ne ferais pas de quartier. Nous avons fait le serment de vaincre ou mourir. Je vous conseille de ne pas l'oublier.

Je suis avec considération, monsieur, votre très humble et très obéissant serviteur.

Mandrin »

Pendant quelques jours c'est la mobilisation générale autour d'Aurillac et dans une bonne partie de l'Auvergne. Mais Mandrin se trouve au même moment au cœur de la Bourgogne. Il passe par Seurre, dans l'actuelle Côte-d'Or, et encaisse 4 000 livres de la Ferme. Le 18 octobre à midi, il est devant Beaune. Cette fois, la surprise ne joue pas. La municipalité a fermé les portes et mobilisé une milice bourgeoise, qui tient les remparts.

Mais les bourgeois ne sont pas des foudres de guerre. Ils détalent aux premiers coups de feu. Les Mandrins escaladent la muraille, en poussant des cris terribles :

– Tue ! Tue ! Pas de quartier ! Brûlons la ville !

Tuer et brûler, ils n'en ont pas l'intention. Il s'agit seulement d'effrayer suffisamment pour provoquer la panique. Et, quelque temps plus tard, à l'hôtel de ville, le chapitre de Beaune reçoit, tout tremblant, le chef des contrebandiers. Ce dernier est habillé d'une veste rouge à petits carreaux, avec deux pistolets et un couteau de chasse à la ceinture ; il porte, en outre, un foulard de soie verte et son fameux tricorne galonné. Sa voix retentit de manière terrible dans le luxueux et vénérable édifice :

– Messieurs, pour m'avoir résisté, j'impose à votre ville une amende de 25 000 livres.

Malgré leur appréhension, les bourgeois du chapitre discutent et la somme finit par être ramenée à 20 000 livres. Après quoi, tout le monde trinque avec du vin des hospices de la ville et

Mandrin quitte Beaune, non sans avoir effectué le passage traditionnel par la prison et libéré ceux qui sont incarcérés pour dettes ou contrebande...

Les soldats du roi n'ont tout de même pas lâché prise : un corps d'élite, les hussards du colonel Fischer, est à ses trousses... Une troupe aussi nombreuse que celle des contrebandiers est obligée de coucher chez l'habitant, dans les divers villages qu'elle traverse. C'est le moment où ils sont les plus vulnérables et Fisher le sait. Une nuit, à Brion, près d'Autun, il déclenche l'attaque, pensant les surprendre. Mais les sentinelles veillent. Mandrin fait regrouper ses hommes et les harangue.

– Cela fait des jours qu'ils nous courent après. Ils sont épuisés. Après la victoire, personne ne pourra nous arrêter. Je vous livre toutes les richesses des receveurs et toutes les têtes des employés !

La trompette des hussards sonne la charge. Les Mandrins tirent, abrités dans les maisons. L'affrontement est acharné. À l'issue de celui-ci, le colonel Fischer a sept tués, dont deux officiers, et cinquante blessés, mais neuf contrebandiers périssent dans l'incendie de la maison où ils s'étaient retranchés et cinq sont faits prisonniers. Les autres, avec Mandrin, parviennent à s'enfuir.

Commence alors un difficile périple pour le bandit bienaimé. Il est traqué pour la première fois, dans des conditions d'autant plus pénibles que l'hiver a commencé et qu'il est particulièrement rigoureux. Le demi-échec qu'il a subi l'a vivement éprouvé. Durant cette retraite, son comportement n'a plus rien de chevaleresque. Il rencontre à Gannat, près de Vichy, cinq gâpians et les massacre. Un peu plus tard, il abat un meunier et sa femme qui ont refusé de les guider. Il finit tout de même par repasser en Savoie dans les premiers jours de l'année 1755. Il a, certes, éprouvé des revers, mais cette dernière campagne contre des troupes dix fois supérieures en nombre a mis le comble à sa gloire. On parle de Louis Mandrin non seulement dans la région, mais dans la France entière et une partie de l'Europe.

Pour le roi de France et son gouvernement, il faut en finir. Il est évident que l'affaire dépasse le cadre du simple banditisme, non seulement à cause de l'importance de la bande de Mandrin, mais de la nature de son action. Il ne s'en prend pas aux particuliers, mais uniquement à l'État, ce qui lui vaut une popularité sans cesse grandissante. S'il entre de nouveau en campagne, il risque de soulever la population en sa faveur. Dans le Dauphiné et les provinces avoisinantes, une situation insurrectionnelle est à craindre.

D'autant que les nouvelles qui parviennent à Versailles, par un ou plusieurs informateurs présents en Savoie, sont des plus alarmantes. Bien loin de se satisfaire des sommes considérables qu'il a amassées, le chef contrebandier voit plus grand encore. Il lève partout des recrues pour la « brigade de Louis Mandrin ». Il enrôle des insoumis, des déserteurs et, ce qui est nouveau, de simples mécontents, des citoyens jusque-là honnêtes, qui veulent se battre contre les impôts. Il n'aurait pas moins de deux mille hommes sous ses ordres et il en arriverait sans cesse. Et, avec ce qu'il faut qualifier d'armée, il projetterait une action d'une audace folle : aller jusqu'aux environs de Paris où les fermiers généraux ont leurs maisons de plaisance et les enlever contre rançon...

Avant d'entreprendre une action militaire, les autorités françaises tentent de recourir à la diplomatie. Louis XV demande l'extradition de Louis Mandrin à Charles-Emmanuel III, roi de Sardaigne, de Chypre et de Jérusalem. Le souverain ne peut faire autrement qu'accepter et envoie au gouverneur de la province, M. de Sinsan, qui est aussi son cousin, une lettre lui enjoignant de « faire arrêter en Savoye les contrebandiers qui pourraient s'y être réfugiés, après avoir commis en France les excès, désordres et attentats à main armée, dont nous sommes informés par le roi lui-même ».

Mais les jours puis les semaines passent sans qu'il se produise quoi que ce soit. Malgré les propos pleins de bonne volonté que Charles-Emmanuel prodigue au roi de France dans sa correspondance, il est évident qu'il ne fera rien. Il a, en effet, tout intérêt à ce que la situation continue : les contrebandiers sont une véritable bénédiction pour la Savoie ; ils y dépensent l'argent qu'ils ont récolté dans leurs campagnes, ce qui représente une véritable fortune.

Alors le gouvernement français se fâche et, face à cette situation exceptionnelle, décide d'employer des moyens exceptionnels. Attendre que Mandrin passe en France et se battre contre les milliers d'hommes qu'il aura sous ses ordres, ce serait aller au-devant d'une véritable guerre, voire d'une guerre civile, si la population prend fait et cause pour lui. Non, il faut agir avant, pendant qu'il est encore en Savoie. Bien sûr, c'est illégal, contraire à toutes les dispositions du droit international, mais le roi de Sardaigne n'est pas assez puissant pour réagir efficacement.

C'est donc une véritable action de commando qui est mise sur pied. Comme toutes les opérations de ce genre, elle s'appuie d'abord sur le renseignement. Il faut localiser avec précision et certitude le chef de la bande avant d'intervenir. Or, les Français acquièrent l'assurance, début mai 1755, que Mandrin se trouve, avec son second, Jean de Saint-Pierre, chez M. de Thoury, au château de Rochefort-en-Novalaise, en Savoie. L'attaque est fixée au 10 mai.

Dans la nuit du 10 au 11 mai 1755, cinq cents hommes, sous le commandement du colonel de La Morlière, franchissent le Guiers. Le château de Rochefort-en-Novalaise est à une lieue et demie seulement. Mais il n'est pas question d'aller en uniforme dans un pays étranger. Sur ordre du colonel, les hommes se dévêtissent et endossent des vêtements civils qu'ils ont apportés. Puis, ils se noircissent le visage à la suie. Après quoi, ils se mettent en marche.

Ils arrivent à Rochefort-en-Novalaise à 3 heures du matin. Malgré l'obscurité, on distingue nettement le château. Il ne s'agit pas d'un ouvrage fortifié, mais d'une élégante demeure, sans enceinte pour la protéger. Pourtant, la partie est loin d'être gagnée. Car, si Mandrin est certainement sur place, on ne sait pas exactement où il couche. Il doit être sur ses gardes et il a prouvé toute sa ruse. Il suffirait qu'on lui donne l'éveil pour qu'il s'enfuie sans espoir d'être rattrapé.

Les soldats enfoncent un volet sans faire trop de bruit et ont la chance de tomber sur un domestique qui, terrorisé, leur indique la chambre de Mandrin. Il leur précise aussi qu'il est seul avec son second, Jean de Saint-Pierre. Sa bande étant ailleurs, il n'y aura pas de bataille à livrer pour s'emparer de lui. Sous le commandement du colonel, une douzaine d'hommes se rendent sur les lieux dans le plus grand silence. Le domestique n'a pas menti : Mandrin et son second sont bien là. Il n'y a pas de lutte. Avant qu'ils aient compris quoi que ce soit, ils se retrouvent ficelés. Le chef contrebandier s'écrie :

– Vous avez Mandrin mais vous n'avez pas son successeur !

Et, comme son compagnon crie et se débat, il lui lance d'un ton désabusé :

– Va, ce n'est qu'un mauvais moment à passer...

Peu après, tous repassent le Guiers. Les soldats remettent leur uniforme et les deux prisonniers sont conduits en charrette à Valence où ils vont être jugés...

À ce point du récit, on peut se demander d'où les autorités françaises tenaient leurs renseignements. Il n'y a jamais eu de certitude à ce sujet, mais il pourrait bien s'agir d'un des contrebandiers : Malot, dit « la Liberté » ou « le Tailleur ». Il s'était toujours posé en rival de Mandrin et lui a succédé à son arrestation. Sa première décision a été de se prononcer contre une expédition destinée à le sauver. Par la suite, il s'est comporté en simple brigand, volant les pauvres gens aussi bien que les riches, ce qui lui a valu le surnom de « Petit Mandrin ». Le vrai, le grand Mandrin s'était trompé, au moment de son arrestation : il n'a pas eu de successeur. D'ailleurs, il ne pouvait qu'être unique.

Après tant de frayeurs, les autorités royales, les fermiers généraux et les gâpians exultent. C'est un cortège triomphal qui entre dans Valence, le 13 mai 1755. Les deux hommes enchaînés et entourés de soldats sont précédés de clairons. Ils sont conduits à la prison du présidial où les reçoit Levet de Malaval, président de la commission de Valence, tribunal d'exception pour juger les contrebandiers, appelé aussi « chambre ardente ».

L'arrivée de Mandrin suscite une véritable curiosité. Les gens arrivent de toutes les villes voisines pour le voir. Et le plus extraordinaire, c'est qu'ils obtiennent satisfaction. Après avoir fait la queue pendant des heures, ils sont introduits dans sa cellule, par groupes de cinq. Le chef contrebandier leur fait bon accueil. Il répond avec entrain à toutes les questions. Quand il se dit fatigué, les visites sont suspendues et elles reprennent une fois qu'il s'est reposé. Il reçoit aussi des victuailles et des vins vieux auxquels il fait honneur, ainsi qu'un volumineux courrier.

Les interrogatoires avec le juge Levet de Malaval se passent dans la plus grande courtoisie. Le magistrat le traite avec égards et le prie de s'asseoir avant de s'adresser à lui... Comme il lui demande quels sont les fauteurs de ses crimes, Mandrin lui répond :

– Ce sont les receveurs et employés de la Ferme.

À la question de savoir s'il a reçu une aide ou de l'argent d'une puissance étrangère, le prisonnier riposte :

– J'avais assez de ressources en moi-même.

Levet de Malaval insiste pour connaître le nom de ses principaux complices. Il s'entend répliquer :

– Je n'en ai pas meublé ma mémoire pour les livrer aux tribunaux.

Mandrin insiste au contraire pour qu'on libère un garçon perruquier qui vient d'être arrêté.

– Je l'ai forcé à entrer dans ma bande en le menaçant de mort, parce que j'avais besoin d'un barbier. Il n'a rien fait d'autre que de me raser.

Et il obtient satisfaction... Parfois, les deux hommes en viennent à plaisanter. À la suite d'une journée particulièrement chargée en visites, Louis Mandrin questionne :

– Toutes les personnes que j'ai eu le plaisir de recevoir, ne serait-il pas bienséant que j'allasse les voir pour leur porter mes respectueux remerciements ?

Ce à quoi Malaval répond avec un sourire, faisant allusion au prochain supplice sur la grand-place de la ville :

– En ce moment vous êtes trop fatigué. Mais dans quelques

jours, vous pourrez leur donner à tous cette marque de reconnaissance.

En parlant de « quelques jours », le magistrat ne se trompe pas... En apprenant l'intrusion illégale du commando sur son territoire, le roi Charles-Emmanuel III de Sardaigne a immédiatement exigé auprès de Louis XV la restitution du prisonnier. Mais cette démarche a l'effet inverse à celui escompté. La justice reçoit l'ordre d'agir rapidement pour qu'un retour en arrière ne soit plus possible. Louis Mandrin est jugé en une journée seulement. Sa condamnation à la roue par contumace est confirmée et son exécution fixée au 26 mai.

Ce jour-là, une foule immense a envahi Valence, dix mille personnes peut-être, mais elle aurait été certainement plus importante si tout ne s'était pas fait avec une telle précipitation. Louis Mandrin est conduit jusqu'à la place des Clercs. Il marche la corde au cou, en chemise, pieds nus, tenant un cierge allumé dans ses mains liées. Une pancarte a été accrochée dans son dos : « Chef de contrebandiers, assassin, criminel de lèse-majesté, faux-monnayeur, perturbateur du repos public ». Selon les témoins, il s'avance « avec une constance et une fermeté sans pareilles ».

Il arrive sur le lieu de son supplice. Le père Gasparini, qui est là pour l'assister, défaille sous l'effet de l'émotion. C'est Mandrin qui doit le soutenir. Et, tandis que l'ecclésiastique entame ses prières, il se laisse lier par le bourreau sur le chevalet.

Il s'agit de deux montants de bois en forme de X supportant les bras et les jambes, la tête restant dans le vide... Le supplice de la roue, le plus terrible de tous, consiste à être brisé sur le chevalet, puis à être déposé sur une roue horizontale pour y agoniser. À l'aide d'une barre de fer, le bourreau rompt les coudes et les genoux de la victime, puis sa cage thoracique, le dernier coup sur le ventre devant être assez fort pour fracturer la colonne vertébrale.

Mandrin endure cette véritable torture avec le plus grand courage. Pas un cri ne s'échappe de sa bouche. Il n'aura pourtant pas à subir les affres de l'agonie. Au bout de huit minutes, le bourreau l'étrangle avec une cordelette, selon un ordre exprès du président Malaval en annexe au jugement. S'agit-il d'un geste de générosité ou d'une précaution pour ne pas faire du condamné un martyr ? Les deux peut-être...

Ainsi s'est terminée, à l'âge de trente ans, la fulgurante carrière de Louis Mandrin. Pendant un an et demi, il a tenu tête à toutes les forces armées lancées contre lui et n'a succombé que grâce à une action illégale, doublée d'une trahison... L'homme est mort mais sa légende commence. Elle est propagée dans tout le pays par la *Complainte de Mandrin*, une chanson anonyme qui connaît un immense succès. En même temps, le théâtre de Nancy donne une pièce en trois actes : *La Mort de Louis Mandrin,* d'un certain Lagrange. Des journaux populaires racontant sa vie et sa mort sont imprimés aux quatre coins du royaume, ainsi que des portraits, que les pauvres paysans de France affichent dans leurs masures. Et, jusqu'au milieu du XXe siècle, c'est-à-dire pendant plus de deux cents ans, son souvenir reste vivace en Dauphiné.

Alors, Mandrin, un Robin des Bois français du XVIIIe siècle ? Il y a de cela, même si, contrairement au héros anglais, il a bien été, et à plusieurs reprises, un assassin. Il était plus politisé et plus revendicatif aussi. En s'en prenant à l'institution la plus injuste d'une société injuste qui n'allait pas tarder à disparaître, il méritait presque le nom de révolutionnaire ou, du moins, de prérévolutionnaire.

Mais quel que soit le qualificatif qu'on lui donne, Mandrin, le bandit bien-aimé, restera un être à part. Il a dit de lui-même, peu de temps avant sa mort : « Je n'ai volé que plus voleur que moi », et c'est l'exacte vérité.

Les chasses de l'Alaska

L'agent Murdoch, en patrouille dans le quartier Saint Paul, à Anchorage, en Alaska, a une drôle de surprise, ce 13 juin 1983. Une jeune femme brune vêtue d'une robe claire vient de quitter en courant le petit aéroport privé qui se trouve un peu plus loin, les menottes aux poignets ! Il pense à une criminelle en fuite, mais elle l'aperçoit au même instant et se précipite dans sa direction.

– Sauvez-moi !

– Qu'est-ce qui vous arrive ?

– On a voulu m'enlever et me tuer, j'en suis sûre !

L'agent Murdoch la réconforte de son mieux et la conduit au poste de police le plus proche. Là, l'inspecteur Brian Mitchell prend en charge la jeune femme, terrorisée. Il va chercher une clé passe-partout pour la débarrasser de ces bracelets qui n'ont rien de féminin et la fait asseoir dans son bureau. Elle est encore tout essoufflée. Il décide d'attendre qu'elle ait retrouvé ses esprits pour l'interroger...

Il y a juste quelques mois que l'inspecteur Brian Mitchell, vingt-quatre ans, occupe ses fonctions. Il est originaire de Boston, la grande ville du nord-est des États-Unis. C'est un citadin, mais il rêve depuis toujours de grands espaces, de nature vierge, et il a demandé et obtenu ce poste à Anchorage. Depuis qu'il est ici, il profite de ses moments de loisir pour faire des excursions dans la campagne environnante et, à chaque fois, il en revient ébloui.

La jeune femme a repris son souffle et se met à parler d'un ton précipité :

– Il a voulu me tuer…

– Calmez-vous ! Procédons par ordre. D'abord, quel est votre nom ?

– Lena Verjovic.

– Profession ?

– Je suis danseuse au Paradise, un cabaret d'Anchorage.

Elle baisse la tête, l'air gêné.

– Je suis danseuse seins nus.

– Attendez un instant…

L'expression vient de rappeler quelque chose à l'inspecteur Brian Mitchell, l'une des premières affaires dont on lui a parlé en arrivant. Il doit avoir le dossier sur son bureau. Il l'extrait de la pile et le parcourt rapidement. Deux danseuses seins nus, Paula Golding et Anna Fayol, ont disparu d'un autre établissement, le Crystal, il y a respectivement un et deux ans. Exactement au même moment, le 12 juin 1981 et le 13 juin 1982. On ne les a jamais retrouvées. L'inspecteur Mitchell a brusquement la sensation que quelque chose de grave se cache derrière cette histoire. Il reporte son attention vers la fille : une brune aux longs cheveux et au corps maigre, qui lui jette un regard apeuré. Elle semble fragile, a un air de victime. La vie ne doit pas être drôle tous les jours pour elle.

– Quel est votre domicile ?

– J'habite un studio que me loue le patron du Paradise, dans la 116e Rue.

– Que vous est-il arrivé ?

– Hier soir, j'ai été abordée par un spectateur après la représentation. Cela nous arrive de temps en temps, enfin… de les suivre chez eux. C'est ce qui s'est passé.

L'inspecteur comprend parfaitement que le Paradise est un lieu de prostitution déguisée, mais ce n'est pas le problème du moment.

– Vous connaissez le nom de cet homme ?

– Non, il ne me l'a pas dit. Il m'a emmenée chez lui, une belle maison d'une banlieue chic. Nous avons passé la nuit ensemble. Le matin, il m'a mis des menottes et m'a dit qu'il allait me conduire, avec son avion privé, dans sa maison de campagne d'Elkutna. Là, on aurait encore des rapports sexuels. Après, il me ramènerait à Anchorage et il me donnerait 500 dollars. Je ne l'ai pas cru. C'était évident qu'il était fou et qu'il me tuerait. Je me suis échappée pendant qu'il chargeait ses affaires dans l'avion.

– À quoi ressemblait-il ?

– Il a la quarantaine, il est roux, avec des taches de rousseur un peu partout sur le visage.

– Vous pourriez retrouver le chemin de chez lui ?

– Je pense que oui...

Peu de temps après, Brian Mitchell et Lena Verjovic arrivent sur les lieux. Elle n'a pas menti, la « belle maison » est luxueuse. Il s'agit d'une très grande habitation entourée d'une immense pelouse, qui n'est pas clôturée, à la manière américaine. L'inspecteur va sonner au cas, bien improbable, où son propriétaire serait à l'intérieur, mais personne ne répond.

Il aperçoit alors la voisine, en train de passer la tondeuse dans son jardin, de dimensions beaucoup plus modestes que celui où ils se trouvent. Il s'approche d'elle, toujours accompagné de Lena Verjovic, et lui montre sa plaque de police.

– J'ai besoin que vous me parliez de votre voisin...

– Pourquoi ? Il est arrivé quelque chose à M. Hansen ?

– Je ne sais pas, c'est possible... Il s'appelle Hansen, dites-vous ?

– Robert Hansen. C'est quelqu'un de très bien, de très riche aussi.

– Qu'est-ce qu'il fait dans la vie ?

– Il est boulanger. Enfin, il n'a pas une boulangerie, mais toute une chaîne.

– Il est célibataire ? Divorcé ?

– Non, il est marié. Il a deux enfants. Je m'entends très bien avec sa femme, je la vois souvent, parce que lui, il est toujours occupé...

– Mais en ce moment, il est seul.

– Oui, sa femme et ses enfants partent chaque été en Europe pour les vacances. Tout le mois de juin et tout le mois de juillet. L'année dernière, c'était l'Italie, l'année d'avant, c'était la France, et cette année, c'est l'Espagne. Il y en a qui ont de la veine !

L'inspecteur Brian Mitchell remercie la voisine. Il en sait assez pour continuer son enquête... Le scénario se dessine dans son esprit. Ce Robert Hansen, propriétaire d'une des plus grosses affaires d'Anchorage, doit mener durant toute l'année une vie de chef d'entreprise débordé, mais dès qu'il se retrouve seul, il se livre à des activités d'un genre bien différent... Il raccompagne au Paradise Lena Verjovic, qui l'a vraisemblablement échappé belle, et il se rend à l'aérodrome privé d'où elle a réussi à s'enfuir.

L'avion de Robert Hansen ne s'y trouve plus. Brian Mitchell s'y attendait. Il a certainement pris l'air en direction d'Elkutna. Il règne sur les pistes une activité intense : en raison de l'immensité des distances en Alaska, beaucoup d'habitants ont leur avion personnel. Quant au directeur de l'aérodrome, il n'a pas grand-chose à dire : Robert Hansen est un client régulier. Il se rend souvent dans sa propriété, pratiquement toujours seul. Ils ont parlé quelquefois ensemble, principalement de chasse. C'est un grand chasseur.

Le Crystal, la boîte de nuit concurrente du Paradise où ont disparu les deux premières danseuses seins nus, est dirigé par une femme grassouillette et maquillée, aux allures de tenancière. C'est d'ailleurs sans nul doute ce qu'elle est en réalité, mais là n'est pas la préoccupation de Brian Mitchell. Elle manifeste la plus vive inquiétude quand celui-ci lui tend sa carte de police.

– Qu'est-ce qui se passe, inspecteur ? Je vous assure, ma maison est en règle !

– Ce n'est pas de cela qu'il s'agit, c'est de la disparition de deux de vos danseuses.

Le visage de la femme trahit un court instant son soulagement. Elle se reprend et se compose une mine de circonstance.

– Ah, les pauvres filles ! Vous les avez retrouvées ?

– Non, mais je suis peut-être sur une piste. J'ai besoin d'avoir des détails sur leur disparition.

– On les a vues la dernière fois avec un client, c'est tout ce que je sais.

– Et ce client, vous l'avez vu vous-même ?

– Pour Anna, la deuxième, oui. Quelqu'un de bien habillé, la quarantaine, rouquin, avec des taches de rousseur...

L'inspecteur Mitchell prend congé et va trouver son supérieur, le shérif du quartier Saint Paul. Il le met au courant de tout ce qu'il vient d'apprendre depuis quelques heures. Son interlocuteur hoche la tête.

– Vous pensez à quoi ? Séquestration, torture, assassinat ?

– Quelque chose comme cela... Il faudrait que je puisse y aller maintenant. Il est peut-être en train de faire disparaître des preuves.

– Vous savez où est Elkutna ? Un endroit perdu à mille kilomètres d'ici ! Il y en a pour une journée en voiture, car je n'ai pas d'avion à mettre à votre disposition.

– Cela ne me dérange pas.

Le shérif tend la main au jeune inspecteur.

– Alors, partez vite. Il n'y a pas de temps à perdre.

Au volant de sa voiture, l'inspecteur Mitchell retrouve ces paysages vers lesquels il aime s'évader : ces forêts aux sapins immenses, ces montagnes, ces lacs, ces torrents qui regorgent de saumons. S'il n'était préoccupé par le sort de ces deux malheureuses danseuses, il serait tout bonnement aux anges.

Il arrive à Elkutna le lendemain matin. C'est une région montagneuse aux forêts impénétrables percées par de rares villages. Les gens semblent y vivre comme au siècle passé, dans des maisons en rondins. Il croise des bûcherons, des chasseurs de renard argenté et, parfois, la propriété d'un riche citadin, avec son aérodrome particulier.

Elkutna n'a qu'un seul magasin, qui vend de tout et qui fait aussi café. C'est là qu'on lui indique où trouver le shérif Earl Waco. Il s'agit de sa maison personnelle, car il n'y a pas de poste de police. Le shérif n'a personne sous ses ordres. Il est l'unique représentant de l'autorité au village.

Earl Waco habite une habitation en rondins comme les autres. L'inspecteur Brian Mitchell est surpris par son physique : il a certainement du sang esquimau dans les veines, ses cheveux sont très bruns et lisses et ses yeux légèrement bridés. De son côté, celui-ci découvre avec étonnement la présence de son collègue de la ville.

– Qu'est-ce qui vous amène par ici, inspecteur ?

– Robert Hansen. Il est là ?

– Certainement. J'ai entendu son avion hier et il n'est pas reparti.

L'inspecteur Brian Mitchell le met au courant de toute l'affaire. Earl Waco reste songeur.

– C'est troublant, cela correspond au témoignage d'un bûcheron, qui passait aux environs de sa propriété. Il a aperçu de loin une femme en robe de ville qui courait près d'un torrent. Il a crié pour lui demander si elle avait besoin d'aide. Elle n'a pas répondu et elle a disparu.

– Cela se passait quand ?

– Au mois de juin dernier. Il y a un an tout juste.

– Et Robert Hansen était présent à ce moment ?

– Oui, je pense.

– Nous devrions lui rendre visite...

Si la propriété de Robert Hansen est située sur la commune d'Elkutna, elle est très loin du village. Il faut plus d'une demi-heure de voiture pour y parvenir. Contrairement à sa maison d'Anchorage, elle est entourée de hauts murs. Après avoir vainement sonné à la porte d'entrée, Mitchell et Waco escaladent l'enceinte. C'est illégal, mais il y a urgence, il sera toujours temps de régulariser après, si besoin est.

La propriété est si vaste que la piste aérienne n'en occupe

qu'une petite partie. L'avion est là. Et Robert Hansen, est-il là lui aussi ? Sa voiture, une Land-Rover, est au garage. L'inspecteur sort son revolver, le shérif, lui, s'est muni d'un fusil de chasse.

La maison n'a rien de commun avec les baraques du village. C'est une vaste demeure en matériaux modernes, à deux étages. La faire construire ici, loin de tout, a dû coûter une fortune. La porte d'entrée n'est pas fermée à clé. Redoublant de vigilance, les deux hommes la poussent.

L'intérieur les surprend par son luxe : boiseries, meubles de style et épais tapis. Les murs sont couverts de trophées de chasse : beaucoup d'ours de grande taille, effrayants avec leur gueule ouverte, ainsi que des animaux habitant sous d'autres climats, que Robert Hansen a rapportés de chasses lointaines : lions, tigres, buffles, rhinocéros.

Les policiers parcourent successivement toutes les pièces. Pas de trace du maître des lieux, ni du passage de l'une ou l'autre jeune femme. Il ne reste plus que la cave, et ce n'est pas sans une certaine appréhension que l'inspecteur et le shérif y descendent...

Les lieux sont en apparence tout ce qu'il y a d'ordinaire. Ils abritent la chaudière et un grand tas de bois. Sans se concerter, les policiers le défont. Leur crainte se confirme : au-dessous, la terre a été visiblement remuée. Il y a des pelles sur place et il ne leur faut pas creuser longtemps pour faire la macabre découverte qu'ils redoutaient.

Le premier cadavre qu'ils mettent au jour est celui d'une femme de vingt-cinq ans environ, portant une robe rouge et des chaussures à talons hauts. Elle est à demi décomposée mais, curieusement, il y a très peu d'odeur. Sans doute le sol est-il très froid l'hiver... Earl Waco déclare en la voyant :

– Le bûcheron avait parlé d'une robe rouge : c'est elle...

Surmontant leur répugnance, les policiers entreprennent de faire les premières constatations. La morte porte une large blessure à la tempe droite. Le shérif prend un canif dans sa poche et extrait la balle qui y est logée. Il l'examine quelques instants.

– Ruger 14. Ce sont les munitions qu'on emploie pour les ours...

Pendant ce temps, l'inspecteur Brian Mitchell s'est intéressé aux vêtements. Il fait part à son tour de ses conclusions.

– La robe est déchirée et les chaussures sont très abîmées. Elle a dû courir longtemps dans la nature. À mon avis, elle s'est enfuie, il l'a rattrapée et il l'a abattue...

Le second corps est dans un état de décomposition plus avancé, le squelette est par endroits visible. C'est celui de la première danseuse, enlevée deux ans plus tôt, et tuée d'une balle dans la poitrine. La balle est logée entre les côtes, qui sont apparentes. Encore une fois, Earl Waco l'extrait et conclut :

– Ruger 14...

L'inspecteur Brian Mitchell, qui inspecte de nouveau les vêtements, est profondément troublé.

– C'est très étrange ! C'est exactement comme pour l'autre : la robe est déchirée et les chaussures sont presque en lambeaux. Elle aussi a couru longtemps dans la nature.

– Il faut croire qu'elle s'est échappée également et qu'il l'a rattrapée...

L'inspecteur Brian Mitchell reste un instant silencieux.

– C'est possible, mais cela me fait penser à autre chose... Avez-vous vu *Les Chasses du comte Zaroff* ?

– Non. Qu'est-ce que c'est ?

– Un très vieux film, qui date des années 30. Il raconte l'histoire d'un homme qui habite dans une île et qui fait naufrager les marins pour les chasser comme des animaux.

– Vous ne pensez tout de même pas... ?

– Si. Robert Hansen chasse les femmes. Comme dans le film, il doit les laisser partir avec une certaine avance et se mettre à leur poursuite. Et il fait cela chaque année au départ de sa femme et de ses enfants. Pendant qu'ils visitent la tour Eiffel ou le Colisée, il traque le gibier féminin...

Les deux hommes restent un long moment muets, devant ces corps témoins d'une tragédie qu'on a du mal à imaginer... L'inspecteur Brian Mitchell finit par reprendre la parole.

– Il faut le rattraper ! Je vais demander des renforts.

Mais Earl Waco secoue la tête. Ses yeux légèrement bridés se fixent sur son vis-à-vis.

– Il risque d'être loin avant que les renforts arrivent. Personne ne connaît aussi bien la région que moi. Si vous êtes partant, à nous deux, nous avons une chance.

Brian Mitchell n'hésite pas longtemps. En venant en Alaska, il rêvait, sans oser l'espérer, d'une traque dans la nature du Grand Nord.

– Allons-y !

Les environs de la propriété sont très différents du site d'Elkutna. Ici, pas de forêt profonde, mais une vaste prairie traversée par plusieurs cours d'eau et entourée de montagnes abruptes. La maison se trouve au milieu d'un cirque. On comprend, dans ces conditions, qu'une personne poursuivie n'ait guère de chances d'échapper à son sort. Il y a peu de cachettes et pas moyen d'en sortir. C'est une véritable nasse... Après avoir franchi de nouveau le mur d'enceinte, Earl Waco montre du doigt les montagnes.

– Une personne seule ne peut pas les escalader. Il faut être plusieurs et avoir de l'équipement.

– Il y a la route...

– C'était certainement là qu'il se postait quand il libérait les femmes. Il leur coupait la retraite.

– Il est peut-être parti par là lui-même.

– Allons voir...

Le shérif prend la piste et découvre des empreintes fraîches en direction du centre du cirque. C'est par là qu'il faut aller... La suite est une progression extrêmement périlleuse, dans un terrain pratiquement à découvert. De temps en temps, quelques petits bois de sapins offrent une protection, mais ils sont rares. Les deux hommes imaginent, avec un pincement au cœur, l'angoisse qui a été celle des jeunes femmes, lors de cette partie perdue d'avance.

Courbé vers le sol et examinant les branches et les herbes, Earl Waco continue de progresser, suivant des traces invisibles pour son compagnon. Le temps passe. Heureusement, en cette mi-juin, les journées sont longues, surtout sous ces latitudes très au nord, et le soleil est encore haut dans le ciel lorsqu'ils arrivent près d'une des parois du cirque. Un coup de feu claque. Ils se jettent à terre, indemnes, mais la balle est passée tout près.

Ils se mettent à courir vers un bosquet de sapins. Un nouveau coup de feu éclate sans les atteindre. Une fois qu'ils sont à l'abri, le shérif montre à son compagnon un point devant eux.

– Il est dans la grotte de l'Ours. C'est un endroit imprenable, d'où on domine toute la vallée. Ce qu'il ne sait pas, c'est qu'il y a un passage par-derrière en empruntant une cheminée. Je vais y aller...

– Et moi ?

– Continuez à avancer pour l'occuper. Mais faites attention, il tire bien.

Les policiers se séparent. Tandis qu'Earl Waco bat en retraite pour faire un large détour, l'inspecteur Mitchell avance en rampant vers la grotte. C'est effectivement très dangereux. Les balles sifflent autour de lui. Il entend les énormes impacts sur les rochers et les troncs d'arbre de ces Ruger 14, avec lesquelles on tue les ours. De temps en temps, il réplique, sans espoir d'atteindre son objectif...

Cette progression risquée dure près d'une heure. Soudain, il y a une détonation à l'intérieur de la grotte. Le bruit est impressionnant, répercuté plusieurs fois par l'écho avant de s'éteindre. L'inspecteur n'ose pas encore bouger. Earl Waco a-t-il réussi ou l'autre l'a-t-il vu et a-t-il tiré ? Non, c'est bien la fin de la traque. Le shérif apparaît à l'ouverture et lui fait de grands gestes. Brian Mitchell le rejoint, et observe le corps de Robert Hansen. Earl Waco l'a tué d'une seule balle dans la nuque. Lui aussi sait viser...

L'inspecteur contemple longuement ce visage inerte, couvert de taches de rousseur sur le front et les joues. Une idée étonnante lui vient.

– Je crois qu'il l'a fait exprès.

– Exprès de quoi ?

– De se faire prendre. Pourquoi avoir mis des menottes à

Lena Verjovic ? S'il ne l'avait pas fait, elle ne se serait pas méfiée, il l'aurait amenée ici et l'aurait abattue comme les autres. Et je pense aussi qu'il l'a laissée s'enfuir.

– Mais pour quoi ?

– Pour que nous nous mettions à sa poursuite.

L'inspecteur Brian Mitchell détache son regard du mort et contemple, depuis la grotte qui la domine, l'immense étendue que forme la plaine en contrebas. Il conclut :

– Il y a longtemps que les animaux n'intéressaient plus Robert Hansen et il en avait sans doute assez de tuer les femmes. Alors, il a voulu ressentir la dernière sensation que peut procurer la chasse : être le gibier.

Barberousse

25 avril 1954. C'est la Fête nationale à Ancône, sur la côte Adriatique, et dans toute l'Italie. Et, comme chez nous, on organise partout des défilés, des bals, des feux d'artifice...

Le feu d'artifice est particulièrement réussi, cette année, à Ancône. Les fusées multicolores succèdent aux feux de Bengale. Le public, ravi, manifeste son contentement par des « oh » et des « ah » admiratifs. Pourtant, parmi la foule, il y a un spectateur plus enthousiaste que les autres. C'est un petit homme, si petit qu'il se hausse tant qu'il peut sur la pointe des pieds. Lui, il ne pousse aucun « oh » ni « ah », il ne dit rien, il sourit béatement, il est heureux.

Il y a des noms difficiles à porter, surtout quand ils ne vont pas avec votre personnalité. S'appeler Rolando Barbarossa (Barberousse en français), ce n'est vraiment pas un cadeau quand on mesure un mètre soixante et qu'on est depuis trente ans un petit fonctionnaire à la succursale de la Sécurité sociale d'Ancône.

Et le malheureux Barbarossa en a entendu depuis trente ans ! À cinquante ans, avec ses huit enfants à charge depuis qu'il est veuf, avec sa vie misérable, étriquée, et pour toute perspective la retraite, il devrait éveiller la pitié mais il provoque la moquerie. C'est un peu de sa faute aussi. Pourquoi garde-t-il cette ridicule barbichette châtain, véritable provocation aux quolibets ?

Ah oui, il en a entendu, Rolando Barbarossa, des fines plaisanteries de ses collègues ! En fait, ce n'est même plus méchant.

C'est devenu un rite, une institution. Chaque matin avant de prendre son travail, on lui lance au passage :

– Salut, le pirate !

– Salut, la terreur des mers !

Lui, déjà penché sur ses écritures, redresse sa tête ornée de son bouc ridicule et répond d'un sourire poli. À le voir si petit, si humble, on croirait qu'il ne pense à rien, qu'il ne s'intéresse à rien. Et pourtant, ce n'est pas vrai : Rolando Barbarossa a un problème et une passion.

Son problème, c'est son logement. Cela fait des années qu'il vit avec ses huit enfants dans un deux-pièces. Malgré toutes les demandes qu'il a envoyées à la municipalité, rien n'y a fait. C'est pourquoi il vient de s'adresser à la seule personnalité qu'il connaisse : le *commendatore* Ermano, un cousin éloigné de sa défunte femme et un notable de la ville. Le *commendatore* a bien voulu le recevoir avec bienveillance et lui a promis qu'il allait arranger cela...

Quant à la passion de Rolando Barbarossa, ce sont tout simplement les feux d'artifice. C'est à cela qu'il occupe ses moments de loisir. Dès qu'il le peut, il quitte son appartement invivable et se rend dans le petit atelier que la mairie d'Ancône met à sa disposition. C'est lui qui prépare la pyrotechnie de la Fête nationale. Toute l'année, il mélange le salpêtre et la poudre noire, il confectionne les fusées, il met au point les feux de Bengale. Toute l'année, il travaille pour le 25 Avril et, à partir du 26, il travaille pour le 25 Avril suivant.

Voilà pourquoi, ce 25 avril 1954, Rolando Barbarossa est heureux. C'est le seul jour de l'année où il oublie sa petitesse, son ridicule, l'appartement où ils vivent à neuf. Ce bruit, ces lumières, ces couleurs qui emplissent le ciel, c'est lui ! Ces centaines de gens qui sont là, immobiles, admiratifs, la bouche ouverte, la tête en l'air, c'est grâce à lui !

Fin mai 1954... Cela fait un mois que la Fête nationale est passée. À cette période de l'année, d'habitude, Barbarossa est particulièrement sombre. Mais depuis quelques jours, il a l'air de bonne humeur. Aux plaisanteries traditionnelles du matin, il réplique maintenant par un sourire enjoué. Au point que l'un de ses collègues, plus curieux que les autres, se décide à l'interroger.

– Alors, vieux pirate, on nous cache quelque chose ? On est amoureux ?

Barbarossa lisse sa barbiche en pointe. Ses petits yeux marron se plissent de plaisir. C'est si rare qu'on lui pose une question !

– C'est mon appartement. Je vais avoir un cinq-pièces dans une HLM, près de la mer. C'est au *commendatore* Ermano que je dois ça... Tenez, si j'osais, j'irais vous montrer l'appartement après le bureau. C'est tout près d'ici.

À 6 heures du soir, à la sortie, son collègue, pour ne pas lui faire de la peine, se décide à l'accompagner. Rolando Barbarossa marche à pas rapides pour compenser ses petites enjambées.

– Vous voyez, c'est juste dans la prochaine rue. C'est tout près, hein ? Cinq minutes du bureau...

Il s'arrête devant un immeuble en construction et lève la tête, barbiche pointée vers le ciel.

– C'est au sixième, avec vue sur la mer. C'est ensoleillé de 10 heures du matin à 6 heures du soir. Et, avec cinq pièces, les enfants seront à l'aise !

Les jours suivants, le collègue, qui a malgré tout commencé à s'intéresser à lui, questionne Barbarossa. Le petit homme lui répond toujours d'un ton enjoué, mais qui paraît un peu forcé.

– Mon appartement ? Ah oui, il y a du retard... Vous savez ce que c'est ! Mais c'est comme si c'était fait. C'est le *commendatore* Ermano qui s'en occupe. C'est tout dire.

Et, un jour, Barbarossa répond par un grognement, puis par un soupir. Et le collègue ne pose plus de question.

Enfin, en octobre 1954, c'est Rolando qui va trouver son collègue. Il est tout excité. Il sautille un peu ridiculement sur ses courtes jambes.

– Vous savez, je vais avoir un appartement. L'autre n'a pas marché. Il y avait un employé des Postes appuyé par le préfet sur les rangs, alors vous pensez ! Contre cela, même le *commendatore* Ermano ne pouvait rien. Mais celui-là, c'est vraiment comme si c'était fait. Évidemment, c'est un trois-pièces et ce n'est pas sur la mer, mais il ne faut pas être trop exigeant... Je ne vous propose pas d'aller le voir, c'est un peu loin du bureau. Mais c'est seulement à un quart d'heure de bus, car il y a un bus.

Le lundi suivant, Barbarossa apporte encore des précisions. Il a passé une partie du samedi et du dimanche à surveiller l'ensoleillement. Eh bien, de ce côté-là, c'est mieux que pour le premier logement, c'est même beaucoup mieux : il y a une demi-heure de soleil en plus !

Et les jours, les semaines, les mois recommencent à passer. Les mois défilent vite dans les bureaux d'une administration. Rolando Barbarossa ne répond plus aux questions. Un jour, il dit en haussant les épaules :

– D'abord, dans cet appartement, il n'y avait qu'une salle de bains. Qu'est-ce que vous voulez faire avec une salle de bains pour neuf ?

À la fin du mois de février 1955, Rolando Barbarossa prend à part son collègue, qu'à la longue il a fini par considérer comme son ami. Il n'a plus du tout son attitude ridicule et soumise, qui lui est familière, mais l'air sombre, agité par une sourde colère.

– J'ai été voir le *commendatore* Ermano hier. Il m'a envoyé promener. Je crois qu'il s'est moqué de moi depuis le début. Je crois qu'il n'a jamais rien fait pour moi. Je crois... que je n'aurai jamais d'appartement.

Et il ajoute :

– Il faut que je fasse quelque chose !

Tandis que le collègue marmonne, gêné, quelques mots inintelligibles, Barbarossa reste songeur, le regard vague... À quoi pense-t-il ? Peut-être à ce jour d'avril où il s'est cru un grand homme, quand, devant des centaines de gens, il avait illuminé à lui tout seul le ciel d'Ancône.

25 avril 1955. C'est de nouveau la fête nationale italienne. Comme les années précédentes, Rolando Barbarossa a été chargé de la pyrotechnie par la municipalité d'Ancône. Ce soir-là, le public quitte le spectacle un peu déçu. De l'avis général, le

feu d'artifice n'était pas aussi réussi que les années précédentes. D'ailleurs, son auteur n'y assistait pas. Tout de suite après avoir mis ses fusées en place, il a disparu...

Il est minuit lorsque les bals populaires d'Ancône sont troublés par une violente explosion. Cette fois, il y a eu un supplément au bouquet du feu d'artifice : un immeuble en construction vient d'être détruit par une forte charge explosive.

Le lendemain, au bureau, Rolando Barbarossa déclare tout excité à qui veut l'entendre :

– Tout de même, faire sauter une maison de huit étages, il faut s'y connaître ! En tant qu'artificier, je dois dire que c'est un exploit.

L'événement passe malgré tout inaperçu. La police penche pour un accident et recherche si une fuite de gaz n'aurait pas pu se produire. Car, franchement, quel intérêt aurait-on à faire sauter un immeuble en construction ? Et une HLM, par-dessus le marché !

Quinze jours plus tard, toujours à Ancône, une autre HLM, qui était à la veille de son inauguration, est ravagée de fond en comble par une explosion. Cette fois, il n'y a plus de doute possible. On se trouve en présence d'un acte criminel d'un dynamiteur d'un genre spécial, qui s'attaque aux HLM en construction. D'autant que c'est du travail de professionnel. La bombe a été placée au point le plus vulnérable du bâtiment et l'engin a totalement disparu dans la déflagration, ce qui indique une parfaite connaissance des explosifs.

Mais pourquoi ? La police ne parvient pas à saisir les mobiles de ces deux actes qui, de toute évidence, ont été commis par le même homme. C'est un fou, ce ne peut être qu'un fou !

Pourtant, les policiers d'Ancône n'ont pas à s'interroger longtemps. Le 3 juin 1955, le commissariat principal reçoit un coup de téléphone anonyme. La voix est déformée. Le correspondant parle sans doute à travers un mouchoir. L'appel est bref :

– Allô, ici c'est le dynamiteur d'Ancône. Faites évacuer tout de suite le cinéma Palazzo. Il va sauter !

Aussitôt, c'est le branle-bas de combat. Les policiers et les pompiers entourent le quartier. Tous les immeubles avoisinants sont évacués. On fouille de fond en comble le cinéma. Rien, pas le moindre engin. Et, soudain, une explosion formidable : l'immeuble contigu vient d'être pulvérisé, un immeuble en construction presque terminé...

Cette fois, la presse locale fait ses gros titres de l'événement. Quel est ce mystérieux dynamiteur qui a entrepris de détruire tous les immeubles en construction ? Un architecte mécontent ? Un anarchiste ? Pourtant, l'homme semble respectueux des vies humaines. S'il a donné ce coup de téléphone, c'est bien qu'il craignait que les spectateurs du cinéma Palazzo ne soient blessés... Du côté de la police, on ne comprend pas. On a affaire à un criminel qui ne ressemble pas aux autres. Et l'enquête piétine.

Août 1955. Comme la plupart des employés de la succursale de la Sécurité sociale, Rolando Barbarossa est parti en vacances. Mais il n'est pas allé, comme les autres années, chez sa sœur, à Ferrare, avec ses huit enfants. Il est parti seul, sans dire où. Et c'est alors qu'il se décide à écrire à la police : le dynamiteur d'Ancône, c'est lui !

Voici la lettre que publient tous les journaux italiens : « La crise du logement est insupportable, en particulier pour les familles nombreuses. J'adresse au gouvernement un ultimatum inflexible. Distribuez des logements ou je redouble mon action. » C'est signé : « Barbarossa » et il y a un post-scriptum : « J'ai fait raser mon bouc. »

Rolando Barbarossa a franchi le pas. Il est entré dans la clandestinité. Les journaux publient la photo de ce hors-la-loi pas comme les autres. Un visage ordinaire, celui d'un petit fonctionnaire insignifiant à force d'être banal : cheveux châtains, yeux marron, front moyen, nez moyen, bouche moyenne. Puisqu'il a rasé son bouc ridicule, rien, effectivement, ne le distingue plus des autres. Il est devenu totalement anonyme. Il n'y a que sa petite taille qui pourrait le faire remarquer, mais avec des talons, il peut passer inaperçu.

À partir de ce moment, Barbarossa se manifeste dans toute l'Italie. Un jour il est au Sud, un autre il est dans le Nord, le surlendemain il est à Rome. Comme la police se méfie et que les carabiniers montent la garde nuit et jour sur les chantiers des immeubles, il a modifié ses objectifs : il attaque des gares, plusieurs succursales de la Sécurité sociale, des administrations, des édifices publics.

En tout, pendant les derniers mois de l'année 1955 et les premiers mois de 1956, pas moins d'une centaine d'explosions secouent l'Italie. À chaque fois, elles sont précédées d'un avertissement par téléphone.

Cette fois, le petit homme ne modifie plus sa voix en parlant à travers un mouchoir. C'est bien sa voix, sa propre voix, qui a gardé, malgré tout, ses intonations timides, que les policiers entendent dans leur récepteur :

– Allô, ici Barbarossa, voici quel quartier vous allez évacuer...

Le dynamiteur d'Ancône reste toujours aussi respectueux de la vie humaine. Jamais il n'y a eu la moindre victime, ni un seul blessé. Chaque fois, grâce à lui, les abords sont vides au moment de l'explosion.

La police tourne en rond. Elle finit par se couvrir de ridicule. Elle a beau avoir promis une prime de 2 millions de lires à qui lui apporterait des renseignements, rien ne se passe. Elle a contre elle un adversaire d'un type nouveau, un être insignifiant que personne ne remarque dans la rue, un petit fonctionnaire organisé, méticuleux, qui ne recherche pas la publicité, ne commet aucune imprudence, met au point ses attentats avec autant de soin qu'il s'acquittait autrefois de ses écritures. Les criminels en série, les ennemis publics numéro un sont presque toujours des êtres vaniteux que leur mégalomanie finit par faire prendre, pas lui.

Les mois ont encore passé. De nouveau, c'est le printemps. Et avec lui est revenu le jour de la Fête nationale. Pourtant, ce 25 avril 1956 ne sera pas comme les autres à Ancône. D'abord parce que ce n'est pas Rolando Barbarossa qui a préparé le feu d'artifice ; la municipalité a dû faire appel à une entreprise privée.

Et puis, surtout, parce que, vers 2 heures de l'après-midi, une violente déflagration secoue la cité. C'est un pavillon d'un quartier résidentiel qui vient de sauter. En se précipitant sur les lieux, les carabiniers et les pompiers pensent à un accident ou à une organisation terroriste, mais pas à Rolando Barbarossa. Car, cette fois, il n'y a eu aucun appel. D'ailleurs, il y a une victime, qu'on dégage à grand-peine des décombres.

L'homme a été tué pendant sa sieste. La bombe a été déposée juste contre le mur de sa chambre. De toute évidence, il s'agit d'un meurtre prémédité. Et pas n'importe quel meurtre, vu l'identité de la victime. Il s'agit d'un notable d'Ancône, connu bien au-delà de la ville, dans toute la région : le *commendatore* Ermano.

Les carabiniers ne tardent pas à faire le rapprochement avec Barbarossa. Cette fois, des moyens considérables sont mis en œuvre pour le retrouver. Il ne s'agit plus du dynamiteur déséquilibré et un peu folklorique auquel on avait fini plus ou moins par s'habituer, mais d'un assassin qui peut frapper de nouveau n'importe où. C'est la mobilisation générale dans tout le pays. Le nom du petit fonctionnaire d'Ancône est sur toutes les lèvres, il fait la une de tous les journaux italiens, il inspire au public une crainte plus grande que les pires tueurs de la Mafia.

Mais curieusement, à partir du 25 avril 1956, Rolando Barbarossa ne fait plus parler de lui, comme si, avec le meurtre de celui qui s'était tant moqué de lui, il avait bouclé la boucle, il avait définitivement assouvi sa vengeance. Jamais, depuis, il n'a donné le moindre signe de vie, pas même à ses huit enfants, qui n'ont plus revu leur père.

S'il était resté en Italie, compte tenu des moyens considérables déployés contre lui, il aurait vraisemblablement fini par se faire prendre. Il faut donc supposer qu'il a gagné un pays étranger où, malgré les avis lancés par Interpol, il était tout de même moins recherché. Alors, pourquoi ne pas imaginer qu'il soit allé très loin ? Après tout, Barbarossa, ce petit homme au nom de pirate, a peut-être voulu aller au bout de son destin. Peut-être, après avoir tué le *commendatore*, a-t-il pris la mer, cette mer qu'il ne verrait jamais des fenêtres de son appartement, pour finir ses jours quelque part seul au monde.

Al Capone et les autres

Il y a parfois, dans l'histoire, des décisions aberrantes, dont il est évident qu'elles vont entraîner des catastrophes. Le plus souvent, elles sont prises au nom de principes rigides ne tenant aucun compte de la réalité. Ainsi, en France, au XVIIe siècle, la révocation de l'édit de Nantes, qui a entraîné l'affaiblissement durable du pays. Ainsi, plus près de nous, aux États-Unis, la loi sur la Prohibition.

Issu de l'esprit de protestants rigoristes, qui assimilaient l'alcool au péché et à la damnation, le *Volstead Act*, du nom de son rédacteur Andrew J. Volstead, est voté par le sénat le 22 juillet 1919. Il interdit la production, la vente et la consommation de toute boisson excédant 0,5 % d'alcool et entre en vigueur le 17 janvier 1920, sous le nom usuel de « Prohibition ». Selon ses auteurs, la disparition de l'alcoolisme allait « augmenter la productivité dans les usines, diminuer la violence conjugale et la délinquance en général ». Le résultat, c'est la plus grande flambée de violence qu'aient connue les États-Unis, c'est le Chicago des années 20 ; le résultat, c'est Al Capone et les autres.

Il fallait, en effet, être singulièrement aveugle pour imaginer que la consommation de boissons alcoolisées, aussi vieille que la civilisation elle-même, pouvait être supprimée d'un trait de plume. Aux États-Unis, puisque l'alcool ne peut plus être produit légalement, il l'est désormais illégalement. Du jour au lendemain, tout ce que le pays compte de malfaiteurs en tous genres se reconvertit dans les distilleries clandestines ou la contrebande de boissons alcoolisées. En quelques semaines, c'est un trafic gigantesque qui est mis en place et cette activité se concentre rapidement à Chicago.

Dès l'année 1920, la métropole de l'Illinois est divisée en deux bandes rivales : les Siciliens d'un côté et, de l'autre, les Irlandais, auxquels s'adjoignent plusieurs nationalités moins importantes, dont les Polonais. Chacune d'elles a théoriquement le contrôle d'une moitié de la ville.

O'Banion dirige le gang des Irlandais. Né en 1892, cet ancien enfant de chœur qui ne se déplace qu'avec trois revolvers a le culte de la vertu et a toujours refusé de s'occuper de prostitution. Cet auteur de vingt-cinq meurtres a la passion des fleurs, compose de magnifiques bouquets et, dès qu'il le pourra, s'achètera sa boutique personnelle. À dix ans, petit vendeur de journaux, il est renversé par une voiture, ce qui lui laisse une jambe plus courte que l'autre. On l'appelle désormais « le Bancal », surnom qu'on évite toutefois de prononcer en sa présence.

O'Banion est issu d'un milieu modeste, mais honnête. Son père est plâtrier, sa mère ménagère et ces braves gens sont vite désespérés par sa conduite. Il fait pour la première fois de la prison à dix-sept ans, à la suite d'un vol, et, à peine sorti, il y retourne pour agression à main armée. Mais en 1920, la Prohibition fait de ce petit délinquant un gangster de haut vol. Il est l'un des premiers à se lancer dans le trafic clandestin et se bâtit rapidement un véritable empire.

Il est alors plusieurs fois poursuivi pour meurtre, mais plus question de prison : avec les bénéfices fabuleux qu'il réalise, il achète une partie de la classe politique, les élus du parti démocrate dans un premier temps, ceux du parti républicain dans un second. Fidèle à sa passion, il exerce en même temps le métier de fleuriste. Il tient la plus grande boutique de la ville, 138 North State Street, en face de la cathédrale du Saint-Nom où il a chanté des psaumes étant enfant. Il a fait, en outre, un mariage d'amour avec une Irlandaise, Ann Kaniff, une femme douce et discrète qui n'a rien d'une épouse de gangster.

Du côté des Siciliens, qui sont bien sûr liés à la Mafia, le chef en titre s'appelle Johnny Torrio, mais la personnalité la plus remarquable est celle de son jeune lieutenant, Al Capone.

Al Capone, de son nom exact Alphonsus Capone, n'est pas, à la différence de la plupart des membres du gang, un émigrant de la première génération. Né le 17 janvier 1899 à New York, de parents originaires de Naples, il quitte l'école à quatorze ans pour avoir frappé un professeur. Dès lors, obligé de gagner sa vie, il rend divers services à un de ses voisins, qui l'a pris en affection, Johnny Torrio.

Ce dernier contrôle la loterie du quartier italien de New York, ainsi que diverses maisons closes et boîtes de nuit. Il l'engage comme videur dans l'une d'elles. Au cours d'une dispute avec un client, Al Capone reçoit un coup de rasoir, qui lui vaudra le surnom de « Scarface », « Balafré ». En 1918, il épouse, par un curieux paradoxe, une Irlandaise du nom de Mary Coughlin. Sans qu'on connaisse ses activités avec certitude, on pense qu'il commet au moins deux meurtres, avant que Johnny Torrio l'appelle à Chicago, fin 1920.

Celui-ci, qui s'est installé depuis un moment dans la ville, s'est lancé dans le trafic d'alcool en même temps qu'O'Banion, au moment où la place était entièrement libre. Et quand Al Capone rejoint Torrio, il est, lui aussi, à la tête d'un empire. Durant la seule année 1920, Johnny Torrio réalise un bénéfice de 10 millions de dollars grâce à la bière, au whisky, au jeu et à la prostitution. Son gang compte entre sept cents et huit cents hommes. Al Capone commence tout en bas de l'échelle, comme rabatteur à l'entrée d'une maison close, mais il fait preuve de telles qualités qu'en quelques mois il devient le bras droit du boss.

Physiquement, il n'a pourtant rien d'impressionnant. Il est du genre adipeux, avec un visage mou, des lèvres épaisses, des yeux globuleux et ternes. Il paraît beaucoup plus que son âge, presque la quarantaine, alors qu'il a juste un peu plus de vingt ans. L'écrivain argentin Jorge Luis Borges parlera de lui comme du « flasque et ambigu Capone ». Et pourtant, c'est cet homme en apparence insignifiant qui va devenir la terreur de Chicago et le symbole du banditisme, non seulement aux États-Unis, mais dans le monde entier.

Pour l'instant, c'est le camp d'O'Banion qui déclenche les hostilités. L'Irlandais ne se satisfait pas des accords qui ont été passés lors des conférences au sein de la pègre. Il attaque les camions transportant les cargaisons de ses concurrents et, pour un oui ou pour un non, fait parler les armes. La ville retentit de rafales de mitraillettes, que la presse surnomme, par allusion au paisible instrument d'Hawaii, les « nouveaux ukulélés ». Trente-sept gangsters sont tués en 1922, cinquante-sept en 1923, et 1924 s'annonce pire encore.

O'Banion multiplie les provocations. Il assassine lui-même, en plein théâtre, Dave Miller, un politicien marron au service de Johnny Torrio. Il vole au même Torrio un wagon entier de whisky canadien et fait vider entièrement par ses hommes un entrepôt lui appartenant, contenant 1 million de dollars d'alcool. Mais c'est l'affaire de la brasserie Sieben, dont Al Capone est personnellement le directeur, qui va déclencher l'affrontement...

La brasserie Sieben est un cas à part. Située à la limite des deux territoires, elle appartient pour moitié à Johnny Torrio et pour l'autre à O'Banion. Ce dernier apprend par ses informateurs dans la police que le FBI a prévu d'y faire une descente, le 19 mai. Il propose alors à Johnny Torrio de lui vendre ses parts de l'établissement, pour un demi-million de dollars. Torrio accepte et O'Banion a le culot de lui proposer de fêter leur accord sur place, au jour et à l'heure de la descente de police.

Les agents font irruption et arrêtent tous les consommateurs, y compris les deux chefs de gang, qui trinquent à la même table. Bien entendu, l'un et l'autre sont libérés au bout de quelques heures, grâce aux appuis dont ils disposent. Mais Torrio ne peut pardonner le coup que lui a joué son adversaire et décide de l'éliminer.

Il choisit de confier l'exécution aux frères Genna. Ils sont six, venus récemment de leur Sicile natale, mais ils se sont déjà fait une telle réputation qu'on les surnomme les « terribles Genna ». Très pieux, ils ne se séparent jamais de leur crucifix, de leur chapelet et de leur revolver. L'aîné, Antonio, ne tue jamais lui-même, il laisse ce soin à ses cadets, ce qui lui vaut le surnom d'« Antonio le Gentleman ». Les terribles Genna acceptent d'autant plus volontiers la mission qu'O'Banion leur a volé personnellement 30 000 dollars de whisky.

Bien entendu, l'adversaire n'est pas à sous-estimer. Il faut attendre une occasion favorable pour mettre toutes les chances de leur côté. Celle-ci arrive avec la mort de Mike Merlo, le président de l'Union sicilienne, la mafia de Chicago, qui vient de mourir de sa belle mort, fin octobre 1924. Le gang des Italiens décide d'acheter 100 000 dollars de fleurs (plus de 200 000 euros d'aujourd'hui) pour son enterrement et passe commande, comme il l'a toujours fait pour les obsèques, à la boutique d'O'Banion.

Le 1er novembre, jour de la Toussaint et veille de l'enterrement, O'Banion est dans son arrière-boutique, son tablier bleu sur lui et son sécateur à la main. Une grosse voiture noire s'arrête devant le magasin et stationne, moteur en marche. Trois hommes en descendent, tandis que le quatrième reste au volant. O'Banion reconnaît Mike Genna, en compagnie de John Scalise et Albert Anselmi, les deux plus redoutables tueurs de Johnny Torrio, les deux plus consciencieux aussi, qui enduisent leurs balles d'ail, pour qu'elles provoquent la gangrène, si par extraordinaire ils manquaient leur coup...

En les voyant, O'Banion ne s'inquiète pourtant pas. Pour les funérailles du chef de la Mafia, il y a une trêve tacite. Il va vers eux la main tendue :

– Salut, les gars ! Vous venez pour les fleurs de Merlo ?

Mike Genna prend sa main droite dans la sienne, la garde pour l'empêcher de dégainer et les deux autres font feu. O'Banion reçoit deux balles dans le poumon droit, deux dans la gorge et une dans la joue droite. Mike Genna le lâche alors et lui donne le coup de grâce dans la tempe gauche, à la manière sicilienne.

O'Banion sera enterré deux jours après Mike Merlo, de

manière plus fastueuse encore : un cercueil en bronze et argent de 10 000 dollars, 50 000 dollars de fleurs, trois orchestres jouant des marches funèbres et une foule de vingt mille personnes, parmi lesquelles toutes les personnalités de Chicago. Al Capone est du nombre, pleurant hypocritement « un loyal concurrent et un ami très cher ». Lorsque les journalistes l'interrogent sur les soupçons qui pèsent sur lui, il rétorque avec ironie :

– Décidément, on m'impute toutes les morts violentes, sauf celles de la Grande Guerre !

O'Banion est immédiatement remplacé par son lieutenant, Earl Wajciechowski, un Polonais, que tout le monde appelle par commodité Earl Weiss. Il n'a que vingt-six ans. Tout aussi fervent catholique que son prédécesseur, il porte une croix autour du cou et ne se déplace jamais sans un chapelet en poche. Il voue un culte mystique à sa mère, dont il a sur lui la photo dans un médaillon. Il est de petite taille mais, à la différence d'O'Banion, possède une véritable apparence de brute.

Malgré son jeune âge, il a derrière lui un palmarès impressionnant. Il a d'abord été cambrioleur, puis perceur de coffres-forts, et saboteur de machines pour le compte d'un syndicat extrémiste. Les patrons l'ayant recruté en le payant davantage, il est devenu briseur de grève, n'hésitant pas à enlever et torturer les dirigeants syndicaux. En tant que second d'O'Banion, il a inventé la pratique de la « promenade », plus propre que les fusillades en pleine rue, qui consiste à emmener l'intéressé en voiture et à le relâcher un peu plus loin avec une balle dans la nuque.

La rumeur publique affirme que Johnny Torrio le craint plus qu'O'Banion et, de fait, lorsqu'il apprend sa nomination, il décide de s'offrir des vacances dans son ranch de l'Arkansas, puis en Floride et ensuite à Cuba, laissant le commandement à Al Capone. C'est donc ce dernier qui va subir les assauts du Polonais qui se doit, évidemment, de venger son chef.

Weiss commence par tuer de sa main le restaurateur Tony

Anton, le meilleur ami d'Al Capone, qui mangeait le plus souvent chez lui. Son corps est retrouvé à moitié dissous dans la chaux vive. Peu de temps après, alors que Capone déjeune dans un autre restaurant, en compagnie de ses deux gardes du corps, depuis la rue, une voiture ouvre le feu sur lui. Il a la présence d'esprit de se jeter à terre et parvient à échapper aux rafales, contrairement aux gardes du corps. Mais il retient la leçon et s'achète aussitôt une Cadillac blindée, avec vitres à l'épreuve des balles et lunette arrière amovible pouvant être transformée en poste de tir.

Deux semaines plus tard, Johnny Torrio, qui rentre de vacances, est attaqué par plusieurs tueurs d'Earl Weiss qui l'arrosent de balles et de chevrotines. Le revolver de celui qui était chargé de donner le coup de grâce s'enraye, ce qui lui vaut la vie sauve. Mais dès qu'il est rétabli, Torrio s'embarque pour son Italie natale, laissant Capone seul maître du gang...

Restent les Genna, responsables de la mort d'O'Banion, qu'Earl Weiss ne peut pas épargner. Le plus en vue est Angelo, récemment élu au fauteuil de Mike Merlo comme président de l'Union sicilienne, et qui vient d'épouser une des femmes les plus riches de la colonie italienne. Ses noces sont d'un luxe jamais vu : trois mille invités au Carmen's Hall, l'hôtel le plus chic de Chicago, un gâteau de quatre mètres de haut. Mais son enterrement va être plus fastueux encore.

Dans Ogden Avenue, la voiture d'Angelo Genna croise celle de Weiss, accompagné de deux de ses tueurs. Angelo n'a pas cru bon de la faire blinder comme Al Capone, et c'est un tort. Les décharges de chevrotines font exploser les vitres et les rafales de mitraillettes achèvent la besogne. Le premier des terribles Genna à trépasser a droit à un cercueil en argent massif de 12 500 dollars, 40 000 dollars de fleurs et vingt mille personnes pour suivre ses obsèques, dont tous les parlementaires de la région, le maire et le conseil municipal de Chicago au grand complet...

Une famille sicilienne comme les Genna se doit de venger son honneur. La vendetta est décidée. Peu après, le 13 juin 1926, Mike part en expédition, en compagnie de John Scalise et Albert Anselmi, les tueurs à la gousse d'ail, avec lesquels il a tué O'Banion. Par malchance, leur voiture tombe nez à nez avec un véhicule de police, dont les occupants font partie des rares agents intègres de Chicago. Il y a un échange de coups de feu et une poursuite à tombeau ouvert digne des meilleurs films de gangsters. Les Siciliens font une embardée, plusieurs tonneaux et s'écrasent contre un réverbère. S'ensuit une fusillade d'enfer, au cours de laquelle Mike Genna et deux policiers sont tués.

Quelques jours plus tard, c'est au tour d'Antonio Genna, l'aîné de la famille, le Gentleman, de mourir. Un ami de toujours, Antonio Sapano, l'aborde dans la rue et lui serre chaleureusement la main, tandis que deux tueurs l'arrosent de balles. Cette fois pourtant, Weiss n'y est pour rien. C'est Al Capone le commanditaire du meurtre. La Mafia, dont les Genna sont des parrains influents, ne veut pas du Gentleman pour succéder à Torrio. Elle le trouve trop américain et pas assez italien. Alors, Capone a pris les devants...

Mais Earl Weiss est toujours là et bien décidé à avoir la peau de son ennemi mortel. On a vu beaucoup de choses à Chicago, depuis le début des années 20, mais on n'a jamais assisté à ce qui va suivre ! Le Polonais décide ni plus ni moins d'attaquer le quartier général du gang adverse, l'hôtel Morrison, situé en plein quartier italien et surnommé par tout le monde « Fort Capone ».

Ce dernier est en train de déjeuner dans le restaurant de l'établissement, lorsque son garde du corps Frank Rio, dit « l'Anguille », se jette sur lui et le plaque au sol. Quatre voitures appartenant à Weiss ont surgi. Ses occupants en descendent et déclenchent un feu de tous les diables. Ils commencent à la mitraillette, puis mettent en batterie un fusil mitrailleur, et une mitrailleuse lourde ! Pendant un quart d'heure, l'hôtel Morrison subit une fusillade digne des tranchées de Verdun. Toutes les fenêtres sont pulvérisées, la façade est criblée de balles. Enfin, satisfaits de cette démonstration de force, les assaillants s'en retournent chez eux. Miraculeusement, il n'y a aucune victime, pas même un blessé.

Al Capone réplique, mais à sa manière. Lui n'a que faire de

ce genre de rodéo. Ce qu'il veut, c'est l'efficacité. Il charge une équipe de tueurs, dont on n'a jamais connu les noms, d'abattre Earl Weiss, qui a établi son QG dans le magasin de fleurs d'O'Banion. Ils louent l'appartement d'en face et y installent une mitrailleuse. Lorsque le Polonais sort en compagnie de ses gardes du corps, ils ouvrent le feu. On retrouvera quatorze balles de gros calibre dans sa tête et sa poitrine. D'après les médecins, il était certainement mort avant d'avoir touché le sol.

Un certain Vincent Drucci remplace Weiss et, fait inédit, quand en avril 1927 il est interpellé par une patrouille de police, et qu'il refuse de montrer ses papiers, il sort son revolver et il est abattu de quatre balles. Au sein de la pègre de Chicago, c'est la sensation ! Maintenant, voilà que les policiers se mettent à tirer eux aussi... Les obsèques de Drucci donnent lieu à une éclatante manifestation de solidarité entre gangsters ; Irlandais, Polonais et Italiens le conduisent à sa dernière demeure main dans la main. Mais cette belle fraternité ne dure pas. Le successeur de Drucci, Bugs Moran, est une brute épaisse, qui proclame son intention de « faire la peau à ces Siciliens de merde ». Chicago n'a pas fini de vivre au son des ukulélés.

En attendant, en cette fin des années 20, Al Capone est parvenu au sommet. Il est désormais le maître incontesté du clan italien et règne sur plus de la moitié de la ville. Après l'attaque de l'hôtel Morrison, il s'est installé dans l'Hawthorne Inn, toujours dans le quartier italien. Si son précédent quartier général était appelé « Fort Capone » sur le ton de la plaisanterie, celui-ci mérite vraiment son nom : toutes les fenêtres sont à l'épreuve des balles, les volets sont blindés, il y a des postes de tir un peu partout et des hommes en armes de jour comme de nuit.

Les activités criminelles d'Al Capone font de lui une des plus grosses fortunes du pays. Il contrôle cent soixante et un bars clandestins et cent cinquante tripots. L'Hawthorne Inn, le plus important débit de boissons, lui rapporte 50 000 dollars par jour, soit le double en euros d'aujourd'hui. Il est propriétaire, en outre, de vingt-deux maisons de passe. Le chiffre d'affaires total de son empire est difficile à déterminer, mais il dépasse certainement les 100 millions de dollars. Bien sûr, il y a des frais, les plus importants étant les pots-de-vin aux politiciens et à la police, qu'on peut fixer aux alentours de 30 millions. Mais les bénéfices restent colossaux.

Al Capone vit comme un prince, porte des costumes à 5 000 dollars et il n'a pas trente ans ! Tous ses hommes sont payés dans les mêmes proportions. Ceux qui sont les plus mal lotis touchent 250 dollars par semaine, trois fois la paye d'un ouvrier. Aussi, on se bouscule, malgré les risques, pour faire partie de son gang. À tel point qu'il y a des examens serrés pour déterminer les heureux élus...

Cette hégémonie, Bugs Moran, le chef du gang adverse, a le mauvais goût de la contester. Il multiplie les attentats. Alors, Al Capone décide de frapper un grand coup et de l'éliminer en compagnie de tout son état-major.

Il organise un traquenard. Par un intermédiaire, il propose à Moran la livraison d'une très importante quantité de bourbon à l'endroit qu'il voudra. Moran choisit le garage de son ami Adam Heyer. Capone charge Jack Mac Gurn, un ancien boxeur surnommé « Machine Gun », « Mitrailleuse », d'organiser l'attentat. Ce dernier recrute quatre tueurs dont les plus éminents de tous, les artistes du crime, les duettistes à la gousse d'ail, John Scalise et Albert Anselmi. Trois d'entre eux seront déguisés en policiers, les deux autres resteront en civil.

La date est fixée au 14 février 1929, jour de la Saint-Valentin, et l'événement prendra pour l'histoire le nom de « massacre de la Saint-Valentin », dont on peut voir une version parodique dans le film *Certains l'aiment chaud.*

Il fait très froid, ce jour-là, et il neige. Dans le garage, au 2122 North Clark Street, sept hommes attendent l'arrivée de leur chef Bugs Moran, pour prendre avec lui réception de la livraison. Mais ce n'est pas lui qu'ils voient arriver, c'est une Packard noire d'où descendent trois policiers et deux civils. Un des agents s'adresse à eux :

– Police fédérale, vérification d'identité. Tout le monde contre le mur, les mains en l'air !

Les gangsters obéissent en souriant. Ils ne sont pas le moins du monde inquiets. Ce genre d'excès de zèle est déjà arrivé, mais les avocats du gang vont intervenir et, dans deux jours au plus tard, ils seront libres... Pourtant, cette fois, les choses ne se déroulent pas de la même manière. Bugs Moran n'est pas là, il a été retardé à cause du mauvais temps, mais l'un de ses hommes lui ressemble et les tueurs le prennent pour lui. Sur un geste de Mac Gurn, les hommes ouvrent le feu et, bientôt, le garage est noyé de sang.

Lorsque les policiers, les vrais, arrivent, ils ne trouvent qu'un seul survivant, Frank Gusenberg, qui, observant fidèlement la loi du milieu, déclare à celui qui l'interroge :

– Personne ne m'a tiré dessus, sergent.

Il décède peu après, avec six balles dans le corps... Quant à Moran, à qui son retard a sauvé miraculeusement la vie, il proclame :

– Seul Capone tue les gens comme cela.

Après quoi, privé de ses meilleurs hommes, il préfère capituler. Personne ne prend sa succession. Al Capone devient le seul maître de Chicago.

Avec le massacre de la Saint-Valentin, il est tout de même allé un peu loin. L'émotion est énorme dans le pays et il se rend compte qu'une peine légère ne serait pas inutile pour calmer l'opinion. Il s'entend avec la police afin d'être arrêté pour port d'arme illégal et conclut également un arrangement avec le juge pour être condamné à un an de prison. Il n'accomplit que dix mois de sa peine, dans une cellule spécialement aménagée, avec moquette, téléphone et meubles de style...

Nous sommes alors en 1930 et les autorités américaines commencent enfin à comprendre quelle aberration constitue la Prohibition. Il est probable que la loi soit prochainement abrogée, aussi Capone décide-t-il de se reconvertir : puisqu'il ne pourra plus vendre d'alcool, il va vendre du lait ! En quelques mois, il contrôle entièrement ce nouveau marché, cassant les prix en employant des chauffeurs non syndiqués et enlevant ses principaux concurrents.

Rien ne semble arrêter le plus grand malfaiteur du pays. Il est évident qu'il va survivre à la fin de la Prohibition, comme il a survécu à la grande crise de 1929. Après le krach boursier, les faillites se multipliaient dans tous les États-Unis, mais son empire du crime se portait à merveille. Il a même ouvert une soupe populaire, qui nourrissait cinq mille chômeurs par jour. Et pourtant, contrairement à toutes les apparences, sa fin est proche. Elle porte un nom : Eliot Ness, un policier qui possède une qualité inédite : l'honnêteté.

Eliot Ness débarque à Chicago avec une brigade d'agents fédéraux tout aussi intègres que lui, qu'on ne va pas tarder à surnommer « les Incorruptibles ». Et, immédiatement, il fait une chose incroyable : il arrête Al Capone ! Bien entendu, ce dernier tente de faire jouer ses appuis. Mais rien n'y fait, Eliot Ness reste sourd à toutes les pressions.

Sa tâche n'est pourtant pas facile. Il n'arrive pas à le faire inculper pour meurtre, trafic d'alcool ou racket. Les gens ont bien trop peur, Ness ne trouve pas un seul témoin. Al Capone croit déjà pouvoir triompher, il se trompe. Il y a un domaine dans lequel il ne peut rien dissimuler : les impôts. Pendant des semaines, les enquêteurs comparent les revenus qu'il a déclarés avec les dépenses qu'il a faites, estimant ses maisons, ses appartements, ses voitures, ses meubles, sa vaisselle et même ses sous-vêtements. Ils en concluent que, pour l'année 1929, il a touché des revenus nets de 10 350 654 dollars et 84 cents et qu'il doit aux impôts la somme de 215 080,48 dollars.

Le 5 juin 1931, celui qui était coupable directement ou indirectement de dizaines de meurtres est condamné pour fraude fiscale à onze ans de prison et 80 000 dollars d'amende. Il purge la plus grande partie de sa peine dans la célèbre prison d'Alcatraz, en face de San Francisco. Atteint de syphilis, il est libéré pour raison de santé et meurt chez lui, d'une crise cardiaque, le 25 janvier 1947. Il venait juste de fêter ses quarante-huit ans.

Quant à la Prohibition, elle aura vécu moins longtemps, du 17 janvier 1920 au 5 décembre 1933, mais le bilan de cette loi qui devait « diminuer la délinquance » est impressionnant : deux mille cinq cents victimes par arme à feu durant la période, dont deux mille civils (gangsters et passants) et cinq cents policiers. En outre, trente-cinq mille personnes sont mortes pour avoir bu des boissons frelatées, six cent mille citoyens ont été arrêtés, principalement des consommateurs, et deux cent cinquante mille étaient en détention lorsque la Prohibition a été supprimée. Parmi les gangsters tués, sept cent trois l'ont été dans la ville de Chicago, dont tous les auteurs du massacre de la Saint-Valentin, éliminés les uns après les autres pour des raisons diverses. Al Capone est l'un des rares à être mort dans son lit.

Le mulâtre de Londres

Il est 10 heures du soir, ce 18 octobre 1878. Edgard Thomson, sa lampe à pétrole à la main, dépose un baiser sur le front de son épouse Cornelia.

– Je vais dans mon bureau, ma chère. Je sens que, ce soir, l'inspiration est là...

Il y a deux ans qu'Edgard et Cornelia Thomson se sont installés dans cette petite maison d'Evelyne Road, près du parc Saint John, dans une banlieue modeste de Londres. C'est un couple uni, sans histoires, même si Cornelia ne sait pratiquement rien des activités de son mari. La plupart du temps, il reste à la maison, mais il lui arrive de partir une journée ou deux. Edgard Thomson est rentier. Il se rend à Londres pour acheter et négocier des valeurs, et il rentre toujours avec quelque argent de ses déplacements.

Mais il y a aussi son livre. Quand l'envie lui en prend, toujours la nuit, il s'enferme dans son bureau, au premier étage du pavillon, et n'en descend que le matin. Sur le sujet de l'ouvrage, il n'a rien voulu dire à sa femme. Il lui a simplement affirmé qu'il était sûr, grâce à lui, de conquérir le public : ce livre le rendrait riche et célèbre...

Telle est la vie quotidienne du ménage Thomson. C'est un couple unanimement apprécié dans son quartier. La quarantaine tous les deux, sans enfant, ils font partie de nombreuses associations charitables. Pour le pasteur, ce sont ses meilleurs paroissiens. Edgard Thomson se fait remarquer au temple par sa voix particulièrement bien timbrée. Il donne également des représentations théâtrales pour les fêtes de charité, interprétant des rôles du répertoire classique, principalement Shakespeare.

Cornelia adresse un sourire à son mari :

– Bonne inspiration, Edgard, ne veillez pas trop tard.

Pourtant Edgard va veiller fort tard et être bien mal inspiré !

Deux heures du matin viennent de sonner à l'église voisine. Le brigadier Edward Robinson est sur le point de terminer sa tournée d'inspection dans le quartier Saint John, où, depuis quelques semaines, la police a renforcé sa surveillance à cause d'un voleur très audacieux. Un véritable acrobate, qui s'introduit dans les maisons en grimpant aux façades et qui présente la particularité d'être mulâtre. Jusqu'à présent, il s'est montré aussi hardi qu'insaisissable.

Cette fois pourtant, l'agent Robinson vient de surprendre une lueur suspecte dans un appartement au premier étage d'un petit immeuble. Il sait que deux de ses collègues patrouillent un peu plus loin. Il va les chercher. La lumière suspecte est toujours là : l'homme ne s'est pas enfui. Ils restent en faction un moment, puis ils voient la fenêtre s'ouvrir et quelqu'un descendre prestement en empruntant la gouttière. Pas de doute, c'est bien le mulâtre !

La suite est mouvementée. Edward Robinson s'élance, accompagné de ses deux collègues. Le voleur tire deux coups de feu sans les atteindre. Il s'ensuit une mêlée, au cours de laquelle le brigadier Robinson est blessé au bras par une balle, mais le mulâtre est maîtrisé et conduit séance tenante au poste de police de Greenwich, dont dépend le quartier Saint John.

Là, l'homme est fouillé et on découvre sur lui tout l'arsenal du parfait cambrioleur à main armée. Outre son revolver, il possède deux couteaux à cran d'arrêt, une pince-monseigneur, un pied-de-biche et un jeu de fausses clés. Il n'a rien d'autre, en particulier pas le moindre papier d'identité. Il est interrogé sans tarder.

– Comment t'appelles-tu ?

– John Hard.
– Tu as des complices ?
– Non.
– Où habites-tu ?
Pas de réponse...
– De quel pays viens-tu ? Quand es-tu arrivé à Londres ?
Mais le mulâtre garde obstinément le silence et c'est sans en avoir dit davantage qu'il est incarcéré à la prison centrale de Londres, sous l'inculpation de vol et de tentative de meurtre envers un agent de la force publique.

Une semaine plus tard, un autre policier, Howard Vincent, se présente devant la maison d'Evelyne Road, habitée par le couple Thomson. Il n'appartient pas au même service que le brigadier Robinson, il fait partie de Scotland Yard, et l'enquête dont il est chargé semble relever de la routine : Cornelia Thomson a signalé la disparition de son mari... Elle le reçoit, totalement bouleversée.

– Depuis quand votre mari a-t-il disparu, madame ?

– Il y a une semaine tout juste. Il est monté dans son bureau à 10 heures du soir pour écrire son livre. Le lendemain matin, j'ai trouvé la fenêtre ouverte et il n'était plus là...

L'inspecteur de Scotland Yard se rend sur les lieux. Et il fait deux constatations étranges : d'abord, il n'y a pas de manuscrit sur le bureau, ni de plume, ni d'encrier ; ensuite, il y a un peu plus loin tout un nécessaire de maquillage, avec, notamment, de la crème noire. Il s'en étonne auprès de Mme Thomson. Sur le premier point, elle est tout aussi surprise que lui. Elle ne comprend pas que son mari ait disparu en emportant ses écrits. Sur le second point, en revanche, elle renseigne le policier :

– Il s'en est servi pour la dernière fête paroissiale. Il jouait Iago, dans *Othello*. Il s'est maquillé en noir pour interpréter le rôle.

L'inspecteur Vincent ouvre la fenêtre. Elle donne sur un toit en pente douce, qui recouvre un appentis au rez-de-chaussée. Il est très facile de descendre par là ou, s'il s'agit d'une agression extérieure, de s'introduire dans la pièce par ce chemin...

Sur les raisons éventuelles d'une fugue ou d'un enlèvement, Mme Thomson ne peut absolument rien dire. L'inspecteur Howard Vincent décide donc d'interroger le voisinage, peut-être le mettra-t-il sur une piste. C'est le pasteur qui a le plus de choses à dire sur le disparu. Il ne tarit pas d'éloges à son égard.

– C'est le meilleur de mes paroissiens. Je tremble qu'il lui soit arrivé quelque chose !

– Vous êtes inquiet ?

– Oui. Je pense au mulâtre. Sa spécialité, c'était d'entrer par les fenêtres. Il aura surpris M. Thomson et l'aura tué.

L'inspecteur Vincent n'était pas au courant des activités du voleur mulâtre dans le quartier Saint John, ni de son arrestation. Un autre service de la police s'est occupé de l'affaire. Il apprend par le pasteur que le cambrioleur a été arrêté le jour même où Thomson a disparu. Thomson qui avait chez lui tout le nécessaire pour se grimer en noir...

Il ne faut pas longtemps à l'inspecteur pour retrouver la trace de celui que les journaux – qu'il n'avait malheureusement pas lus – ont surnommé le « mulâtre de Londres » et il se présente à la prison centrale. Il apprend que l'homme a refusé de se laver depuis qu'il est arrivé. Il est d'une saleté à faire peur. Mais pour l'instant, il a été extrait de sa cellule pour répondre aux questions du juge Barnes, chargé de l'instruction. Dans le bureau du juge, celui qui se fait appeler John Hard tente de minimiser son rôle.

– Je n'ai voulu tuer personne, monsieur le juge.

– Vous avez tiré deux fois sur les policiers.

– Pas sur les policiers ! En l'air, pour les effrayer !

– Et quand vous avez blessé le brigadier Robinson, vous avez tiré en l'air ?

– Je n'ai pas tiré du tout. Le coup est parti tout seul dans la mêlée...

Au même moment, l'inspecteur Howard Vincent fait irruption, une éponge à la main... Cette vision a pour effet de faire bondir le mulâtre.

– Qu'est-ce que vous me voulez ?

– Vous débarbouiller un peu. Vous ne l'avez pas fait depuis si longtemps !

L'homme tente de fuir, mais les deux agents en faction dans le bureau se précipitent pour le maîtriser. L'instant d'après, l'éponge enlève le maquillage et le mulâtre de Londres disparaît avec lui... L'inspecteur s'adresse au juge Barnes :

– J'avais reçu mission de retrouver Edgard Thomson. C'est fait. Il est devant vous !

Instantanément, l'affaire prend une tout autre dimension. Auprès de l'opinion, d'abord, chez qui l'extraordinaire comportement de ce gentleman, grimé en noir pour voler ses contemporains, suscite la stupéfaction. Mais la police, elle aussi, considère les choses d'un œil différent. Un homme possédant un tel pouvoir de transformation a peut-être commis d'autres délits sous d'autres noms ou sous un déguisement quelconque.

Du coup, une enquête de grande envergure est lancée dans toute l'Angleterre. La photographie d'Edgard Thomson est envoyée à tous les commissariats et les journaux publient des portraits de l'intéressé... L'effet est immédiat : une certaine Rose Dyson se présente à la police de Sheffield.

– Je le reconnais, il a tué mon mari !

Et Rose Dyson raconte... Cela s'est passé dix ans plus tôt. L'homme, qui se faisait appeler Charles Peace, lui faisait la cour et elle refusait ses avances. Un jour, son mari les a surpris, Peace a sorti un revolver, l'a tué et s'est enfui.

La police de Sheffield vérifie et trouve sans mal la trace de cette affaire. D'autres vérifications plus poussées sont entreprises et il apparaît que Charles Peace est le véritable nom de cet homme aux multiples identités. Il s'est marié, peu de temps avant cette histoire, en utilisant de faux papiers faits au nom d'Edgard Thomson...

Pour les nécessités de l'enquête, Charles Peace, puisque c'est ainsi qu'il faut le nommer désormais, est transféré de Londres à Sheffield, où il va faire preuve, une fois encore, de toute son audace. Alors qu'il est dans le train, accompagné de deux policiers, les menottes aux poignets, il s'adresse à ces derniers :

– Vous ne trouvez pas qu'il fait chaud ?

Les policiers le pensent aussi. Bien qu'il ait neigé dehors, le chauffage, poussé au maximum, est difficilement supportable. Ils baissent la fenêtre et, en un éclair, avec une agilité de félin, et bien qu'il ait toujours ses menottes, le prisonnier saute d'un bond par l'ouverture. Le train roule à près de quatre-vingts kilomètres-heure, et il a la chance de tomber sur un tas de neige et de se recevoir pratiquement sans mal. Les policiers le voient se relever et s'enfuir en courant...

Cette fois, l'affaire Charles Peace occupe la une des journaux anglais et devient l'objet de toutes les conversations. Où est passé cet homme démoniaque, que certains prétendent l'incarnation du diable lui-même ? Sous quelle apparence va-t-il se manifester de nouveau pour voler et peut-être tuer ? Bien entendu, on repense au mulâtre de Londres. De véritables métis sont arrêtés par la police. On n'est pas loin de la psychose collective.

Les faits sont beaucoup plus banals. Charles Peace, malgré son évasion spectaculaire, n'est pas arrivé à grand-chose. Il est retrouvé un mois plus tard, dans un bois, à quelques dizaines de kilomètres de l'endroit où il s'était enfui, frigorifié et affamé, les poignets toujours menottés. Et il est reconduit sous bonne escorte à Sheffield où va avoir lieu le dernier acte.

Il passe en jugement le 24 avril 1879 devant la cour criminelle de la ville. Son procès a déplacé le Tout-Londres et des dizaines de journalistes. Devant cet auditoire, Charles Peace s'exprime avec aisance. Il manifeste les sentiments de piété dont il faisait preuve auprès du pasteur et des paroissiens, lorsqu'il se faisait appeler Edgard Thomson. Il multiplie les invocations au Seigneur, il proclame son repentir en se frappant la poitrine et jure qu'il aura désormais une vie exemplaire.

Tous ces efforts n'ont pas le moindre résultat. Après une délibération étonnamment brève, les jurés reviennent avec un verdict de culpabilité et le président prononce la peine de mort. Il s'adresse ensuite à l'accusé :

– Avez-vous quelque chose à ajouter ?

Charles Peace se contente de hausser les épaules et réplique d'une voix désabusée :

– À quoi bon ?

La veille de sa mort, il réserve pourtant une dernière surprise à tout le monde. Il demande à parler aux policiers et leur avoue être l'auteur du meurtre de l'agent Peacok, poignardé six ans plus tôt dans une rue de Manchester. Deux mauvais garçons, les frères Habron, avaient été accusés de l'homicide, condamnés à mort et exécutés... Par cet aveu, Charles Peace espère-t-il gagner du temps ? Si tel est le cas, c'est peine perdue. L'enquête sur le meurtre de Manchester n'est pas rouverte, les frères Habron ne sont pas réhabilités et lui-même est pendu le lendemain.

Mais il lui était réservé une étonnante revanche posthume : survivre dans la littérature. Conan Doyle, qui écrivait à cette époque sa série *Sherlock Holmes*, s'est inspiré du mulâtre de Londres pour le sujet d'une de ses nouvelles les plus célèbres et les plus réussies : *Le Mendiant à la lèvre retroussée*.

Les deux trésors de Rackham le Rouge

Sir Douglas Bailey affiche une mine réjouie, ce 15 novembre 1720, en prenant place dans le tribunal de l'Amirauté de Santiago de la Vega, capitale de la Jamaïque, alors colonie britannique. Il en est le gouverneur depuis peu et a été spécialement chargé par Sa Majesté de combattre la piraterie, qui est une véritable plaie dans la région. Dans le fourmillement d'îles que sont les Caraïbes, les flibustiers et autres frères de la côte sont quasiment en terrain conquis. Ils établissent leur quartier général tantôt ici tantôt là et, dès qu'ils voient arriver une force supérieure à la leur, prennent le large vers d'autres rapines.

C'est dire que la capture d'un de ces chefs de bande représente pour sir Douglas Bailey à la fois la perspective d'une gratification royale et celle d'un avancement dans sa carrière d'administrateur aux colonies, sans parler de la satisfaction d'amour-propre... C'est bien ce qui vient de se produire au mois d'août précédent. L'un des chefs pirates, Jack Rackham, dit « Rackham le Rouge », tant en raison de la couleur de ses pantalons que de sa cruauté, avait avec une rare audace enlevé un voilier marchand mouillant dans le port de Nassau. Le gouverneur Bailey a envoyé à sa poursuite son meilleur capitaine avec son navire le plus rapide et le mieux armé.

Et le capitaine a fait du bon travail. Quelques jours plus tard, il a surpris les pirates au mouillage dans une petite île. Il n'y a pratiquement pas eu de combat. Ils étaient presque tous ivres et se sont laissé capturer sans résistance, Rackham le Rouge en tête. Seuls deux des hommes d'équipage se sont défendus avec acharnement, causant des pertes parmi les assaillants, mais ils ont fini par être pris eux aussi...

En ce jour de novembre 1720, ils sont quinze à comparaître devant le tribunal de l'Amirauté de Santiago de la Vega, compétent pour toutes les affaires maritimes, en particulier la piraterie. Une fois que le public, composé du gouverneur et de l'élite de la colonie, a pris place dans la salle, le président, l'honorable Spencer Vaughan, ouvre les débats. D'une voix posée, il récapitule, à l'attention de Jack Rackham, la longue liste de ses méfaits :

– C'est en 1716, il y a quatre ans, que vous êtes sorti de la légalité. Vous êtes alors maître de timonerie du bâtiment de guerre anglais le *Neptune*, sous les ordres de Charles Vane. Aux prises avec un Français, celui-ci décide de battre en retraite. Ce n'est pas de votre goût et vous parvenez à convaincre l'équipage de se mutiner...

Jack Rackham approuve d'un hochement de tête. Il est vêtu d'un de ses fameux pantalons écarlates et d'une redingote de même couleur, que son séjour en prison a rendus bien ternes. Lui-même n'est guère fringant, mais on imagine que, du temps de ses exploits, il devait avoir fière allure avec ses cheveux très bruns, sa fine moustache, son regard perçant et autoritaire.

Autour de lui, sa bande se tient prostrée. Tous ces forbans se savent promis à la corde. Ils ont joué et perdu. Ils affichent une mine sinistre ; la plupart fixent la pointe de leurs souliers. Seuls les deux matelots qui se sont battus au moment de leur capture et qui en portent encore les cicatrices sur le visage défient le président du regard... Ce dernier reprend la parole, s'adressant toujours à leur capitaine.

– Vous prenez donc le commandement du *Neptune* et vous abandonnez Charles Vane, son ancien commandant, sur un canot. Ensuite, avec un certain courage, il faut le reconnaître, vous attaquez de nouveau le Français et vous l'emportez. Après, dans l'ivresse du pillage, vous proposez à vos hommes de devenir pirates et ils vous suivent. Comment se fait-il qu'ils aient tous quitté le droit chemin avec vous ?

Le flibustier hausse les épaules.

– De toute façon, en tant que mutins, ils risquaient déjà la mort, alors...

Le magistrat poursuit :

– Dès lors, vous écumez l'océan Indien et les Caraïbes, et c'est là qu'on vous donne le surnom de Rackham le Rouge. C'est peu après que Sa Majesté décide, par une mesure exceptionnelle, d'accorder le pardon à tous les pirates qui déposeront les armes. Vous acceptez une mesure si généreuse et vous vous fixez à New Providence, aux Bahamas, où pendant quelque temps vous ne faites plus parler de vous. Seulement, six mois plus tard, vous reprenez la mer avec un nouveau navire et un nouvel équipage. La cour peut-elle savoir la raison de ce revirement ?

Jack Rackham reste muet et, comme le président insiste, finit par lâcher :

– Une histoire de femme...

Sir Bailey ne fait pas de commentaire.

– Votre nouvelle expédition ne dure qu'un an, mais elle est marquée par plus de meurtres et de pillages que la précédente. Jusqu'à ce que, grâce à Dieu et sir Douglas Bailey ici présent, vous soyez capturé, avec votre équipage.

Les regards de l'assistance se tournent vers le gouverneur de la Jamaïque, qui arbore une mine faussement modeste, et l'audience se poursuit. L'honorable Spencer Vaughan donne la parole à la défense, en l'occurrence l'unique avocat commis d'office, qui a la mission impossible de défendre l'ensemble des accusés. Celui-ci fait une courte allocution réclamant la clémence du tribunal, après quoi la cour se retire. Elle revient quelques minutes plus tard. Le président Vaughan se découvre pour prononcer la sentence, comme le veut la pratique pour tout verdict capital.

– Jack Rackham, levez-vous...

Le président cite à la suite les noms ou surnoms du reste de l'équipage et énonce le verdict :

– Le tribunal vous condamne à être pendus par le cou entre les lignes de marée, jusqu'à ce que vous soyez morts morts morts.

Telle est, en effet, la curieuse formulation de la justice anglaise, concernant les affaires de piraterie. « Entre les lignes de marée » signifie que l'exécution aura lieu dans la partie du port dépendant de l'Amirauté, et non sur le reste du territoire qui relève de la justice terrestre. Quant à l'expression « morts morts morts », elle entend affirmer que, symboliquement du moins, un crime aussi grave que la piraterie doit s'expier trois fois.

Rackham le Rouge et son équipage ont accueilli sans surprise cette condamnation prévisible. Toujours selon la loi anglaise, le président s'adresse à eux.

– L'un de vous a-t-il une objection à formuler contre cette sentence ?

Et c'est alors que l'extraordinaire se produit ! Deux des marins, ceux-là mêmes qui se sont battus avec énergie lors de leur capture, se lèvent avec un parfait ensemble et déclarent d'une même voix :

– Votre Honneur, nous plaidons notre ventre...

Il y a un instant de stupeur, suivi d'un éclat de rire tonitruant. Cette nouvelle expression curieuse fait référence à une pratique judiciaire en vigueur en Angleterre, comme d'ailleurs en France et dans tous les pays civilisés : une femme enceinte ne peut pas être exécutée avant d'avoir accouché, afin que l'enfant ne meure pas avec elle. Toute l'assistance, le gouverneur Bailey en tête, dévisage avec hilarité les deux pirates qui viennent de mettre un peu d'animation dans ce procès, qui manquait jusque-là singulièrement d'imprévu. Mais l'honorable Spencer Vaughan n'est pas là pour s'amuser. Après avoir frappé énergiquement de son maillet pour rétablir le silence, il s'adresse sèchement aux deux perturbateurs.

– Cela suffit, gentlemen, la cour vous prie de vous rasseoir.

Non seulement les deux « gentlemen » ne se rasseyent pas mais, d'un même mouvement, ils arrachent leur jaquette. Les rires font alors place à des cris de stupeur. Deux poitrines féminines, d'ailleurs fort bien faites, viennent de jaillir en plein tribunal... En bon Anglais, le président Vaughan a la réputation d'avoir un flegme à toute épreuve ; cette fois, pourtant, il est dépassé par les événements.

– Mais... qui êtes-vous donc ?

– Ann Bonny, votre Honneur.

– Et moi, Mary Read. Nous sommes enceintes et nous demandons à être examinées par un médecin.

Dans la salle du tribunal de l'Amirauté, le tumulte est indescriptible. Le plus étonnant est que la surprise est manifeste dans les rangs des pirates eux-mêmes, Jack Rackham excepté. Ils ignoraient visiblement que deux des leurs étaient des femmes... Lorsque le calme est enfin revenu, Spencer Vaughan annonce sa décision :

– La cour donne suite à la requête de Mary Read et Ann Bonny. Les autres sentences seront exécutées demain.

Mary Read, Ann Bonny... C'est de cette manière mouvementée et spectaculaire que les deux femmes ont fait leur apparition dans l'histoire. Celles qu'on a surnommées parfois les « sœurs de la côte » appartiennent depuis à la légende de la piraterie. Et il faut dire que leur existence à l'une comme à l'autre est tout sauf ordinaire.

Ann Bonny, Fletcher de son nom de jeune fille, est née en 1697 (elle a donc vingt-trois ans lorsqu'elle se dénude en plein tribunal) et, si ses débuts dans l'existence sont mouvementés, ils ne sont pas marqués par la misère, loin de là. Elle vient de l'autre côté de l'Atlantique, dans le comté de Cork, en Irlande. Elle est la fille adultérine d'un avocat de renom et de sa servante. L'épouse légitime ayant découvert la liaison, son mari n'y renonce pas, bien au contraire. Il traverse l'Atlantique avec sa concubine et sa fille et s'installe à Charleston, en Caroline du Sud, où il devient un planteur et un négociant prospère.

Voilà donc la jeune Ann Fletcher nantie de tout ce qu'on peut rêver dans la vie. Non seulement c'est une riche héritière, mais la nature l'a dotée d'une beauté rare : de magnifiques cheveux bruns, une peau de lait et des yeux d'un noir éclatant, révélateurs d'un tempérament bouillant. Elle a dix-huit ans et les beaux partis se bousculent auprès d'elle. Elle n'a plus qu'à attendre, elle deviendra bientôt une des dames les plus en vue de Charleston.

Seulement, Ann Fletcher n'est pas faite pour la vie bourgeoise. Si son père, après ses frasques conjugales, s'est rangé, devenant quelqu'un d'honorable et de respecté, elle a gardé quelque chose de sa naissance aventureuse. Elle se sent toujours la fille illégitime, l'enfant de l'amour et du péché, qui a dû traverser le monde pour éviter la honte et la misère. Elle s'ennuie, elle a envie d'aventure, de l'air du large.

Aussi prend-elle l'habitude de s'échapper discrètement de la luxueuse maison familiale pour flâner dans la partie la plus reculée du port, à l'extrémité de la ville. Même si personne ne le dit, tout le monde sait bien que c'est là que font escale les pirates. Elle les observe des heures entières, indifférente à la surprise qu'elle provoque au milieu des prostituées et des filles à matelots. Elle ne demande qu'à tomber amoureuse et ne tarde pas à le devenir. L'élu de son cœur se nomme James Bonny. Il est certes pirate, mais appartenait il n'y a pas si longtemps à la bonne société. À la suite d'une dispute avec son père, il s'est enfui sur le premier bateau venu, qui se trouvait appartenir à la flibuste.

Lorsque James Bonny lui propose de partir avec lui, elle n'a pas un instant d'hésitation. Leur première escale est Nassau, aux Bahamas, qui est alors la plaque tournante de la piraterie. Là, Ann tient à convoler en justes noces, moins sans doute par souci de régularité que par provocation vis-à-vis de sa famille. Et c'est bien ainsi que le prend son père. Quand il apprend la nouvelle, il lui fait savoir qu'il la déshérite.

Ann Fletcher, devenue Ann Bonny, montre alors de quoi elle est capable. Elle convainc le capitaine de revenir à Charleston et de brûler la plantation familiale. Quand ils reprennent la mer, il ne reste plus rien de ce qui était son patrimoine. Ann Bonny a définitivement rompu les amarres avec son passé, elle est devenue Ann la rebelle.

Mais James, son mari, est loin d'avoir la même trempe. Il est entré dans la piraterie par hasard et cela se sent. Il ne participe que mollement aux abordages. Il est timoré, hésitant. Ann, à cette époque, ne fait pas partie des combattants, elle reste à fond de cale lorsque les autres donnent l'assaut, mais elle brûle de monter sur le pont pour les imiter.

Elle n'en aura pourtant pas l'occasion. Au même moment, dans l'espoir d'éliminer la piraterie, le roi d'Angleterre offre l'amnistie à tous ceux qui déposeront les armes. Bien entendu, le flibustier d'occasion qu'est James Bonny saisit cette opportunité. Il s'installe à New Providence, aux Bahamas, où il ouvre un estaminet sur le port. Sa bouillante épouse est bien obligée de le suivre.

Elle est d'autant plus furieuse qu'elle ne tarde pas à découvrir que l'activité de cabaretier de son mari n'est qu'une façade : il est payé fort cher par les autorités pour servir d'indicateur. Depuis l'amnistie, New Providence fourmille d'anciens pirates théoriquement rangés. Mais en se retrouvant au contact les uns des autres, ne vont-ils pas former de nouvelles bandes et reprendre la mer pour d'autres campagnes ? James Bonny est chargé d'en avoir le cœur net.

Parmi ceux qu'il surveille tout particulièrement figure une ancienne gloire de la flibuste, Jack Rackham, dit « Rackham le Rouge », qui a élu domicile tout près de l'estaminet et vient parfois y prendre un verre. Pour l'instant, il ne semble rien faire de répréhensible, mais ce n'est sans doute qu'une apparence. James en est persuadé. Il répète à sa femme :

– Je suis sûr qu'il prépare quelque chose et, ce jour-là, je le ferai coffrer avec toute sa bande !

Ann se jure de ne pas le laisser faire. En attendant, elle ne cesse d'entendre les exploits du pirate et, lorsqu'elle lui sert à boire, elle ne peut s'empêcher de le trouver terriblement séduisant, avec sa fine moustache et son regard conquérant. Ann, de son côté, est loin d'être désagréable et l'ancien capitaine ne tarde pas à lui faire une cour pressante. La jeune femme succombe et lui révèle les activités et les soupçons de son mari. Rackham se récrie :

– Il se trompe ! J'ai arrêté pour de bon. J'ai caché un trésor. Dès que je pourrai, j'irai le récupérer et je monterai un commerce. On pourrait s'installer en Amérique du Sud. Tu me suivras, n'est-ce pas ?

La réponse est non, bien entendu. Ann n'a pas fait tout cela pour retrouver la vie qu'elle a quittée à Charleston. C'est de Rackham le Rouge qu'elle est amoureuse, pas d'un Jack Rackham embourgeoisé et empâté.

– Pas question ! Si tu veux que je te suive, tu dois redevenir pirate.

Rackham discute, mais il n'y a rien à faire. D'autant que ce n'est pas la seule exigence d'Ann.

– Si nous partons, je veux être habillée en homme et combattre.

– Ce ne serait pas la peine. Les matelots ne peuvent pas avoir de femme à bord, mais le capitaine, si.

– Si je ne peux pas me battre, je ne pars pas !

Rackham, très épris, finit par accepter les conditions de sa maîtresse. Elle portera des vêtements masculins, se fera appeler Adam Bonny et sera censée être son lieutenant. C'est ainsi qu'un beau jour d'octobre 1719, le couple quitte New Providence, avec un petit voilier et quelques marins, recrutés grâce à Ann, qui a emporté l'argent du ménage. L'équipage n'est pas bien nombreux, mais l'objectif du pirate est d'abord de rentrer en possession de son trésor, après quoi il pourra voir plus grand.

Ainsi, avec l'or qu'il a récupéré, il acquiert un navire de guerre et enrôle les plus redoutables des frères de la côte. Cette fois, Jack Rackham est redevenu définitivement, pour le meilleur ou pour le pire, Rackham le Rouge. Ses marins sont un peu surpris de le voir s'isoler des heures, des nuits entières avec son second pour mettre au point les plans de campagne, mais ils en concluent que leur capitaine est homosexuel, ce qui, dans la marine et même dans la piraterie, n'est pas si rare.

Car imaginer qu'Adam Bonny est une femme ne vient à l'esprit de personne. Lors des abordages, c'est elle qui charge la première, avant Rackham lui-même. Elle manie avec maestria la hache et le sabre et, lorsqu'elle sort l'un des deux lourds pistolets qu'elle porte à la ceinture, elle ne rate jamais sa cible. Son courage n'a d'égal que sa cruauté : aucune blessure ne l'arrête et elle achève impitoyablement les blessés adverses.

Pour Ann Bonny, c'est la vie rêvée ! Elle est amoureuse et elle se bat. Elle découvre chaque jour des horizons nouveaux. Il n'y a que ses compagnons d'équipée qui la déçoivent. Car, à part Rackham, ce sont des brutes. Elle n'a aucun mal à se faire respecter, elle leur inspire même de la crainte, mais il est impossible d'avoir le moindre échange avec eux. Elle finit même par s'ennuyer un peu, mais tout change avec l'arraisonnement d'un navire marchand hollandais.

L'abordage se passe sans problème. Les marins hollandais n'opposent pas la moindre résistance, à part un seul, qui se bat comme un lion et qui, au moment de se rendre, demande à faire partie des pirates. Contrairement à l'avis d'Ann, Rackham accepte. Les autres sont passés par-dessus bord, pas lui.

Et tout le monde a lieu d'en être satisfait. Il s'agit d'un Anglais, un ancien militaire du nom de Mark Read, qui se révèle d'une bravoure et d'une efficacité exceptionnelles au cours des combats suivants. Mais c'est Ann Bonny qui l'apprécie le plus. Il est différent des autres, il n'est ni grossier ni vulgaire. Malgré sa redoutable efficacité aux armes, il est à la fois spirituel et cultivé. Ils ont tous deux de longues conversations. Tant et si bien qu'oubliant pour la première fois Rackham, Ann s'éprend peu à peu de lui. Un beau jour, elle franchit le pas et lui révèle son secret :

– Je ne m'appelle pas Adam, mais Ann. Je suis une femme et, si tu le veux, je suis à toi !

L'ancien militaire a la réaction de stupeur qu'elle attendait, mais la suite n'est pas du tout celle qu'elle prévoyait.

– Quel dommage ! Moi aussi, je suis une femme. Je ne m'appelle pas Mark, mais Mary Read.

Ann tombe des nues. Elle se croyait la seule femme à écumer les océans déguisée en homme et elle découvre non seulement qu'il y en a une autre, mais qu'elle en est tombée amoureuse !

Étant donné qu'elle n'a pas de goût pour son sexe, elle arrête là ses approches. En revanche, elle brûle d'impatience de connaître l'histoire de sa consœur pirate.

– Il y a longtemps que tu t'habilles en homme ?

– Depuis toujours.

– Toujours ? Pourquoi ?

– Au départ, c'était une question d'argent.

Et Mary Read raconte...

Elle est née à Redruth, petite ville des Cornouailles, au sud-ouest de l'Angleterre. Elle aussi est une enfant illégitime. Sa mère, veuve d'un officier de la marine britannique, vivait de la pension versée pour élever son fils Mark. Il est âgé de quelques mois quand deux événements se produisent en même temps : Mark meurt et sa mère se retrouve enceinte à la suite d'une liaison sans lendemain. Alors, tant pour continuer à toucher la pension que pour sauvegarder sa réputation, elle cache le corps et accouche en secret. Elle espère que ce sera un garçon, pour que la substitution passe inaperçue. Le fait que ce soit une fille ne l'arrête pas. Elle l'appelle Mark et, dès que la petite est en âge, lui fait porter des vêtements de garçon.

Le plus extraordinaire, c'est que la fillette, puis la jeune fille, se plaît ainsi. Pour elle, pas de problème, elle est un garçon. Elle se bagarre avec tous les garnements du quartier et, le plus souvent, elle a le dessus. Quand il s'agit de choisir un métier, le choix est facile. L'Angleterre est encore une fois en guerre avec la France et un sergent recruteur passe dans la région. Mark s'enrôle. Peu après, la voilà partie pour les Flandres où ont lieu les combats, revêtue de l'uniforme de Sa Majesté.

Là, la nouvelle recrue fait mieux que bien se comporter. Elle manifeste tant et si bien un courage à toute épreuve qu'elle gagne rapidement ses galons de sous-officier. Elle aurait pu continuer ainsi et faire une brillante carrière militaire, mais, tout comme Ann Bonny, elle est douée d'un tempérament ardent. Elle tombe amoureuse de William Read, un soldat sous ses ordres, lui révèle sa véritable identité et entame avec lui une liaison passionnée. Malheureusement, ils sont découverts. C'est le scandale. Ils sont chassés de l'armée et elle épouse William Read, changeant son prénom en « Mary ».

Revenu à la vie civile, le couple végète. Il ouvre une modeste auberge pour marins dans un port de Hollande situé non loin de l'endroit où ont lieu les combats. Mary Read soupire en entendant les récits des marins au long cours et rêve de longues heures tournée vers la mer. Aussi, lorsque son mari meurt des suites d'une mauvaise maladie, elle n'hésite pas : elle vend tout, reprend des habits masculins et se fait engager sur le premier bateau venu sous le nom de Mark Read. C'est un navire de blé à destination des Antilles, qui croise la route de Rackham le Rouge...

À la suite de ce récit, Ann Bonny et Mary Read ne se quittent plus. Elles se confient leurs états d'âme et n'en finissent pas de s'émerveiller en constatant à quel point elles sont semblables. Rackham finit par s'en apercevoir et fait une scène de jalousie terrible à Ann, qui n'a d'autre ressource que de lui révéler la vérité. Le pirate trouve Mary très à son goût et c'est un couple à trois qui s'installe sur le navire, ce dont l'équipage ne se doute pas le moins du monde.

La situation ne dure pourtant pas longtemps. Peu après, c'est le dernier coup d'éclat de Rackham le Rouge, le vol d'un navire marchand mouillant dans le port de Nassau, puis l'arraisonnement du bateau pirate, alors que tout l'équipage est en train de fêter sa victoire.

Les deux femmes, qui sont les seules à ne pas s'être enivrées, sont aussi les seules à faire face. Tandis que Mary Read va affronter les assaillants, Ann Bonny tente de faire réagir l'équipage. Comme il ne bouge pas, malgré ses ordres, elle tire en l'air, puis sur les marins, en tuant même deux. Peine perdue, ils sont trop saouls, à commencer par Rackham lui-même. Alors, elle rejoint Mary pour ferrailler avec elle. Toutes deux sont blessées à plusieurs reprises et difficilement maîtrisées.

Tel est l'extraordinaire destin de Mary Read et Ann Bonny que la population de Santiago de la Vega et de la Jamaïque découvre avec stupeur, ce 15 novembre 1720. Le gouverneur Douglas Bailey les reçoit peu après, cette fois habillées en femmes, et les trouve fort bien faites. Il leur annonce qu'il leur accorde un régime de semi-liberté jusqu'à ce que la justice se prononce sur leur cas et les autorise – ce qu'elles n'ont pas demandé – à voir une dernière fois Rackham le Rouge.

Elles se rendent dans sa cellule. Mary Read se contente de le toiser avec mépris, tandis qu'Ann Bonny lui déclare en guise d'adieu que, s'il s'était battu comme un homme, il ne serait pas mort comme un chien... Jack Rackham est pendu le lendemain avec le reste de son équipage, à deux éléments près. Les jeunes femmes sont ensuite examinées par un médecin, qui constate que, contrairement à ce qu'elles ont affirmé, elles ne sont ni l'une ni l'autre enceintes.

Cela ne les empêche pas de bénéficier d'une mesure exceptionnelle de grâce émanant du roi lui-même. Leur peine de mort est commuée en prison à perpétuité.

La détention de Mary Read n'a pas été longue, elle est morte l'année suivante, d'une courte maladie. Quant à Ann Bonny, on a perdu sa trace au même moment. Elle a quitté Santiago de la Vega pour une autre destination, mais elle ne figure nulle part, depuis, sur les registres de l'administration pénitentiaire. Sans doute a-t-elle été libérée sur l'intervention de son père, qui lui avait pardonné et disposait de relations influentes.

Les deux trésors cachés de Rackham le Rouge, les « sœurs de la côte », n'ont eu qu'une brève carrière, mais elles figurent à jamais et en bonne place dans la légende de la flibuste.

Vingt petits nègres

Le 28 juillet 1979, la police d'Atlanta se rend dans le bois du lac Niskey, proche de la grande ville des États-Unis, à la suite d'une plainte pour odeur nauséabonde. Et il y avait de quoi ! Les policiers découvrent le corps d'un garçon noir de treize ans, Alfred Evans, qui avait disparu trois jours auparavant. Ce n'est pas tout : à quelques mètres de là gît celui, décomposé, d'un autre enfant noir, Edward Smith, quatorze ans, disparu quatre jours avant Alfred. Alfred a été étranglé, Edward tué d'une balle de 22 long rifle.

Les deux familles enterrent leurs enfants dans la douleur. Une enquête est ouverte, mais elle piétine. Et elle n'a toujours abouti à rien lorsque, le 8 novembre, Yusuf Bell, neuf ans, porté disparu fin octobre, est retrouvé étranglé dans une école abandonnée d'un quartier pauvre d'Atlanta. Huit jours plus tard, le corps de Milton Harvey, quatorze ans, est découvert près de la route de Redwine, dans une lointaine banlieue de la ville. Il a été tué d'une balle de 22. Tous deux sont noirs, mais on ne fait pas encore le rapprochement. Dans une agglomération de la taille d'Atlanta, qui dépasse trois millions d'habitants, les meurtres sont nombreux et la majorité des victimes sont noires.

Il y a donc trois enquêtes qui suivent leur cours, la première pour les deux petites victimes du lac Niskey, qui dure depuis l'été, et les deux autres qui ont commencé en octobre. Mais elles sont aussi infructueuses les unes que les autres et l'année 1980 arrive sans qu'elles aient connu le moindre résultat.

Il se produit une accalmie de six mois. Et le 5 mars 1980, une fillette noire de onze ans, Angela Lanier, disparaît sur le chemin de l'école. Elle est retrouvée cinq jours plus tard sur une route, bâillonnée et attachée avec un câble électrique. Elle n'a pas été déshabillée, mais une culotte lui a été enfoncée dans la bouche. L'autopsie ne révèle pas de viol, tout comme pour les quatre victimes précédentes. Un autre Noir du même âge, Jeffrey Mathis, disparaît le 12 mars. Il est retrouvé le lendemain, le corps affreusement poignardé, mais il n'a pas été violé non plus.

Pour l'heure la police ne fait pas le rapprochement. Elle s'y refuse au nom de la statistique. Six enfants noirs assassinés en un peu moins de huit mois dans l'agglomération, c'est beaucoup, mais c'est déjà arrivé, et ce n'est pas suffisant pour les imputer à la même personne. Les enquêtes sont menées séparément et sont tout aussi inefficaces que par le passé.

C'est Ruth Bell, la mère du petit Yusuf, le troisième sur la liste, qui acquiert la première la certitude qu'il s'agit d'un criminel en série. Elle se tient au courant de l'actualité en lisant les journaux locaux, les meurtres n'étant pour l'instant relatés que brièvement dans les faits divers. À chaque nouvelle victime, elle contacte les parents et prend la tête d'un « Comité pour arrêter le meurtrier d'enfants ». Mais Ruth Bell est pauvre et manque de temps pour mener à bien son action : femme de ménage dans une grande entreprise, elle travaille la nuit et dort le jour. Les autres parents, tout aussi modestes, ne se font pas entendre et les horreurs continuent...

Le 19 mai, Eric Middlebrook, treize ans, est assassiné à une centaine de mètres de chez lui, dans un quartier noir de la ville ; il a été tué par un coup violent à la tête. Le 9 juin, Christopher Richardson, douze ans, disparaît ; on ne le reverra jamais plus. Le 22 du même mois, une fillette de huit ans, Latonia Wilson, est enlevée dans sa chambre ; elle non plus ne sera pas retrouvée. Deux jours plus tard, Aaron Winche, dix ans, est découvert sous un pont, étouffé et la nuque brisée. Le 6 juillet, Anthony Carter, neuf ans, est retrouvé lardé de coups de couteau, derrière un entrepôt, le visage enfoncé dans l'herbe ; étant donné l'absence de sang à proximité, il est évident qu'on a transporté son corps.

Si la police d'Atlanta ne réagit toujours pas, cette accumulation de meurtres alerte les journalistes. La présidente du comité des victimes, Ruth Bell, est interrogée à la télévision locale. Elle se montre à la fois bouleversée et véhémente.

– On vient tuer nos enfants chez nous et la police ne fait rien. Les autorités s'en moquent !

– Pourquoi cela ?

– Parce que nous sommes noirs ! Vous vous souvenez du roman d'Agatha Christie *Dix petits nègres* ? Cela fait onze « petits nègres » qui ont été tués, un de plus, mais cela ne suffit pas !

– Et qui est l'assassin, selon vous ?

– Il n'y a aucun doute : c'est un Blanc, un raciste.

– Un membre du Ku Klux Klan ?

– Quelque chose comme cela... Mais ces gens-là ont des appuis politiques. Ils ont des complices à la mairie, au gouvernement de l'État. Voilà pourquoi on ne fait rien...

L'interview suscite une grande émotion, mais aussi invraisemblable que cela paraisse, la police d'Atlanta refuse toujours de faire le lien entre les affaires. Alors, c'est le criminel lui-même qui va intervenir pour prouver, par un acte dramatique et spectaculaire, qu'il y a bien un tueur en série.

Le 28 juillet 1980, deux cadavres sont retrouvés non loin de la route du lac Niskey, ceux d'Earl Terrel, neuf ans, dont on était sans nouvelles depuis trois jours, et de Clifford Jones, treize ans, disparu le jour même. Tous deux ont été étranglés par une cordelette qui a été laissée autour de leur cou. Or, c'est près de ce lac qu'ont été retrouvées les deux premières victimes, il y a un an jour pour jour !

Ce n'est pas un hasard si le meurtrier a déposé les corps à cet endroit, à la date anniversaire de la découverte des premiers crimes. Il ne les a pas assassinés sur place, mais transportés, sans doute en voiture. En agissant ainsi, il signe les crimes. Comme il arrive souvent avec les criminels en série, il veut tenir la vedette, quitte à prendre tous les risques, et que s'engage enfin l'épreuve de force avec la police. Sans doute enrageait-il de l'aveuglement et de la passivité dont elle avait fait preuve jusque-là.

L'affrontement va effectivement avoir lieu. Face à ce qui commence à prendre des allures de scandale, le maire d'Atlanta, Maynard Jackson, constitue une équipe de policiers chargés d'enquêter sur le tueur d'enfants noirs. Malheureusement, ses efforts sont aussi inefficaces que précédemment. Non seulement il n'y a pas le moindre début de piste, mais le meurtrier frappe à nouveau : le petit Daron Glass, onze ans, s'ajoute le 16 septembre aux autres victimes. C'est le quatorzième « petit nègre » du jeu de massacre d'Atlanta.

Cette fois, les autorités prennent la décision qu'elles auraient dû prendre depuis longtemps. Le maire fait appel au FBI, qui normalement ne peut intervenir que dans les affaires touchant plusieurs États. Mais des exceptions sont faites pour celles d'une gravité extrême, et c'est manifestement le cas.

Car l'opinion est vivement émue et, au sein de la communauté noire, c'est la panique. Dans les journaux, sur les chaînes de télévision paraissent les photos des victimes avec le même commentaire : « Qui sera le prochain ? » De l'avis général, c'est l'action du Ku Klux Klan ou d'une organisation nazie. Des mouvements noirs menacent de passer à l'action. Le risque d'émeute est réel.

C'est dire toute la difficulté de la tâche qui attend les deux responsables du FBI, John Douglas et Roy Hazelwood, lorsqu'ils débarquent à Atlanta. Ils sont immédiatement assaillis par les journalistes et bombardés de questions :

– S'agit-il du Ku Klux Klan ?

– Avez-vous déjà rencontré une autre affaire comme celle-ci ?

Les deux hommes répondent avec prudence :

– Il faut d'abord examiner les crimes un par un, pour voir ceux qui ont le même auteur et ceux qui peuvent avoir été commis par quelqu'un d'autre.

– Parce que vous ne croyez pas à un criminel en série ?

– Si, mais peut-être pas pour tous les meurtres...

Effectivement, la police d'Atlanta n'avait pas entièrement tort : dans une agglomération de cette taille, les meurtres sont fréquents, y compris ceux d'enfants noirs. Il n'y a aucune raison que ces crimes isolés aient cessé parce qu'un tueur en série s'est manifesté. Il faut donc faire le tri et retenir uniquement ceux qui peuvent lui être imputés avec certitude. C'est indispensable pour cerner la personnalité du meurtrier.

John Douglas et Roy Hazelwood étudient séparément chaque affaire, depuis les deux premières, près du lac Niskey. Ils examinent les photos des corps, ils explorent les lieux où on les a retrouvés, ils entendent les témoins, se renseignent auprès des familles sur la personnalité des petits disparus. Ensuite seulement, ils se retrouvent et se communiquent leurs conclusions.

Elles concordent. Il ne s'agit pas du Ku Klux Klan ou d'une organisation raciste quelconque. Les crimes de haine s'accompagnent toujours d'une mise en scène spectaculaire. On aurait, par exemple, pendu les corps dans des endroits visibles et on aurait laissé des inscriptions injurieuses. De plus, le groupe en question se serait manifesté. Commettre des actes de ce genre sans les revendiquer ni se faire connaître d'une manière quelconque ne sert à rien.

Et le meurtrier est certainement un Noir. John Douglas et Roy Hazelwood ont beaucoup réfléchi avant de parvenir à cette conclusion, car jusqu'à présent les tueurs en série étaient blancs. C'est la première fois, au cours d'une carrière déjà longue, qu'ils ont affaire à un homme de couleur. C'est la localisation des crimes qui impose cette déduction : ils ont tous été commis dans des quartiers exclusivement noirs. Or, un Blanc, surtout dans le climat de psychose collective environnant, se serait obligatoirement fait repérer...

Le portrait psychologique du meurtrier semble assez étonnant. Le profil des crimes est sexuel, mais il n'y a pas eu viol. L'individu a une attirance morbide pour les jeunes enfants, mais il n'est pas passé à l'acte. Il y a en lui un mélange surprenant de violence et de retenue. Il est certainement perturbé, mais cela ne doit pas être apparent pour son entourage.

Une fois éliminées les victimes qui ne rentraient pas dans le schéma général, comme Latonia Wilson, enlevée dans sa chambre, toutes les autres ont disparu sur le chemin de l'école. Si on peut comprendre que cela ait été possible pour les premiers crimes, Douglas et Hazelwood s'étonnent que des enfants aient pu suivre un inconnu dans un climat de peur généralisée et malgré les recommandations de leurs parents.

Ils veulent en avoir le cœur net. Ils envoient des policiers noirs en civil aborder des enfants en leur proposant un billet de 5 dollars s'ils viennent les aider à un travail quelconque chez eux. Et cela marche pour presque tous, malgré l'appréhension qu'ils doivent ressentir, malgré leurs parents ! Les quartiers noirs d'Atlanta sont si pauvres que les enfants y sont prêts à risquer leur vie pour 5 dollars.

Dans ces conditions, les deux policiers du FBI rendent public le portrait-robot du meurtrier. Il est de race noire, a entre vingt-cinq et trente ans, il est célibataire, car une épouse se serait forcément rendu compte de ses allées et venues, et a une voiture de grande taille ou une camionnette, qui lui a servi à transporter les corps. Il a sûrement un contact agréable et chaleureux, mais doit posséder une personnalité assez insignifiante ; au bout d'un moment, les enfants ont dû se lasser de son bavardage et c'est à ce moment qu'il les a tués.

Les policiers se rendent dans les quartiers noirs et questionnent les enfants, pour savoir s'ils n'ont pas été abordés par quelqu'un de ce genre. Il n'y a malheureusement aucune réponse intéressante. Les pédophiles et les pervers recensés sur Atlanta sont soit surveillés, soit interrogés. Mais ils sont plus de mille dénombrés officiellement et ces efforts ne donnent rien. D'autres policiers en civil traînent dans les bars homosexuels, sans résultat non plus...

L'opinion publique suit avec attention l'action du FBI mais, dans sa majorité, elle ne partage pas son point de vue. C'est toujours la thèse du Blanc raciste qui l'emporte. Les gens ne veulent pas croire à la théorie des crimes sexuels sans passage à l'acte. Pour eux, le meurtrier tue parce qu'il déteste les Noirs et il a choisi des enfants parce qu'ils sont moins capables de se défendre. Certains journalistes échafaudent même les hypothèses les plus originales. L'un d'eux, ayant constaté qu'il manquait souvent aux victimes une partie de leurs vêtements, a imaginé que le tueur voulait habiller une poupée noire grandeur nature, qu'il garderait chez lui...

C'est alors qu'un homme téléphone au poste de police de Conyers, une petite ville à trente kilomètres d'Atlanta :

– Allô, vous voulez voir la nouvelle victime ?

– Qui êtes-vous ?

– Le tueur...

L'homme indique un endroit précis près d'un petit bois, le long de Sigmund Road, dans le comté de Rockdale. Puis il ajoute :

– Et ce n'est pas fini. Il y en aura d'autres !

– Pourquoi faites-vous cela ?

– Parce que ce sont des gosses de nègres. Il faut tous les buter, ces bâtards de négros !

L'appel est répercuté aux policiers du FBI, qui ne croient pas à cette piste, mais décident de la suivre quand même, tout en imaginant un stratagème. John Douglas donne ses instructions à ses hommes :

– Vous allez vous y rendre, mais creusez de l'autre côté de la route.

– Pourquoi cela ?

– Parce que je suis certain qu'il doit surveiller les opérations d'un peu plus loin. Quand il verra que vous vous trompez, il interviendra et c'est à ce moment-là que nous l'aurons.

– Mais s'il y a vraiment un corps à l'endroit indiqué ?

– Nous vérifierons plus tard, mais je suis certain qu'il n'y a rien.

Les policiers font ce travail inutile et repartent effectivement bredouilles. Peu après, le téléphone sonne au poste de police de Conyers. L'homme est furieux.

– Espèces d'imbéciles, c'est de l'autre côté qu'il fallait creuser !

Tout a été préparé pour identifier l'appel. Au bout du fil, le policier fait durer autant qu'il peut la conversation et le numéro ne tarde pas à s'afficher. L'adresse est celle d'une ferme proche de Sigmund Road. La police s'y précipite et arrête l'homme, un paysan pauvre, la caricature même du petit Blanc raciste... Son interrogatoire, ainsi que John Douglas et Roy Hazelwood l'ont prévu, ne donne rien. Il n'a rien à voir avec les meurtres. C'est un extrémiste de droite à l'esprit quelque peu dérangé. Il est inculpé pour outrage à la police et laissé en liberté. Quant à l'endroit désigné où la police va creuser, le FBI ne s'est pas trompé non plus : il n'y a rien...

En attendant, le tueur est toujours en liberté et les efforts pour le rattraper s'intensifient. Car il est urgent d'aboutir. L'affaire soulève une telle émotion qu'au-delà d'Atlanta et sa région, elle est devenue nationale. La communauté noire des États-Unis tout entière est violemment émue. Le président Reagan lui-même suit l'affaire et a demandé à être tenu au courant des faits nouveaux.

Un fait nouveau, il en survient un presque tout de suite. Dans la grande banlieue d'Atlanta, les policiers font la première découverte importante depuis le début de l'enquête : une revue pornographique tachée de sperme est retrouvée dans un bois proche du lac Niskey. Dès qu'ils l'apprennent, John Douglas et Roy Hazelwood se précipitent sur les lieux. Cette manière de se satisfaire de manière solitaire non loin du lieu de ses crimes correspond tout à fait au portrait psychologique de l'assassin, à la fois maniaque sexuel et incapable de passer à l'acte directement.

Sur place, les indices sont tout aussi intéressants. Sur le chemin de terre isolé, on relève les traces de pneus d'une camionnette Buick. Or, les agents du FBI ont toujours pensé que l'assassin, qui a déjà transporté deux corps en même temps, disposait d'une camionnette. Ce n'est pas tout, l'homme que les policiers viennent d'arrêter est conduit devant eux. C'est un vagabond qui vit au milieu du bois, dans une cabane qu'il s'est confectionnée lui-même. Il a les cheveux hirsutes, une barbe broussailleuse tirant sur le roux et il dégage un air de brutalité presque bestial. Il a tout du suspect idéal, à une exception près pour les enquêteurs fédéraux : il est blanc.

Cela ne les empêche pas de le soumettre à un interrogatoire serré. Mais ils acquièrent vite la conviction que ce n'est pas lui. Sous des dehors inquiétants, il s'agit d'un pauvre bougre, un peu attardé mentalement, qui n'a jamais quitté sa cabane depuis des années ; d'ailleurs, il n'a pas de voiture. En revanche, il s'avère être un témoin décisif. Quand on lui demande s'il n'a pas vu récemment une camionnette emprunter le chemin de terre, il n'a pas d'hésitation.

– Je pense bien ! Il n'en passe pas si souvent. Je m'en souviens, parce que c'était celle d'un désinsectiseur. Et ça, c'est pas courant !

– Il y avait son nom écrit dessus ?

– Sûrement, mais je ne m'en rappelle pas...

Effectivement, les désinsectiseurs ne sont pas nombreux dans la région d'Atlanta. Le vagabond est mis hors de cause et les recherches pour retrouver un spécialiste de la lutte contre les insectes aboutissent le jour même. Il n'y en a qu'un qui était susceptible d'être dans les parages à ce moment-là : Gregory Smith. Un homme blanc, lui aussi, âgé de trente ans. Cette fois, John Douglas et Roy Hazelwood décident de ne pas tenir compte de sa couleur de peau. Après tout, même eux peuvent se tromper.

L'arrestation a lieu en présence de la presse et, pour les innombrables journalistes qui y assistent, il n'y a aucun doute : c'est lui ! Tous font leurs titres sur l'arrestation du tueur et le président Reagan est aussitôt informé... Pendant ce temps, dans les locaux de la police, l'interrogatoire commence. Gregory Smith a l'air d'un jeune homme sans histoire, mais c'est peut-être à cela que ressemble l'assassin. En tout cas, il est complètement terrorisé. Roy Hazelwood brandit la revue sous son nez :

– C'est à toi ?

– Oui.

– Quand tu t'es masturbé dessus, tu pensais à tes petites victimes ?

Le désinsectiseur est décomposé.

– Mais pas du tout ! Je n'ai tué personne.

– Alors pourquoi as-tu choisi de faire ça près du lac Niskey ?

– Je n'étais pas au courant. Ce n'est pas moi. Je vais tout vous expliquer...

Et Gregory Smith s'explique... Sa femme est enceinte et ne veut plus de rapports sexuels depuis des mois. Alors, n'y tenant plus, il a acheté cette revue pornographique et a choisi cet endroit écarté pour se satisfaire... Les vérifications qui sont faites confirment ses dires. Il est confronté aux principaux témoins et aux familles des victimes, mais personne ne le reconnaît. Ce n'est de toute évidence pas lui et il est relâché au bout du délai de garde à vue. Le malheureux désinsectiseur, qui avait voulu faire preuve de discrétion dans son escapade solitaire, s'est retrouvé placé sous les yeux de tous les États-Unis, à commencer par ceux du président lui-même !

Mais après cet intermède tragi-comique, l'horreur va reprendre ses droits...

La presse a abondamment parlé de la première fausse piste, celle de Sigmund Road et du fermier raciste. Or, peu de temps après, à l'endroit précis où les policiers ont creusé, sont retrouvés les corps de deux jumeaux, Terry et Louis Poe, âgés de quinze ans. Le tueur en série, sans doute vexé que la police soit allée dans la mauvaise direction, prend de nouveau tous les risques pour la ramener à lui.

En apprenant l'événement, John Douglas et Roy Hazelwood s'en veulent terriblement. Ils auraient dû y penser et faire surveiller les lieux. À l'heure qu'il est, le coupable serait sous les verrous. Malheureusement il est trop tard et il faut continuer cette traque interminable. Car l'examen des lieux et l'interrogatoire des proches des dernières victimes n'apportent aucun résultat.

L'événement donne pourtant une idée aux hommes du FBI. Il suffirait de planter des croix à l'endroit où ont été retrouvés les corps et de les faire surveiller. Vu sa psychologie, il y a de fortes chances que le meurtrier se rende près de l'une d'elles et s'en empare. Mais l'initiative est jugée trop originale par les autorités, qui ne donnent pas suite. En attendant, dans tout le pays, l'émotion est à son comble. Franck Sinatra et Samy Davis Junior donnent un concert dans le stade omnisport d'Atlanta, au bénéfice des familles des victimes. La salle est comble, on refuse du monde...

L'année 1981 arrive et la macabre comptabilité continue. Le 1er février, le corps de Patrick Balthazar, douze ans, est retrouvé près de l'autoroute de Budford à Atlanta. La presse, à l'affût de tous les détails, annonce que des cheveux du meurtrier et des fibres de ses vêtements ont été retrouvés sur le cadavre. C'est parfaitement exact. Les cheveux crépus sont ceux d'un Noir, ce qui confirme de manière définitive l'avis du FBI.

Mais c'était une information à ne pas divulguer, car, désormais, le tueur va prendre ses précautions. Ses victimes suivantes sont jetées à l'eau, pour masquer ce genre de traces. Le 3 mars, un pêcheur découvre le corps de Curtis Walker, treize ans, et, le lendemain, c'est celui de Timmie Hill, douze ans, qu'on retrouve dans la rivière Chattahoochee. À la différence des précédents, ils n'ont que leurs sous-vêtements, nouvelle précaution du meurtrier pour limiter les indices.

En voulant se montrer prudent, celui-ci prend pourtant des risques... John Douglas et Roy Hazelwood acquièrent la certitude que, désormais, il va jeter toutes ses victimes à l'eau. Ils décident de faire surveiller nuit et jour toutes les rivières de la région d'Atlanta. Cela demande beaucoup d'hommes mais, étant donné l'importance de l'affaire, ils disposent d'effectifs considérables.

L'idée est bonne. Le 22 mai 1981, l'agent Bob Campbell, en faction devant la rivière Chattahoochee, en dessous du pont de Jackson Parkway, voit une camionnette s'arrêter brièvement et entend un gros plouf. Le véhicule est intercepté un peu plus loin. Il s'agit d'une camionnette Chevrolet. Au volant, un Noir de vingt-trois ans, Wayne Williams, agent musical, qui vit chez ses parents.

Wayne Williams est placé en garde à vue et son interrogatoire commence. C'est un petit homme affable et souriant ; il ne semble ni impressionné ni inquiet en répondant aux questions. Mais John Douglas et Roy Hazelwood sont persuadés de sa culpabilité. Au même moment, on repêche dans la rivière Chattahoochee le corps de Nataniel Cater, sept ans. C'est la vingtième victime du tueur d'Atlanta, le dernier « petit nègre »...

La camionnette et la chambre du jeune homme sont examinées de fond en comble. On y retrouve des fibres de vêtements ayant appartenu à certaines victimes, preuve qu'il a gardé un certain temps plusieurs corps chez lui. Ses parents, un instant suspectés, sont mis hors de cause. Ce sont des retraités âgés et un peu sourds qui n'ont rien vu ni entendu.

Bien qu'il nie obstinément, Wayne Williams est inculpé de meurtre mais, par un étonnant caprice de la justice, uniquement pour ses deux dernières victimes. À son procès, qui s'ouvre en janvier 1982, il plaide non coupable. La question principale est celle de son état mental, mais les psychiatres le reconnaissent sain d'esprit. À l'issue des débats, la peine de mort n'existant pas à cette époque en Géorgie, il est condamné à la prison à perpétuité, peine qu'il purge, aujourd'hui encore, au pénitencier de Valdosta, pas loin d'Atlanta. Pendant les procès, il a gardé le silence, refusant obstinément de s'expliquer sur ses actes. On ne connaîtra jamais les motivations de cet effrayant criminel.

La police, qui avait été tant critiquée pour son inaction, avait pourtant en partie raison : il n'était pas l'auteur de tous les meurtres. La meilleure preuve en est qu'après son arrestation, ils ont continué, à une cadence infiniment moindre bien sûr, mais ils ont bel et bien continué. Et aujourd'hui encore, sans qu'il y ait de tueur en série, les enfants noirs meurent toujours à Atlanta.

Les gitans

Qu'y a-t-il de plus charmant qu'un village de Haute-Provence ? Un clocher, les Alpes qui entourent la vallée, les troupeaux de moutons, un paysage à la Giono, et cette douceur, cet art de vivre, qu'on ne retrouve nulle part ailleurs. Tout le monde se connaît, le maire, le curé, l'instituteur, le facteur, l'épicier ; on se retrouve le soir devant un verre au café ou les uns chez les autres devant la télévision. On s'aime bien, même si on n'est pas toujours du même avis. En fait, tout se passe en famille ; le village, d'ailleurs, n'est-il pas autre chose qu'une grande famille ?

Oui, que pourrait-il se passer dans ce cadre pastoral, idyllique ? On est en famille, n'est-ce pas ? Oh, à une exception près, évidemment : comme dans toutes les familles, il y a des brebis galeuses. Dans le cas présent, ce sont les Domingo. Ils sont pourtant au village depuis une vingtaine d'années, ils habitent une petite maison un peu à l'écart. Ils ont un métier, ils sont vanniers. Depuis vingt ans, ils connaissent tout le monde et tout le monde les connaît. Les enfants, Manuel, José et Anita, ont grandi sur les bancs de l'école communale avec les autres. Mais malgré tout cela, ils ne sont pas du village. D'ailleurs, on qualifie d'étrangers ceux qui sont natifs du village d'à côté à quelques kilomètres dans la vallée. Alors les Domingo, des gitans, ce ne sont pas des étrangers, eux, ce sont des êtres d'une autre planète !

Et si, dans ce petit village tranquille, pastoral, idyllique, qui vit au rythme de son clocher, si jamais il se passait quelque chose de vraiment extraordinaire, un meurtre par exemple, n'auriez-vous pas une petite idée de ceux qu'on accuserait ?

Roger Martial est le facteur. Un brave gars, sympathique, qu'on n'hésite pas à retenir chez soi pour faire la causette et boire le verre de l'amitié. Un beau gars aussi, qui n'a pas la langue dans sa poche et qui n'est pas le dernier à faire sa cour aux filles. Célibataire, vingt-cinq ans, Roger Martial en intéresserait plus d'une. Mais aucune fille du village ne l'épousera. Le 11 décembre 1970, un berger découvre sa voiture dans un petit chemin pas loin de la route. Sur le siège avant, Rober Martial est effondré, abattu de trois coups de revolver. Au village, c'est l'ahurissement, la stupéfaction.

– Un crime chez nous, et Roger, un gars si tranquille ?

Sans doute tout le monde a-t-il dès ce moment une petite idée derrière la tête, et sans doute cette idée est-elle la même pour tout le monde, mais pour l'instant on ne dit rien parce qu'on n'accuse pas les gens comme cela.

– Ce qui est sûr, en tout cas, répètent les gens, c'est que ce n'est pas un gars de chez nous qui a fait le coup.

L'autopsie établit que la victime a été tuée la veille de sa découverte, donc le 10 décembre, entre 12 h 30 et 12 h 40. C'est un point qui a son importance. Ensuite, les gendarmes apprennent sans trop de peine que, le 10 décembre, Roger Martial a pris l'apéritif vers midi au café du village en compagnie d'un des fils Domingo, José. Il est ensuite allé chez sa mère, à qui il a dit :

– Je vais conduire l'autre au village d'à côté.

Qui est l'autre ? La mère, qu'on interroge, ne le sait pas. Mais si c'était un garçon du village, Roger Martial l'aurait appelé par son prénom, Pierre, Paul, Jacques ou Jean. « L'autre », c'est forcément l'étranger, et l'étranger, c'est le gitan.

L'enquête se poursuit et on découvre que, depuis quelques mois, Roger Martial courtisait la fille Domingo, Anita, une belle brune que beaucoup de garçons du village convoitent, mais qui les a tous repoussés jusque-là.

Mme Domingo mère ne fait pas mystère devant les enquêteurs de l'attitude de Roger Martial vis-à-vis de sa fille, pas plus d'ailleurs que de ses sentiments à l'égard du jeune homme. Certes il n'y avait rien entre eux, elle en est sûre, mais elle avait plusieurs fois conseillé à Anita d'éconduire le prétendant.

Pour l'opinion publique, désormais tout est simple : c'est bien un étranger qui a tué le petit gars du village, le brave Roger. C'est un de ces gitans, c'est José, peut-être aidé par son frère Manuel. Ils ont voulu empêcher le mariage avec leur sœur.

Les policiers n'ont pas attendu l'opinion publique pour arrêter José. Et, quelques jours après, ils retrouvent Manuel. On l'arrête à son tour sur une route près de Gap. Il était en tournée depuis quelques jours avec sa camionnette, pour vendre dans les communes des Hautes-Alpes les fauteuils et les paniers en osier, fruits de l'artisanat familial. Cette fois c'est plus que clair, c'est lumineux. Un des deux frères a pris l'apéritif avec la victime quelques minutes avant l'assassinat. Il se trouvait sans doute au volant de sa voiture au moment du crime et l'autre frère tenait l'arme.

Pourtant, ce n'est pas aussi simple et les policiers en conviennent. Car le 10 décembre, entre 12 h 30 et 12 h 40, Manuel, avec son revolver 22 long rifle trafiqué, était sur les routes des Hautes-Alpes, à des dizaines de kilomètres de la Haute-Provence et du village. Donc l'un des frères, José, était en compagnie de la victime, mais sans arme, et celui qui l'avait était dans le département voisin. D'un côté, il y a un meurtrier sans arme ; de l'autre une arme sans meurtrier. À moins que, évidemment, Manuel ne soit revenu précipitamment aux environs de midi pour donner le fusil à son frère et soit reparti tout aussi précipitamment avec l'arme vers les Hautes-Alpes, une fois le crime accompli.

Cette thèse est celle des policiers. Mais Manuel va la remettre en cause. Dans la matinée du 10 décembre, il a pris un autostoppeur dans sa camionnette près de Briançon. Il ne connaît pas son nom, mais il peut dire qu'il s'agissait d'un militaire et, précision intéressante, d'un militaire roux.

On fait donc des recherches dans la caserne de Briançon. Le colonel demande à ses hommes s'il y en a un parmi eux qui est parti en permission le 10 décembre et a été pris en auto-stop. Il précise même que, s'il s'agit d'une sortie irrégulière, il n'y aura pas de sanction. Effectivement, le soldat Larive, aux cheveux d'un beau roux, déclare qu'il a été pris en auto-stop par une camionnette qui l'a reconduit à sa caserne, à laquelle ils sont arrivés vers 11 heures.

Alors on étudie la route. Est-ce qu'entre 11 heures et 12 h 30, Manuel avait le temps, avec sa camionnette, d'aller de Briançon au village donner le revolver à son frère ? Oui, c'est possible, à condition de rouler à soixante-dix de moyenne, et d'être un pilote de rallye, car sur les routes des Hautes-Alpes, en plein mois de décembre...

Mais pour l'opinion du village, ces problèmes ne comptent pas. Les Domingo sont coupables. D'abord, qui sont ces gens qui ont une maison, et une belle maison par-dessus le marché, qui roulent en voiture, qui ont une camionnette et une auto ? Comment ont-ils gagné tout cet argent ? C'est bien connu, les gitans, c'est tous des voleurs. Ça commence par voler une pomme, et après ça vole l'argent des honnêtes gens. Les deux frères sont de mèche, on ne veut pas savoir comment ils ont fait, ce sont eux les assassins. D'ailleurs on l'a toujours dit : ceux qui ont fait le coup, ça ne peut être que des étrangers...

C'est ainsi que s'ouvre le procès, en novembre 1971. José et Manuel Domingo, détenus depuis onze mois dans leur prison, sont pâles et amaigris quand ils paraissent devant le tribunal de Digne. Il faut dire qu'une grève de la faim ne contribue pas à vous donner du poids.

Dès le début, l'accusation s'en tient à sa thèse. Les gitans ont tué Roger Martial parce qu'ils ne voulaient pas de lui dans la famille. Mais le père Domingo, le vieux patriarche, s'indigne :

– Comment peut-on dire une chose pareille, monsieur le

président ? Il y a eu cinq ou six mariages mixtes dans la famille, et non seulement on ne s'y est pas opposés, mais on a considéré ça comme un honneur. Les cousines d'Anita, qui ont épousé des Européens, sont très heureuses. J'ai élevé mes enfants dans l'honnêteté et l'honneur, et on les accuse d'un crime abominable !

Maître Pollak, qui assure la défense de José et Manuel, fait venir à la barre l'évêque de Digne. Monseigneur Colin est d'ailleurs, en même temps que ses fonctions épiscopales, l'aumônier général des gitans. Sa déposition est écoutée dans le plus grand silence.

– Les gitans, monsieur le président, je crois bien les connaître. J'ai vu ces nomades s'établir peu à peu, se fixer dans notre pays, dans des maisons de pierre qu'ils ont acquises par leur travail. Combien ai-je célébré de mariages mixtes, combien ai-je béni de ces unions ? Je ne saurais le dire. Pour tous les gitans, le mariage avec les gens de chez nous est considéré comme un bonheur, une promotion sociale.

Pour la défense, les choses semblent donc s'arranger. Le poids moral de l'évêque de Digne va sans doute très favorablement influencer les jurés. Mais il y a tout le reste. À commencer par le revirement surprenant, théâtral de la partie civile, qui abandonne totalement son accusation pour la retourner, prenant de court la défense. Le jeune avocat qui défend les Martial commence son réquisitoire par ces mots :

– Tout le monde, messieurs, dans cette enceinte s'égare dangereusement. Ce n'est point parce que Roger Martial voulait épouser Anita que les frères Domingo l'ont assassiné, mais pour le motif contraire. C'est parce que Martial avait déshonoré Anita et qu'il refusait de l'épouser.

Ce changement d'accusation est déterminant. Il ruine d'avance toute la plaidoirie de maître Pollak, qui avait pour but de démontrer que la famille Domingo n'avait pas l'intention de faire obstacle au mariage. Pourtant ce coup de théâtre ménagé habilement par le jeune avocat de la partie civile n'est peut-être pas l'élément déterminant du procès. Ce qui a le plus influencé les jurés, c'est sans doute la campagne de presse locale qui a traité les Domingo d'assassins, l'attitude du public qui applaudit à tout rompre après les réquisitoires, qui murmure houleusement pendant la plaidoirie, et les cris qu'on entend dans la rue, ces gens qu'on entend à travers les fenêtres : « À mort, à mort les gitans », au milieu d'un concert de klaxons.

Oui, ce lugubre, ce sinistre cri de haine scandé par des manifestants, bien confortablement assis dans leurs voitures, les jurés l'entendent encore, quand, dans la petite salle attenant à la chambre criminelle, ils délibèrent.

Au bout de deux heures, le jury rapporte son verdict. Manuel est acquitté, José condamné à dix-huit ans de réclusion criminelle. On assiste alors à une scène dramatique : José, cramponné à la barre, hurle :

– Je suis innocent, papa, maman, je vous jure que je suis innocent. Ils se sont trompés, vous pouvez encore me regarder en face.

Quant à Manuel, plus désespéré d'être libre alors que son frère retourne en prison, il se frappe la tête contre les murs.

L'envoyé du *Figaro* écrit à propos de cette journée : « Le spectacle de la haine est toujours insupportable lorsqu'il s'étale devant un tribunal. Pas de trace de racisme dans cette affaire ? Allons donc ! J'ai vu le match des paysans bas-alpins contre le manouche sur lequel on lâche un chien. »

Après sa condamnation, José est transféré à la prison des Baumettes à Marseille. Il passe son temps à écrire pour clamer son innocence : au procureur général, au garde des Sceaux, à la Ligue des droits de l'homme, et même au président de la République. Il recommence sa grève de la faim...

Maître Pollak lui non plus ne reste pas inactif. Il réussit à obtenir le pourvoi en cassation, avec une part de chance presque inespérée. Car, pour casser un jugement, il faut non pas qu'il y ait un doute dans le verdict, dans la culpabilité du condamné, mais une irrégularité dans la procédure. Le recours en cassation ne dépend nullement du fond mais de la forme. On peut avoir les meilleures raisons de croire qu'un condamné est innocent, il ne sera pas rejugé si le procès a été mené conformément à la loi.

Heureusement, dans le cas présent, il y a un vice de forme.

Le jury a répondu oui à la question « Y a-t-il eu guet-apens ? » et non à la question « Y a-t-il eu préméditation ? ». C'est une contradiction évidente, et il est décidé de rejuger l'affaire. La Cour de cassation renvoie le procès devant la cour de Nîmes.

Le procès s'ouvre un an après le précédent, le 23 novembre 1972, dans une ambiance toute différente. Finis les concerts de klaxons, finis les murmures houleux, les cris de haine à l'extérieur. Une salle calme et sans passion est prête à écouter le procès sans parti pris.

L'évêque de Digne revient à la barre et sa seconde déposition est encore plus ferme que la première. Il met en accusation d'une manière nette et sans aucune concession, il dénonce ce qu'il considère comme le grand responsable de toute cette affaire : le racisme.

– Il s'agit de gitans, de ces malheureux qui ont expié dans les fours crématoires par dizaines de milliers ce crime précisément : être gitans. Mais la lecture des journaux, les propos que j'entends parfois dans mon diocèse me font craindre que l'état d'esprit n'ait pas beaucoup changé aujourd'hui.

Oui, à Nîmes, l'atmosphère est bien différente. Et la tactique de l'accusation ne peut plus prendre de court maître Pollak et la défense. Bien au contraire, cette fois, c'est un coup de théâtre inverse qui a lieu.

Quand l'avocat général reprend à son compte l'argumentation qui avait si bien réussi à son prédécesseur de Digne selon laquelle les Domingo avaient tué Roger Martial parce qu'il refusait d'épouser Anita qu'il avait déshonorée, maître Pollak appelle simplement Anita à la barre. Oh, elle n'a rien de spécial à déclarer. Elle a seulement un petit papier à la main, qu'elle montre au tribunal. C'est un certificat attestant sa virginité.

Toute la machine de guerre, si habilement construite par un jeune et brillant avocat de Digne, s'effondre d'un seul coup. Anita est vierge, il n'y a donc pas de déshonneur ni de réparation à exiger. Les jurés tirent les conclusions qui s'imposent et cette fois-ci José est acquitté. Mme Domingo s'évanouit en entendant le verdict. Elle qui ne comprend pas bien le français n'a pas saisi la longue série des attendus et a cru que son fils était de nouveau condamné.

Les Domingo ont quitté le village. Ils n'ont pas repris la longue route des gens du voyage. Ils se sont seulement établis quelques kilomètres plus loin, dans un autre village des Alpes-de-Haute-Provence, où ils seront sans doute tout aussi étrangers, mais au moins inconnus.

Un jugement postérieur, introduit par maître Pollak, a attribué à la famille Domingo, dont l'un des fils a passé onze mois en prison et l'autre deux ans, avant qu'on ne les ait l'un et l'autre reconnus innocents, 18 000 francs de dommages et intérêts.

Jesse James, l'inventeur du western

Jesse James naît le 14 septembre 1847, à Kerney, près de Kansas City, dans un beau ranch qu'il partage avec ses frères et sœurs, sa mère et son second mari, Ruben Samuel, un médecin qui jouit d'une excellente réputation dans la région.

Son enfance se passe sans événement notable jusqu'à ses quatorze ans, l'année où éclate la guerre de Sécession. Jesse est un bagarreur de tempérament, rempli d'enthousiasme pour la cause du Sud et désespéré que son âge l'empêche de participer à la grande aventure. C'est plein d'envie qu'il voit son frère aîné Frank partir pour le front dans son superbe uniforme. Lui, il doit attendre et se morfondre.

À seize ans, il essaie de s'enrôler, mais l'armée sudiste le refuse à cause de son âge. Il existe pourtant des bandes de volontaires agissant comme francs-tireurs en marge des troupes régulières. Il tente sa chance auprès de celle de William Quantrill où a fini par arriver son frère Frank, mais là aussi, il est jugé *trop jeune*. Heureusement, une seconde bande l'accepte, celle de William Anderson, dit « Bloody Bill », dont la réputation de sauvagerie dépasse celle de toutes les autres.

Pendant les deux ans que dure encore la guerre, Jesse James affirme avoir tué huit nordistes en corps à corps. Ce qui est certain, c'est que, malgré son jeune âge, il devient rapidement un excellent combattant. Il a fière allure, avec son mètre quatre-vingts, ses cheveux très bruns et ses yeux bleus. C'est un cavalier émérite et un tireur d'élite, non seulement par sa précision, mais par son incroyable rapidité de feu...

Les sudistes capitulent à Appomattox, le 9 avril 1865. Pour Jesse James comme pour tous ceux de son camp, c'est le moment du choix. Les nordistes offrent une amnistie générale, y compris pour les guérilleros. En plus, les États de l'Ouest nouvellement créés ont de gros besoins de main-d'œuvre ; il est facile de refaire sa vie là-bas, avec peut-être la fortune au bout du voyage.

Jesse se laisse tenter. Il a dix-huit ans et, s'il aime se battre, il n'y a pas que cela qui l'intéresse dans la vie. Il est plein d'énergie et il a envie de l'employer à autre chose qu'à tuer et risquer sa peau. Il part s'installer en Californie où on dit qu'il fait beau toute l'année. Il va devenir cultivateur ou éleveur, fonder un foyer, avoir des enfants...

Fin avril 1865, il chevauche vers Lexington, un point de reddition fixé par les nordistes, en compagnie de quelques camarades qui ont fait le même choix que lui. Selon les instructions, il a noué un foulard blanc à un bâton. Son groupe croise alors un détachement de cavaliers du Nord. Il agite son drapeau improvisé, mais les autres ne le voient pas ou font semblant de ne pas le voir et ouvrent le feu. Plusieurs de ses compagnons sont tués. Lui-même est grièvement blessé et son cheval est abattu. Il parvient à se traîner dans un petit bois et à se mettre à l'abri pour riposter. Il tue un cavalier adverse et en blesse un autre. Les nordistes préfèrent s'en aller. Il s'évanouit, perdant son sang en abondance, et serait certainement mort si un fermier ne l'avait recueilli et reconduit chez lui.

Sa blessure est grave, il est touché au poumon et une pneumonie se déclare. Mais son beau-père Ruben Samuel parvient à l'arracher à la mort... Une autre personne joue un rôle décisif, durant ces moments cruciaux, sa cousine Zeralda, qui ne quitte pas son chevet. Ils jouaient ensemble quand ils étaient enfants et ils découvrent maintenant qu'ils sont autre chose que des camarades de jeu. Dès qu'il en a la force, il lui fait part de ses sentiments. La réponse de la jeune fille est immédiate :

– Moi aussi, je t'aime, Jesse !

– Voudrais-tu m'épouser ?

– Je n'aurai pas d'autre mari que toi. Nous nous marierons dès que tu seras rétabli.

Mais malgré sa faiblesse, le blessé secoue la tête d'un air farouche.

– Non ! J'ai quelque chose à faire avant.

– Qu'est-ce qui est plus important que notre mariage ?

– Me venger...

Pendant tous ces moments passés entre la vie et la mort, Jesse James n'a cessé, en effet, de méditer sur la traîtrise dont il a été victime. On lui a tiré dessus, tandis qu'il allait pacifiquement et sans méfiance. Cela ne se passera pas comme ça ! De quoi veut-il se venger exactement ? Il ne le sait pas. Peut-être de la société, peut-être des nordistes, peut-être des hommes en général. Ce qui est sûr, c'est que son tempérament bouillant lui fait franchir le pas. Le destin a décidé à sa place. Alors qu'il s'apprêtait à mener une vie paisible de pionnier dans l'Ouest, il va devenir un hors-la-loi...

Durant sa convalescence, il s'entretient souvent avec son frère aîné Frank qui, comme nombre de sudistes démobilisés, se sent désœuvré et ne demande qu'à retrouver la vie aventureuse qu'il menait durant la guerre. Jesse parle également avec ses cousins, eux aussi anciens soldats, qui sont dans le même état d'esprit. Et bientôt sa bande est constituée. Il a sous ses ordres Frank James, Cole, Bob et Jim Younger, ses cousins, plus quelques autres. Il n'a que dix-neuf ans, tous sont largement plus âgés que lui, mais son autorité n'est contestée par personne...

Jesse James a également, en matière de banditisme, des idées nouvelles et même révolutionnaires. Il a mis au point une tactique d'attaque, qu'il a appelée la « méthode du hourrah ». Il s'agit d'arriver au galop dans la rue principale de la ville, un mouchoir noué sur le nez, en déchargeant ses pistolets en l'air et en poussant des cris sauvages pour faire fuir tout le monde. Ensuite, les lieux étant vides, il n'y a plus qu'à se précipiter vers l'objectif.

Et, cet objectif, il a décidé que ce serait une banque... Tout cela nous semble extrêmement banal mais, à l'époque, cela ne s'était jamais fait. Aussi étonnant que cela paraisse, il n'y avait pas eu, jusque-là, d'attaque de banque aux États-Unis. Et cette scène, cent fois vue dans les westerns de bandits arrivant au galop et tirant dans tous les sens, est encore inédite. C'est une invention de Jesse James.

La première attaque a lieu le matin du 14 février 1866, à Liberty, une bourgade du Missouri. Les gens vaquent à leurs occupations quotidiennes lorsque, soudain, une dizaine de cavaliers masqués font irruption dans un nuage de poussière et déclenchent une fusillade d'enfer. C'est la panique générale, il n'y a bientôt plus personne en vue.

Tandis que le reste de la bande continue à parcourir la petite agglomération en vidant ses chargeurs, Jesse James et l'un de ses hommes mettent pied à terre et pénètrent dans la banque Clay County Savings, dont la façade orne la rue principale. À l'intérieur, Jesse annonce d'une voix sans réplique :

– Mains en l'air, c'est un hold-up !

Les deux hommes présents, le directeur et son caissier, s'exécutent, abasourdis. Il ne faut que quelques minutes aux agresseurs pour faire main basse sur le contenu du coffre, bourré d'or et d'argent liquide. Ensuite, ils remontent en selle et Jesse James donne le signal du départ. Il est sur le point de tourner bride, lorsqu'il aperçoit au loin un passant qui s'enfuit. Il fait feu avec sa rapidité légendaire : quatre balles si rapprochées qu'on dirait une rafale d'arme automatique. Toutes étaient mortelles. Pourquoi ce meurtre gratuit d'un homme désarmé, abattu dans le dos ? Est-ce une vengeance de ce qu'il a subi lui-même ? Une chose est sûre : à partir de ce jour, Jesse James entre dans l'histoire du banditisme et pour longtemps...

La première attaque de banque de l'histoire des États-Unis est un succès pour ses auteurs : entre les billets de banque et les pièces d'or, il y a pour plus de 60 000 dollars, une fortune ! Tandis qu'ils comptent leur butin, bien à l'abri dans leur cachette, ils ont la surprise de voir arriver Myra Bell Shirley, une connaissance des cousins Younger. Elle veut se joindre à eux. Jesse James refuse, mais gardera toujours de bons rapports avec elle. Quant à Myra, elle ne va pas tarder à se rendre célèbre, en commandant une bande d'hommes, sous le nom de Bell Star.

Les « James-Younger », comme on les appelle alors, ne tardent pas à se manifester de nouveau. Ils attaquent, à Richmond, la Hugues and Mason Bank, un établissement plus important que le précédent. Mais ils se heurtent, cette fois, à une vigoureuse résistance. Après un moment de panique, la population se ressaisit et fait front, sous l'impulsion du maire, qui ne tarde pas à être abattu par les hors-la-loi.

Jesse James abandonne alors la banque, pour se diriger vers la prison où sont incarcérés des guérilleros de leurs amis, qui pourront leur servir de renfort. Le gardien et son fils, de douze ans, s'interposent. Ils sont tués sans pitié. Après avoir délivré les prisonniers, Jesse préfère battre en retraite. Malgré la terreur provoquée par la bande, des audacieux osent se mettre à sa poursuite. Ils parviennent à s'emparer de deux des guérilleros et les ramènent à Richmond où ils sont lynchés sans autre forme de procès.

Cette seconde attaque, même si elle n'est pas couronnée de succès, mobilise les banques. On ne parle plus que des exploits de Jesse James dans tous les États-Unis et il est à craindre que cette nouvelle forme de banditisme fasse des émules. Déjà, un certain nombre de clients ont retiré leur argent, qu'ils n'estimaient plus en sécurité. Si cela continue, ce sera la faillite. Une association de banquiers prend contact avec Allan Pinkerton, un ancien garde du corps de Lincoln, qui a fondé une agence de police privée. L'homme, qui a démontré à plusieurs reprises son efficacité, se lance à la poursuite de Jesse James.

Le jeune hors-la-loi ne s'émeut pas. Le 7 décembre 1869, il commet un nouveau hold-up à Galatin, abat le caissier de la Davies County Savings Bank et s'en va avec le contenu du coffre. Mais il se lasse soudain de cette activité et se lance dans une autre forme de banditisme : l'attaque de train. S'il ne l'a pas inventée, puisqu'il s'en est déjà produit une auparavant, il va être le premier à la pratiquer sur une grande échelle.

Le 21 juillet 1873, il attaque, dans l'Iowa, l'express de Rock Island, dont il a appris qu'il transportait une cargaison d'or en lingots. Pour être sûr d'arrêter le convoi, il retire les rails dans une courbe. Il en résulte un terrible accident : la locomotive se renverse, la chaudière explose, tuant le conducteur et blessant grièvement le mécanicien ; plusieurs passagers sont blessés eux aussi. Mais le butin est maigre : le renseignement était mauvais, le train chargé d'or ne devait passer que le lendemain.

Les mois suivants, Jesse continue ses activités sans être inquiété ni par la police ni par les hommes de Pinkerton, qui ne parviennent pas à mettre la main sur lui. En attendant une prochaine attaque de chemin de fer, il s'en prend à des diligences, tuant froidement ceux qui lui résistent et continuant de grossir son butin. Et, quelques mois plus tard, il passe de nouveau à l'action contre un train, le Little Rock Express, dans la petite gare de Gad's Hill, dans le Missouri.

Les hors-la-loi investissent la bourgade et enferment tous ceux qu'ils trouvent dans un hangar, pour ne pas être dérangés. Lorsque le convoi s'arrête, ils montent dans les wagons et détroussent les voyageurs, sans oublier le fourgon postal, qui contient d'importantes sommes d'argent. Puis, Jesse James va trouver le chauffeur de la locomotive et lui remet plusieurs feuillets.

– Donne ça aux journaux en arrivant à Kansas City. C'est du travail tout mâché !

Il s'agit d'un article écrit par James lui-même, racontant en détail toute l'opération, sous le titre : « L'ATTAQUE DE TRAIN LA PLUS AUDACIEUSE DE L'HISTOIRE ». Le lendemain, le principal quotidien de Kansas City publie l'article sans en changer le titre.

L'année 1874 arrive. Jesse James a vingt-sept ans, cela fait plus de huit ans qu'il a commencé sa carrière de bandit. L'impunité dont il continue de bénéficier n'est pas seulement due à la chance, mais à une raison qui peut sembler étonnante, vu la férocité dont il fait preuve : il est populaire, du moins chez lui. Considéré dans le reste des États-Unis comme un redoutable bandit, aux alentours de Kansas City et dans les États du Sud, il apparaît comme une sorte de vengeur, une revanche des vaincus sur les vainqueurs. D'autre part, il s'en prend aux banques et aux trains, réservés aux privilégiés, car le billet de chemin de fer coûte cher à l'époque. Il acquiert ainsi la réputation de ne voler que les riches et beaucoup font de lui un redresseur de torts, un second Robin des Bois...

Une qui partage à coup sûr ce sentiment, c'est sa cousine Zeralda. Elle l'attend toujours à Kerney. Il lui a promis de l'épouser, elle est sûre qu'il tiendra sa parole et elle ne se trompe pas. Début avril 1874, il vient la chercher pour la conduire devant le pasteur. Et ce n'est pas une union à la sauvette, dans un endroit isolé de la campagne : ils se marient dans la principale église de Kansas City, sous la protection du reste de la bande et avec la complicité de toute la population.

Jesse James est acclamé au sortir de la cérémonie, tandis qu'il descend les marches au bras de son épouse. Pour lui, c'est le jour du triomphe. Il est le héros de toute une partie du Sud. Son union avec Zeralda va être courte mais elle sera jusqu'au bout heureuse. Ils auront deux enfants, une fille et un garçon, prénommé lui aussi Jesse, qui préférera ne pas suivre les traces de son père et deviendra avocat à Kansas City...

Jesse James a-t-il songé alors à tout arrêter et à se ranger ? C'est fort possible mais, encore une fois, le destin va intervenir pour le rejeter du mauvais côté de la barrière. Les hommes de l'agence Pinkerton retrouvent sa trace et trois d'entre eux sont abattus dans une fusillade avec la bande.

Du coup, Allan Pinkerton fait de la mort de Jesse James une affaire personnelle. Il envoie un de ses hommes se faire engager comme ouvrier agricole dans une ferme proche du ranch de Kerney où habite toujours Mme James mère... Le 5 janvier 1875, celui-ci alerte son patron :

– Les frères James rendent visite à leur mère demain.

Allan Pinkerton envoie immédiatement plusieurs hommes, qui cernent le ranch et passent à l'action la nuit suivante. Ils ouvrent une fenêtre et jettent à l'intérieur plusieurs bombes incendiaires. Le feu prend à toute vitesse et les habitants du ranch se précipitent pour le combattre. Mme James mère a le bras arraché en voulant rejeter une des bombes, qui explose et tue son fils de neuf ans. Quant au renseignement, il était faux : les frères James ne sont pas là...

À plusieurs reprises, prenant des risques énormes, Jesse James se rendra à Chicago où se trouve le siège de l'agence, pour tuer de sa main Allan Pinkerton, en vain. En tout cas, ce drame personnel le bouleverse et le détermine à repasser à l'action.

Le 13 décembre 1875, c'est une nouvelle attaque de train, en gare de Munci, dans le Kansas. Comme précédemment, tous les habitants de la petite ville sont enfermés dans un hangar. Lorsque le convoi s'arrête, la bande parcourt les wagons, détroussant les voyageurs et assommant ceux qui se montrent récalcitrants. Le coffre du wagon postal est également pillé. Il y en a en tout pour 60 000 dollars.

L'année suivante ont lieu plusieurs attaques de diligences et de trains, qui rapportent encore 15 000 dollars. Puis la bande tente un gros coup : dévaliser la First National Bank de Northfield, un établissement beaucoup plus important que les précédents. Si l'opération réussit, ses membres envisagent sérieusement d'arrêter leur carrière et de se retirer chacun de son côté...

Le 7 septembre 1876, ils font irruption dans la rue principale de Northfield, selon la vieille méthode du hourrah. Les habitants se barricadent chez eux. Jesse James et un de ses hommes entrent dans la banque. Jesse saute par-dessus le comptoir et braque son revolver sur la tempe du caissier.

– C'est un hold-up. Ouvre le coffre et vite !

Mais l'homme refuse. Jesse James le frappe avec la crosse et sort un poignard.

– Ouvre le coffre ou je te saigne !

Le caissier, décidément héroïque, refuse toujours. Un employé de la banque s'enfuit pour aller chercher du secours... À l'extérieur, pendant ce temps, la situation évolue. Les habitants de Northfield, des anciens de la guerre de Sécession, sont tous armés. La résistance s'organise. Les deux quincailliers, qui sont aussi armuriers, apportent des munitions. Un des bandits est tué, les autres sont blessés. Jesse James sort à ce moment. Il est bredouille, mais pas question de s'attarder : il donne l'ordre de s'enfuir.

Il est le seul indemne. Son cousin Jim Younger est blessé à la mâchoire et à l'épaule, Cole Younger a un coude fracassé, Bob Younger une épaule criblée de plomb, Frank James une balle dans la cuisse. Derrière, la chasse s'est organisée sous les ordres du shérif : ils sont bientôt près de mille à leur poursuite.

Les fugitifs décident de se scinder en deux groupes. Jesse et Frank partent d'un côté, les Younger et le reste de la bande de l'autre. Les frères James réussissent à s'enfuir en buvant l'eau des rivières et en mangeant des épis de blé cru. Ils parviennent à se réfugier au Mexique sous des faux noms et s'y feront oublier pendant trois ans.

Les frères Younger ont moins de chance. Ils sont rattrapés par leurs poursuivants et finissent par se rendre, criblés de balles, après une fusillade d'enfer. Ils survivront pourtant et seront condamnés à la prison à perpétuité.

En 1879, Jesse James reforme sa bande et franchit la frontière des États-Unis. Zeralda est avec lui. Elle ne l'a pas quitté depuis leur mariage, même si elle ne participe pas aux opérations. Dès lors, c'est, si l'on peut dire, la routine des attaques de trains... 1880, 1881, 1882, les années se succèdent et, sur les affiches réclamant la capture de Jesse James mort ou vif, la prime ne cesse d'augmenter, pour atteindre la somme fabuleuse de 25 000 dollars !

Au début du printemps 1882, Jesse James se cache chez la maîtresse d'un homme de sa bande, Dick Liddil, dans le comté de Ray, en Arizona. La jeune femme a deux frères, Bob et Charley Ford, des mauvais garçons de médiocre importance, que Jesse n'a pas jugés capables de faire partie de son équipe.

À la fin du mois de mars, il part rencontrer Bell Star, la jolie hors-la-loi, qui se cache avec ses hommes dans une réserve indienne non loin de là, pour proposer la fusion des deux bandes. Bob et Charley Ford sont incapables de résister à l'attrait des 25 000 dollars de la prime. Pendant son absence, ils vont trouver les autorités policières les plus proches, pour leur annoncer qu'ils peuvent leur livrer Jesse James mort.

Ce dernier rentre le 3 avril 1882. L'accord avec Bell Star ne s'est pas fait, mais ils ont décidé de se revoir. Bob Ford accueille chaleureusement Jesse, attend qu'il ait le dos tourné et l'abat à bout portant d'une balle dans la nuque. Puis, il s'enfuit avec son frère, tandis que Zeralda se jette en pleurant sur le corps sans vie...

La nouvelle fait le tour des États-Unis en un temps record, mais même chez ceux qui n'avaient aucune sympathie pour le bandit, c'est la réprobation qui l'emporte. Le procureur Wallace, de l'État du Missouri, son adversaire acharné, écrit : « Jesse James était un criminel d'une cruauté inouïe, mais cela ne donnait pas aux frères Ford le droit de l'assassiner. »

Leur crime ne leur portera pas chance. Quatre ans après avoir touché la prime, Bob se suicide, peut-être, mais c'est loin d'être certain, sous l'effet du remords, et Charley meurt peu après, au cours d'un règlement de comptes dans un saloon. De son côté, Frank James, qui avait réussi à s'enfuir, négocie sa reddition et, aussi étonnant que cela paraisse, il est acquitté. Il ouvrira un commerce de chaussures et mourra dans son lit, en 1915.

Quant à Jesse, Zeralda lui fait des funérailles grandioses. Il est inhumé sous un caféier, dans son ranch natal de Kerney. Sur sa tombe, elle a fait écrire :

Ci-gît Jesse James,
décédé le 3 avril 1882
à l'âge de trente-quatre ans, six mois et vingt-six jours,
assassiné par un traître et un lâche
dont le nom ne mérite pas de figurer ici.

Ainsi se termine la carrière de celui qui a été, par son allure et ses méthodes, le premier bandit du Far-West, même si son théâtre d'opérations a été le Sud et qu'il n'est jamais allé dans les États de l'Ouest. Hollywood ne pouvait faire autrement que de lui rendre hommage et en a fait le héros d'un de ses plus beaux westerns, *Le Brigand bien-aimé* d'Henry King, avec Tyrone Power dans le rôle de Jesse James.

Le soliste à la mitraillette

Deux heures du matin dans les rues de Paris, la nuit du 1er au 2 septembre 1965. Luciano Lutring descend à tombeau ouvert les grands boulevards au volant de son Alfa Romeo modèle grand sport. Devant le croisement avec la rue Louis-le-Grand, le feu est rouge. Il le brûle sans hésiter, fait un virage sur les chapeaux de roues, et s'engage dans la rue transversale. Il grimace de douleur. Pour effectuer sa manœuvre, il a dû lâcher un instant son volant et passer la vitesse de la main gauche. Ce n'est pas facile de conduire quand on a une balle dans le bras droit et une autre dans le ventre...

L'homme serre les dents. Sa respiration se fait précipitée, il sent une humidité anormale gagner tout son corps. Ce n'est pas seulement la sueur qui ruisselle sur son visage et sur sa main moite agrippée au volant, c'est son sang qui s'échappe de ses blessures et dont il est peu à peu trempé.

Luciano Lutring jette un œil dans son rétroviseur. Il ne voit rien, heureusement. Mais ils sont toujours là : il les entend. Au loin, la sirène de la police n'a cessé de le suivre, monotone, obstinée...

Tout est arrivé à la suite d'une malchance stupide, un contrôle de routine, alors qu'il était en train de faire le plein à une station-service du boulevard des Batignolles. La voiture de la police s'est arrêtée devant lui, il a tenté sa chance : il a mis le contact et a foncé, arrachant le tuyau de la pompe qui débitait l'essence. Pourquoi cet agent, au lieu de s'écarter, a-t-il voulu jouer les héros ? Il a dégainé et tiré. Immédiatement il y a eu deux étoiles dans le pare-brise et Luciano a ressenti deux brûlures intolérables...

Luciano Lutring a ralenti presque malgré lui. Sa vue se trouble, son cerveau s'engourdit. Il ne pourra pas aller beaucoup plus loin. On ne peut pas avoir éternellement la chance de son côté. Un jour ou l'autre elle tourne, et cette fois-ci, elle vient de tourner définitivement.

Alors il s'arrête. Tant bien que mal, il s'extrait de sa voiture et avance sur le trottoir, péniblement, en laissant derrière lui une grande trace de sang. Il sonne à un porche, le premier qu'il rencontre. Il referme la porte et se laisse glisser par terre.

Maintenant il attend. Il attend le premier des deux qui viendra : la mort ou les flics. Peu lui importe. Luciano Lutring se sent très calme. C'est dans ce hall d'immeuble silencieux et noir que se termine, à vingt-huit ans, une carrière de gangster dont la presse italienne et française a raconté toutes les péripéties. Et là, tandis qu'il est en train, tout doucement, de mourir, Luciano Lutring se pose cette question qui ne lui était jamais venue à l'esprit : « Pourquoi suis-je devenu un gangster ? »

Luciano se souvient de sa petite enfance comme si c'était hier. Il est né en 1937 dans un quartier populaire de Milan. Son père, il ne l'a jamais connu, c'était un Hongrois, qui était retourné dans son pays avant la guerre. C'est sa mère qui l'a élevé. C'était quelqu'un, Mme Lutring. Une forte personnalité, ou, tout du moins, un personnage, la mamma italienne telle qu'on l'imagine, presque caricaturale.

Luciano se souvient combien sa mère s'est occupée de lui, beaucoup trop sans doute. Il faut dire que Mme Lutring avait des raisons de le couver. En plus du départ de son mari, elle venait de perdre leur premier enfant, une petite fille qu'elle adorait. Tout cela est resté inconscient jusqu'à présent dans l'esprit de Luciano Lutring, mais il comprend maintenant comment il a été élevé.

Ses premières années, il les a passées dans le bar maternel.

Mme Lutring avait un débit de boissons qu'elle tenait avec toute l'autorité dont elle était capable, trônant toute la journée derrière son comptoir, surveillant tout aussi jalousement son fils et son tiroir-caisse.

En repensant à ces années-là, Luciano Lutring n'a qu'un mot à l'esprit : humiliation. Sa mère l'a élevé comme une fille, l'obligeant à ne jouer qu'avec des filles : à la marelle, à la poupée, à la corde à sauter, et lui interdisant de fréquenter les petits garçons de son âge. Elle lui avait laissé pousser ses cheveux roux, une couleur si rare en Italie, qu'il devait à son père, et sa longue chevelure faisait son admiration.

Lui, Luciano, n'osait plus quitter le bar familial où on le contraignait à jouer avec ses petites camarades. Quand il sortait dans la rue, il était immanquablement remarqué par un autre gamin qui se moquait de lui et lui courait après en criant :

– Eh, la fille ! Eh, la fille !

Pourtant, Luciano Lutring n'avait rien d'une fille, il le sentait. C'était même un garçon particulièrement vif, plein d'énergie. Quand il voyait de loin les autres garçons jouer à leurs jeux violents et échanger des coups, il n'avait qu'une envie, les rejoindre. Mais c'était impossible, jamais sa mère ne l'aurait permis, elle qui le grondait chaque fois qu'il avait un peu dérangé sa belle chevelure bouclée.

1945. Luciano Lutring a huit ans et c'est le grand choc de sa vie. Brusquement, de nouveaux clients font leur apparition dans le bar. Des hommes qui parlent fort, qui rient fort ou qui tapent du poing sur la table, mal rasés, mal habillés, avec des bottes grossières, des ceinturons, des chemises sales, mais surtout des armes, des revolvers énormes, des fusils, des mitraillettes. Ce sont des partisans italiens qui luttent contre Mussolini et les Allemands. Le bar de Mamma Lutring leur sert de quartier général.

Là, le petit Luciano surprend des histoires extraordinaires, inimaginables. Lui à qui sa mère n'a raconté que des contes de fées entend des récits de batailles sanglantes, de fusillades, de combats avec des chars, des avions, des bombes. Il ne se lasse pas d'écouter avec une admiration sans borne tous ces hommes qui, avec l'exagération méditerranéenne, racontent des actes héroïques tous plus incroyables les uns que les autres. Quand personne ne le regarde, il s'approche d'une mitraillette ou d'un revolver abandonnés sur une table, les regarde et les touche avec un respect craintif.

Le temps passe. Luciano Lutring grandit. À seize ans, il est toujours aussi beau. Seulement, maintenant, on dit qu'il est beau garçon, d'une beauté rare en Italie, avec ses yeux bleus et ses cheveux roux qu'il a enfin fait couper. Dans le quartier, on l'appelle « l'Américain ». Il sent qu'il plaît aux filles et prend peu à peu de l'assurance.

Les temps ont changé et la clientèle du bar de sa mère aussi. Dans ce quartier populaire de Milan, les partisans de la dernière guerre ont été remplacés par des consommateurs d'un genre différent. Ils ont des mines sombres et des costumes voyants.

Parfois, comme lorsqu'il avait huit ans, Luciano surprend des conversations à leurs tables. Elles sont plus discrètes, mais il devine derrière les mots quelque chose qui, encore une fois, l'attire : des affaires d'hommes où il s'agit de violence, même si ce n'est peut-être pas tout à fait pareil.

Malgré l'opposition de sa mère, avec laquelle il se heurte de plus en plus, Luciano quitte l'école pour entrer en apprentissage. Il est mécanicien dans un garage. Car il s'est découvert une passion : les automobiles, et bien sûr les grosses cylindrées, les voitures de sport.

Les années passent encore. Luciano Lutring est devenu dans son quartier presque un play-boy. Ses succès féminins ne se comptent plus. C'est un as du volant. Avec l'argent qu'il a pu se procurer, il s'achète une voiture d'occasion sur laquelle il s'entraîne tous les dimanches. Car il a d'autres revenus que la maigre paye que lui donne le patron de son garage. Depuis quelque temps, il parle avec certains des clients du bar de sa mère, ceux qui ont des costumes neufs, des chaussures et des cravates qui attirent l'œil.

Avec le jeune Luciano, ils ne se sont guère compromis. Puisqu'il leur demandait avec tant d'insistance de travailler pour eux, ils lui ont confié quelques petites opérations en rapport avec sa jeunesse et son inexpérience : vendre des cigarettes américaines de contrebande et des montres volées aux touristes de passage.

Luciano Lutring a dix-neuf ans. Pour lui, c'est l'aventure qui commence. En écoulant avec autant de discrétion que possible sa petite cargaison, il s'imagine qu'il court des risques énormes, qu'il est lui aussi devenu un homme, comme ces héros mal rasés qu'il a tant admirés juste après la guerre.

Et puis, un jour de 1957, alors qu'il n'a pas encore vingt ans, c'est le destin qui se manifeste. Luciano apprend par ses nouveaux amis qu'un caïd du milieu, un Corse, Aimé Bertucelli, est venu se mettre au vert quelque temps à Milan. Dès lors, il n'a qu'une idée en tête : le rencontrer. Il fait tant et si bien que les autres finissent par céder...

Lorsqu'il rencontre « Monsieur Aimé » comme on l'appelle, Luciano est franchement déçu. C'est un petit homme entre deux âges, moustachu, replet, vêtu d'une manière quelconque, sans négligence ni recherche. Il n'y a qu'un mot pour le définir : insignifiant.

Mais quand il voit l'attitude de ses nouveaux amis, qui se tiennent respectueusement à distance, et gardent un silence craintif, Luciano découvre que le chef n'est pas forcément celui qui est le plus en vue, qui parle le plus fort. Aimé Bertucelli lui adresse la parole. Il parle italien sans accent. Le jeune homme sent que cet interrogatoire va être décisif pour lui.

– Qu'est-ce que tu sais faire, petit ?

Luciano est pris de court. Oui, c'est vrai au fait, qu'est-ce qu'il sait faire ? Qu'est-ce qu'il a vraiment appris jusqu'à présent ? Soudain, il a une inspiration. Il répond, avec autant d'assurance qu'il peut :

– Piloter des voitures de sport.

Luciano voit une lueur d'intérêt apparaître dans les yeux du petit homme qui, jusqu'ici, ne l'ont pas lâché. Pour la première fois, le Corse lui adresse un sourire.

– Ça pourrait m'intéresser, petit. Il faudra que tu m'emmènes faire un tour...

Luciano Lutring passe brillamment son examen quelques jours plus tard et son nouveau chef, qui a l'intention de rester un temps en Italie, lui propose de devenir le chauffeur de la bande. Luciano demande à réfléchir. Au fond de lui-même, quelque chose le retient encore. Il sent qu'avec un homme comme Aimé Bertucelli, les choses risquent d'être très sérieuses.

C'est alors qu'un second événement va décider définitivement de sa vie : sa rencontre avec Yvonne, dans des circonstances vraiment peu ordinaires...

Dans l'obscurité totale du hall d'un immeuble de la rue Louis-le-Grand à Paris, Luciano Lutring, qui continue à perdre son sang, se met à prononcer à haute voix :

– Yvonne !

Sa rencontre avec elle date de mai 1958. Il se promène alors sur la plage de Viareggio, presque déserte. Il réfléchit depuis des semaines à la proposition que lui a faite Aimé Bertucelli, le caïd corse : devenir le chauffeur de sa bande, et il ne sait pas encore s'il va accepter.

Soudain, son regard est attiré par un sac à main abandonné sur le sable. Il lance un autre regard en direction de la mer. Il appartient sans doute à cette jeune femme en train de se baigner au large. La tentation est la plus forte. Luciano prend le sac et, par curiosité, il l'ouvre. À l'intérieur, quelques centaines de lires, des papiers d'identité au nom d'Yvonne Salvi, une Suissesse originaire de Genève. Luciano reste un moment silencieux, admiratif devant la photo. Jamais il n'a vu une aussi jolie fille : une brune aux yeux bleus irrésistibles, une vraie vedette de cinéma, qui n'est pas, d'ailleurs, sans ressemblance avec Sofia Loren. Alors, il repose le sac et s'installe à côté, pour attendre sa propriétaire.

La jeune fille arrive quelques minutes plus tard. La carte d'identité n'a pas menti : elle fait bien un mètre soixante-treize, elle a bien les yeux bleus, elle ressemble bien à Sofia Loren...

Elle esquisse un mouvement de recul en apercevant Luciano. Mais celui-ci lui lance un grand sourire.

– Ce n'est pas très prudent, mademoiselle, de laisser votre sac à main sur la plage. Avez-vous pensé aux voleurs ? Heureusement que je suis resté pour vous le garder.

La jeune fille sourit. Luciano sent que c'est gagné. Il lui demande son prénom – qu'il sait déjà – sa profession – qu'il ignore, mais qui le ravit : mannequin. Quand elle lui pose la même question, il lui avoue modestement qu'il est pilote de course, enfin, apprenti pilote...

Yvonne accepte sans trop de façons son invitation à dîner. Cette fois, ce n'est pas un simple flirt comme les autres. Il est attiré, fasciné par sa nouvelle compagne. Elle représente ce dont il rêve depuis toujours : une femme éblouissante qui fait se retourner tous les hommes quand elle est à son bras. Une femme dont le métier consiste à être belle, dont l'existence même ne peut se concevoir sans toilettes, sans bijoux, sans luxe.

Luciano aime Yvonne et c'est un amour partagé. Par moments, il sent, sans en prendre tout à fait conscience, que c'est pour lui une manière de se contraindre à aller de l'avant, à enfin franchir le pas qu'il n'osait pas encore faire. Pour aimer Yvonne comme elle le mérite, il lui faut rompre avec son passé : avec sa mère qui n'acceptera jamais cette union avec un mannequin, avec son existence médiocre. Pour elle, il lui faut gagner de l'argent, beaucoup d'argent...

Mme Lutring, qui, depuis longtemps, ne reconnaît plus son petit enfant chéri, accueille avec des débordements de désespoir le projet de mariage de son fils.

– Une fille de rien ! Une créature ! Songe qu'elle ne pourra jamais être une digne mère pour tes enfants !

Mais Luciano ne se soucie guère de sa réaction. Au contraire, il est soulagé. Maintenant, il peut aller trouver ce petit homme quelconque, aux allures de fonctionnaire rangé, qui lui a toujours fait un peu peur, et lui donner sa réponse.

– Monsieur Bertucelli, je vais me marier. Mais si vous voulez bien me laisser quinze jours pour notre voyage de noces, tout de suite après je serai votre homme.

À partir de ce moment, Luciano Lutring devient vraiment ce qu'on appelle un gangster. Au volant des puissantes voitures italiennes qu'il est chargé de voler, c'est lui qui pilote la bande sur les lieux des hold-up, et c'est grâce à lui qu'elle parvient, en plusieurs occasions, à s'échapper, après de folles poursuites avec les carabiniers.

Au début des années 60, Luciano est désormais une vedette dans la presse italienne spécialisée dans les affaires criminelles. Car c'est lui qu'on prend pour le chef de la bande, sans doute parce qu'il conduit les voitures. On dit qu'il emporte sa mitraillette dans un étui à violon, comme les gangsters de Chicago des années 30 et on le surnomme le « soliste à la mitraillette », alors que lui-même n'a jamais tiré.

Un peu puérilement, il faut le dire, il en est fier. Il s'imagine être un héros. Il a envie de retourner dans les rues de Milan pour voir la tête que feraient, en le rencontrant, les gamins qui autrefois le poursuivaient en criant : « Eh, la fille ! » Et il a ce qu'il voulait : de l'argent, des robes, des bijoux pour Yvonne, dont il est de plus en plus amoureux.

Pourtant, ce n'est pas Luciano qui dirige la bande, mais Bertucelli, Monsieur Aimé, le chef incontesté, même s'il n'a pris part personnellement à aucune des expéditions. Fin 1963, celui-ci estime que l'équipe commence à être un peu trop repérée en Italie et décide d'opérer en France.

En France, la bande de Bertucelli, que la presse, après la presse italienne appelle la « bande de Lutring », recommence ses hold-up. La photo de Luciano s'étale dans les journaux. On parle même d'ennemi public numéro un. Dans tous les commissariats français, son signalement est affiché et Interpol le recherche activement pour ses activités en Italie...

Dans l'immeuble de la rue Louis-le-Grand, à Paris, tout près des Grands Boulevards, la lumière vient brutalement de s'allumer. Luciano Lutring voit les policiers se précipiter l'arme au poing, puis se pencher sur lui. Ce sont donc eux qui sont arrivés les premiers, et non la mort. Mais dans le fond, il s'en moque.

Transporté d'urgence à l'hôpital, Luciano est sauvé de justesse. Par la suite, il doit attendre l'année 1970 pour passer en jugement. Ce très long délai est dû à des problèmes juridiques entre la France et l'Italie, qui a demandé son extradition et entend le juger la première, et à une tentative de suicide de l'intéressé. Mais c'est la France qui obtient de le juger d'abord et il se retrouve devant la cour d'assises de Paris, le 6 février 1970.

Les nombreux journalistes qui se pressent dans la salle se rendent immédiatement compte que celui qui est dans le box, malgré les surnoms dont on l'a affublé, le « soliste à la mitraillette », le « Paganini du crime », n'a rien à voir avec les gangsters de Chicago ou les tueurs de la Mafia. C'est un bel homme d'une trentaine d'années au visage soigné et avenant, auquel sa magnifique chevelure rousse donne un éclat particulier.

De plus, durant son interminable séjour à la Santé, grâce au soutien d'Yvonne, qui est toujours restée à ses côtés, il s'est totalement transformé. Il s'est mis à écrire avec un réel talent et ses livres ont été des succès en Italie : *Le Soliste à la mitraillette, Défense illégitime* et *L'assassin ne chôme pas*. Il les a d'ailleurs fait parvenir au président des assises, M. Braunschweig, et ce dernier l'en remercie aimablement une fois achevé l'interrogatoire d'identité.

– Je vous sais gré de me les avoir envoyés. Vous en avez, je crois, un autre en préparation.

Luciano Lutring lui répond dans un français parfait, avec un léger accent.

– Oui, monsieur le président. Il aura pour titre *La Course à la mort.*

– Avec les droits d'adaptation à l'écran, cela vous fait des revenus substantiels. Vous avez, paraît-il, l'intention d'en consacrer une partie à une œuvre de bienfaisance.

– Parfaitement, un centre de réadaptation pour jeunes délinquants. Ma femme possède onze hectares dans un joli site de la campagne lombarde. On va faire construire une maison dont les pères de Saint-François-de-Sales s'occuperont...

Le ton est donné. Il est évident que la justice française ne s'acharnera pas contre le « soliste à la mitraillette » et qu'il peut compter sur l'indulgence du jury. Celui-ci, d'ailleurs, comprend quatre femmes ; avec le charme de Luciano, c'est un atout supplémentaire en sa faveur... La suite des débats va dans le même sens. L'accusé tient à se débarrasser de la réputation qu'on lui a faite.

– Je n'ai jamais tiré un seul coup de feu, monsieur le président. Tout cela, c'est du bidon, du cinéma ! C'est la police italienne qui est responsable. Chaque fois qu'il y avait un hold-up, elle me le mettait sur le dos. Elle disait : « C'est encore un coup de Lutring. »

– Pourtant, on a retrouvé chez vous une mitraillette dans un étui à violon. C'est d'ailleurs ce qui vous a valu votre surnom.

– C'était un souvenir. La mitraillette, elle était toute rouillée. Elle ne pouvait pas servir.

– Alors pourquoi l'emportiez-vous avec vous ? C'était pour vous faire passer pour un artiste ?

– *Si, signor* président. J'ai toujours regretté de ne pas savoir jouer du violon...

Le public rit, les jurés sourient, le président s'en abstient parce qu'il ne peut pas se le permettre, mais il est évident que l'atmosphère n'est pas à la sévérité. Et la déposition du docteur Roumageon, expert psychiatre, est tout aussi favorable à l'accusé.

– Lorsque j'ai rencontré Lutring la première fois dans sa cellule, il y a cinq ans, j'ai été en présence d'un garçon un peu fou, une sorte de personnage de western, semblable à ceux qui tirent sur le pianiste quand la musique ne leur plaît pas. Mais il y a un mois, j'ai trouvé en prison un garçon posé, intelligent, animé d'intentions généreuses, un romancier qui a toute une carrière devant lui. C'est bien simple, je ne l'ai pas reconnu...

La principale accusation porte sur une attaque de bijouterie à Moulins, lors de l'année 1965. Un brigadier de police avait été atteint de trois balles, dont l'une dans la colonne vertébrale, qui l'avait laissé invalide à vie. Lutring a toujours nié avoir été sur les lieux, mais il avait sur lui, au moment de son arrestation, l'arme qui avait tiré les coups de feu. Il a déclaré qu'elle lui avait été vendue par un mauvais garçon, Armando Guccicardo, qui lui avait affirmé qu'elle n'avait jamais servi.

Au cours de l'instruction, le brigadier a reconnu Lutring, mais son avocat, maître Hug, sème le doute dans l'esprit des jurés.

– La scène s'est déroulée dans un endroit sombre et la victime a décrit d'abord son agresseur comme un homme brun, or l'accusé est roux.

Cela n'empêche pas l'avocat général de demander la perpétuité, le maximum étant donné qu'il n'y a pas eu mort d'homme. Mais après la plaidoirie de maître Hug, les jurés reviennent avec un verdict de vingt ans de réclusion.

L'Italie le réclamant toujours pour le juger, il n'est pas question que Luciano Lutring purge la totalité de sa peine et il est extradé peu de temps après, en 1973, pour le dernier acte judiciaire, qui va avoir lieu dans son pays.

Cette fois, il est condamné à quinze ans et interné à la prison de Brescia. On croit alors que le « soliste à la mitraillette » a définitivement cessé de faire parler de lui, mais il va revenir sur le devant de la scène d'une manière tout à fait extraordinaire... Dans sa cellule, Luciano Lutring ne reste pas inactif, mais il n'écrit plus, il peint. Ses toiles sont même si remarquables qu'une grande galerie de Milan organise une exposition qui a un réel succès.

La presse est enthousiaste. Un critique d'art écrit : « Après tant d'aventures désastreuses, le peintre a retrouvé dans ses toiles l'innocence originelle. Une fois de plus, l'art a accompli un miracle ! »

Il n'est pas admissible de laisser un tel talent en prison. Une pétition circule et le président de la République Giovanni Leone lui accorde sa grâce, le 26 mars 1978. Luciano Lutring est enfin libre, définitivement libre de finir ses jours avec Yvonne. Et il a encore l'avenir devant lui, puisqu'il n'a que quarante ans.

Il tient tout de même à faire une mise au point publique.

Les toiles ne sont pas de lui. Il les a achetées à des codétenus, qui les ont peintes pour occuper leur réclusion. Il pensait qu'avec la célébrité qui était la sienne, il les vendrait mieux qu'eux et il souhaite maintenant que la paternité de leur œuvre leur soit rendue.

Après ce dernier coup d'éclat médiatique, le « soliste à la mitraillette » n'a plus fait parler de lui. Il a gardé l'étui à violon, vide bien sûr, qui trône dans son salon, et il le montre aux journalistes qui viennent encore l'interviewer. Alors, après la littérature et la peinture par personnes interposées, peut-être un jour Luciano Lutring se mettra-t-il à la musique.

Le signal d'alarme

Il n'y a pas grand monde gare de l'Est, lorsque arrive le train Bâle-Paris. Il faut dire que nous sommes le 6 décembre 1860 et que les chemins de fer sont alors loin d'être ce qu'ils seront par la suite. Ce mode de transport encore nouveau fait peur au grand public, qui redoute d'être asphyxié par la fumée dans les tunnels ou qui craint les accidents. Et si la grande gare parisienne est presque vide, c'est qu'il est 4 heures du matin. Le Bâle-Paris a d'ailleurs quelques minutes de retard : il a dû ralentir peu après Troyes, à cause de travaux sur la voie.

Les rares passagers descendent de leur wagon chaudement emmitouflés, car cet hiver-là, il fait très froid... Lorsqu'il n'y a plus personne, les employés montent à leur tour dans le train. Ils sont deux, chargés de vérifier si rien n'a été oublié. Tout est normal, à part, dans un wagon de première classe, un homme, allongé sur la banquette, qui paraît dormir. On n'y voit pas très bien, en raison de la faible lumière des lampes à huile. L'un des employés secoue le passager pour le réveiller.

– Monsieur ! Eh, monsieur !

Soudain, il pousse un cri, regardant sa main avec horreur. Son collègue demande :

– Qu'est-ce que c'est ? Du sang ?

L'employé est livide.

– Non, c'est de la cervelle...

Peu après, les policiers du quartier Saint-Louis, dont dépend la gare de l'Est, sont sur les lieux. L'homme, âgé d'une soixantaine d'années, devait appartenir à la meilleure société, car il est habillé avec recherche. Nul besoin d'être médecin pour avoir la certitude qu'il est mort. Il porte une blessure terrifiante à la tête : toute une partie du crâne a été emportée et de la cervelle a effectivement giclé un peu partout. A priori, il pourrait s'agir d'un suicide, mais comme il n'y a aucune arme à proximité ni dans le compartiment, c'est forcément un meurtre.

C'est même sans doute un meurtre crapuleux, car les poches du mort sont entièrement vides. Un moment, les policiers craignent qu'il faille un certain temps pour l'identifier, mais les bagages accompagnés, qui voyagent dans le dernier wagon sous la garde d'un employé, ont tous été retirés sauf un. Il s'agit d'une valise au nom de Louis Poinsot, résidant au 12, rue de l'Isly, à Paris.

L'identité de la victime donne plus d'importance encore à ce crime. Il s'agissait d'un homme de premier plan, un juriste renommé, président d'une des chambres criminelles de la cour de Paris. Il allait avoir soixante ans. C'était également un homme riche, qui possédait une importante propriété en Champagne, à Chaource, près de Troyes. Il avait pris le train dans cette ville et rentrait à Paris pour ses activités. Il devait, en effet, siéger au Palais de Justice dans la matinée du 6 décembre.

La personnalité du président Poinsot complique également l'affaire, en laissant planer la possibilité d'un crime politique. C'était un homme d'extrême droite. Il avait été révoqué à la révolution de 1848 mais, avec l'Empire, sa carrière avait connu un avancement soudain. Il était président de chambre depuis 1857.

Ce n'est pas tout, il avait ses entrées à la cour impériale et on dit qu'il aurait rendu des services secrets au régime, qu'il aurait, en particulier, étouffé des scandales. Il aurait eu en sa possession des documents secrets et compromettants pour des personnes haut placées, que, par sécurité, il gardait dans sa propriété de Chaource. Le jour de sa mort, il était peut-être allé chercher certains d'entre eux à la demande des intéressés et l'assassin l'aurait tué pour s'en emparer. Le soin avec lequel il a été dépouillé pourrait le laisser supposer.

Mais la police préfère ne pas s'aventurer sur ce terrain périlleux et s'oriente dès le début vers le crime crapuleux. Il faut dire qu'il y a de bonnes raisons à cela. Louis Poinsot avait été à Chaource pour toucher ses fermages et une somme importante lui avait été remise en liquide. Quelqu'un qui l'aurait suivi et qui serait monté dans le train aurait pu facilement attendre qu'il somnole pour le tuer. Et un voleur de train, il y en a justement un qui sévit sur cette ligne. La police connaît même son nom : Charles Jud...

Les faits remontent à un peu moins de trois mois. Dans la nuit du 11 au 12 septembre 1860, un médecin-major russe, le docteur Vladimir Heppi, passager du train Bâle-Paris, a été retrouvé sur le ballast, avec deux balles dans la tête. Il avait été délesté d'une petite fortune qu'il portait sur lui : une quarantaine de pièces d'or russes et quelques monnaies françaises. Par miracle, il n'est pas mort et il a pu donner un signalement sommaire de son agresseur : une trentaine d'années, un physique de colosse et une barbe brune tirant sur le roux.

Ce dernier a été recherché activement, mais il s'est fait prendre tout seul, en manifestant une rare imprudence, pour ne pas dire une totale inconscience... Deux semaines plus tard, le 27 novembre, dans la forêt de la Harth, en Alsace, où avait lieu une chasse privée, un homme s'est mêlé aux participants et a commencé à tirer sur le gibier. Il s'en est suivi une altercation avec les autres chasseurs. Les gendarmes sont intervenus et ont arrêté l'individu, un homme de taille moyenne, au physique athlétique, avec une barbe brune tirant sur le roux. Il avait des papiers au nom de Grégoire Montaldi, né à Alger, et des pièces d'or russes semblables à celles volées dans le train.

La chance a voulu qu'un des gendarmes reconnaisse un ancien bûcheron de la région, condamné pour coups et blessures : Charles Jud. Ce dernier a été soumis à un interrogatoire en règle.

– Tu ne t'appelles pas Montaldi, mais Jud. Où tu as volé ces papiers ?

– Tu as tué son propriétaire dans le train ? Tu as tiré sur lui, comme sur le docteur Heppi ?

– Réponds ! Le docteur n'est pas mort, mais si tu as tué Montaldi, ce n'est plus la prison que tu risques, c'est la guillotine !

Finalement, l'homme se décide à parler.

– C'est bon, je m'appelle Jud. Mais je ne suis pas un assassin. Les papiers, je les ai pris à un passager que j'ai rencontré sur le bateau d'Alger à Marseille.

– Qu'est-ce que tu en as fait ? Tu l'as jeté par-dessus bord, comme le docteur russe ?

– Non, je vous jure. Je lui ai simplement pris ses papiers.

– Qu'est-ce que tu faisais à Alger ?

– Je voulais voir du pays...

Il n'a pas été possible d'en savoir plus. En attendant la suite de l'enquête, Charles Jud a été enfermé dans une cellule de la gendarmerie. Mais au milieu de la nuit, les gendarmes ont entendu un bruit sourd. Ils ont regardé par le judas et l'ont vu en train de se pendre. Deux d'entre eux se sont précipités. C'était une ruse : il les a assommés et a refermé la porte derrière eux. Un troisième gendarme, qui a voulu lui barrer le passage, a été assommé à son tour. Après quoi, il a disparu.

Les recherches ont repris pour trouver l'auteur de l'agression du Bâle-Paris. Elles n'ont rien donné mais, faute de mettre la main sur lui, les policiers ont pu reconstituer sa biographie. Elle est édifiante...

Charles Jud naît dans le Haut-Rhin, le 7 février 1834, dans un milieu aisé et honorable, mais il se montre tout de suite la brebis galeuse de la famille. Dès l'école, il commet méfait sur méfait. Après une scolarité déplorable, il est engagé comme bûcheron, grâce à ses dispositions physiques. Cela ne l'empêche pas de continuer à se comporter comme avant, à se bagarrer et à voler. Il fête sa majorité en prison, où il purge une peine de six mois pour coups et blessures et vol.

Dès sa sortie, il est envoyé au service militaire. Il l'accomplit à Alger, au train des équipages. Il est soupçonné de plusieurs vols par ses supérieurs, mais rien ne peut être prouvé et il bénéficie du doute. Peu avant son départ, pourtant, il est surpris la nuit dans la réserve d'habillement où il s'est introduit avec une fausse clé, il a un ballot d'étoffes sous le bras. Il est arrêté et enfermé dans une cellule de la caserne.

Le lendemain matin, lorsqu'on veut le transférer à la prison de la division, on ne peut que constater son évasion. Il a creusé un trou dans le mur... On a beau le rechercher, il est introuvable. Il réussit, on ne sait comment, à prendre le bateau pour Marseille et c'est sans doute là qu'il vole les papiers de Grégoire Montaldi. Le 3 septembre 1859, le conseil de guerre d'Alger le condamne par contumace à la dégradation et à vingt ans de travaux forcés, pour vol et désertion, mais il est loin...

On retrouve peu après sa trace à Paris, fin 1859. Voulant se procurer d'autres papiers, il passe, sous le nom de Montaldi, une petite annonce proposant une place d'ouvrier tailleur. Un postulant, qui a une certaine ressemblance physique avec lui, s'entend dire, après l'avoir rencontré :

– Vous êtes engagé. Je garde vos papiers pour vous établir le certificat d'embauche.

Mais il se méfie, refuse et prévient la police... Toujours à Paris, Jud rencontre des compatriotes alsaciens, à qui il propose de s'associer pour dévaliser les trains.

– C'est facile de tuer pendant que le train roule. On assomme les voyageurs avec une pierre enveloppée de chiffons. Les blessures faites comme ça ne saignent pas. On vide leurs poches et on les jette par la fenêtre. Il n'y a qu'à descendre à la première station ni vu ni connu !

Les Alsaciens préviennent eux aussi la police et c'est peu de temps après qu'a lieu la première agression du Bâle-Paris contre le médecin-major russe Vladimir Heppi.

Tels sont les éléments dont dispose le commissaire du quartier Saint-Louis, chargé de l'enquête. L'autopsie, qui lui parvient peu après, ne fait que confirmer la sauvagerie du meurtrier. Une première balle a d'abord été tirée au cœur, mais elle a été arrêtée par un portefeuille ou un autre objet, qui a été retiré ensuite des poches. Après quoi, le criminel a visé la tête à deux reprises. Mais il ne s'en est pas tenu là, il s'est acharné sur sa victime, lui fracassant le crâne avec un objet contondant, vraisemblablement la crosse de son pistolet...

La chasse à l'homme commence. Un avis de recherche est lancé sur tout le territoire, concernant Charles Jud, vingt-sept ans, un mètre soixante-huit, cheveux bruns, cicatrice au-dessus de l'œil gauche, plusieurs dents cassées, barbe brune rougeâtre. L'avis signale aussi qu'il a un curieux et inquiétant signe particulier, qui se retrouvera chez d'autres criminels célèbres, Troppmann et le boucher Avinain, entre autres : Jud a le pouce aussi long que les autres doigts...

À Chaource, les domestiques du président font l'inventaire des objets qu'il avait emportés : une couverture de voyage blanc et noir en étoffe anglaise, un sac en cuir contenant des livres de jardinage et un couteau à manche en corne de cerf, une montre en or de chez l'horloger Soirain, 10, rue de la Paix, une chaîne en or, avec clé, garnie d'un rubis et portant l'initiale « P », un porte-monnaie en maroquin noir à fermoir d'acier et un portefeuille de cuir rouge. Rien de tout cela n'a été retrouvé.

Les passagers du train sont également interrogés, ce qui permet d'établir que, contrairement à ce qu'on pouvait croire, l'attentat n'a pas eu lieu au départ de Troyes, l'assassin ayant profité du ralentissement dû aux travaux pour s'enfuir, mais peu avant Paris. Le témoignage d'un voyageur est formel :

– Je venais juste de me réveiller et je faisais quelques pas dans le couloir. Un peu avant Nogent-sur-Marne, j'ai vu un homme sur un marchepied, prêt à sauter. J'ai pensé que c'était quelqu'un qui n'avait pas son billet et qui voulait s'en aller avant le terminus. Je lui ai crié de faire attention. L'homme a tourné la tête dans ma direction. Il a jeté un paquet et s'est laissé tomber...

Le moment de l'agression ne change pas grand-chose. Mais à Troyes, un témoignage est susceptible de faire progresser les enquêteurs. Il démontre avec quel soin l'assassin a préparé son crime. Il s'agit du propriétaire de l'hôtel des Mulets, près de la gare.

– Le président Poinsot a dîné chez moi le 6 décembre. Je le connais bien. Il le faisait chaque fois qu'il devait prendre le train pour Paris. Eh bien, un de mes clients est venu bavarder avec lui. C'était l'assassin, je l'ai reconnu à la description que j'ai lue dans le journal. Il s'était inscrit sous le nom de Montaldi.

– Il était chez vous depuis longtemps ?

– Depuis le 5 décembre. Il avait réservé jusqu'au 7, mais il n'est pas venu coucher le 6. Il n'est revenu que le 7 au soir et il est reparti le lendemain matin. Il m'a dit qu'il allait à Marseille.

Les policiers de Troyes enregistrent cette information, qui peut s'avérer capitale. Après tout, Jud a déjà fait preuve d'inconscience en allant se battre avec les chasseurs. Il est capable d'avoir laissé derrière lui cet indice qui pourrait le perdre... L'hôtelier n'en a pas terminé.

– Après son départ, un autre de mes clients est venu me dire qu'on lui avait volé son manteau et qu'on en avait laissé un autre à la place. J'ai reconnu celui du pseudo-Montaldi. Il était taché de sang frais.

La police se précipite à Marseille, mais fait chou blanc. Jud n'a pas été imprudent deux fois de suite. Et c'est loin de là qu'on retrouve sa trace, cinq jours plus tard. La couverture de voyage blanc et noir en étoffe anglaise du président Poinsot est découverte à l'hôtel de la Poste, à Genève, dans une chambre occupée par un certain Dullin, dont le signalement correspond à celui de Charles Jud.

Les policiers suisses prennent le relais et apprennent que l'homme a été dans une maison close de Genève. Il a passé un moment avec une fille de l'établissement, Gertrude Klein. Son témoignage confirme sans le moindre doute qu'il s'agit de l'assassin :

– Il m'a payée avec une pièce d'or russe. Il avait un revolver. Comme je me suis inquiétée et que je lui ai demandé pourquoi, il m'a répondu : « Je voyage beaucoup... »

La piste suisse s'arrête là. Où est-il allé, après s'être donné du bon temps sur les bords du lac Léman ? Mystère. Les recherches reprennent de plus belle, mais en vain. Jud l'insaisissable est signalé partout, mais ne se trouve nulle part. Bientôt son nom est connu de toute la France. Pour l'opinion publique, que cette histoire passionne, bien qu'il soit un meurtrier, il devient une sorte de Guignol narguant les gendarmes et l'autorité, ce qui rend furieux les représentants de l'ordre.

Un poète nommé Glatigny, qui jouit alors d'une certaine notoriété et possède une vague ressemblance avec l'assassin, est arrêté en Corse où il est en vacances. Il a beau clamer sa bonne foi, il reste en prison plusieurs jours avant d'être relâché. Il raconte l'histoire dans un petit récit qui fait rire la France entière. On apprendra par la suite que le gendarme avait consigné dans son rapport : « J'ai arrêté cet individu parce qu'il avait l'air fugitif. »

En ce milieu du Second Empire, Charles Jud est un personnage à la mode. Il revient dans toutes les conversations, que ce soit dans les salons ou les foyers. Les mamans menacent de l'appeler, lorsque leurs enfants ne veulent pas manger leur soupe. Plusieurs ivrognes sont condamnés pour outrage à agent, parce qu'ils ont lancé aux représentants de l'ordre, d'un ton goguenard :

– Où est Jud ? Comment cela se fait-il qu'il coure toujours ?

En attendant, faute de résultat sur le plan policier, la procédure judiciaire suit son cours. Le 15 octobre 1861, le procès de l'assassin du train Bâle-Paris a lieu en son absence. Au terme de rapides débats, Charles Jud est condamné par contumace à la peine de mort. Et c'est tout ! Malgré tous les efforts déployés, on en restera là. Jud l'insaisissable ne sera jamais pris et, dix ans plus tard, les poursuites contre lui seront abandonnées. Entretemps, l'Empire a disparu et a été remplacé par la République...

Pendant toutes ces années, on a reparlé de la piste politique. On a évoqué des éléments de l'enquête, que la police n'a pas voulu exploiter, les témoignages des domestiques de Chaource, en particulier, qui avaient signalé qu'un mystérieux inconnu était venu voir le président Poinsot juste avant son départ.

Celui-ci avait refusé de dire son nom, se bornant à déclarer qu'il était attendu. De fait, le président l'avait reçu longuement, avant de partir avec lui prendre le train. D'autre part, lorsqu'on a ouvert le coffre-fort de Chaource, on a constaté qu'il était totalement vide.

Tout cela laisse à penser que l'affaire est plus compliquée qu'il n'y paraît. Jud est l'assassin, c'est une certitude, les indices laissés à Troyes et à Genève sont suffisamment probants, mais n'a-t-il pas été chargé par le mystérieux inconnu ou par quelqu'un d'autre de déguiser un crime politique en crime crapuleux ? C'est sur ce point d'interrogation que se termine l'affaire. Mais elle a eu une conséquence qui, elle, n'est pas douteuse. Devant l'émotion provoquée par le crime, Eugène Rouher, ministre de l'Intérieur, a décrété que les compagnies de chemin de fer devaient installer un signal d'alarme dans chaque compartiment. Et cette initiative française a rapidement été imitée dans les autres pays. C'est étonnant, mais si tant de personnes ont été sauvées par la suite grâce au signal d'alarme, c'est à Charles Jud, ce sauvage assassin, qu'elles le doivent !

Mimile

On ne peut pas dire qu'Émile Buisson ait été favorisé par ses débuts dans l'existence. Il naît en 1902, à Paray-le-Monial, en Saône-et-Loire, dans une famille marquée par la misère et les malheurs en tout genre : le père est alcoolique, la mère est folle, il a dix frères et sœurs, dont cinq meurent à la naissance, résultat de coups dans le ventre reçus par la mère pendant ses grossesses. Son frère aîné Jean-Baptiste, de sept ans plus âgé que lui, semble lui montrer la voie : il s'engage à quinze ans dans une bande de casseurs lyonnais, se fait prendre et se retrouve au bagne pour enfants.

Émile Buisson n'est pas en reste. Il vole des poules à cinq ans, un tiroir-caisse à sept et passe pour la première fois en justice à onze. Il bénéficie de l'indulgence du tribunal, et c'est seulement à seize ans qu'il reçoit sa première condamnation, d'ailleurs légère : quinze jours de prison avec sursis, pour vol. Il part peu après pour le service militaire, au Maroc, dans l'infanterie coloniale et se montre un bon soldat, un excellent tireur surtout, et obtient le cor de chasse, insigne qui distingue le meilleur tireur du régiment.

Mais ces brillants états de service n'incitent nullement Émile Buisson à rejoindre le droit chemin. Maintenant qu'il est devenu un as de la gâchette, il sait qu'il est doué pour le métier qu'a déjà choisi son frère. Celui-ci est sorti du bagne pour enfants et Émile le rejoint à Paris. De 1921 à 1931, il accumule les condamnations, pour vol, non-respect de l'interdiction de séjour, escroquerie, port d'armes, recel. Mais il ne s'agit que de petits délits.

De 1931 à 1936, Jean-Baptiste et Émile Buisson décident de changer d'horizon. Ils se rendent à Shanghai où ils ouvrent une maison close. Ils deviennent riches et rencontrent un gangster de Chicago, qui les initie au banditisme moderne. Cela pourrait continuer longtemps ainsi, mais ils ont le mal du pays et les voilà de nouveau à Paris.

Jean-Baptiste se fait prendre presque immédiatement et Émile, à qui il a servi de guide et de chef depuis le début, se trouve désorienté, presque désemparé. Bien qu'il ait trente-quatre ans, il n'est encore qu'un petit délinquant sans grande envergure. Dans le milieu, on le surnomme « Mimile », avec un rien de condescendance. Pour que cela change, il faudrait qu'il fasse ses preuves.

Il cherche une bande et ne tarde pas à entrer dans celle de Charles Desgrandchamps, dit « Paturons ». Ce dernier le considère immédiatement avec intérêt et décide de lui faire jouer le rôle de chauffeur dans le grand coup qu'il est en train de préparer. Il a lieu le 29 décembre 1937, à Troyes, et c'est un succès retentissant. Avec deux autres gangsters, Courgibet et Henri Schlick, dit « Riton », ils se cachent dans une vespasienne, en face de la succursale de la Banque de France. Trois encaisseurs en sortent et la bande s'empare de la somme qu'ils ont sur eux : 1,8 million de francs, soit près de 500 000 euros. C'est un vol aussi audacieux que spectaculaire, et Mimile devient du jour au lendemain un nom du grand banditisme.

La suite se passe moins bien : les gangsters sont arrêtés les uns après les autres à la suite de renseignements donnés par un indicateur. Émile Buisson se fait prendre dans un hôtel de Lille. Ramené à Troyes, il passe devant la cour d'assises. Il est condamné à vingt ans de réclusion et enfermé dans la prison de la ville... On est alors fin 1938. Des temps agités se préparent et il va pleinement en profiter.

En 1940, au moment de l'exode, tous les prisonniers sont

transférés vers le Sud et, comme beaucoup d'autres en pareille circonstance, Émile Buisson en profite pour s'évader. Il revient à Paris. Son frère et les membres de la bande de Troyes étant toujours en prison, il lui faut quelqu'un pour faire équipe. Il trouve l'homme qu'il cherche en la personne d'un gangster chevronné, Abel Danos.

Le 14 février 1941, ils attaquent ensemble, rue de la Victoire, deux encaisseurs du CIC. L'un est tué, l'autre blessé et ils s'emparent de 3,8 millions de francs. Cette fois, Émile Buisson a franchi un nouveau stade. Non seulement le butin est encore plus important que la première fois, mais il a tué. Dans le milieu, on le surnomme toujours Mimile, mais à présent il fait partie du petit nombre des caïds.

Danos est arrêté début août. Il s'évade de Fresnes et choisit d'entrer dans la Gestapo française de Laffont et Bony. Émile Buisson se garde bien de ce genre d'engagement. Pour lui, un gangster est un gangster, rien d'autre. Et puis, il n'aime pas trop les Allemands. Il se cache en zone libre, le temps de se faire oublier.

Mais il a la nostalgie de Paris et prend le risque de s'y rendre, bien qu'il n'ait pas de papiers. Il est pris par les Allemands au contrôle de la ligne de démarcation, entre Vierzon et Orléans. Pire encore, au moment de son arrestation, comme il va chercher sa veste dans le porte-bagages, des balles de 9 mm tombent des poches. C'est la catastrophe ! Avec les Allemands, c'est le peloton d'exécution assuré, et avant, la torture. Alors Émile Buisson n'hésite pas :

– Je ne suis pas un terroriste, je suis un gangster...

Conduit à la Kommandantur, il avoue l'agression de la rue de la Victoire. Sceptiques au début, les autorités allemandes finissent par être convaincues. Il est remis à la police française et ramené à Troyes. Sa situation n'est pas brillante mais, au moins, il a évité le pire...

À peine arrivé, il tente de s'évader en assommant un gardien. Il est repris tout de suite mais il déclare aussitôt :

– J'étais en état de démence. Je demande à être examiné par des psychiatres.

L'examen a lieu. Les médecins le reconnaissent sain d'esprit, mais lui trouvent « une perversité instinctive et une absence totale de sens moral ». Ce jugement se vérifiera amplement par la suite... En attendant, le 13 mai 1943, Émile Buisson est condamné par la cour d'assises de l'Aube à la réclusion criminelle à perpétuité et il est transféré à la Santé. Il y fait la connaissance d'un autre mauvais garçon, Roger Dekker. Ils sympathisent et se font une promesse : le premier des deux qui s'évadera libérera l'autre.

Début 1947, Dekker est transféré à la maison d'arrêt de Caen. Il s'évade au mois de juin et il est fidèle à son serment. Il prend contact d'abord avec Jean-Baptiste Buisson, qui est sorti entre-temps de prison, avec un camarade de détention, Henri Russac, et un autre truand, André Louis, dit « Dédé le Dingue ». La concubine de Jean-Baptiste sert d'intermédiaire entre Émile et la bande. Elle lui dit au parloir :

– Il faut que tu fasses semblant d'être fou. On s'occupera du reste...

Pour la seconde fois, Émile Buisson simule donc la folie ; reconnu comme malade, il est envoyé à l'asile psychiatrique de Villejuif. On peut s'étonner de cette décision concernant un individu dangereux, qui avait auparavant été déclaré sain d'esprit. Mais Émile Buisson a effectivement quelque chose en lui de déséquilibré, qu'il sait parfaitement accentuer pour donner le change. D'autre part, même si la conclusion de la première expertise a été négative, le fait qu'il ait été déjà examiné pouvait laisser supposer aux médecins la deuxième fois qu'il avait un problème psychique.

Pourtant, bien qu'il ait un nombre impressionnant d'agressions à son actif et qu'il ait déjà tué, Émile Buisson n'est pas vraiment considéré comme dangereux. L'administration pénitentiaire le sous-estime. Cela tient peut-être à son physique. Il est très robuste et l'a prouvé en assommant un gardien, mais il n'a rien d'impressionnant : il est petit (un mètre cinquante-neuf), maigre, sec, ses cheveux très bruns sont toujours bien coiffés, sa mise soignée. Il n'y a que ses yeux qui pourraient trahir sa personnalité, des yeux très noirs, animés parfois d'un éclat impitoyable. Un de ses amis lui a dit un jour :

– Toi, Mimile, ce qui te perdra, ce sont tes yeux.

Mais personne n'a fait jusque-là attention au regard d'Émile Buisson et, de toute manière, en cet immédiat après-guerre, les services de police sont désorganisés ; leur principal souci est la chasse aux anciens collaborateurs.

Toutes ces raisons expliquent son placement à l'hôpital psychiatrique de Villejuif, un établissement vétuste, totalement inadapté à la garde des prisonniers, qu'on peut sans hésitation qualifier de passoire. Le libérer n'est qu'un jeu d'enfant pour ses complices : il leur suffit de lui faire passer une échelle, avec laquelle il escalade le mur d'enceinte. Il s'évade en compagnie d'un autre détenu : René Girier, qui fera carrière dans le banditisme sous le nom de « René la Canne », et un véritable fou, qu'ils abandonnent une fois dehors.

Une voiture attend Émile. Son frère Jean-Baptiste est au volant. À sa demande, René Girier se fait déposer à l'entrée de Paris : il préfère tenter sa chance de son côté. Les deux frères, eux, s'installent dans une planque rue Bichat, que Jean-Baptiste estime sûre. La nouvelle de l'évasion ne provoque pas de branle-bas dans la police. Émile Buisson est recherché, mais sans zèle excessif : il y a tant de choses à faire en cette période troublée !

Émile ne perd pas de temps. Il reconstitue aussitôt une nouvelle bande avec son frère, Russac, Dekker et Francis Guillo, dit « P'tit Francis », un de ses anciens codétenus, qui s'est évadé le 18 juillet de Fresnes... Être en cavale coûte cher. Il faut de l'argent immédiatement. Émile Buisson, qui est une fine gueule, se souvient d'avoir fait de délicieux repas à l'auberge d'Arbois, un restaurant de la rue Lesueur, dans le XVIIe arrondissement. Il se souvient aussi de la richesse de la clientèle : il y a là un coup facile et rentable à faire.

Le 9 septembre 1947, six jours seulement après l'évasion, les cinq hommes de la bande font irruption dans l'établissement, pistolet et mitraillette au poing. Il est 20 h 30 et il ne leur faut pas longtemps pour délester les dîneurs de leur argent et de leurs bijoux. Ils font pourtant les choses consciencieusement : comme une femme n'arrive pas à retirer sa magnifique bague en diamants, Émile Buisson l'emmène aux toilettes où il lui savonne le doigt. Et, leur coup fait, ils se retirent en tirant des coups de feu.

La suite est mouvementée. L'alerte est rapidement donnée et, comme la voiture qu'ils ont volée est poussive, ils sont vite rattrapés par deux motards. L'un est blessé par Émile Buisson, l'autre renversé par Jean-Baptiste, qui est au volant. Émile a alors une réaction inouïe : il demande à son frère de s'arrêter et descend avec sa mitraillette pour achever le policier coincé sous sa moto. Mais son arme s'enraye, ce qui sauve la vie du motard.

Ce geste étonnant va avoir une double conséquence. Dans le milieu, Émile Buisson est maintenant plus qu'un caïd, c'est une terreur. On le considère aussi comme un peu fou, car il faut l'être pour vouloir abattre gratuitement et de sang-froid un policier. On l'appelle maintenant « Mimile le Dingue ».

La police change elle aussi d'opinion. Elle ne le considère plus comme un gangster parmi d'autres, mais comme un individu particulièrement dangereux qu'il faut mettre hors d'état de nuire. Seulement, elle est handicapée par ses structures. Elle est divisée alors en deux services distincts et souvent concurrents : la Police judiciaire et la Sûreté nationale. La PJ, dont le siège est quai des Orfèvres, est compétente sur tout le département de la Seine, qui regroupe Paris et sa périphérie. La Sûreté nationale, rue des Saussaies, a autorité sur le reste du territoire. Or, comme Émile Buisson a agi à la fois à Paris et en province, les deux services se disputent son arrestation.

Pourtant, sa bande ne va pas survivre longtemps, en partie à cause de Mimile lui-même... Le 21 septembre 1947, soit douze jours après le pillage du restaurant, il abat dans les bois d'Andrésy Henri Russac, à qui il reprochait d'avoir empoché indûment l'un des bijoux. Quelques jours plus tard, alertée par des voisins qui trouvent suspectes les allées et venues des occupants de l'appartement rue Bichat, la police fait une descente surprise. Roger Dekker et Jean-Baptiste Buisson sont arrêtés. Émile a le temps de s'enfuir sur les toits par une imposte. Il y passe toute la nuit caché derrière une cheminée et redescend au petit matin. Il est libre, mais tout est à recommencer à zéro.

Il reconstitue sa bande avec Francis Guillo, le seul qui ait échappé à l'arrestation, et trois nouveaux venus : Henri Ribot, Désiré Polledri et Maurice Yves, dit « le Poissonnier ». Dès lors, il se lance dans le banditisme à une cadence forcenée. Les hold-up succèdent aux hold-up, contre les objectifs les plus divers : banques, encaisseurs, livreurs, commerçants, perceptions, agences de la Sécurité sociale, PMU. Il n'y a pas moins de vingt-deux agressions entre mai 1948 et septembre 1949. Chaque coup rapporte entre 100 000 et 3 millions de francs, ce qui finit par représenter une véritable fortune.

Cette fois, Émile Buisson est devenu l'ennemi public numéro un. Jusqu'à présent, ce titre était décerné à Pierre Loutrel, dit « Pierrot le Fou », mais il vient de mourir d'une balle reçue lors de l'attaque d'une bijouterie. Du coup, c'est Mimile que toutes les polices recherchent, toujours handicapées par cette lutte d'influence entre la PJ et la Sûreté nationale.

Émile subit pourtant des revers. Francis Guillo, son fidèle lieutenant, se fait bêtement prendre à Issy-les-Moulineaux par la police municipale. Peu après, au retour d'un braquage à bord d'une traction avant volée, Désiré Polledri tue accidentellement Maurice Yves, en manipulant sa mitraillette. Il l'abandonne dans la voiture et déclare à Buisson :

– C'est un accident, Maurice s'est blessé lui-même.

Malheureusement, le lendemain les journaux relatent le fait divers et révèlent que le gangster a été tué d'une balle dans le dos. Si Polledri lui avait dit la vérité, Mimile l'aurait peut-être acceptée, mais il n'aime pas qu'on se moque de lui. Et son complice a participé à une grosse affaire de fausse monnaie marocaine sans lui en parler. C'est suffisant pour qu'il décide de l'éliminer.

Le 8 juin 1949, il invite Polledri dans un restaurant de l'avenue de La Motte-Piquet. En sortant, alors qu'ils reviennent dans la petite rue où il a garé sa voiture, il lui vide tout son chargeur dans le corps. Polledri ne décédera que quelques heures plus tard, à l'hôpital Boucicaut. De toute manière, il n'était plus en état de parler : une des balles lui avait sectionné la langue... Ce nouveau meurtre renforce encore plus la peur qu'inspire Émile Buisson, tant dans l'opinion publique qu'au sein du milieu où, plus que jamais, il est Mimile le Dingue.

Il n'est pas une journée sans que la presse ne parle de l'ennemi public numéro un, mais ce n'est pas cela qui lui tourne la tête. Ce n'est pas lui qui écrirait aux journaux pour occuper davantage le devant de la scène ; la recherche de la publicité, ce n'est pas son genre. Il fait son métier de gangster, un point c'est tout et, s'il est devenu la vedette, il ne l'a pas cherché. Il n'a rien contre la police. Il déclare à son entourage :

– Je fais mon métier, elle fait le sien.

Et il ajoute :

– Je sais bien que je prends des risques, mais c'est comme ça. Le couvreur peut tomber du toit et le voleur peut se faire descendre.

Le plus étonnant est qu'Émile Buisson, que recherchent tous les policiers de l'hexagone, ne se cache absolument pas. Il a pris soin de ne jamais se faire photographier et la police n'a à sa disposition que des photos anthropométriques, qu'il juge, à tort ou à raison, peu ressemblantes. Non seulement il ne quitte pas Paris où il est le plus recherché, mais il y mène la vie de tout le monde.

Il habite une rue tranquille du VIIe arrondissement, dans un appartement meublé. Sa concierge ne tarit pas d'éloges sur le plus généreux de ses locataires. Elle le prend pour un notaire et il ne la détrompe pas. Chaque matin, il achète *Le Figaro* et *La Croix* au kiosque d'en face, et les lit dans le café voisin en dégustant son café crème. Après quoi, il disparaît jusqu'au soir ou même reste absent plusieurs jours.

Parfois, il entre dans son comportement une part de provocation, un désir de jouer avec le feu. Il va déjeuner à la Rôtisserie périgourdine, juste en face du 36, quai des Orfèvres. Il adore la boxe et assiste aux matchs au palais des

Sports, dans les fauteuils de ring. Un jour, les journalistes photographient le chanteur André Dassary à côté de lui et le cliché paraît le lendemain sans que personne ne le remarque. Dans une auberge de Saint-Maur, il pousse l'audace jusqu'à jouer au billard avec les gendarmes.

Plus fort encore, il n'hésite pas à sortir de sa cachette pour régler des comptes qui n'ont rien d'indispensable. Il apprend que le patron d'un bar de Montmartre fréquenté par la bonne société venue s'encanailler et où il allait lui-même autrefois a déclaré à la ronde :

– La famille Buisson, c'est tous des enfoirés !

Peu après, à l'heure de l'apéritif de midi, le patron voit entrer un petit homme maigre vêtu d'un costume sombre. Ce dernier l'entraîne à une table et lui met son revolver sur le bas-ventre. Ses yeux noirs brillent d'un éclat impitoyable.

– C'est vrai que tu as dit ça de moi ?

– Mais non, Mimile, on t'a charrié.

– Alors je ne suis pas un enfoiré ?

– T'es un type formidable, Mimile !

Et il s'en va, laissant le patron plus mort que vif...

Mimile n'est décidément pas quelqu'un comme les autres. Alors qu'il se cache avec sa maîtresse Yvette dans un hôtel de Saint-Maur, il entend une discussion dans la chambre en dessous. Une nourrice ramène son enfant à une femme de chambre, parce qu'elle ne paie plus sa pension depuis deux ans. La femme de chambre n'a pas d'argent et pleure. Il descend alors et paie à la nourrice ses deux ans de pension...

Il a aussi beaucoup de chance. En décembre 1949, à la recherche d'hommes pour sa bande, il rencontre au Jardin des Plantes Michel Cardeur, dit « Michel l'Avocat », un ami de Francis Guillo. Or, Cardeur est filé par un policier, qui le reconnaît. Émile Buisson prend ses jambes à son cou et parvient à lui échapper en se cachant derrière... un buisson.

Un peu plus tard, il se trouve en galante compagnie avec une de ses conquêtes dans un appartement de Boulogne-Billancourt. Or, la police enquête sur la mort mystérieuse d'une jeune femme dans l'immeuble, affaire qui n'a aucun rapport avec lui.

Un inspecteur interroge tous les locataires. Il sonne à la porte, demande à Mimile s'il habite l'immeuble et, celui-ci, après lui avoir répondu non, ajoute :

– Cela ne vous dérangerait pas de me laisser avec madame ?

Toujours insaisissable, Émile Buisson continue ses activités de plus belle. Durant les trois premiers mois de 1950, il commet six hold-up, dont trois avec tentative de meurtre. La PJ et la Sûreté nationale sont toujours en compétition pour le retrouver. L'une et l'autre offrent 1 million de francs pour sa capture, mais c'est la Sûreté nationale qui va l'emporter. Le commissaire Chenevier fait de l'arrestation d'Émile Buisson une affaire personnelle et il confie l'affaire à un jeune inspecteur en qui il a toute confiance, Roger Borniche.

Ce dernier a raconté plus tard toute l'histoire dans son livre *Flic story,* qui sera adapté à l'écran, avec Alain Delon dans son propre rôle et Jean-Louis Trintignant dans celui d'Émile Buisson... Pour arriver à ses fins, l'inspecteur Borniche a recours à un procédé qui, s'il n'est pas original, a fait ses preuves : l'utilisation d'un détenu complice de la police, autrement dit un mouton.

Francis Guillo, le fidèle lieutenant d'Émile Buisson, qui est à la Santé, connaît certainement la cachette de l'ennemi public numéro un. Or, Borniche vient d'arrêter un truand de moyenne envergure, André Gaston, un ami de René la Canne, lui-même ami de Buisson, ce qui devrait inspirer confiance à Guillo. Il met le marché en main à André Gaston. S'il collabore, il se fait fort de lui obtenir un non-lieu, sinon les choses suivront normalement leur cours. Le truand accepte, se retrouve dans la cellule de Francis Guillo et gagne sans mal sa confiance. Ce dernier lui donne les coordonnées d'Émile Buisson, à Boulogne.

À sa sortie, André Gaston va le trouver et lui propose ses services. Émile Buisson lui parle d'un coup qu'il projette dans l'Eure et lui donne rendez-vous dans un établissement de la région, l'auberge de la Mère Odue. Borniche et sa femme, comme deux clients ordinaires, s'y présentent à sa place. Tout se passe en douceur. Borniche ceinture lui-même Émile Buisson et c'est son épouse qui lui met les menottes.

Il faut trois ans d'instruction pour venir à bout des trente-six chefs d'accusation figurant dans le dossier d'Émile Buisson. Celui-ci est fataliste. Il sait qu'il n'a aucune indulgence à attendre de la justice, lui qui est plusieurs fois meurtrier et qui a voulu abattre de sang-froid un motard à terre, mais il veut garder quand même espoir. Il confie un jour à Roger Borniche, avec qui il a curieusement de bons rapports :

– Je sais que vous voulez me faire guillotiner, mais si les Russes et les Américains voulaient bien se foutre sur la gueule un bon coup, j'aurais mes chances...

C'est effectivement à la faveur de la guerre et de l'exode qu'il s'était évadé la première fois. Alors effectivement, pourquoi pas ? Mais les Russes et les Américains n'en viennent pas au conflit et Émile Buisson passe aux assises en décembre 1953. Le dossier d'instruction ne fait pas moins de deux mètres de haut. Des complications juridiques s'y ajoutent, il y a quatre procès successifs et ce n'est qu'en décembre 1955 qu'Émile Buisson est condamné à mort.

La dernière personne à l'avoir vu est un inspecteur de la première brigade mobile, Henri Monthieu, agissant sous commission rogatoire du parquet pour avoir des renseignements sur ses complices. Il lui rend visite dans sa cellule quelques jours avant sa mort. En apprenant la raison de sa venue, le gangster hausse les épaules.

– Ne compte pas sur moi pour te balancer d'anciens copains. Tu ne crois tout de même pas que je vais parler la veille d'être tranché ?

Mais il prie le policier de rester et lui fait d'autres confidences auxquelles celui-ci ne s'attendait pas.

– J'attends chaque jour qu'on vienne me chercher pour m'exécuter. C'est un vrai supplice. Tu le sais, j'en ai dans le ventre, mais là, je craque. On devrait être guillotiné aussitôt jugé...

Émile Buisson a été exécuté le 28 février 1956, dans la cour de la prison de la Santé. Il est mort courageusement, ce qui n'a surpris personne. Caustique et agressif jusqu'au bout, il a lancé à son avocat, qui n'avait pu le sauver :

– La société va être contente de vous !

Ce furent ses dernières paroles.

Table

(Suite de la page 4)

L'Empreinte de la bête
50 histoires où l'animal a le premier rôle

Je me vengerai
40 rancunes mortelles

Survivront-ils ?
45 suspenses où la vie se joue à pile ou face

Sans laisser d'adresse
Enquêtes sur des disparitions et des réapparitions extraordinaires

Destins sur ordonnance
40 histoires où la médecine va du meilleur au pire

Crimes dans la soie
30 histoires de milliardaires assassins

Ils ont osé
40 exploits incroyables

Complots
Quand ils s'entendent pour tuer

www.pierre-bellemare.com

Composition Nord Compo
Impression : Imprimerie Floch, août 2007
Éditions Albin Michel
22, rue Huyghens, 75014 Paris
www.albin-michel.fr

ISBN 978-2-226-17921-0
N° d'édition : 24168 – N° d'impression : 68805
Dépôt légal : septembre 2007
Imprimé en France.